GELİBOLU HATIRALARI
1915

Örgün Yayınevi
Kültür Dizisi

ISBN: 975 - 7651 - 38 - 9
Nurer UĞURLU başkanlığında
bir kurul tarafından hazırlanmıştır

Gallipoli Diary - 1915, 1920 London

Editör : Ö. Andaç Uğurlu
Türkçesi : Mehmet Ali Yalman - Nurer Uğurlu
Birinci Baskı : 2005
Baskı - Cilt : Kurtiş Matbaacılık San. ve Tic. Ltd. Şti.
Kapak : Erhan İman

ÖRGÜN YAYINEVİ
Nuruosmaniye Cad. No: 28 Cağaloğlu/İSTANBUL
Tlf.: (0212) 526 37 34 - 527 39 49 Faks: (0212) 526 37 34

IAN HAMILTON
Akdeniz Orduları Başkomutanı

GELİBOLU HATIRALARI
1915

ÖRGÜN YAYINEVİ

IAN HAMİLTON
(1853 - 1947)

Ian Standish Monteith Hamilton, 16 Ocak 1853' te Yunanistan'ın Korfu adasında doğdu. Gordon İskoç Alayında görev yapan babası Hint birliklerinden oluşan alayın komutanlığına atanınca ailesiyle birlikte Hindistan'a gitti. Fakat Hamilton çocukluğunun büyük bölümünü Argyllshire'da geçirdi. Cheam ve Wellington'da eğitimini tamamladıktan sonra asker olmaya karar verdi ve askeri eğitimini tamamladıktan sonra orduya katıldı. Altı ay kadar Hanoverli sürgün bir generalin Dresden'deki eğitimine katıldıktan sonra, Hindistan'a gitti (1872 - 1879). Güney Afrika (1881), Mısır (1884-1885) ve yeniden Güney Afrika'daki İngiliz birliklerinde (1899-1902) çeşitli görevler aldı. Güney Afrika Savaşı'nda gösterdiği başarılardan dolayı Hamilton'a korgeneral rütbesi verildi. Daha sonra İngiltere'ye dönen Hamilton önce Lord Kitchener'ın Kurmay Başkanlığına sonra da Saray Süvarileri Muhafız Alay Karargâhı Komutanlığı görevine getirildi. 1904 Rus-Japon Savaşı sırasında gözlemci olarak Japonya'ya gönderilen Hamilton, savaş sonrasında hatıralarını yayınladı. 1910 yılında ise Akdeniz Orduları Başkomutanlığına getirildi. 1915'de Çanakkale'de Fransız ve İngiliz Kara Kuvvetleri Başkomutanlığına atandı. 13 Martta, Anadolu kıyılarına kara kuvvetleri çıkarma göreviyle Londra'dan hareket etti. Ian Hamilton'ın emriyle, Boğaz'ı geçmek isteyen Müttefik donanması Çanakkale'de başarısızlığa uğrayınca Gelibolu'ya asker çıkarma kararı alındı. Ancak çıkarma 25 Nisanda bu karardan bir ay sonra gerçekleştirilebildi. Ne var ki, bu girişim de başarısızlıkla sonuçlanınca ağır eleştirilere uğrayan Hamilton, görevden alınarak İngiltere'ye çağrıldı (Ekim 1915). Bundan sonraki askerlik yaşamında geri hizmetlerde görev yapan Ian Hamilton 1947 yılında Londra'da öldü. Yapıtları arasında: A Staff Oficer's Scrap Book, 1905-1907; Compulsory Service, 1910; Gallipoli Diary, 1920 (Gelibolu Hatıraları); When I Was a Boy, 1934; Jean, 1942; Listening for the Drums, 1944, vardır.

Akdeniz Orduları Başkomutanı
General Sir Ian Hamilton

PARİS-MARSİLYA TRENİ

15 Mart 1915

Ne verilen yemekte, ne de Deniz Kuvvetleri Komutanlığında o gece Asquith bana görevimden söz etmedi. Beni yüreklendirmeye de çalışmadı. Lord Kitchener de büyülü bastonuyla bir uyarıda bulunmadı. O nedenle ses çıkartmadım, bir şey söylemedim, bekledim.

Ertesi sabah, 12 Mart günü, Hassa Süvari Alayında görev yaparken, saat 10'a yakın haber verdiler, Lord Kitchener beni çağırtmış. Merak ettim gittim. Kapısını çaldım. "Günaydın" diye selâm vererek içeri girdim. Soluk bir yüzle birşeyler karaladığı masanın yanına yürüdüm. Bir zaman sonra başını kaldırdı, bana baktı. Heyecansız bir sesle:

"Çanakkale'deki Kraliyet Donanmasını desteklemek için bir askerî kuvvet gönderiyoruz. Bu ordunun komutanı sizsiniz."

Sesinin tonu ve söylediği sözler bana bir anımı anımsattı. Kitchener'le bir kere daha Pretoria'da karşı karşıya gelmiş ve bütün gece ayakta, altmış ya da yetmiş mesajı okumuştuk. Kitchener, bana, Batı Transvaal bölgesine gitmemin daha uygun olacağını söylemişti. Kendisinden bunun nedenini sormamış, eşyamı toplamış, tren biletimi aldırmış ve o gece yola çıkmıştım. O konuda bir kelime bile konuşmamıştık. Atama kararımı almadan, görevimi öğrenmeden, cepheye gitmek üzere yola çıkmıştım. Yolculuğum iki at, iki katır, iki kişilik faytonla sürmüş, iki er bir

Lord Kitchener

emir subayımlı birlikte cepheye varmıştım. Cepheyi bu koşullar içinde denetlemiş, Kitchener'e Kurbay Başkanı olarak, gücümün yettiği kadar açıklamada bulunmuş, bilgi vermiştim. Roodewal'daki o son savaşa, çatışmalara işte böyle katılmıştım.

Kitchener'in yöntemi buydu. Şimdi de cepheye gitmemi istiyordu. On üç yıl önce yaptığım gibi, yine odasından çıkıp, tek kelime söylemeden yola koyulmalıydım. Ama artık koşullar aynı değildi. Pretoria günlerinde Transvaal bölgesinin her yanını biliyor ve tanıyordum. Asker sayısını, cephedeki İngiliz kuvvetlerinin durumunu, Boxer öncülerinin hareketlerini, ülkenin doğal durumunu yakından biliyordum. Ama Çanakkale konusunda bildiklerim hiçti. Türkleri tanımıyordum. Kuvvetleriyle ilgili bilgim de yoktu.

General Lord Birdwood

Kitchener'le son altı ay içinde hemen hemen her gün karşılaştığım ve iki kere, belki beni Selânik'e göndereceğini sezdirmesine karşın, tek kelime olsun Çanakkale'den söz etmemişti.

Bu hatıraları anımsamam için çok zamanım oldu. Kitchener, masasında, yazdıklarını yeniden gözden geçirirken, başını kaldırıp bana baktı ve sordu:

"Tamam mı?"

"Önceden de bu şekilde bir görev yaptık, Lord Kitchener" dedim."Bu çeşit işleri başardık biliyorsunuz.Size sonsuz minnettarım. Yine biliyorsunuz ki, herhangi bilgi de istemeden elimden geleni yapmaya her zaman hazırım. Siz de bu içtenliğime inanırsınız, yalnız bu kere birkaç söz söylemem, birkaç soru sormam gerek."

Bu sözlerimin arkasından konuşmaya başladım.

General Hunter-Weston

Kitchener'in yüzü asıldı, kaşları çatıldı. Elleri, omuzları sinirli sinirli oynamaya başladı. Başlangıçta ters karşılıklar vermesine karşın, yavaş yavaş yumuşadı, sonra hiçbir şey söylemedi.

Birlikleri, arkadaşım General Birdwood komutasındaki, Avusturalyalı ve Yeni Zenlândalı askerlerle destekleyecekti. Bunların sayıları 30.000 kadardı. Bir yıl önce o birlikleri ülkelerinde denetlemiştim. Önemli sayılacak bir donatımları yoktu. 29.Tümenin gücü, General Hunter-Weston komutasında 19.000 yakındı. General Hunter-Weston insanda kamcılayıcı bir etki bırakırdı. Çok iyi bir kuramcıydı. Kraliyet Donanmasının tümeni ise 11.000 kadar ve üstün nitelikli subay ve erlerden oluşmuştu. Bir de Fransız birliği vardı. Komutanları eski cephe arkadaşım, şimdi Tunus'ta olan General d'Amade idi. Fransız kuvvetinin sayısını kesin olarak bilmiyordum ama bir tümen kadardı.

Bu durumda, toplam kuvvet 80.000'e yakındı. Bunların içinden yardımcı kuvvetler, ikmal, sıhhiye gibi birlikler çıkarılırsa, cephede savaşacak asker sayısı 50.000 kadardı. Bana göre, 29.Tümen bir yardımcı kuvvetti.

Kitchener, sözlerini sürdürdü. Sanırım ağır bir sorumluluk altındaydı. Yerinden kalktı, yorgun bir görünümle oda içinde dolaşarak konuştu:

"Biliyorum!" dedi.

Düşüncesi özetle şöyleydi: Cepheye güvendiği, zeki, işi bilen birini gönderdiği zaman, bu Ortadoğu için politik ve stratejik bir önem taşıyacak, belki Balkanları bile etki alanına alacaktı. Çanakkale'ye 29.Tümeni gönderdiğimiz ve onu ustaca komuta ettiğimiz zaman, göğüs göğüse dövüşür, 13.000 güçlü silâhın herbiri, belki de 100.000 kişiye karşı bir zafer kazanırdı. Fransızların ya da Belçikalıların kullanılmasıyla 29.Tümen, Avrupa'da Alman hatını birkaç kilometre geriye atmakta yardımcı olabilirdi. Ama Çanakkale'de engeller çok büyüktü.

Tartışma sırasında, Kecthener, savunduğu görüş konusunda beni inandırmaya çalıştı. Kendisiyle aynı düşüncede olup olmadığımı sordu:

"Evet!.."dedim.

"Çok iyi" diye konuşmaya başladı. "Ortak bir noktada anlaştığımız bir konuda Fransa'daki Genel Karargâh aynı düşüncede değil. Almanları kendi hatlarına 80 km kadar geri püskürttükleri zaman savaşı kazanacaklarını sanıyorlar. Ama arkadaşlar, askerî kuvvete gereksinimleri olduğu konusunda benden bir istekte bulunmuyorlar. Komuta ettikleri eski ordu birlikleri ile Anavatan ordusunu koruyacaklarını sanıyorlarsa, çok fazla iyimser olmalılar.

Konuşmamız devam etti. Kitchener, gözlerini bana dikti.

Callwell odaya elinde kâğıtlarla girdiği zaman, Kitchener'in ne söylemeye hazırlandığını bilmiyordum.

Askerî harekât alanlarını gösteren duvardaki haritaya yaklaştık. Callwell, Gelibolu Yarımadası'nda saldırılacak savunma yerlerini gösterdi. O bölgenin plânları, Yunan Genelkurmay Başkanlığı tarafından hazırlanmıştı. Yunanlılar, hatırladığıma göre, Çanakkale harekâtı için 150.000 kişilik bir kuvvet öngörmekteydiler. Plânlarında, çıkartma yeri olarak da Gelibolu Yarımadası'nın güney kesiminin kuzeybatı kıyısı, karşı yakada da Kumkale gösterilmişti.

Kitchener, "Ama" dedi. "Harekâta bu sayının yarısı bile çoktur. Türkler, zaten her cephede savaşıyorlar. Sanırım, bu kadar bir kuvveti bile karaya çıkartmamız gerekmeyecektir. Eğer böyle bir kuvvet çıkartmak gerekirse, güçlü bir donanma arkanızda, birinci destek olarak istediğiniz zaman ve yerde bulunacaktır."

Kitchener'e Donanma Komutanlığı Amirallik Dairesinden, Çanakkale Boğazı'nda görev yapmak için bir ya da iki denizaltı ayırmaları isteğinde bulunup bulunmayacağını sordum. O denizaltılarla İstanbul'dan Çanakkale'ye gönderilmekte olan Türk asker ve cephane desteği, yiyecek önlenebilirdi. Türkler, şimdiden kesinlikle harekete geçmiş, ihtiyat amacıyla savunmalarını tamamlamaktaydılar. Yine de Marmara Denizi'nde Türk gemilerine rahat vermezsek, sonuca varmakta hata yapmış olmazdık.

Bunun üzerine Lord Kitceher, Marmara Denizi'ine bir denizaltı geçirdiğimiz zaman Çanakkale savunmasının çökeceğine inanıyordu.

"Diyelim ki" dedi."Bir denizaltı Gelibolu'nun karşısına geçip orayı bombardıman etse ve üç kere İngiliz bayrağını o sularda dalgalandırsa, bütün Türk garnizonları toplarının namlularını ondan yana çevirecekler ve savunma hatlarını, düşman Marmara Denizi'nde diyerek Bolayır'da kuracaklardır.

Kurmay karargâhım konusundaki bir soruma cevap veren Kitchener, tartışmaya girmek istemediği zamanlarda takındığı tutum ve sert bir sesle; yeni görevime, kurmay heyetimi oluşturanlardan Ellison ile Braitwaite'ı birlikte götüremeyeceğimi söyledi. Ellison ile yıllarca yan yana, anlayışla çalışmıştık. Birbirimizin yetenekleri her zaman diğerimiz için tamamlayıcı ve yararlı olmuştur. Ellison'un benimle birlikte aynı göreve getirilmemesinde ne gibi bir neden olabilirdi, ama General Braitwaite'ı da severdim. Güney Komutanlığında Kurmay Heyetimde çalışmıştı. Tanınmış, işini iyi bilen bir komutandı.

Kitchener, İmparatorluk Genelkurmay Başkanı Wolfe Murray'ı ve Anavatan Ordusu Müfettişi Arçhie Murray'ı, ayrıca Braithwaite'ı da çağırttı. Kitchener'in projesini, Murraylar da ilk kez duyuyorlardı. Çok şaşırdılar. İkisinin de herhangi bir görüş belittiğini hatırlamıyorum.

General Braithwaite çok saygılı bir şekilde iyi niyetlerini söylemek olanağını buldu ve Ellison için üzüntülerini belirtti. Arkasından Kitchener'e söylediği bir söz, nedense onu çok öfkelendirdi. Türklerden daha iyi bir hava gücümüzün olmasının yaşamsal bir konu olduğunu, Gelibolu Yarımadası gibi küçük bir alanda olacak hava çarpışmalarında son model uçaklar, pilotlar ve gözcülerden oluşan bir filo ile üstünlük sağlamamızın önemini belirtti. Kitchener, öfke dolu gözlerini ona çevirdi ve kelimeleri tek tek söyleyerek ona taş attı:

"Bir filo değil!" dedi.

Cepheye gidiyordum, bir savaş notları, günlüğü tutmalıydım. Buna gerek vardı. Çünkü taraflardan biri kazanmadıkça, savaşın önemli bir yanı yoktur. Yenen tarafa sorulmaz, ama yenik düşen herşeyi cevaplandırmaya hazırdır. Sonuç olarak, bir not defterine yaşananlar her gün yazılmalıdır.

TULON LİMANI

15 Mart 1915

Phaeton savaş gemisine dün akşam saat 18.00'de, Marsilya'da vardım. Geceyi gemide geçirdim. Bir yanlışlık sonucu yakıt almak gerekmiş ve Pheeton, Tulon limanına uğramıştı. Gemi Komutanı Cameron'la kahvaltı yaparken, karargâh personelini de şehri gezmeleri için serbest bıraktım.

Gece 02'ye kadar limanda kalacaktık. Düşünerken, Lord Kitchener'in uçak olayına neden bu kadar çok öfkelendiği aklıma geldi. Sözlerini tam olarak hatırlamam çok güç ama ana çizgileri şöyleydi:

1. Biz askerler savaşta ikinci sırada olduğumuzu her zaman hatırlamalıyız. Denizciler, Çanakkale Boğazı'nı tek başlarına zorlayabileceklerine inanıyor, bütün hareketler, buna göre hazırlanmıştır. Savaş Kabinesi, filo, Çanakkale Boğazı'nı geçinceye kadar kuvvetlerinden hiçbir ses çıkmasını istemiyor. Ama Amiral de Robeck işi başaramazsa, onun ardından biz dikkate alınacağız.

2. Kara kuvvetleri kullanılacak olursa, ister İstanbul, ister Çanakkale Boğazı'nda olsun, kuvvetlerim tamamlanıncaya kadar önemli bir harekâta girişemeyecek, hazırlanıp hedefe yoğunlaşıncaya kadar bekleyecek ve bu konuyu kafama iyice yerleştirecektim.

3. Biz karacılar, savaşa girersek, kendi gemilerimizi de savaşa sokacaktık. Karaya çıkartma yapılırsa, hükümet bu hareketin sonucunu görmek istiyordu.

4. Asya, sınırlarımızın dışındaydı. Kicthener, bu konuya özel ilgi gösterdi. Bizim Çanakkale Boğazı'ndaki harekât alanımız, Gelibolu Yarımadası ile sınırlandırılmıştı. Çıkartma yapmaya

uygun yerler son derece kısıtlıydı. Bir kere karaya çıkıp ilerlemeye başladık mı, durum belki de geniş ölçüde desteklenmemizi gerektirecekti. Ben bu tehlikeyi göze alırdım ama Kichener aynı görüşte değildi. Açıkladığı gibi, büyük istekler onun Fransa'daki durumunu sarsacaktı, her yerde güçlüklerle karşılaşacaktı. Belki makamını da yitirecekti. Beşika Körfezi ile İskenderun'un dokunulmazlığı vardı.

Çanakkale Boğazı zorlanırken bile, Asya yakasına çıkartma yapılmayacaktı.

Marmara Denizi'ne geldiğimiz zaman, bir dizi sorunla karşılaşacaktım. O zaman ne yapmalıydım? Nerden İstanbul'a saldırıya geçmeliydim? İstanbul'u işgal edersem, onu nasıl elde tutabilirdim?

Kicthener bunları birer birer sorup cevaplandırmamı bekledi.

Whitehall'ın can kısıcı, çamur deryası toprakları daha ayakkabılarımda kururken, Kitchener'in düşünceleri bende şaşılacak bir izlenim bıraktı. Fakat İstanbul üzerinde önemle duruşunu bilerek ve daha çok şu anda Kicthener'in Türklere karşı duyduğu büyük düşmanlığı da hatırlayarak, kendimi bu duygusal kararlardan uzaklaştırmaya çalıştım ve şöyle bir yargıya vardım: Eğer İstanbul'un zayıf kuvvetlerle savunulduğu gerçekse ve Trakya'daki Türk birlikleri o alana çekilirse ya da Edirne'yi hedef alarak hareket ederlerse, o zaman ani darbeyle Türklerin kuzeyden ilerleyip arkalarını çevirmek olası iken, güneyden Çatalca'ya yüklenerek yapılmak istenmekteydi.

Kicthener'in yüz çizgileri yine bozuldu. O böyle bir saldırının çok başarılı olacağını sanıyordu. En iyi çözüm yolu şuydu: Türkler direniş göstermedikçe, karaya bir tek asker bile çakırtmamalıydık. Donanma, Çanakkale Boğazı'nı geçip Marmara Denizi'ne girince, İstanbul dayanamazdı. İstanbul'un Avrupa yakası denizden ve karadan ablukaya alınınca, Türkler bir hafta bile dayanamazlardı. Kicthener buna inanıyordu ve son derece güvenli konuşuyordu.

Donanma, Türklerin top atışı dışında kalabilir, demiryollarını havaya uçurur, saraylarını yakardı. İstanbul halkının çoğunluğu da zaten Osmanlı değildi, hatta Müslümanlar azınlıktaydı. Savaş gemilerimizin dumanları bir kere görüldü mü, şehirdeki Hristiyanlar ayaklanacak, harekete katılacaklardı. Fakat şimdilik bilinmeyen herhangi bir nedenle, Türklerin örgütlenmiş bir savunmasıyla karşılaşır ve karaya asker çıkarmak zorunda kalırsak, şehrin ve İstanbul Boğazı'nın Asya yakasına da asker çıkartıp, aynı zamanda Karadeniz kıyılarına çıkartma yapmaya başlamış Ruslarla birleşerek, işi bitirmek düşüncesini ileri sürüyordu. Burada komutanlık edecek insan, çok güçlü bir asker olmalıydı. Kitchener'in bu düşüncelerini dinleyenlerden birkaç subay plân hazırlıklarını yapmak için odadan ayrıldı.

Kicthener, sözlerini şöyle sürdürdü:

İstanbul işgal edildiği zaman, bu işe Ruslarla Fransızlar ortak olurlarsa, durum çok kıskançlık yaratacak, karışık ve dikenli olacaktı. Biz, İngilizler, oyunun bu aşamasında kendimizi kolaylıkla onların arkalarından çekebilecek kadar şanslıydık. Kitchener hoşnuttu. Fransa'da İngiliz ordusu, her zaman kendi görüşlerini diğer silâhlı kuvvetlerden üstün görürdü. Bu nedenle Fransızlar ve yandaşları, Türkiye'ye gönderdiğimiz 29.Deniz Tümeninin geri çekilmesi konusunda bizi sorumlu tutmak için baskı yapıyorlardı. Bu nedenle, ne olursa olsun, "Fransızlarla Rusları bırak, Ayasofya'da kendi inançlarına göre ayin yapadursunlar" ilkesini uygulayarak, biz demiryollarını ve Edirne'yi ele geçirmeliydik. En iyi çözüm yolu buydu. Sonunda kaybedecekler ve o zaman biz, onları yeniden Batı cephesine göndermekte rahat olacaktık. Onları Odesa'da karaya çıkartacak ya da Tuna kıyılarına kadar geri atacaktık. Ayrıca Karadeniz'i Akdeniz'e bağlayan Boğazlar üzerinde dostluğumuza da bir zarar gelmeden.

Bir buçuk saat kadar süren konuşmamızın özü buydu. Kimi zaman Kitchener'in düşüncelerini saygıyla karşılamışımdır. Ama nedense şimdi o, birtakım korku verici düşüncelerini kabul ettirmeye çalıştı.

Savaştan önceki günlerde onunla Mısır'da ve Malta adasında karşılaşmıştım. Hindistan'a Genel Vali olmak ya da İstanbul'a büyükelçi atanmak istiyordu.

Bir konuşmamızda neden öyle önemli yerlere çok atanmak istediğini ve şimdiye kadar niçin o çeşit bir görev alamadığını sordum. Hindistan gibi büyük bir ülkenin birtakım bilgisizler tarafından yanlış yönetilmesine katlanamadığını ve Türkiye üzerindeki etkinliğimizin arada bir elimizi pencereden dışarı çıkarıp göstermek olarak kaldığını söyledi. Kendisine, çok iyi hatırlıyorum, şöyle bir karşılık verdim: Hindistan Genel Valisi olursa şu iki önemli görevi yerine getirmeli idi. Birincisi, anilin boyalarına çok ağır bir ithalât vergisi konmalı ve Hindistan'dan çok değerli bitkisel boyalar -safran, çivit, kuvve kökünden alınan sarı, kırmızı boyalar vb.- ihraç edilmeliydi. İkincisi, Ağra'da beyaz mermerden yapılmış Taç Mahal'ın karşısına, siyah mermerden ikinci bir saray yapılmalı ve ikisini gümüşten bir köprü ile birleştirmeli idi.

Kitchener'in bu sözlerime karşı çıkacağını, öfkeleneceğini sanmıştım. Oysa çok önemli düşüncelermiş gibi benimsedi. Yaşamsal konular gibi bir yere not ettiğini biliyordum. Bana göre Kitchener, Hindistan'ın bütün güzelliklerini savaş alanlarında harcamaya hazırdı. Orduları birbiri ardından doğuya, batıya gönderecekti.

Kitchener'in yönetimindeki Hindistan, Türkiye'yi tek elle bile yenebilirdi. Onun düşüncesi şuydu: Türkiye çok zayıf, çökmek üzereydi. Hindistan, tek elle yenebilirdi, hem de eli arkasında bağlı olarak.

Kitchener, İstanbul'a büyükelçi atansaydı, Türkiye'nin savaşa girmesine engel olurdu. Bu konuda hiç kuşkusu yoktu. Ne Enver, ne de Talât o kırmaya cesaret edemezdi. İleri sürecekleri görüşler oldukça gülünç olacaktı. Belki onu arkadan vurmaya girişebilirlerdi. Fakat, karşısına geçip ellerindeki savaş ilânı kararını açıklayamazlardı. Kitchener'in Doğuya ilişkin ileri sürdüğü düşünceler de benzersizdi. O nedenle, birçok temelsiz düşüncelerine bakarak onu Savunma Bakanlığına getirdik ve kendisine destek verdik. Evet, çok iyi yetişmiz uzmanlarımızı alıp, Kitchener'i güçlüymüş gibi o önemli makama geçirdik. Sonunda bütün savaşı kaybettik. Bütün bilgili, becerikli insanlar elimizden gitti. Şimdi Kitchener'in ne harikalar ortaya koymak üzere olduğunu görmekteydik.

Bir acemi politikacı olarak şimdi Savunma Bakanlığında kalıyor. Nedense, bakanlıkta kendi düşüncelerinden yana olanların dışında, kim varsa dışarı attı. Yakın bir gelecekte o bakanlığı çökerteceğini düşünmemek olanaksız. On yıl onun kurmay heyetinde çalışmış. Lyttelton, Nicholson, French ve Douglas'a sormak gerek: "Çok dikkatle hazırlanmış olması gereken, İstanbul'la ilgili denizden çıkartma plânlarınız nerede?"

Cevap yok!

General Braithwaite, Haberalma Dairesinde hemen çalışmalara başladı. Fakat normal baskılı kâğıtlar dışında, Türkiye konusunda işe yarar bir bilgi bulamadı. Çekmeceler boştu. Çanakkale ve İstanbul'la ilgili bilgiler herhalde Ay'da idi. Kurmay subaylar, Türkiye'yi son derece önemsiz ve küçük görüyorlardı. Nasıl oluyordu da Kitchener'in o yöntemsiz sistemi iş görüyordu. Siyasî, askerî ve coğrafî bilgiler olmadan plân yapmaya kal-

Çanakkale Mevki-i Müstahkem Komutanı
Cevat Paşa ve Karargâh subayları

kışmanın bir anlamı var mıydı?

Ertesi sabah, 13 Mart 1915 günü, Merkezî Kuvvetler Komutanlığını General Rundle'e bıraktım. General Braithwaite ile birlikte saat 10.30'da veda etmek için Kintchener'e gittim. Masasında üç ayrı yazıyı ayakta karalıyordu. Biri, Fitz tarafından hazırlanmıştı. İkincisi genç Buckly'in bir incelemesi idi. Üçüncüsü üzerinde de Kitchener çalışmaktaydı. Odasında Braithwaite, Fitz ve ben bulunuyorduk. O süre içinde, Callwell dışında, hiç kimse girip çıkmayacaktı. Yönerge, bir önceki tartışmalı ve kuşkulu bilgileri içeriyordu.

Birkaç değişik soru sordum. Örneğin: "Düşmanın kuvveti ne kadar?"

Kitchener, 40.000 üzerinde bir sayıya göre hazırlıklı olmamı söyledi. "Kaç tane topları var?" Bunu da bilen yoktu. "Kimin komutasındalar?" Cevat Paşa olduğunu biliyorlar. Fakat, Kitchener, Kilitbahir'i ele geçirebileceğimi ve savunması yapılmış o bölgenin tutulabileceğini söyledi. Kitchener'e göre, Kilitbahir'in güneyinden Hellas (Mehmetçik) burnuna kadar olan yarımadayı denizden bir çıkartma yapmak için kolayca açık tutabilirdim. Kitchener, donanmanın Ege Denizi yönünden çaprazlama atışa başlayarak, yarımadayı, Çanakkale Boğazı ağzından baskı altına almasıyla Türk savunmasının etkisiz bırakılacağını söyledi. Bu çapraz ateşe alma plânını harita üzerinde gösterdi ve yaptığı açıklamalarla hayallerini renklendirdi.

Bu plâna "İstanbul Seferi Kuvveti" başlığı yazılmıştı. Özür dileyerek başlığın değiştirilmesini istedim. General Braithwaite "Akdeniz Seferi Kuvveti" dedi ve isim böylece düzeltildi.

Eldeki haritaların hiçbiri düşman karşısında bize yararlı olamazdı.

Kitchener'e böyle veda ettim. Herhangi bir akşam yemeğinden ayrılırken, rastlantı olarak karşılaşmış gibi, gösterişsiz bir ayrılıktı bu. Gerçekte içim, eski komutanım için, sızladı. Bana verebileceği armağanların en iyisini sunarken, ben, kendisinden çekinilen, ürkülen Lord Kitchener'in yanından nefretle ayrılıyordum.

Bu hava nasıl olmuştu? Bir söz söylemenin yararı yoktu. Hatta bana iyi şanslar dilemek isteğinde bile değildi; ben de bunu beklemiyordum. Kendisine soğuk bir veda ettim. Masanın üzerinden şapkamı alırken, Kitchener hiç beklenmedik şekilde şöyle dedi:

"Donanma Çanakkale Boğazı'nı geçer, İstanbul kendiliğinden teslim olur ve siz başarıya ulaşırsanız, bu bir çatışmanın üstünlüğü değil, bir savaşın zaferi olacaktır."

H.M.S PHEAETON SAVAŞ GEMİSİ

Denizde 15 Mart 1915

Dün gece Korfu adasının açıklarından -benim doğum yerim- saate 30 mil hızla geçtik. İlk bebeklik günlerimin soluğu, kekik kokan rüzgârlarla doluydu. Gökyüzü doğuda kızarıyor. Renklerin oynaştığı dalgalar hareketli, hayat dolu.

Saatte 30 mil hızla cennette gidiyoruz! Annem öldüğü zaman daha üç yaşındaydım. Zavallı kadın öldürücü ağrılarla kıvranırken, ruhunun kirleneceği ve cennete gidemeyeceği inancıyla ameliyat için gerekli olan eteri koklamayı kabul etmemişti. Bu tutucu inancı, onun bedenini cennete mi götürdü? Belli değil! Ne biçim bir inanç bu! Ne tuhaf bir örnek bir asker için!

Temiz, açık bir hava. Deniz, Afrodit için serilmiş mavi bir ipek halı gibi dalgalanıyordu. Akşama doğru, Amiral Carden'in cesedini Malta adasına götüren bir kruvazörle karşılaştık. Bir hafta önce amiralin gürleyen topları, dünyada yankılar uyandıyordu. Şimdi hareketsiz bir tekne gibi yatıyor. Zavallı Carden!

Karşımızda Türklere yol gösteren bir Alman ordusu vardı. Bence bir Alman generali, çok iyi örgütlenmiş bir ulusun ürünüdür. İngiliz generali ise, çok iyi gelişmiş bir ulusun içinden çıkmıştır. Kulağa gelen ses bir fantazi, fakat doğrudur.

ÇANAKKALE BOĞAZI'NDA

17 Mart 1915

Bugün saat 15.00'de Bozcaada limanına Fransız General d'Amade'in bulunduğu gemi ile aynı zamanlarda vararak demirledik. Ardından hemen, sevimli deniz ejderhası H.M.S. Queen Elizabeth zırhlısındaki toplantıya katılmak üzere gemiden ayrıldım.

Toplantıda şu kişiler vardı:Amiral de Robeck, Komodor Roger Keyes, Fransız Filosu Komutanı Amiral Guepratte, General d'Amade, Amiral Wemyss, Albay Pollen ve ben. Robeck, beni çok iyi karşıladı. Kibar, yakışıklı, tutum ve davranışlarıyla topluluk kurallarını çok iyi bilen bir komutandı. General d'Amade'a bir-iki sözle iltifat ettikten sonra beni, Wemyss, Guepratte ve Keyes tanıştırdı. Sonra yuvarlak masanın çevresine oturduk. Amiral konuşmaya başladı.

Amiralin en büyük sıkıntısı, düşmanın gezici topçu birliklerini çok zekice kullanmasıydı. Eldeki olanaklar çakılı savunma bataryalarını susturabilirdi, fakat obüs topları ve diğer sahra bataryaları duruma göre yer değiştiriyor; Çanakkale Boğazı'ndaki mayınları temizlemeye çalışan küçük gemilere, gizlendikleri

İngiliz Donanması

yerlerden atışa başlayarak, çok akıllıca ve etkili atışlar yapıyorlardı. Hatta donanma Boğazdan geçmeye başlayınca, gezici bataryalar, ikmal gemileriyle onları izleyecek nakliye şileplerini çok etkili ateş altına alacakları açıktı. Mayın tarama gemileri, ağır yollu, makineleri yıpranmış teknelerden oluşmuştu. Bazı gemilerde sivil kaptanlar ve açık deniz gemilerinden toplanmış tayfalar vardı. Bu insanlar, kendilerini düşündükleri kadar, eşlerini, çocuklarını da akıllarından çıkarmıyorlardı. Oysa donanmanın ya da denizaltıların Çanakkale Boğazı'ndan geçebilmeleri, ancak mayınlanmış bölgelerin temizlenmesine bağlıydı. Bunun için de makinelerin güçlü, yüksek hız yapabilen ve kadroları Deniz Kuvvetlerinden sağlanmış gemilere gereksinim vardı. Ancak o zaman iş kolaylaşmış olacaktı.

Gelibolu Yarımadası doğal bir savunma yeri durumundayken, Türkler tarafından durmadan, her gece yeni siperler kazılarak, dikenli teller ve hendekler yapılarak, geçilmesi ve aşılması güçleştiriliyordu. Şubat ayında deniz piyadelerinin giriştikleri çıkartma harekâtından bu yana, bir tek canlı görülmezken, her sabah Türk siperlerinin daha iyi duruma getirildiğini, piyadelerin çok derin tüneller kazarak savunma siperlerini birbirlerine bağladıkları, sahra topları ve öbür bataryaların mevzilendirildiği, keşif uçakları tarafından belirlenmişti.

Gemiler bu mevzileri bombardımana başlayınca, Türkler derin siperlere çekiliyor ve bir süre hiç karşılık vermeden sessizliği koruyorlardı. Deniz piyadeleri bu durumu anlamışlardı.

Türkler, ışıldakları büyük bir ustalıkla kullanıyorlardı; bunların bir kısmı çakılı, diğerleri gezici durumdaydı. Bizde şu düşünce belirmişti: Almanların dikkat ve uzağı görüşleriyle, kocamış Türkün dostluğu sağlanmış ve onların istedikleri her şeyi yaparak, Türklerin büyük adımlarla ilerledikleri görülmüştü.

Amiral de Robeck, kendi kuvvetleriyle Çanakkale Boğazı'nı zorlayacağını söyledi. İstanbul konusu bir yana bırakılsın, donanma Çanakkale Boğazı'nda ilerlerken, piyade Gelibolu Yarımadası'nda karaya çıkarak Bolayır'a saldırmaya kalkarsa, Türklerin en doğal tuzaklarına düşerlerdi. Bu nedenle, ister dar açıdan bakılsın, ister geniş bir görüşü kapsasın, donanmayla tasarladıkları zorlamayı denemeden, kara kuvvetlerini çağırmak isteğinde değildi. Amiral demek istiyordu ki, Çanakkale Boğazı'nda ilerleyiş, bütün bu sorulara karşılık verecek bir uygulama olacaktı.

De Robeck'in görüşü, Kitchener'in düşünceleri gibi, aynı havayı taşıyordu. Biz askerler, şimdilik davulun tokmağına zar olup dövülmekten kurtulmuştuk. Donanma bütün güçlükleri yenecek, olabildiği kadar hızla ve var olan bütün insan ve hayvan güçlerini kullanarak, toplarıyla ateşler yağdıracak, işi başaracaktı.

Amiral benden raporumu sordu. General Braithwaite onu okuyarak açıkladı. Okuması bittiği zaman Roger Keyes, "Hepsi bu kadar mı?" diye sordu. Braithwaite bu kadar olduğunu söyleyince, herkes biraz şaşırmış durumda birbirine baktı.

O zaman amiral amacımızı daha açık bir biçimde öğrenmek istedi. Dedim ki: "İsterse filo, Çanakkale Boğazı'nı zorlayıp geçsin, ister bizi İstanbul Boğazı'nda karaya çıkarsın ya da ileri harekât amacıyla Gelibolu Yarımadası'na götürsün, ben bir çıkartma harekâtı için hazır olmayı tasarladım.

Amiral, Bolayır'a çıkmayı mı tasarladığımı sordu.

Bu noktada düşüncemin çok açık olduğu karşılığını verdim. Bir şeyi gözleriyle görmedikçe inanmayan bir insandım. Araziye çıkıp keşif yapmak olasıyken, harita üzerinde verilen kararları kabul etmek alışkanlığım değildi.

Amiral, o zaman, Phaeton savaş gemisini kıyıyı inceleyebilmem için serbest bırakacağını ve dürbünle o alanları görebileceğimi söyledi. O zaman görebilecektim ki, geniş ölçüdeki kuvvetlerin, yeterli çıkartma alanı bulamaması nedeniyle Bolayır boğaz kıyılarına çıkması olanaksızdı. Fakat körfezin baş taraf kıyısında yapay kumsal alanı bulunabilir, buradan çıkartma yapan birliklerimi kuzeye çekebilirdim. Kendisine, görüşlerim dışındaki bir uzaklıktan çıkartma yapmanın yararsız olduğunu söyledim. Nedenleri çok basitti, birliklerimi gönderebilmem için hiç aracım yoktu. Değil kamyon, atlı arabam bile yoktu, tekerlekli ya da hayvan sırtında malzeme taşıma olanağına da sahip değildim. Ayrıca beni 5-6 mil uzaklıktan destekleyecek bir filoya da gereksinimim vardı. Bu iş haftalarca sürebilir ve önemli sayıda gemiyi bölgede bağlardı. Bununla birlikte ertesi gün araziyi kendim göreceğimi söyleyerek konuşmamı bitirdim.

Burada, Gelibolu Yarımadası, Kitchener'in küçük ve bir özellik taşımayan haritasına göre çok anlamlı ve kırılması çok güç, sert bir ceviz gibi görünüyordu. Alan dürbünümle karşımdaki yerden edindiğim izlenimleri söylemek istemiyorum. Ama denizcilerin, Savunma Bakanlığından daha sorumsuz ve tehlikeli gördüğüm bir hava içinde oluşlarından dolayı şaşkınlıkta kaldığımı belirtmek isterim.

Amiral, ilk bombardımandan sonra 5000 kişilik bir kuvvetin Hellasburnu'na çıkıp ileri bir hareketle Bolayır hatlarına varılabileceğine inanıyordu. Gemiden ayrılmadan önce, kimi deniz subaylarının kendisiyle aynı düşüncede olmadıklarını öğrendim. Ayrıca bu olay da artık kapandı. Türkler, o zamandan beri sürekli yığınak yapmışlar. Alman kurmay subayları duruma çok iyi bağlanmışlar ve birliklerini bilimsel şekilde yerleştirmişler, ağır savunma yerleri yapmışlardı. Türk siper ve mevzilerinin çok ustaca tabya edilişi İngiliz askerî uzmanları bile hayran bırakmıştı. Ayrıca Gelibolu Yarımadası'ndaki sahra top bataryalarının sayısı da günden güne çoğalıyordu.

Bu konuşmadan sonra, toplantı resmî olmaktan çıktı ve benim sözlerim üzerine karşılıklı tartışma başladı. Braithwaite bir-iki soru ortaya atarak, hava keşfi olmadığından dolayı karaya gönderilen botlardaki birliklerin düşman mevzileri konusunda bilgileri olmadıklarından dolayı kör bir çıkış yapmış olacaklarını söyledi.

Toplantının sonunda tartışmaları kaleme aldım ve Lord Kitchener'e iletilmesi için amiralin emir subayı Albay G .P. W. Hope rehberliğinde Queen Elizabeht zırhlısını geçtim. Saat akşamın 7'sini buldu. Amiral tarafından akşam yemeğine davet edildim.

H.M.S. PHAETON SAVAŞ GEMİSİ

18 Mart 1915

Sabah saat 4'te Bozcaada'dan hareket ederek iki saat sonra Limni adasına vardık. Hayatımda o kadar çok savaş ve yardımcı gemilerin bir arada toplandığını hiç görmemiştim. Ne Hong Kong ve Bombay'da ne de New York'ta. Yakıt alındı ve saat 7'de General d'Amade ile Kraliyet Donanması Deniz Tümeni Komutanı General Paris, karargâhından iki kurmay subayla birlikte gemiye geldiler. Bu subaylardan biri Avustralyalı General McLegan'dı. Onunla tanıştıktan sonra, Lord Kitchhener'e Gelibolu'ya çıkarılacak kuvvetlerin toplanma merkezinin kesinlikle İskenderiye olması gerektiğini, Deniz Tümenini nakledecek gemilerin barış zamanında olduğu gibi, yükleme ve boşaltma işlerinin yapılarak, denemenin sağlamlaştırılmasını isteyen bir mesaj gönderdim. Limni adasında bir dalgakıran ve rıhtım olmadığı gibi, ne uygun bir su, ne de uygun bir yer vardı. Bu amaçla Limni adasının Çanakkale Boğazı'na yakın oluşunu, birliklerin taşınmasına uygun bir yer saymak çok yanlış bir karar olurdu.

Mondros limanında yaptığımız incelemeleri bitirdikten sonra, saat 8.30'da Saros Körfezi'ne doğru yol aldık. Çanakkale Boğazı'na kadar, 60 millik yolda, durmadan bir şeyler karalamakla zaman geçirdim.

İlk olarak resmî bir başlık kullanarak, "Sayın Lord Kitchener" diyerek bir mektup yazdım. Söze şöyle başladım:

"Size durum konusunda ilk düşüncelerimi belirten bir mesaj göndermiştim. Şu anda General d'Amade ve Paris'le birlikte Gelibolu Yarımadası'nın kuzeybatı kesimlerini incelemek üzere yoldayız."

Mektubun sonunu şöyle bitirdim:

"Gelibolu Yarımadası'na bir kuvvet çıkartılması kaçınılmaz olursa, ancak adım adım ilerleyebileceğimizi bilelim."

Bu sözlerin Kitchener'in canını sıkacağı kesindi. Plânın olabildiği kadar kısa zamanda uygulanmasını ve sonuçlandırılmasını isterdi.

Çanakkale Boğazı'na ulaştıktan sonra, çok güzel bir kıyı manzarasıyla karşılaştık. Hiç kımıldamadan o güzel kıyılara baktım. Homeros'un İlyada ve Odessia'sı dize dize karşımda renk ve anlam kazanıyordu. Çok uzaklarda, doğuda, aydınlık ve güzel renklerle bezenmiş İda Dağı, ufukta sağda Hektor'un yenik düştüğü ve yanan Truva'dan yükselen dumanların gün ortasında göğü kapladığı o tarihsel belde bugün bile canlı.

Böylece kuzey yönünde yola devam ettik ve kıyıya bir milden çok yaklaştık. Sonra Saros Körfezi'ne gitmek üzere güneybatıya doğru, kıyıya paralel yol aldık. Ormanın sıklığı karşısında korkuya kapıldım. Ardından o büyük körfezin arkasındaki toprağın korkuç bir bataklık olduğunu görünce, umutsuzluğa düştüm. Çıkartma yapılacak bir yer yoktu. Eğer daha batıya asker çıkartmış olsaydık bile bataklıktan geçmek zorunda kalacaklardı. Ya da bir tek yol vardı ki, kıyıdan 3 mil içeriden geçiyordu, onu kolayca tahrip edebilirdik. Kurmay heyetimle, Türklerin gece başlayıp, gün ışıyıncaya kadar 10.000 askerle bir ay sürekli çalışarak, belirlediğimiz savunma mevzilerini meydana getirmiş olduklarında aynı düşüncedeydik.

Suvla Körfezi ile Kabatepe'nin arkasındaki bütün kıyı hattı bize oldukça uygun göründü. Yani, denizin durgun olduğu bir zamanda, kıyıda düşman yoksa, buraya çıkartma yapılabilirdi. Kabatepe, çok iyi bir yerdi, ama Türkler de elbette kör değillerdi. Yoğun siperler ve dikenli tel engeller görülüyordu. Burası Kilitbbahir yamacından rahatlıkla top ateşi altına alınabilirdi.

Kabatepe ile Hellasburnu arasındaki yarımada kıyıları 100 ile 300 kadem yüksekliğinde kayalıklardı. Fakat aralarında oldukça çok kumsal parçaları da vardı. Benim düşünceme göre, kayalıklar tırmanmaya uygun değildi. Ayrıca bir noktadan saldırıya dayanarak çıkartmaya girişmek, pratik bir çözüm gibi görünmüyordu.

Güneye doğru giderken Çanakkale Boğazı'ndaki bombardıman arttı. Hatta büyük çaplı bir merminin Alçıtepe'de patladığını gördük.

Öğleden sonra saat 16.00'da inceleme çalışmalarımızı tamamlayıp, Hellasburnu'na doğru yol aldık. Amiral de Robeck'in en hızlı fakat bir yumurta kabuğu gibi kırılabilir kruvazörü Çanakkale Boğazı'ndan içeri süreceğini düşünmemiştim. Ama Albay Cameron ile Yarbay Rosomore savaşı görmek için son derece istekli olduklarından, Boğaz ağızına bir mil kadar yaklaşmasını kabul ettim, fakat Boğaz içine değil. Kıyıdan bir mil kadar açığa varmıştık ki, hayatım boyunca hayal ettiğim bir deniz savaşıyla karşılaştık. Phaeton 30 mil hızla ilerliyordu ki, çok geçmeden böyle yol alırsak, savaşın tam ortasında olurduk.

Ortam son derece sıcak ve öfkeliydi; mermiler her taraftan uçuyor, ötüyor, dumanlar göğe yükseliyordu. Vickers ve Armstrong markalı toplar, hayatı yok etmek için her varlığı öldürüyor, yeri göğü sarsıyordu.

Queen Elizabeth zırhlısı, ağır yolla manevra yaparak, Boğazın en dar koynunda Türklere toplarından tonlarca ateş yağdırıyor. Tahkimatlarda mevzilenmiş bataryalardan tek bir cevap yok, kulaklarımıza Türk toplarının sesi gelmiyor, dürbünlerimizde kara mevzilerinden açılan top ateşine benzer dumanlar görülmüyor. Buna karşılık, gezici bataryalar hem Gelibolu hem de Asya yakasından durmadan ateş açıyorlar.

Bize yakın olan mayın gemileri ile mayın tarama amacıyla onarım görmüş balıkçı gemileri, arka arkaya hatlar şeklinde ağır yolla ilerlerken, sağdan soldan mermi yağıyor. Bu gemilerden biri bir mayını yakalamak çabasında. Türklerin toplarının çapları, attıkları mermilerin en büyüklerinin 56 inçlik obüs olduğunu ortaya koyuyor.

200 - 250 metre açığımızda olan Inflexible dretnotu ağır yolla Boğazdan geri çekilmekte, direğine isabet eden bir mermi, telsi-

İngiliz savaş gemisi Queen Elizabeth

zi tahrip etmiş ve direği yıkmış, aldığı birkaç şarapnel yarası delikler açmış, hasar meydana getirmiş. Hemen alabanda ederek geriye dönüyorduk ki, şiddetli bir patlama ile gemi 45 dereceye yakın yan yattı ve General d'Amade da içinde olduğu halde bir çoğumuzun denize yuvarlanmasına az kaldı. Inflexible, bize mayına çarptığı işaretini çekti ve yakınında kalmamızı, Bozcaada'ya kadar eşlik etmemizi bildirdi. Bir tepenin üzerinden aşmış gibiydik ve yüreklerimiz ağzımızda, cesaret edebildiğimiz kadar yaklaşarak, Inflexible'ı izlemeye başladık.

Kanım donmuştu. Yolundan sapmak zorunda kalan geminin üzüntüsü, her şeye üstün geldi. Bakışlarımız donuklaşmıştı. Hiç kimse bu dev geminin derinliklere ne zaman gömüleceğini bilmiyordu! Diğer yandan, bütün su boşaltma tulumbaları çalışıyor, seller gibi deniz suyu gemiye, gemiden pompalarla yine denize akıtılıyordu. Ne garip bir su boşaltımdı bu! Gözlerimizi Inflexible'ın su hattına dikmiş, geminin batıp batmadığını anlama-

Çanankkale'de Türkler tarafından batırılan bir İngiliz savaş gemisi

ya çalışıyorduk. Su hattı kayboluyor, gemi başlanıyor ve ne yazık ki batıyordu bunu biliyorduk. Sonunda mürettebatı, makine personeli, kömür ocaklarının erleri dahil, hepsi ana güvertede toplandılar ve gemilerini terk emrini beklediler. Inflexible ilk kurban, ilk şaşkınlığımızdı, bu nedenle birçok muhrip ve dretnot rotasından ayrılıp yardımına koştu. Yaralı geminin güvertesinde toplananlar artıyor, paniğe kapılmadan, hareketsiz sırada bekliyor, fakat her an kopacak bir fırtınanın, korkunç bir tehlikenin ve ölümün beşiğinde, onunla yüzyüze olduklarını biliyorlardı. Savaş gemisinin güvertesinde, atılmış bir taştan sersemlemiş duranlar karşısında, savaş canavarının kendi, suçsuz olduğu iddiasındaydı herhalde.

Birden savaşın bilinç dışı akışına kapıldım ve az sonra devrilecek gemidekilerin yanında olmayı diledim. On bir yılın barışı, değerinin gösterisi, anlaşılması için yeniden savaşa boyun eğmişti. Savaşmak isteği kuşaklardan kuşaklara gelip geçiyor. Her millet, toplumlarının gelişmesi için, davalarının çözülmez duruma geldiğini görünce, refahı bir başkasının toprağında arıyor. Sorulunca, içgüdüleriyle, "Ne yapalım, kurtuluş için başka yol kalmadı!" diyorlar.

Bir kuşağın yöneticileri, toplumlarının ilerlemesi için, gerekli devrimleri başarmakta hayatları boyunca beceriksiz kalınca, bir haftada savaş ilân ederek, milletlerini kana bulamaktan çekinmiyorlar. Özürleri ise hep aynıdır: "Haksızlığı önlemek için, başka çıkar yol kalmadı!" derler.

Savaş, insanlığın kaderine yazılmıştır, tıpkı bir yılanın yılda bir deri değiştirmesi gibi. Görünüşte pek soğuk, gerçekte görkemli renklerle bezenmiş deriden çıkan yılan, bu sefer düz bir deri ile kalır, ama yılan aynıdır.

Çanakkale Boğazı'nı zorlama nasıl sona erecek?

Dev yapılı, büyük gemilerimizden küçüklerine kadar hışımla saldıran filodan meydana gelen kortej, şimdi tabut taşıyan cenaze arabası arkasından gider gibi. Derken hızla bir başka gemiye yetişmek zorunda kalıyoruz. Veda etmekte olan Fransız dretnotu Gauloise'dır.

Gauloise, Bozcaada'ya doğru rota vermeye çalışırken, denizin yüzünde daha da ince bir görünüm durumuna geliyor. Onun da çevresinde bir sürü gemi toplanmış, kurtarma çabası içindeler.

Inflexible, Bozcaada'ya kadar kendi makineleri ile yüzmeye çalışırken, Gauloise, o kadar bile dayanamadı ve yolu üzerindeki Tavşan adalarında kayalıklara bindirip baştankara etti. Bu şekilde on mil yol almıştı ki, Queen Elizabeth savaş gemisinden Ocean'a verilen telsiz emri alındı. Queen Elizabeth, Ocean zırhlısına Irresistible dretnotuna yardıma gitmesini ve yedeğe alarak, güvenli bir yere çekmesini emrediyordu. Irresistible'a ne olmuştu?

Tanrı'ya şükredelim ki, tam zamanında buradaydık! İçimden gelen bir sezgiydi bu. Bir ömrün beş yılından çok daha ucuza satılan, fakat hâlâ yaşama çabası dolu bir manzara seyrediyoruz.

Bir an düşmanın tahkimatlarını ve kuvvetlerinin harekât alanlarını gördüm. Gelibolu Yarımadası'nın Ege kıyılarını inceledikten sonra, ayaküstü Çanakkale Boğazı'ndaki bu savaşa tanık olunca, davamın en önemli maddeleri kafamda biçimlenmeye başladı. Karşı karşıya olduğumuz sorunun açıklanmasını iyi bir rehberden duymak yerine, görerek yaşamak çok büyük bir şanstır. Fakat ne yazık ki, çok zamansız bir zamanda Çanakkale Boğazı'nda bulunuyorduk! Winston Churchill'in aceleciliği beni buraya getirmişti, ama aceleye gerek olmadığını çok geç anlıyorduk! Kafama yerleşen bu yaşananları düşünmem gerek, onları değerlendirmeli ve Savunma Bakanlığını gözlerimle gördüğüm, kulaklarımla işittiğim gerçeklere inandırmalıydım.

İngiliz Başbakanı Lloyd George bakanlarından
Winston Churchill ile birlikte (1915)

Eğer, kısa bir süre içinde tanık olduğum olayları, onların da benim gibi görüp işitmelerini sağlarsam, gelecek bizler için daha ümitli olacaktır. Gelibolu Yarımadası'nı en küçük ayrıntılarına kadar biliyor muyum? Filoda arkadaşlarım var mı? Pekâlâ, neden olmasın?

Kitchener'e yazdığım mektuba bir not ekledim: Bozcaada ile Limni adaları arasında. Saat 18.00." Bugün değer terazisine vurulursa, gözlerimin önünde olan pek acı gerçeklerle çok kötü geçti. Bolayır yaylasını ve oradan güneybatı ucuna kadar araziyi incelerken, Türklerin bütün egemen tepeleri ve araziyi tahkimatlandırdıklarına ve siperlerle çevirdiklerine tanık oldum. Ardından, Çanakkale Boğazı'na yol verdik ve yaklaşık bir mil kadar da Boğazdan içeri girdik. Gördüğüm manzara için, Deniz Savaş Tarihi yazarları, inanırım ki, "çok canlı" sözünü kullanacaklardır.

Olanları size iletecek bütün bilgiye sahip değilim, ne de durmadan artan kayıpları inceliklerile açıklayabilirim. Fakat donanmanın bu işi tek başına becerecek durumda olmadığı görülüyordu. O halde, biz askerlerin kendi aldatmalarına başvurmalarının gerekeceği anlaşılıyor.

Irresistible, Ocean ve Bouvet battı! Diyorlar ki, Bouvet, banyoya fırlatılmış bir fincan tabağının kayarak batışı gibi, denizde kaybolmuş. Inflexible ve Gauloise ise çok ağır yaralılar.

H.M.S. FRANCONİA GEMİSİ

19 Mart 1915

Dün gece H.M.S. Phaeton'dan ayrılıp, H.M.S. Franconia'ya geçtim. Bugün, çeşitli konuları belirlemek için çok yoğunuz. Kurmayların dilinde bir sürü kelimelerle renklendirilmiş mayın harekâtı ve denizcilerin sahip oldukları şans anlatıldı! Karşı karşıya kaldıkları kötü talihe şaşmamak elde değil, o derece kötü bir şanssızlıktı ki, gerçekte bin kere geçilse olamazdı. Böyle diyorlardı.

Denizciler, Türk tahkimatlarını, bataryalarını tahrip ettiklerini ilân ettiler ve üç kelimeyle çok büyük plânlarını uygulamaya koyuldular.

"Tam yol ileri!" Sonra beceriksiz diplomatların etkileriyle sanıldı ki, "Gordion'un Kördüğümü" örneği, yaşlı Türk devleti, bıçakla kesilmiş gibi ikiye bölünüp dağılıverecek... Arkasından hangi mayınların akıntıyla sürüklenip düze çıkacağını beklemek zorunluluğu doğru, fakat bu gidişle Amiral de Robeck ve plânları önümüzdeki hafta ya da daha sonraları bomba gibi patlayacak! Subay salonlarındaki söylentileri bunlar.

18 Mart 1915 akşamı, Lord Kitchener'e, yaptığım arazi keşfi

ile Amiral de Robeck'in deniz harekâtı hakkında bir mesaj gönderdim. Gözlerimin önünde olan olaylar konusunda hâlâ bir resmî raporun bulunmadığını söylemeli miydim? Bir zamanlar savaş gemilerimiz tarafından zorlanınca hemen geçilivereceği sanılan Çanakkale Boğazı'nda sonucun nasıl olacağını en yakın bir gözlemle belirlediğimden söz etmemeliydim! Askerlerimiz karadan bu harekâta katılsalardı, yalnız tahkimatları, top mevzilerini değil, geliştirecekleri ileri harekât ile Çanakkale Boğazı'nı donanmaya açıverirlerdi...

Yetkili olarak, gerekiyorsa benim talimatıma göre, hareket edilmesi için Amiral de Robeck'e bir mesaj daha yolladım ve dedim ki, eğer birliklerini Çanakkale Boğazı'nın top menzili dışına çekebilirse, en iyi liman olarak gemilerini İskenderiye'ye çekmesini isterdim ve orada birlikleri boşaltıp tekrar yeni bir durum için gemilere bindirirdim. Bana çok siyasal bir cevap vererek, birlikleri tahliye işleminin, "Birkaç güne kadar", yani saldırı tazeleyinceye kadar geri kalacağını bildirdi.

Kutlarım amiralim! Hâlâ gemilerinizle Çanakkale Boğazı'nı birkaç gün gecikme ile geçebileceğinizi sanıyorsanız, nakliye gemilerindeki bindirilmiş birlikler, hayvanlar, ölmektedir. Uygulama olarak, İskenderiye'ye çekilmekten başka olanak kalmamıştır.

Komodor Wemyss, ardından bir yazı gönderdi. İlk kez üç geminin kaybedildiği resmî bir yazıyla bildiriliyordu:

"Sayın General

Ekte gönderdiğim mesajı Amiral de Robeck aracılığıyla teslim aldım. Hâlâ felâket kelimesini kullanmanın çok ağır bir söz olduğu ümidindeyim. Çünkü verilecek yargı, başardığımız şeylerin sonucuna bağlıdır. Aldığım bir diğer işaret haberi ile Ocean'ın da battığını öğrendim ki, bundan kesinlikle eminim. Dub-

lin zırhlısı ile hemen ayrılıyorum ve bu gece tekrar döneceğimi ümit ederim. Bu durum elbette Amiral de Robeck'in isteğine bağlıdır. Albay Boyle, mektubumu size getirecek ve emrinizi bekleyecek. Yokluğumda kendi kıdemli deniz subayıdır.

Saygılarımla
Amiral R. Wemyss

Amiral de Robeck'in Amiral Wemyss'e gönderdiği mesaj ise şöyleydi:

"Amiral de Robeck'ten
Kıdemli Deniz Subayına - Mondros Limanı
18 Mart 1915
Yarın benimle görüşmek üzere Bozcaada'ya gelmenizi rica ederim. Bugün gerek yüzen mayınlardan, gerek kıyılara konulmuş torpil kovanlarından atılan torpil alarak batan gemilerimiz dolayısıyla, kötü bir gün yaşadık. Irresistible ve Bouvet zırhlıları battı. Ocean zırhlısı su üstünde, fakat batmak üzeredir. H.M.S. Inflexible mayına çarpıp ağır hasar gördü. Gauloise zırhlısı top ateşiyle ağır hasara uğradı. Diğer gemilerde önemli bir yaralanma yok ve tahkimatları tahrip ettik."

H.M.S. FRANCONİA
MONDROS LİMANI

20 Mart 1915

Fırtınalı bir hava. Mondros limanının içinde bile deniz çok kötü. Kıyı ile bağlantımız kesik.

Dün gece yeni uyumuştum ki, Lord Kitchener'den kısa ve açık bir karşılık aldım. Diyordu ki:

"Biliyorsunuz, benim görüşüm, Çanakkale Boğazı denizden

zorlanacak ve Gelibolu Yarımadası'nda birlikleriniz tarafından yolumuzun açılması için geniş bir kara harekâtı gerekecek, bu harekât yerel savunma sisteminin dikkatle incelenmesinden ve değerlendirmesinden sonra yerine getirilmelidir."

Lord Kitchener'in karşısındaki kişinin Amiral de Robeck olduğu açıktı.

H.M.S. FRANCONİA

21 Mart 1915

Amiral Wemyss ve General d'Amade ile konuştum. Wemyss, donanmanın bir engel tanımamasını ve mümkün olan en kısa zamanda yeniden harekete geçmesini savunuyordu. Bu konuda kesin bir görüşü vardı. Çanakkale Boğazı'nda üst rütbeli bir subaydı ama, yalnız bir asker gibi düşünüp, "Önce savaş, sonra rütbe" diyordu.

19 Mart 1915

Amiral de Robeck'in Queen Elizabeth'ten gönderdiği mektup yeni elime geçti:

"Adamlarımız çok iyiydi ve mayına çarpıp batan Bouvet zırhlısı ile sulara gömülen 100'den fazla denizci dışında, kaybımız, Tanrı'ya şükür, çok az.

Bir gece önce taranıp, temizlendiği söylenen ve rapor edilen alanda gemilerimiz nasıl oldu da mayınlara çarptılar anlayamadım. Ancak Çanakkale Boğazı'nın yukarılarından akıntıya bırakılan mayınlar hariç, bunlar için bir şey diyemem. Gemilerimizi kaybetmiş olmaktan dolayı üzgünüm ve onları hatırladıkça yüreğim sızlıyor ama bir şey başarmak zorundayız, ya bütün tehlikeleri kabulleneceğiz ya da zaferden vazgeçeceğiz. Hepimiz ikinci bir, "İleri" emri için hazırız, ne ezildik, ne de maneviyatımız kırıldı. Kalelerde ve tahkimatlarda büyük patlamalar meydana getirdik ama hasar ne derecede, kestirmek çok zor!"

H.M.S. FRANCONİA

22 Mart 1915

Sabah saat 10'da Queen Elizabeth'de yeni bir konferans amacıyla toplanıldı. Oturumda şu kişiler bulunuyordu:
Amiral de Robeck
Amiral Wemyss
General Birdwood
General Braithwaite
Albay Pollen
ve Ben.

Oturum açıldığı zaman Amiral de Robeck bize seslenerek, "Artık kara birliklerinin desteği olmadan Çanakkale Boğazı' nın aşılamayacağına kesinlikle inandığını" söyledi.

General Braithwaite, Birdwood ve ben, Queen Elizabeth zırhlısına daha önce geldiğimizde, biz karacıların düşünceleri ne olursa olsun, denizcilerin yapacaklarını söyledikleri görevleri yerine getirmeleri için, onları serbest bırakmalıyız, kararını vermiştik. Kara harekâtı ya da amfibik çıkartma harekâtı konusunda denizciler bize soru soruncaya kadar şu ya da bu şekilde konuşmada bulunmadık, sustuk ve "Yalnız filoyla Çanakkale Boğazı'nı zorlayıp geçeriz" sözlerini bıraktıkları ana kadar bekledik.

Ne var ki, ağır bir darbe yedikten sonra geri çekildiler ve bize de söz hakkı verdiler.

Hamilton ve de Robeck

Bir görüşümüz vardı kuşkusuz. Amiral de Robeck'in ve benim kurmay heyetim, binlerce tonluk gemilerin mayınlara raslaması işinden hoşlanmadılar. Kuşkucular her zaman puslu havada iş görmeyi seçerler. Onların yüzünden etkin gücümüzden üç gemi eksildi, battı. Donanma, Çanakkale Boğazı'nı geçerken, mayınlara çarpan bir savaş gemisi de olabilirdi, bir değil, iki de olabilirdi. Şeytan, çıkarma birlikleri ile dolu nakliye gemileri için bir önlem düşünmemiş miydi acaba? İkmal gemilerimiz ve kömür gemilerimiz de mayınlarla batmış olamaz mıydı?

Amiral de Robeck'in itirafından sonra tartışmayı gerektirecek bir durum kalmadı. Hemen kara haritası açıldı, dikkatler o yöne çevrildi. Baştanbaşa plânlardan, çizimlerden oluşan bir çalışmaydı bu. Başka nasıl olabilirdi? Alman yöntemine göre düzenlenmiş Gelibolu çıkartma harekât plânları, düzeltmeleri yapılmış biçimde, cebimde olmalıydı. İngiliz yöntemi Gelibolu Yarımadası çıkartma plânına gelince, biraz karanlık kalmış bilgilerle dolu olduğundan, ateş altında kendim değerlendirmeler yapıp haritaya notlar eklemiştim. Hâlâ yaver ve yardımcı generalden yoksunum, lojistik ve ikmal işlerini plânlayacak general ile sağlık başkanım basit bir soru ortaya atarak, ordunun Limni adasından mı, yoksa İskenderiye'den mi harekete geçeceğini öğrenmek istediler.

Limni adası, görüşlerime göre, uygulama olarak olanak dışı bir yerdir. İskenderiye'yi Braithwaite'in önerileri ışığında ve harita üzerindeki çalışmalarına dayanarak kararlaştırdım. Hemen hemen inanılmaz gibi gelir ama, danışman bir karargâhtan yoksunuz, fakat aydınlatıcı ve yön verici temel konularda hızla karar vermek zorundayız ve zamanın darlığı bizi son derece sıkıştırıyor.

Lord Kitchener'e, sonuç olarak, bir mesaj çektim. Limni adası kesinlikle gözden çıkartılmalıdır. Birliklerimi İskenderiye'ye gönderiyorum, bu amaçla önceden verilmiş bütün kararları iptal ettim. Ardından, istihkâm uzmanları, bombalar, el-bombaları, dürbünler, siper havanları gönderilmesi için de bir mesaj çektim. Tekrar, her şeyin Kitchener'in düşündüğünden çok ağır bir şekilde geliştiğini görüp yüzümü kızartarak, Kitchener'in öfkeleneceğini bile bile fazla adam ve General Birdwood'un Yeni Zelanda tümenini takviye etmek üzere, Mısır'a bir Gurka Nepal Tugayı gönderilmesini istedim. Sonuncusu ve en kötüsü, Savunma Bakanlığına nakliye araçlarının ve hayvanlarının yanlış bir düzenle, bir sisteme dayanmadan, gemilere gelişigüzel yüklenmiş olduğunu yazdım ve onların boşaltılıp tekrar ve bir plân içinde yüklenmesi gerektiğini bildirdim. Çünkü, örneğin içme suyu taşıyan arabaların hepsi bir gemiye yüklenmişti, bu arabaların atları ise başka bir gemideydi; topların hep-

Türk askerleri Çanakkale yolunda

si bir tek gemiye doldurulmuştu, namlu uskuncaları vb. aksamları bir diğerine, siper açma aletleri de aynı. Hani atları taşıyan gemi kıyıya ulaşsa da, arabaları taşıyan gemi batsa, elimizde bir sürü hayvan kalacak, fakat çekeceklerinden yoksunlar.

Bu noktalardan, konferans sırasında söz ettim. Benim haber alma personelimin öğrendiğine göre, Çanakkale Boğazı'ndaki Türklerin kuvveti, Gelibolu Yarımadası'nda mevzilenmiş ve 40.000 kadar idi. Yedek birlikler ise yaklaşık 30.000 olup Bolayır'daydılar. Boğazın Asya yakasındaki kuvvetleri ise en az bir tümen ya da birkaç tümendi. Savunma Bakanlığının, donanmanın topları ile bile Çanakkale Boğazı'nı girişten başlayarak, ateş altına alıp her iki yakayı tarayacağı görüşü, yalnız kuru bir gürültü, temeli olmayan boş bir lâftı.

Kozumu joker olarak açtım. Bu pürüzlü sorunun çözümü için aklımdan pek çok düşünceler geçiriyordum ki, çözüm yolu, sonunda yerini buldu. Denizcilerden birkaçı, tezgâhlarda layterlerin yapılmakta olduğunu, belki de bir kısmının tamamlandığını söylediler. Açıklamalarına göre, bu layterler Kuzey Almanya kıyılarına yapılacak çıkartma amaçlarına göre plânlanmış ve yapılmalarına geçilmişti; her layter 500 kişilik bir birlik taşıma kapasitesine sahipti; dizel makineli ve mermilere karşı dayanıklı zırh gövdeliydiler. Eğer Winston Churchill'den bir izin koparıp, o tekneleri sağlayabilirsek, çıkartma harekâtı, çocuk oyuncağı kadar kolaylaşacaktı. Fakat mesaj oysa doğruca Winston Churchill'in eline ulaşmalıydı. Tersi durumda Birinci Deniz Lordu Amiral Fisher'in eline geçerse, plân işi suya düşerdi. Dediklerine göre, Lord Fisher halen eski tasarı üzerinde kafa yormaktaydı.

Kişisel çekişmeler beni Winston Churchill'e mesaj göndermekten alıkoydu. Kitchener ile Winston Churchill arasında, Kitchener'in kaplanlaşmış kıskançlığını görmemek olası değildi. O halde ne yapabilirdim? Layter isteği için Amiral Fisher'den çekindiklerinden ötürü, denizciler Churchill'e yazmaya cesaret edemediler. Sonuçta yine Lord Kitchener'e başvurdum.

"Düşman ateşi altında yürütülen harekâtımızın en hayatî olduğu kadar, en kritik yönü, karaya asker çıkartma işlemidir. Eğer, Amirallik Dairesi bizim amaçlarımıza uygun 20 - 30 layter yaptırır ve emrimize verirse, güçlükler ve asker çıkartma işlemindeki süre, bu durumda en azından yarıya inecektir. Her layter 400 - 500'er ya da 30 - 40 hayvan ve diğer malzemeyi taşıyabilmelidir. Aynı zamanda mermilerin delemeyeceği şekilde zırh bordalı olmalıdırlar."

General Birdwood dışında, herkes aynı düşüncede idi. Birdwood ise, gönderdiğimiz mesajda layterlerin nitelikleri konusunda pek çok istekte bulunduğumuzu, bu durumda layterler yapılamayacağını söyledi. Ona göre, çıkartma harekâtı en kısa zamanda ve elimizden geldiği kadar bütün olanakları kullanarak yapmalıydık. Oysa görünüşte, bütün girişimlerden vazgeçmiştik. Kendine cevap olarak:

"Evet, denizciler de benimle aynı düşüncedeler, Amiral de Robeck ve Amiral Wemyss ile konuştuğumuz üzeredir, gerçeği onaylarım" dedim.

General Birdwood kendi için belirsiz olan bu konunun aydınlandığını söyledi ve karşı düşüncede olan kimse kalmadı.

Gerçekte pek çok olasılıkları düşünmüştüm. Benim kişiliğimde olan birinin içinde güç tutulabilen bir duygu, "İlerle ve batan savaş gemilerimizin intikamını hemen al" diye kaynıyordu. Yarın gece Alçıtepe'de olmalıydık. Bir gün yerine on gün neye bekleyecektim? Fakat bir harekâtın en belirsiz ve ince hesap isteyen yönü, karaya asker ve malzeme taşıma aşamasıydı. Çıkartma gemilerim yoktu, birliklerin sayısı istediğimin yarısı oranındaydı, yaralanacakları güvenli bir alana nakledecek, tedavilerini yapacak sahra hastaneleri düzeninden yoksundum. Bir de 29. Tümen, bizlerden çok uzaklardaydı ve üç haftadan önce de buraya gelemezdi.

Hepsi aynı, hemen harekâta başlama şansını kaybetmekle, Türklerin fırsat kolladıkları bu anı geciktirdiğimiz için belki de şanslıydım. 29. Tümeni beklemeliydik.

H.M.S. FRANCONİA

23 Mart 1915

Sabah saat 9'da General d'Amade ve kurmay heyeti gemiye geldiler. D'Amade dün Fransız gazeteleriyle olan toplantı nedeniyle yoğundu. Hazırlıklarımı ve Lord Kitchener'e yolladığım son mesajı kendisine gösterdim. Bu mesajımda, *"Fransız birlik-*

leri komutanı, birliklerimizi İskenderiye'ye çekmek konusunda aynı düşüncededir ve en iyi çözüm yolunun bu olduğuna inanmaktadır. Ancak Fransız hükümetinin onur anlayışından dolayı, Çanakkale Boğazı önüne gelip, geri çekilmeye tek başına karar vermeyi pek istememektedir. Fakat Fransa hükümeti kendisine emir verdiği zaman, bu karara uymaktan hoşnut olacağını söyleyebilirim" demiştim.

General d'Amade, görüşünün tam anlamıyla dile getirilmemiş olduğunu söyledi. Düşüncesi şuydu: Donanmanın Çanakkale Boğazı'ndaki yenilgisinin hemen ardından birliklerin geri çekilmesi, Balkanlara yayılacak ve moral yıkıcı bir etki yapacaktı. Fakat uygulamada birliklerin geri çekilmesinden başka çözüm yolu yoktu ve bu en kolay çözüm yoluydu. General bu noktada aynı düşüncedeydi; gemilerdeki hayvanlar ölür, askerler balık istifi gibi, çok kötü koşullar içinde bekleşirken, Mondros limanının bir harekât merkezi olması, doğal koşullar nedeniyle olanaksızdı. Yani mesajım, General d'Amade tarafından da onaylanmıştı.

Saat 10'da General Birdwoodla birlikte 3. Avusturalya Tugayı 9. Taburunu denetlemek için Limni'ye çıktık. Birliği sıkı bir denetimden geçirdim, hatta tabura ilerideki değirmenlere hücum etmeleri emrini bile verdim. Görevlerini gereğince yaptılar ve hiçbir zaman hayal dünyasının Don Kişotları gibi değirmenlere saldırmadılar. Görevlerini tamamen kavramıştılar.

Öğleden sonra gemilerinden bir kısmı Mısır'a doğru Mondros limanından ayrıldı. Birliklerin yanlış bir yönde uzaklaşması kötü bir şeydi! Ama madalyonun öbür yüzü daha parlaktı gerçekte. Askerlerimiz gemilerde iki kere eğitim yapmış oluyorlardı ve 29. Tümenle takviye edilinceye kadar, deniz koşullarına karşı bağışıklık kazanacaklardı. General d'Amade'in dediği gibi, "Fransız birlikleri İskenderiye'de İngiliz arkadaşlarıyla ortak eğitim yapma şansını bulacak ve ortak düşmanlarına karşı, omuz omuza dövüşme eğitimlerini sağlamlaştıracaklardı. Aynı şekilde, birlikler ve silâhlar hazır olunca, iyi hazırlanmış düşmanımız Türkleri çok daha hızla püskürtecektik."

General Braithwaite, öğleden sonra Lord Kitchener'e çekilmek üzere dünkü toplantı konusunda hazırladığı mesajın karalamasını getirdi. Okudum ve uygun buldum. Bu mesajda, *"Başarılarımızın kusursuz olabilmesi için, temel ögeler hazırlanırken, birliklerin yerleşme yerleri gibi, taşınmaları, en az önem taşıyan konular değillerdir, tersine plânlarımın başarısı geniş ölçüde bu konulara dayanmaktadır. Bu amaçla, birliklerimizin eğitimi için, uygun bir alan belirlemek üzere İskenderiye'ye hareket ediyorum. Amiral de Robeck, yokluğumda, donanması ile Türkleri oyalayacaktır"* notu vardı.

H.M.S. FRANCONİA

24 Mart 1915

General d'Amade ve kurmay heyeti sabah saat 10'da gemiye geldiler. Hemen ayrılıp, İskenderiye'ye hareket etmek isteğinde olan general ile konuştum. Sancak gemisinden Komodor Roger Keyes onun ardından geldi. Komodor Roger Keyes, savaş gemileri, kruvazörler, torpidobotlar, muhripler, denizaltılar ve diğer gemiler, kara birliklerinin dönüşünü beklemek zorunda oldukları için sanki hastaydı... Çok güzel, demek o kadar kör değilmişiz! Lord Kitchener gönderdiğim mesajı beğendiğini bildirmişti. Kanımca şu görüşleri kabul ediyordu, donanmanın mayın alanlarını koruyan hafif topları susturmasını beklemek yerine, kara ordusu, Türklerin gezici topçu bataryalarını kesinlikle havaya uçurmalıydı. Ardından mayın tarama gemileriyle, mayın alanlarının temizlenmesi işlemine geçilebilirdi. Bununla birlikte, Amiral de Robeck, bizim yokluğumuz sırasında mayın tarayıcı gemiler konusunu çözümleyecekti. Bir kere, Komodor Keyes, donanma gemilerinin kale tahkimatı gerisinde mevzilenmiş sabit bataryaları tahrip edebileceğine inanıyordu, o halde adı geçen top bataryaları hesaptan silinince, mayın alanlarının taranması işi çok kolaylaşacaktı.

General Braithwaite'e aydınlatıcı ve cesaretlendirici şu sözleri eklemekteydi:

"18 Mart günü, kısa birkaç saat içinde donanmanın Çanakkale Boğazı'nı zorlayıp geçebileceğine, sancak gemisi Queen Elizabeth zırhlısı ile, Ocean ve Irresistible zırhlılarını kurtarmak için geri döndükleri sırada, hiç inanmıyorum."

Komodor Roger Keyes, Amiral de Robeck'ten çok önemli noktaları içeren bir mektup getirmişti:

H.M.S. Queen Elizabeth
24 Mart 1915

Sayın General,
Aldığım bilgilere göre, anavatandaki yetkililer size acele bir telgraf göndermektedirler. Hiç kuşkusuz, aynı şeyi bize de yollamaktadırlar. İşlerimiz ağırlaştırılmış ve daha dikkatli olmaya yönlendiriyorsak, bu kesinlikle daha iyi sonuç almak içindir. Yönetim bu nokta üzerinde duruyorsa, acele etmenin yenik düşmeyi kabullenmek demek olduğunu da anlamalıdırlar. Benim görüşüme göre, başarılı bir işbirliği ve organizasyon, gelecekte karşılaşacağımız sorunların çözümü için çok önemli demektir. Büyük bir zafer, küçük bir sonuçtan ve küçük işlerle uğraşmaktan çok üstündür.
Sizinle aynı düşüncedeyiz ve kuvvetlerimizden herhangi bir

Cephede Türk topçusu

yardım istemekte bize güvenebilirsiniz. Sizi oyalamayacağız.

Saygılarımla
J. M. de Robeck"

Saat 11.15'te Queen ve Implacable dretnotları ile yeni Limni adasına varmış olan Amiral Thursby selâm görevini yerine getirmek için geldi. Onunla Malta adasında birlikte çalışmış ve Marsa Klübü'nde çok tenis oynamıştık. Hatta o maçlar sırasında ikimizin de sinir kasları kopmuştu. Birliktelik örneği!

Lord Kitchener'e şu anlarda İskenderiye'ye doğru hareket etmekte olduğumu bildiren bir tel çektirdim. Kitchener, İskenderiye'ye kesin varış günümün 29. Tümenin gelişi ile aynı güne rastlamasını istemişti. General Birdwood'un Avustralya birliklerinin topçulukta çok zayıf olduklarını belirtmiştim. Deniz tümeni de aynı durumdaydı. Bu zayıflık 29. Tümenin topçusunu çok gerekli duruma getiriyordu. Bununla birlikte şunu da eklemek isterim ki, bir piyade tümeninin topçuluk alanında zayıf olacağı zaman değildi, fakat General Braithwaite'in yapıcı önerileri sorunu çözümletti. Konferans sırasında söylediğim gibi, General Birdwood kuvvetleri, yarımada üzerinde hayranlık toplayacak başarılar sağlayacak şekilde görev yapmalıydılar. Görüşlerimi Komodor Roger Keyes'e yönelterek:

"Amiral, umarım, donanma personelinin moralinin geçen olaylardan bu yana tekrar yükselmiş görünmesinden memnundur. Güvenmeleri gereken bir konu varsa, bu telgraf metni ile düşünce birlikteliklerini açıklamış olmalarıdır" dedim.

Komodor Keyes, söz ettiğim telgrafın bir örneğini Amiral de Robeck'e gösterecekti. Telgrafı çekmeden önce bir saat kadar bekleyecek ve bir karşılık almazsak, Amiral Robeck'e, onaylamak anlamında götürecektik. Kuşkusuz, eğer yapılması gereken son cümle ile aynı düşüncede değilse, Amirallik Dairesine kendi görüşlerini bildirecekti.

Ardından Doughty Wylie'yi Atina'ya istihbarat bilgileri sağlamak amacıyla gönderdik. Telgrafımız bahriye makamlarınca onaylandı, uygun bir şekilde cevap verildi ve donanma demir almakta!

H.M.S. FRANCONİA
DENİZDE

25 Mart 1915

Hava çok güzel, deniz sessiz durgunlukta ve cezirle yavaş yavaş kıpırdanıyor. Lord Kitchener ve Bay Asquith'e yazıyordum. Bay Asquith aklıma bir fikir getirdi. Başbakana yazmayı düşündüm, fakat benim âmirim Lord Kitchener'di. General Braithwaite'le uzunca konuştuk. Benim sorumlu olduğum kişinin

Lord Kitchener olduğu, bu nedenle yine sorunun çözümü için yazımın Kitchener'e gideceğini bana hatırlattı. Gerçekten, Hintli Gurka Tugayına gereksinim vardı ve Kitchener'den bir istekte bulunmak, kaplanın ağzından et parçasını almaya benziyordu. Batılılar, Gurkaları pek sevmezler ve kısa boylu olduklarından siperlerde alçakta kalır, bir sürü sorun yaratırlar. Fakat bu sakıncaları ileri sürmek yersizdi ve isteğimde direndim.

Yeni Zelanda Tümeninin takviyesi gerekiyordu ve Gelibolu Yarımadası savaşları için bu gerekti.

Kitchener'e yeniden yazdım:

"Tahmin edeceğiniz gibi, Mısır'da tuttuğumuz kuvvetlerin önemli bir şekilde zayıf olmaları nedeniyle sizden herhangi bir şey istemiyorum. Fakat, hatırlarsınız, General Birdwood'un birliklerinden dört tugay, eski Firavunlar ülkesinin korunması için geride bırakılıyor. Mısır, diyebilirim, askerî birliklerle dolmuş bir durumda, oysa tersine her küçük Gurka, Gelibolu Yarımadası'nda ağırlığınca altın değerinde denecek kadar gerekli."

Albay Fitzgerald'a genellikle bu anlamda bir mektup yolladım:

"Biz Gurka Tugayını Mısır'dan almaya çok istekliyiz. Bize elinizi uzatacağınıza, yalnız bize değil, bütün Hint Ordusu Sikh ve Dogra alaylarınızın yalnızca göstermelik birlikler olmadıklarını Lord Kitchener'e kanıtlayacağınıza inanıyoruz.

Karşımızda uyuşturulmuş bir millet, sıcak güneş altında, ezelden beri düşmanlık aşılanarak kışkırtılmış ve "Allah" nidalarıyle daha fazla sevap almak için saldıranlar var. Şimdi düşününüz, Hintli birliklerin İstanbul için ayrılmasını uygun görüyorsanız, Lord Kitchener'i inandırmak için ne gerekse yapınız."

H.M.S. FRANCONİA
PORT-SAİT LİMANINDA

26 Mart 1915

Öğleden sonra saat 15.30'da Port-Sait'e vardık. Makam otomobilimle Kahire'ye hareket ettim ve Londra'dan gönderilmiş yazıları okudum: "Mermilerin etkilerine karşı zırhlı layterler sağlanamadı. 29. Tümenin topçu birlikleriyle ayrılmasında tamamen aynı düşüncedeyim."

Hintli Gurka birliklerinden hiç söz yoktu. Lord Kitchener'den gelen cevap bu idi.

Gece 10'da Kahire'ye vardım ve General J. G. Maxwell ile buluştum.

KAHİRE

27 Mart 1915

Mısır Sultanı Kral Fuat hazretlerini Abidin Sarayı'nda ziyaret ettikten sonra, akşam 16.15'e kadar karargâhta çok yoğun çalıştım. General Maxwell'in akşam yemeğinde bulunmak üzere ayrıldım. Davette General Birdwood, General Godley, General Bridges, General Douglas, General Braithwaite ve ben bulunuyorduk.

KAHİRE

28 Mart 1915

Doğu Lanceshire Tümeni ile Westminster Dragoons ve Herts'den oluşan Yeomanry Tugayını denetledim. Maxwell'in son derece eğitimli birliklerini kıskanmamak elde değil.

Abidin Sarayı'nda Kral Fuat tarafından büyük bir öğle yemeği verildi. Hükümet üyelerinden çoğu davette hazırdılar. Sultan, Fransızca konuştu, çok saygılı ve dost olduğu kadar da zeki bir görünüşü vardı. Benimle sohbet ederken, Çanakkale Boğazı'ndaki Türk tahkimatının kesinlikle geçilemez güçte olduklarına inanmamı istedi. "Kesinlikle" ve "geçilemez" kelimeleri beni çok etkilemez. Bunlar insanların kendi kanılarıdır. Nüfuz edilemeyen hiçbir şey yoktur. Ben de, "Kesinlikle eminim" dedim. Ama Ekselansları Sultan hazretlerinin bana o şekilde konuşmaları için hiç neden yoktu!

İSKENDERİYE
PALACE OTEL

29 Mart 1915

Saat 21.30. Mena Kampında, önce Avustralya kıtalarının denetimine başladımsa da, gözleri kör eden kum fırtınası yüzünden güçlükle karşılaştım. Fırtına tam geçit resmi sırasında başladı, fakat sonra piyadeleri kapalı kışlalarında denetlemeye devam ettim ve yüzlercesiyle konuştum, sağlık durumlarıyla yakından ilgilendim. Denetlediklerimin çoğu ülkelerinden bir yıl önce ayrılmışlardı, fakat savaş çağrısına uymuş, askerlik şubelerinde elbise giymiş ve doğru birliklerine gönderilmişlerdi... Sonra birlikler arkalarında sarı toz bulutu bırakarak ve geniş taburlar olarak kamplarına döndüler.

Denetlemelerimi, topçu, istihkâm ve süvari birliklerini, bunlardan sonra ikmal ve sağlık birliklerini görerek tamamladım. Bu iş çok zamanımı aldı ve 25-30 kilometrelik bir bölgeyi otomobil ile gezdim.

Lord Kitchener ve Sir William Robertson savaş hazırlığında

İkinci aşamada Heliopolis'te yerleştirilmiş Avustralya ve Yeni Zelandalı karışık birliklerin denetlemelerini yaptım. Bu birlikler General Godley'in komutasındaydı. Arkasından İskenderiye'ye dönmek üzere yola çıktım, şehre vardığımda saat 16.15 olmuştu.

General d'Amade, iki Fransız subayın karargâhıma atandığını bildirip onları bana tanıttı. Çok iyi arkadaşlara benziyorlar. Hunter-Weston bu sabah gelmiş, nakliye gemilerinden ilk konvoy limana vardı. Fransız birliklerini dört gün sonra denetleyeceğim. General Hunter-Weston'un 29. Tümeninin denetimini beşinci gün yapacağım. Komutanlardan hiçbiri, her nakliye gemisinin ne kadar zamanda boşaltıldığını daha belirleyemezdi. Bir geminin gelişigüzel yüklenmesi, sistemli yüklemeye oranla, üç katı zaman alıyor.

İSKENDERİYE

30 Mart 1915

Lord Kitchener'e bir mektup yazdırttı, kimi zorunluklar, onu üzeceğini bildiğim halde beni yazmaya zorluyor. Çünkü bu konunun benim için büyük sorumluluk taşıdığını biliyorum. Yalnız bir özellik var: Kitchener, verebileceğinden çoğunu istemediğimi bilir. İsteklerimi en aşağı düzeyde tutacağıma kendisine söz vermişimdir. Fransa'dan ve Flanders'ten hiç cephane isteğinde bulunmadım, ama cephaneye gereksinimim var! Yakın bir yerlerde, bir cephane deposu vardır.

İSKENDERİYE

31 Mart 1915

Otomobil çok ağır ilerliyor ve yolda not tutuyorum. McMahon'un Mısır basınına açıkladığı bazı bilgiler, kararlarımız, asker sayısı vb. konusundaki sözlerden ötürü, serzenişte bulundum. McMahon'un yaptıkları inanılır gibi değildi. General Maxwell de onun tutumunun açıkça zarar verici olduğu inancındaydı. Bir, iki gündür hedefimizin Türkler olduğu yazılıyor, söyleniyordu. Bu nedenle McMahon'a aşağıdaki mektubu yazdım:

Genel Karargâh
18 Caied Gohar Caddesi
İskenderiye   *31 Mart 1915*

Sayın Yüksek Komiser,
Bir iki sabahtır Egyptian Gazette gibi yerel gazetelerde Fran-

sız birliklerinin varışı ve açık kaynaklar bildirilerek, kuvvetlerimizin Gelibolu'ya yönelik hazırlıkların ardından çıkartma amacıyla hareket edeceğine ilişkin haberler yayınlanıyor. İçtenlikle belirtirim ki, bu haberler aracılığıyla, gerçek hedefimizi saklayıp Türklerin akıllarını yanlış hedeflere yöneltebiliriz, ama şimdi kuşkuluyum. Gazetelerin neden olduğu yayınlardan ötürü Türkler, yöntemlerimizi çok iyi biliyorlar."

Aynı zamanda harekâtımız konusunda Türkleri şaşırtıcı haberler yayınlamak çok önem taşıyordu. Bu amaçla Lord Kitchener'e şu mesajı gönderdim:

"Mısır basınında belki bir amaca dayanarak, belki de düpedüz bir düşüncesizlik olarak Fransız ve İngiliz birliklerinin İskenderiye'ye varışları ve Gelibolu Yarımadası'na çıkartma yapmak üzere hazırlandıklarına ilişkin çok açık haberleri ve görüşleri içeren yazılar yayınlanıyor. Eğer gerçek hedefimizi, örneğin İzmir gösterip bu yönde bazı söylentiler çıkartırsam, herhangi bir siyasal sakıncası olabilir mi?

Telsiz mesajını kapatmadan önce, bu konuda ayrı düşüncede olmadığına inanmak isterim. Söylentileri yaymak bakımından her türlü örgüte ve kolaylığa sahibim. Bu işi kendi haber alma kolum kanalıyla yapmayı isterim. Çünkü siyasal makamlardan yayılacak haberlere oranla, askerî birliklerden sızan söylentiler daha az sır götürür, daha çok saygınlık görür.

Lütfen bana bir cevap gönderir misiniz?
Saygılarımla

Ian Hamilton"

Lord Kitchener'e bu konuda telsiz mesajıyla haber vermemdeki amaç, şu ya da bu şekildeki söylentilerle yaydıracağım çıkartma yapılacak yer adının, siyasal yönden bir sakınca ya da çatışma yapmasına engel olmak içindi.

Dün, eğitim ve hazırlıklarla ilgili bir adım daha ilerlediğimizi eklemeyi unuttum. Hiçbir yere, belki de İstanbul'a yönelik hazırlık içindeydik... Doris, Winston Churchill'den Amiral de Robeck'e altı gün önce gönderilmiş bir mesajın kopyasını ve Amiral de Robeck'in ona cevabını içeren yazıyı getirdi. Amirallik Birinci Lordu Winston Churchill, ordu Mısır'da hazırlık yaparken, donanmanın Çanakkale Boğazı'na yeniden saldırıya geçip oradaki tahkimatı havaya uçurmasını istiyordu. Gerçek bir inançla, Queen Elizabeth zırhlısı ve ona katılacak filonun, Türk direnişini bir anda çökerteceğine inanıyordu. Bombardımandan sonra Lord Kitchener'in programına göre hareket etmeliydik. Çok iyi, hiçbir şey beni bu kadar hoşnut edemezdi. Biz birliklerimizi karaya çıkartırken, direnişle karşılaşmayacak olursak, bu bir taşla iki kuş vurmaya benzerdi, o zaman İstanbul Boğazı avcumuzun içinde demekti.

140 numaralı mesaj, olayı çok açık biçimde ortaya koyuyordu. Bana öyle geldi ki, Winston Churchill, tırnaklarını başına batırmış, denizcilerimizin sonraki görevini açıklarken, kara ordusuna bağlı olmadığını da belirtmek istiyordu. Bir diğer deyimle, donanma, biz hazırlık aşamasında iken, şiddetli bir saldırıya geçecekti. Başarı sağlayamazsa, ortak harekâtımızda yine plânlı olarak görevlerini yerine getireceklerdi... Meğer ki, tek başlarına saldırılarında Çanakkale Boğaz savunmasını susturabilirlerse.

Donanma kara askerinin kanının dökülmesine, enerji kaybına engel olacaktı. General Braithwaite ile birlikte Amiral de Robeck'in, neden biz İskenderiye'de hazırlıkla uğraşırken, yokluğumuz sırasında donanmayla Türkleri oyalamak istediğini şimdi, gönderdiği mesajlardan sonra anlayabilmiştik! Hiçbir şey denizcilerin gönüllü olduğu bu tutum konusunda beni inandıramazdı.

Winston S. Churchill
Birinci Dünya Savaşı yıllarında

İSKENDERİYE

1 Nisan 1915

Arcadian gemisi ile harekât karargâhımın ikinci yardımcı grubu geldi. Tanrı bile bu izini kutsayacaktır! Genelkurmay artık böylece en önemli konuyla, düşmanla gece gündüz uğraşabilir. Oysa nakliye birliklerinin, araçların ortaya çıkan çeşitli düzen ve disiplin sorunları bile, Avustralya, Yeni Zelanda ve 29. Tümen birliklerinin birleştirilmesi konusu istenildiği gibi çözümlendi. Biz, bu birliklerin yüklenme sorununu, izleyen üç gün içinde sonuca bağlamalıyız. Bundan sonra, Donanma Tümeninin Port-Sait'ten, Fransız Tümeninin de İskenderiye'den gemilere bindirilme konusu yoluna konulacak.

İSKENDERİYE

2 Nisan 1915

Bütün gün büroda çalışmak çok can sıkıcı bir şey. Bu gece acele görüşülmesi gerekli bir konu için Port-Sait'e hareket ediyorum.

Dışişleri Bakanlığından gelen bir telgraf metninde, sorumluluğum altına verilecek Rus Kara Kuvvetlerine bağlı birliklerin General Istomine komutasında olduğu bildiriliyordu.

Gece saat 23'de İskenderiye'den ayrılıp Port-Sait'e geldim. Bir Arap uşağın servis yaptığı kahvaltımı, sabah erken saatlerde alıp hazırlandım. Limanın yakınındaki geniş kumlu arazide büyük bir geçit resmi yapılacaktı. General Paris, beni karşıladı, kurmay heyetinden Olivant ve diğer subaylarla yürüdük. Birlikler geçit resminde çok başarılıydı, hatta birkaç ay önce İngiltere'de Kent'teki denetimimden daha iyi düzeydeydiler. Buna karşılık her tarafın kum oluşu, birlikleri zorlayan bir durumdu, kumlara gömülen ayakkabılar yüzünden sıraları tam bir çizgi şeklinde götürmek çok güçleşiyordu. Amiral Pierce ile yaveri Albay Burmeister de törenler sırasında bizimle birlikte bulundular.

Ardından birliklerin yerleştirildikleri kampı gezdik. Pek çok şey dikkatimi çekti. Arthur Asquith ve Rupert Brooke komutasındaki Howe taburlarını denetledim, ikisi de istenilenden uzak ve düşük düzeyde idiler.

Öğle yemeğini Franconia'da Plymouth taburundan Yarbay Matthews ve Binbaşı Mewes ile yerken sohbet ettik. Yemekte Binbaşı Palmer de vardı. Gözle görmenin, kulağıyla işitmenin, elleriyle dokunmanın sağladığı inanç ve gerçekleri anlama yeteneği, karşılaştırma kabul etmez derecede önemlidir. Karşımdaki üç subayın Gelibolu Yarımadası'nda yaptıkları kısa süreli keşif izlenimlerini, rapor halinde yazılı olarak beş haftada bitiremezsiniz. Yine de onların yaşayarak edindikleri bilgileri, kısa bir zaman içinde dinleyerek, Seddülbahir ve Kumkale konusunda geniş bilgi edindim. Bu bilgiler haritalardan, şuradan buradan toparlanıp derlenmiş belgelerdeki açıklamalardan çok daha üstündü. General Paris'in hazırlattığı incelemeler işime yaramamıştı, çünkü birinci elden çıkmış çalışmalar değildi.

Şimdi, gerçekten ilk ve son kez, Türkler ve toprakları hakkında gerçekçi bilgiler edinmek istiyordum. Görünüş pek ümit verici değildi, fakat Wolfe, sorunları suyun yüzünden bakıldığında görülen mavi renk kadar pürüzsüz sunuyor, Kurmay Başkanlığının plânlarına ya da haritalara bile gerek görülmüyordu. Türkler, yarımadanın kıyılarına yakın araziye bile mevzilenmişlerdi.

Matthews, Savunma Bakanlığının, "Türklerin Alçıtepe'nin güneyine geçmeleri olanaksızdır" biçimindeki durum değerlendirmesine güldü! Seddülbahir'de kıyıya yakın ilk evler boşaltılmıştı, ama arka sıradaki evler bile toprakla örtülmüşlerdi ve bu iş bir ay önce tamamlanmıştı. Memnunum ki, araziyi görür görmez, General Maxwell'e ve Methuen'e siperleri dövecek tipte havan toplarını sormuştum. Methuen ellerinde bu tip top olmadığını, fakat General Maxwell'in emrinde bir miktar top bulunduğunu bildirdi. Hiç yoktan iyi idi. Havan topları, donanmanın aşırma atışı yapamayan topları yerine, tepe gerilerini, siper ve tahkimat içlerini ateş altına alabilir nitelikteydi.

Port Sait'ten bir buçuk saat için ayrılıp Kantara'ya geldim. İstasyonda beni Hindistan'daki görev arkadaşlarımdan General Cox karşıladı. Kendisi Mısır'daki Hint birliklerinin komutanıydı. Süveyş Kanalı kıyısında öğle yemeğini yedikten sonra, Nelson, Drake, Howe ve Anson taburlarını kendi kışlalarında denetlemek üzere karşı kıyıya geçtik. Bu arada General Cox bir geçit resmi düzenlemek için çaba gösterdi. Hint Tugayı, General Mercer komutasındaydı. Denetimin ardından, 14. Tugay Sikh Bandosunun eşliğinde bir geçit resmi yaptı. Kimse, hatta bir asker bile, eski bir askere Kandahar Komutanı emrindeki Sikh ve Gurka birlikleri gibi, Hintli şövalyelerin Afgan Savaşı'ndaki büyük başarısının neler taşıdığını anlayamaz.

Denetleme sona erdiğinden yürüyerek karargâha döndük. Orada kimseye önceden haber vermeden, sezdirmede bulunmadan "Alarm" emrini verdim. Görevin yerine getirilmesi çok kolay oldu. Arkasından ana kampa döndük ve geçici olarak yerleştirilmiş birlikleri gördük. Bu birlikler:

Queen Victoria İstihkâm Taburu — Yüzbaşı Hogg Komutasında,

69. Pencabî Taburu — Albay Harding komutasında,
89. Pencabî Taburu — Albay Campbell komutasında,
14. Sikh Taburu — Albay Palm komutasında,
6. Gurka Tugayı, 1. Taburu — Albay Bruce komutasında,
29. Dağ Bataryası ve Bikaner Deve Müfrezesi — Binbaşı Bruce komutasında idiler.

Kalenin yerli subaylarıyla el sıkışarak vedalaştıktan sonra bir konuşma yapıp ayrıldım. 29. Dağ Bataryasının, Avustralya ve Yeni Zelanda Kolordusuyla birlikte Çanakkale Boğazı harekâtına ayrılmış olması beni çok sevindirdi.

Kalenin plâtformunu, savunma hatlarımızı ve arazi dürbünü ile Türklere hücum ettikleri tarafı rahatça gördüm. Neden bu kadar üstün kuvvetle düşmanı püskürtürken, perişan etmediklerini General Cox'dan sordumsa da cevaplandıramadı. Türkler çekilmişlerdi, hiçbir siper yoktu ve çölün bir sonu da yoktu aynı zamanda.

İskenderiye'ye dönerken trende, Hintli Gurka birlikleri istemek için yeniden yazmaya ve şansımı tekrar denemeye karar verdim. Resmî mesajım ve Gurka Tugayı konusundaki yazım kayalık bir yere rastlamış ve olumlu bir cevap alamamıştım. Ama sonuç ümit kırıcı idi. Oysa General Cox'la birliği, Süveyş Kanalı kıyısında tamamen harcanmış ve Çanakkale harekâtına katılmaya aşırı derecede istekli, bekliyorlardı.

Kitchener'e yazdırttığım mektubumda, Hintli birliklerde yaptığım denetlemeyi anlattım ve o birliklerin beni hayran bıraktığını, özellikle 6. Gurka Tugayının çok nitelikli olduğunu bildirdim. Gurka Tugayını Dağ Bataryasıyla takviye mümkünse emrime verilmesini tekrarladım ve General Cox'un bulunduğu çevrede çölün su stokunun hızla azaldığını ve su kaynaklarının kuruyup bir kısmının içilemeyecek derece tuzlu duruma geldiğini belirterek, önümüzdeki yaz aylarında durumun büyük önem kazanacağını ekledim.

Bu konuya bir ek yapmalıyım: Çanakkale Boğazı'nda ve Gelibolu Yarımadası'nda toplarımızın ve birliklerimizin şenliği başlayınca Türkler, çaldığımız havaya ayak uydurarak oynamak zorunda kalacaklar. Bu, Türkler için, İstanbul'u savunmak üzere geri çekilme havası olacak.

İSKENDERİYE

4 Nisan 1915

Büroda çok ağır, sorumlu bir gün geçirdim. Kitchener taktik sorunları üzerindeki önerilerini içeren bir mesaj göndermiş. Ona cevaben bir mesaj çektim ve "Size plânımı göndermeye gerek yok, çünkü daha önce yollamıştım. Yalnız, dikenli tel engellerini parçalamak için sahra toplarının ve otobüslerin yeter sayıda mermisi yoktur. İleride top ve tüfek mermisi için istekte bulunacağımı hatırlatmak isterim. Kraliyet Deniz Tümeninde halen her tüfek için yalnız 430 atımlık, 29. Tümen ise her tüfek için 500 atımlık mermiye sahip bulunuyor" diye gereksinimlerimizi açıkladım.

Mısır Yüksek Komiseri Sir McMahon'un 31 Mart tarihli mektubumu telefon konuşması sırasında cevaplandırdığını belirtmeyi unuttum. Kitchener'e yolladığım mesajdan hiç haberi yoktu, Egyptian Gazette'in yayınlarını da önleyemezdi, ayrıca savaş içinde bulunmadığımız Mısır'da tartışma ya da anlaşmazlık çıkartmamalıydı! Bir mesajla bildirmek yerine, neden telefonla çözmeye çalıştığını pek anlayamadım. Kendisinden özür dileyerek, olabilirse sözlerini, yazılı cevaplandırmasını istedim. Mısır, savaş alanımızın içindeydi ve Bay McMahon dilediğini yapabilirdi. Mısır basını, harekâtımız konusundaki haberleri tam ayrıntısıyla yazarak yayınlamaya devam etti. Ama durum o kadar açık yazıldı ki, Türklerin bu derece doğru haberlerden kuşku duymaya başladıklarını sanırım.

İngiliz birlikleri

İSKENDERİYE

5 Nisan 1915

Önce kahvaltı yaptık, sonra otomobille Victoria Kolejindeki Fransız Genel Karargâhına hareket ettim. Kolej binasına vardığımda, beni General d'Amade karşıladı. Avustralyalı atıma bindim, geçit resmini izlemek üzere ilerledik.

Tören yerine geldiğimizde, Fransız boru trampet takımının borazanları çok hareketli fanfar çaldılar ve onları trampetlerin karşılayış vuruşları izledi. Hiçbir ülkede bu kadar canlı bir geçiş töreni görülemez. Evet, Kleopatra'nın gözünü diktiği, Büyük Napoleon'un bile ele geçirmek istediği İskenderiye bugünlerde çok renkli gösterilere sahne oluyor. Fakat şehirdeki dedikodu düşkünlerinin General d'Amade tarafından hazırlanmış bu manzarayı izlediklerinden kuşku duyarım.

Doğunun güneşi altında Fransız askerlerinin üniformaları göz kamaştırıcı renklerde yansıyordu. Birliklere şekil veren, bence askerden çok ressam olmalıydı. Sarı renkli kumlar üzerinde, kimi zaman tek başına, kimi zaman bir grup halinde kum tepeleri yükseliyor, tek tük palmiye ağaçlarının yaprakları sallanıyor, tepeler üzerine yerleşmiş Dağ Bataryaları ve Mitralyöz Birlikleri manzaraya ayrı bir büyüklük veriyordu. Atlar, yayalar, toplar, önümüzden geçtiler. Piyadeler önde, süvariler arkada ve Sahra Topçusu çekili bataryaları 75 derecelik bir açı üzerinde, sağ tarafta geçidi tamamladılar.

Piyadelerin oluşturduğu hat, kül rengde; hafif topçu birlikleri olan Zuavların üniformaları mavi ve kırmızı; Senegallilerden kurulu birlikler koyu mavi cepken ve pantalon giyiyorlar. Yabancılar Lejyonu ise, mavi kül rengi üniformalar içinde geçiyor. Atlar üzerinde uzun sakallı ve bıyıklı, beyaz sarıklı, parlak al kırmızı pantalonlu ve mavi pelerinleri atlarının sağrılarını örten Arap süvarilerinin geçişi seyredenlere gurur veriyor.

Atımı piyade birliklerinin ön sırasında sürüp, ağır kumlar üzerinde ilerleyerek, süvarilerin sağ kanadına geçtim ve denetlemeye devam ettim.

General d'Amade altı topçu bataryasının atlarını tırısa kaldırıp geçmesini emretti. Selâm noktasına gelirken, Fransız bakanlarından biri ile tanıştırıldım. General d'Amade kısa ve özlü bir konuşma yaparak, 175. Afrika Alayı ile 4. Sömürge Alayını takdim etti. Ardından birliklerinin başına geçti ve beni selâmlayarak ilerledi.

Ümitlerimiz çok, çok artmıştı. Kurtarılacak Kudüs mü, yoksa Constantinople mu idi? Ne farkı vardı? Askerin başarısının sınırı yoktur. Seyredenler, heyecan ve coşkunluk içindeydiler. Sonunda şapkalar çıkartıldı ve yüreklere kahramanlık duygularıyla taşan bu insanlar haykırdılar:

"Hurra piyadeler! Hurra, hurra süvariler! Hurra, hurra topçular!!!"

Tören sona erince, Fransız bakana kısa birkaç söz söyleyip veda ettim ve General d'Amade ile oradan ayrıldım. Yollarda bizi alkışlıyorlardı. En candan gösterilerde bulunanlar Fransızlarla Mısırlı Rumlardı. Alkışlıyorlar ve d'Amade diye bağırıyorlar, İngilizler için çok övücü sözler söylüyorlardı.

İSKENDERİYE

6 Nisan 1915

Sabah 9.15'te General d'Amade ve Sir John ile başlayarak 29. Tümenin atlı birliklerini gözden geçirdik. Ardından otomobil ile Mex Kampına gittim. Burada 86. ve 87. Piyade Tugaylarını denetledim. Çok sert bir rüzgâr, gösterinin düzenini bozmaya çalışıyordu, fakat piyadeler görülmeye değerdi. Büyük İskender, Anibal, Julius Caesar ve Napoleon, hiçbiri birliklerini böyle yönetememiştir. İngiliz Fusilier Tugayı en göze çarpanıydı. Savaşı kazanmazsak, başarısızlığı bu askerlere yüklemeyeceğim. General Maxwell saat 16.00'da Kahire'ye hareket etti. Kendisine General Cox'un birliklerinden söz ettim ve Cox ile yaptığım konuşmayı ileterek, generalin Çanakkale seferine katılmaya istekli olduğunu açıkladım. Bir yararı olmadı yine. General Maxwell, Süveyş Kanalı boyunca, Kitchener'e kendi görüşünü belirtir bir mesaj çekmeye karar verdi ve beni yazacakları konusunda haberdar edeceğini bildirdi. Gerçekte Hint Tugayının Mısır için gereği kalmamıştı. Deneyimli eski askerler Mısır savaşlarında, askerî kamplar çevresindeki kuyular kurumaya başlayınca, üzerlerini bir kapakla kapattılar, yağmur mevsimine kadar başka bir yerde kamp kurduklarını bildirdiler. Kuyulardaki sular çekilirken ve biz İstanbul kapılarına saldırı hazırlığı içindeyken, nasıl olurdu da, Türklerin sahte peygamberleri, Mısır'a hücum edebileceklerdi?

S. S. ARCADİAN

7 Nisan 1915

General d'Amade iyi yolculuk dilemek için gece 22'de gemiye geldi. Limanda yolum üzerinde Wardian Kampındaki Suriyeli Yahudi Mülteciler Alayını denetledim. Bu birlik yalnız malzeme taşımakla görevli katırlardan sorumluydu. Komutanları, korku romanları yazarı olan biriydi ve denetimin sonunda Yahudilerden yararlanacağımıza inandım. Bununla birlikte, bu birlikler Siyonist Alayları durumuna getirilmeye çalışılıyordu. Yahudilerden bizim çıkarlarımıza uygun şekilde yararlanabilirdik. Şöyle ki, onları kendi çıkarlarımız için kullanıp, Yahudi gazetecilerin ve bankerlerin çabalarını sağlardık, Yahudi gazeteciler bizim davamıza renk katar, Yahudi bankerler de kesemize para yağdırırdı.

Gemiye öğleden sonra 15.15'te gelmiştim. Derken bazı zorunluklar, tatlı su almak gibi nedenler yüzünden bu saati bulduk ve ancak yarın sabah hareket edebileceğimizi öğrendim.

S. S. ARCADİAN

8 Nisan 1915

Kuzeye doğru yol alıyoruz. Güzel bir gün ve çok sakin bir deniz. Aslan Yürekli Richard ya da Napoleon, Kudüs'e varmak için neler vermezlerdi?

Limandan ayrılırken az önce bir mektup yetiştirdiler:

"Union Klübü İskenderiye
Amiral Robinson'dan
General Ian Hamilton'a,
Şimdi Kahire'de olan General Maxwell'den şu telefon haberi alınmıştır: "General Cox'un Hintli birlikleri konusundaki isteklerinizi yerine getirmek için elimden gelen çabayı göstereceğim. Hindistan'da Ganj ırmağında üslenen deniz uçaklarının buraya getirilmesinde bana yardımcı olabilir misiniz? Bu konuda Amiral de Robeck'e bir telsiz yolladım. Uçaklara çok gereksinim var. Bu nedenle, lütfen mümkünse bana destek olunuz."

Ekmeğime tereyağ sürüldü diyeceğim! Şimdi çok rahatladım... Mısır ile Mondros iki ayrı önemli yerdir. Ben de uçak isteğinde bulundum, ama savaşta özellikle keşif hizmetini görsünler diye. Fakat hiç cevap vermediler. Önemi yok!

S. S. ARCADİAN

9 Nisan 1915

Ege Denizi'nde adaların arasından geçiyoruz. Herbiri diğerinden güzel öbek öbek adalar... Hava ılık ve telsizde ses yok. Gemi, büyük serüvenimiz için kuzeye doğru çıkıyor. Güvertede güçlüklerin, sorunların ağırlığını omuzlarımda duyarak durmadan bir aşağı, bir yukarı yürüyorum. Neden? Bugüne kadar dayanışma, hiç böylesine acı verici durum almamıştı. Eğer, filimde bir kopukluk varsa, bu General Birdwood, Hunter-Weston ve Paris'in hataları yüzündendir. Geçen gün durum değerlendirme raporlarını okudum. Birdwood, başlangıçta herhangi bir kararsızlıktan doğacak sorumluluğa karşı, kendini mazur göstererek söze başlıyordu. İlk toplantımızda, Gelibolu Yarımadası'nın güneyine yapılacak bir çıkartmanın en iyi tasarlanmış plân olduğunu söylemiş ve o plâna kesinlikle inandığını eklemişti. Şimdi, yeni görüşler üzerine, tutumunu değiştirivermişti. Bu konu, Limni adasından ayrıldıktan az sonra tarafımdan öğrenilmişti. Türkler, Çanakkale Boğazı'nın Asya yakasına top bataryaları ve obüs topları getirmişler; o toplarla Morto Koyu'na çıkartma yapacak gemilerimizi ateş altına alabilirlermiş. "Size söylediğim gibi" diyordu, "Gelibolu Yarımadası'nın güneyine çıkartma yapmanın en uygun çözüm yolu olduğuna inanıyorum." Derken şöyle devam ediyordu, "Saros Körfezi ile Enez arasında daha güneybatıya çıkartmayı kaydırmak, önemi gerektirir görünüyor. Sanırım, biz o bölgeyi kolaylıkla ele geçirebiliriz. Cephemizi Bolayır hattına kadar götürebiliriz, fakat her iki yan da bizi destekliyecekleri yerde, donanmanın güneybatıda bize yardımı pek az olacaktır."

Birdwood, daha çok Asya yakasına çıkartma yapılmasını istemeye başlamıştı. Başlangıç ya da toplanma yeri olarak Bozcaada'nın güneyini uygun görüyordu. Düşüncesinin ilginç yanı, Asya yakasına çıkartma yaparsak, Türkler, Kumkale ve bütün bu arazi çevresini koruyabilmek için, Gelibolu Yarımadası'ndaki müstahkem mevkilerinden pek çok top bataryasını ve birliklerini Asya yakasına kaydırmak zorunda kalacaklardır. Bu durumda Çanakkale Boğaz tahkimatı zayıflayacağından, donanmamıza gün doğacak ve mayın tarama gemileri rahatlıkla kirletilmiş alanları temizleyeceklerdi.

Güzel bir düşünce! Evet, kaleler, müstahkem mevkiler, gemiler ve gemiler vardır, buna kuşku yok. Ancak denizciler mayın alanlarını koruyan hafif çaplı topları susturmak zorundadırlar. General Birdwood, Asya yakasından ilerleyerek Çanakkale şehrini işgal ettikten sonra, Gelibolu Yarımadası'nı geriden kuşatmakla, zararsız duruma getirebileceğini sanıyor. Özetle, General Birdwood, Gelibolu Yarımadası'nda başarı sağlayamazsak, bu harekâtın Asya yakası toprakları üzerinde tekrarlanmasını, ikinci seçenek olarak ileri sürüyor.

Cevabımda bir değişme yok, hâlâ Çanakkale Boğazı'na en yakın, en kestirme yerden saldırıya geçmek düşüncesindeyim.

Birinci neden: Çünkü, Anadolu'yu işgal görevim değil, Asya yakası topraklarının askerî kuvvetlerle işgali sert itirazlarla karşılanacak. İkinci olarak, çünkü; Saros Körfezi ile Enez arasındaki araziden çıkartma yapılmasının bizim için uygun olduğunu kabul ederim. Belki Rodos adasında üslenip güneyden, bir diğer kanadımızla Edirne'den, bir başka kanadımızla Bolayır'dan saldırıya geçmeliydik, ama o zaman da donanmayla ilişkimiz kesilecek ve filo desteği kaybolacaktı. Oysa donanma desteğinden ve eşgüdümünden ayrılmayı temel kabul eden bir plân yüzünden nakliyelerdeki malzemeleri toparlayabilmek için bile, yeniden bir ay ya da altı hafta daha beklemek zorunda kalırız.

Üçüncüsü; Asya yakası, Gelibolu Yarımadası'na egemen değildir, ama Kilidbahir yaylası Asya yakasına egemendir.

Dördüncü olarak, burada bulunuşumuzun bütün nedeni, donanma ile birlikte çalışmak içindir. İlk adımda donanmanın, Çanakkale Boğazı'nı aşmasını destekleyeceğiz. İkinci olarak, Rusların İstanbul'u işgallerine yardım edeceğiz. Savunma Bakanlığı, Amirallik Dairesi, Amiraller ve Fransız Silâhlı Kuvvetler Komutanlığı, Gelibolu Yarımadası'nı hedefimize ulaşmak için, aşılması gerekli ilk ve en uygun yer olduğunda görüş birliği içindedirler.

General Hunter-Weston bile, Malta adasından bir mektup yollayarak, önemli görev konusundaki değerlendirmelerini bildirmiş! Diyordu ki,

"Bizim gerçek hedefimiz, savaş gemilerimizin Çanakkale Boğazı'ndan geçerek İstanbul'a taarruz etmelerini sağlamaktır. O halde, en fazla öncelik taşıyan konu, donanmamızın, kömür vb. ikmâl gemileriyle birlikte Çanakkale Boğazı'nı aşabilmelerini sağlamalıyız."

Ve tekrar devamla:

"Bu aşamada kara harekâtının yalnız donanmaya yardım edecek nitelikte olması bir gerçektir ve savaş gemilerinin, yardımcı gemilerle birlikte Çanakkale Boğazı'nı serbestçe kullanabilir duruma gelmeleri gerçekleşmedikçe, başka amaçlara yönelik harekâta başlanılmamalıdır. Donanma, Kara Kuvvetleri yardımı olmadan başarı sağlayamaz, çünkü;

1. Savunma hatlarının takviye edilmiş olması,

2. Gezici obüs topları,

3. Donanmanın yüzen mayınların tek başına üstesinden gelemeyeceği."

Bu düşüncelerin ışığında, ordunun donanmaya nasıl yardımcı olabileceğini ve nasıl bir hareket yolu izlemesi gerektiğini şöyle ortaya koyuyordu:

Mareşal von der Goltz

"*Türk ordusu daha önceki bombardımanlar ve çıkartma girişimi ile tehlike işaretini almıştır. Bizim harekâtımız nedeniyle Türkler büyük kuvvetlerini Gelibolu Yarımadası'na toplamışlardır. Sonunda yarımada Almanların direktifleri ile bir engeller üssü durumuna gelmiştir. Öyle ki, olası çıkartma alanları, çeşitli savunma engelleri ile kapatılmıştır. Dikenli teller, hendekler, kazık engeller, kara mayınları kumsallardan gerilere kadar araziye yayılmıştır. Üstelik, bu alanlar gezici havan ve sahra topları ile Türk topçusunun menzilinde bulunmaktadır.*

Gelibolu Yarımadası'ndaki Türk birlikleri, Asya yakasından ve Marmara Denizi'nden yapılan ikmâl seferleri ile sürekli desteklenmektedir ve Bolayır Yarımadası'na bağlı değillerdir. Ayrıca, Bolayır arasından geceleyin birlikler ve ikmâl konvoyları geçebilir ve donanmanın topları oraya hiçbir şey yapamaz."

General Hunter-Weston, üstünlük ve zayıflık yönlerini inceledikten sonra bir sonuca varıyor ve şöyle diyordu:

"En önemli ya da en uygun sayılacak çıkartma alanları şunlardır:
1. Suvla Burnu (Büyük Kemikliburnu)
2. Hellas Burnu (Mehmetçikburnu.)"

Bunlardan Hellas burnu'nu seçiyordu ve diyordu ki:

"Donanma bu bölgeyi üç yönden sarabilir ve Türkleri ateş çemberi içine alabilir. Bizim böylece Alçıtepe'ye varmamız garantilenmiş olur. Suvla Körfezi çevresindeki geniş bir araziyi elde tutmamız güçtür."

Von der Goltz Paşa'nın 11 Şubat günü Çanakkale Boğazı tahkimatını ve birlikleri denetlemiş olduğu rapor edildi. Büyük çaplı toplar, Çatalca, Edirne ve diğer bölgelerden buraya kaydırılıyor, yollar onarılıyor, ağır hareketli silâhlar ikmâl ediliyor, birlikler ve makineli tüfek ve mühimmatı Gelibolu Yarımadası'na devamlı akıyor, çeşitli savunma siper ve hendekleri, tüneller kazılmakta, her çıkartma alanı engellerle kapatılmış ve mayınlanmış, bütün zeki ve yetenekli Alman subayları Mareşal von der Goltz'un emrine verilmiş durumda çalışıyorlar.

Türkler çok ağır koşullara rağmen savaş tünelleri, siperleri kazıyorlar ve tamamlıyorlar; öyle ki, Gelibolu Yarımadası'nda aşılması olası delik bırakılmamış.

Elde edilen istihbarat bilgisi bunlardı. O halde askerî harekâtın başarı ödülü çok büyük olacaktı. Düşman perişan edilirse, bu, savaşın her cephede sona erdirilmesi için, en uygun yol ve en güçlü ümitti. Zafere ulaşmak için, herşeye rağmen, kayıplar ağır olmayacak ve büyük bir sorumluluk altına girilmeyecekti.

General Hunter-Weston şöyle diyordu:

"Çanakkale harekâtına başlamak üzere, dönüşte çok zaman beklenirse, bu hoşnutsuzluk yaratacak, dedikodular artacak, ki-

mileri bizimle alay edecektir. **Harekât amacıyla uzun süre bekleyiş, ayrıca Romanya ve Yunanistan'ın tarafsızlıklarını ilân etmelerine neden olacaktır; hatta bu, çok değerli dostumuz M. Venizelos'un gücüne bile bir darbe indirmek demektir.** Gecikmeden doğacak hatanın askerlerimiz üzerinde bomba etkisi yapacağını, komutanlarla hükümetin, ordunun kuvvetini ve cesaretini yükseltmek için büyük çabalar harcamalarını gerektireceğini düşünmekteyim.

Müttefiklerin istilâ tehdidi, Balkan devletlerinde dikkate değer şekilde etkisini gösterecektir. Bu nedenle, birliklerimizin çıkartma amacıyla eğitimine ve askerî harekâtımızın bu güç savaş ortamına göre donatılmasına ve örgütlendirilmesine devam etmeliyiz. Ancak eksiksiz hazırlandığımız zaman, herhangi bir fırsatta zaferi sağlayacak harekâta girişilebilir.

Bununla birlikte, tekrar etmeliyim, olası bir başarı ümidi belirinceye kadar, harekâta başlamadan önce, çok dikkatle birlik-

Yunanistan Başbakanı Venizelos

ler ve donatımları, savaş standartlarının en üst düzeyine çıkartılmalıdır.

General
A. Hunter-Weston"

General Paris'in de bir açıklaması ve görüşü vardı bu konuda, "Düşmanın kuvveti bilinmiyor" diyor ve "Fakat, savaş alanına yayılmış Türk askeri kesinlikle 250.000 kadardır" diye de tahmin yürütüyordu. General Paris'e göre, çıkartma alanı Kabatepe ve Bolayır olabileceği gibi, İzmir limanı da olabilirdi. Ama öncelik taşıyan yer olarak, Seddülbahir'i görüyordu.

Generale göre, Türklerin direnişi çok güçlü olacaktı. Bu amaçla Seddülbahir'den çıkartma yapılırsa, çıkartma gemileri, araçları kıyıya daha çok sokulabilir ve gerçekten karaya asker gönderilirdi. Çünkü burada olası Türk savunması bulunmadığı kanısındaydı.

Gerçek şu ki, komutan arkadaşlardan her biri, Berlin'deki uzman, yaşlı von der Goltz ve Mısır Kralı Fuat ile aynı düşünceydiler ve Çanakkale Boğazı'nın geçilemeyeceğini sanıyorlardı. Bakalım göreceğiz!

S. S. ARCADİAN
LİMNİ ADASI

10 Nisan 1915

Sabah saat 7'de demirledik. Kahvaltıdan sonra Queen Elizabeth zırhlısına gittim ve General Braitwaite ve Amiral de Robeck, Amiral Wemyss ve Komodor Roger Keyes ile birlikte üç saat çalıştık.

Geçen defa Amiral de Robeck, plânları açıklamıştı. Bugün sıra bendeydi ve denizcilere durumu birer birer açıklayarak anlatmaya başladım. Önce, General Hunter-Weston, General Birdwood ve Paris'in önerilerini ele aldım. Ardından kendi görüşüme geçtim ve durum harita üzerinde de görüldüğü gibi, tarihte hiçbir millete, donanma ve kara ordusunun bu derece dakik ve uygun koşullarda birbirini destekleme şansının olmadığını söyledim. Ne var ki, bu doğal şansın yarısı, sırların sorumsuzca açıklanması ve yöntemlerimizdeki acelecilik yüzünden harcanmıştı. Ana ilkeler yerleştirilmeden yan konuları tartışmanın yararı yoktu. Tanrı'ya şükür ki, Amiral de Robeck, Wemyss ve Roger Keyes, açıklamalarımı kabul ediyor ve ikna oluyorlardı. Böylece, onlara plânlarımı açıkladım, daha çok harita üzerinde durum değerlendirmesi yaptım ve düşmanın olası asker sayısı, umulan mevzi yerleri, düşman savunmasının karakteri konusunda onları aydınlattım. Bizi zafere götürecek karaya çıkışın, ilk ve en önemli adımı Cevat Paşa'nın 5. Ordusunda hizmet görüp, onun güvenini kazanmış ve Türk Kuvvetleri Komutanlığına atanmış olan Liman von Sanders'i kararsızlığa düşürmek, dengesini bozmaktı.

Karaya çıkınca, hemen saldırıya geçip kesinlikle ilerlemeliydik. Böylece gerek onun, gerek cephedeki Türk askerinin moralini bozmuş olacaktık. Hâlâ, Deniz Kuvvetimiz ve harekât yeteneğinin sağladığı üstünlük büyük bir destek veriyordu ve düşmanımız yaradılıştan soğukkanlı bir millet bile olsa, hatta bir başka yerde, aynı anda birlikler çıkarttığımızda, bunun bir aldatmaca olduğunu ve şaşırtmak amacıyla yapıldığını öğrenmiş bile olsa, düşmanımızı tedirgin edebilmeliyiz.

Bütün kuvvetleri aynı zamanda, bir kerede karaya çıkartmak kararındayım -tıpkı bir balyoz darbesi gibi- kitle etkisiyle tam bir şiddet yaratacak şekilde ve hedefim olan Kilidbahir yaylasına mümkün olduğu kadar en yakın bir yerden çıkarak.

Beşinci Ordu Komutanı General Liman von Sanders

Güneyden, bizim ilk saldırı noktamız Alçıtepe olacaktır ve bu tepeye doğrudan doğruya hücum. Hellasburnu kumsalından karaya çıkarak Seddülbahir kumsalı ile ortak olarak yürütülecektir. Bu yerlerde Türklerin bize karşı koyacak bazı birliklerinin bulunduğuna inanıyoruz. Fakat onları kuşatma, Mortokoyu'na ve Kerte köyüne karşı yapılacak saldırılarla çözümlenecek. Aynı zamanda, Avustralya ve Yeni Zelanda Kolordusu, Kabatepe ile Arıburnu batısında, kıyıda Sazlıbeydere çevresindeki Balıkçı barınakları arasındaki arazide karaya çıkacak ve yarımadanın yüksek yerini ele geçirecekler. Düşmanın Kilitbahir yaylası yönündeki geri çekilme yolları da kesilecektir.

Her olasılığa göre, eğer ileri harekât, Türklerin destek alarak direnişi arttırmaları nedeniyle duralar ve yarımadanın başparmağına doğru yeniden bir gecikme gösterirse, bu saldırılar, ayak ve bel kısmında olurken, bıçak, boynu gövdeden ayıracaktır. Nakliye gemileri ilk iki gün boyunca karaya çıkmamış birlikleri, cephaneyi ve diğer donatımı alarak Bolayır'a hareket edecek ve bu bölgede küçük istimbotlarla birlikler karaya gönderilerek, çember tamamlanacaktır. İşte, o zaman Liman von Sanders'e ve İstanbul'a alarm telgrafı göndermekte, düşmana yardımcı olunacaktır!

Avrupa yakası için bunlar çok bile! Asya yakasına dokunmadık ve biliyoruz ki, orada da Türk birlikleri var, tahkimat var, fakat ben gönlümü rahat tutuyorum ve kendimi pek yormuyorum. Bir savaş taktiği açısından yapılacak iş, Truva yönünde bir adım kazanmaktır. Fransızlar, bir tugaylarını Kumkale'de karaya çıkartacaklar, belki de bu bir alay kuvvetinde olacak ve böylece düşmanın Morto Körfezi'ni ateş altına alan topları susturulacak, ikincisi Türk birliklerinin Çanakkale'den teknelerle Avrupa yakasına geçmeleri önlenecektir.

Seddülbahir'den bir görünüm

Şansımız yardım ederse, ilk saatlerden sonra düşman komutanı, birliklerinden "S.O.S." işaretleri almaya başlayacaktır. 150 kilometreden çok bir alanı kaplayan beş ile altı bölgeden, Kerte köyünden Morto Körfezi'ne; Kabatepe'den, Bolayır'dan ve Asya yakasında Kumkale'den, aynı şekilde Fransızların Bozcaada karşısında Beşikakoyu'nda başlatacağı harekât alanından mesajlar yağacak.. Bana göre Liman von Sanders, durumu toparlamaya olanak bulamayacak ve ancak, yakın birlikleri ile o da ilk kırk sekiz saat içinde karşı koyacaktır. Bununla birlikte yerli birliklerin sayısı nedir, tam olarak bilinmiyor...

Ne yazık ki, kuşku içinde olduğumuz bir nokta var. Biz düşmanın açıkladığım gücünü 40.000 tüfek ve 100 top olarak tahmin ettik, fakat plânımı uyguladığım zaman, bu kuvvetin onda biri, ilk iki gün içinde Alçıtepe güneyinde bulunmamalıdır. Fransızlar birliklerini Beşika Körfezi'nde karaya atınca, Kumkale ve dolaylarında mevzilenmiş ve bizi rahatsız eden Türk topçusunu, kızgın kestaneyi ateşten alır gibi, susturmalıdır. Önemli bir şey değil, çünkü arkalarında donanma gemilerinin desteği, önlerinde derin Menderes çayı doğal seti varken, Kumkale yaylasında General d'Adame birliklerinin Türkleri bir, iki günde kolaylıkla yok etmeleri gerekir. Bütün bunları onlara sorduk.

Benim harekâtımın belkemiği, 29. Tümendir. Aşağılarda bu tümeni Seddülbahir ve Morto köyünden karaya çıkartacağım. Amacım, Mortokoyu, Kumkale ya da Truva arazisinde mevzilenmiş ve Mortokoyu'nu ateş altına alan Türk topları susturulduğu ya da hedef değiştirmek zorunda bırakıldığı zaman, malzeme ve birlikleri taşıyan nakliye ve çıkartma araçlarının kıyıya varmalarını güvenle sağlamak ve düşmanı çevirici görev yapmalarına olanak vermektir. Bu başarı, kesinlikle elde edilmeli, başarılmalıdır, şimdilik söyleyeceklerim bunlardır.

Düşmanın sağ kanadını Hellasburnu ile Kerte köyü arasında

kuşatmaya çalışırken, kesinlikle bir yer daha belirlemedim ama, en uzak güney bölgesinde direnişe kalkışması olası Türk kuvvetlerini, hatta küçük bir kuvveti karaya çıkartarak baskıda tutmalı ve geri çekilmeleri sağlanmalıdır.

Kimileri, bu bölgenin kayalık olduğunu ve tırmanmanın olanaksızlığını ileri sürüyorlar, fakat ben askerlerimizin üstün geleceğine ve o kayalıkları aşarken çok az kayıp vereceklerine inanıyorum.

Avustralya ve Yeni Zelanda birliklerinin karaya çıkışları, doğal sağlam bir temele dayanıyor ve ümit ederiz ki, plânlara uygun bir şekilde gerçekleşebilsin. Kurmay Karargâhım hangi yerlerin elde tutulacağını harita üzerinde çok iyi şekilde belirledi.

Suvla'daki balıkçı barınağından başlayarak, kuzeye ve ovaya uzanan tepe üzerinden, Kabatepe'nin biraz ötesinde, düşmanı izleyerek, bu bölge temizlenecektir. General Birdwood bu hatta kadar olan yerleri ele geçirir ve oralarda tutunabilirse, oradan Kocadere yönünde Türkleri püskürtür ve yarımadanın güneyi düşmandan kurtarılmış olur. Hele, Çanakkale Boğazı'ndan ilerleyecek donanma gemileri desteğindeki nakliye gemileri Bolayır bölgesi yakınlarında karaya birlikleri çıkartırsa, harekâtımız Türkler üzerinde tam öldürücü bir etki yapacaktır. Plânlarımız uygulandığında, Türkler geri çekilmek için bile zaman bulamayacaklardır.

S. S. ARCADİAN

11 Nisan 1915

Yüreklere hayat veren güneş ışınları altında, güzel bir gün yaşıyoruz. Sabah 9.45'te Fransız filo komutanı Amiral Guepratte'e yaptığım ziyaretten döndüm. Fakat şaşkınlık içindeyim, çünkü amiralin kamarasının önünde normal bir nöbetçi yerine, eski dönem üniforması giymiş ve elinde baltalı mızrak tutan, Şarlman zamanının muhafız askeriyle karşılaştım! Amiral çok sakin ve eski biçim bir hayat sürüyor ve sevimli bir kişiliği var. Guepratte, hükümetinin 2. Fransız Tümenini Gelibolu Yarımadası için plânladığına inandığını söyledi. Resmî kaynaklara göre, fazla bir bilgisi de yokmuş. O halde neden borazanları kaldırıyor ve selâmlama amacıyla gösteriler yapıyoruz? Borazanlar, kralın fidyesi mi, yoksa Kayser Wilhelm'in tutsaklıktan kurtulması için mi çalınacak?

Amiralle yaptığım konuşma, bana Fransızlar konusunda pek cesaret vermedi.

S. S. ARCADİAN
LİMNİ ADASI

12 Nisan 1915

Queen Elizabeth zırhlısı, makinelerinde meydana gelen arıza yüzünden ve 18 Mart günü aldığı bazı isabetlerden dolayı, yalnız bir uskurunu çalıştırabiliyordu. Şimdi onarımı tamamlandı ve Amiral de Robeck, deneme seyri yapacaklarını, istiyorsam zırhlıya gelmemi bildiren bir haber yollamış.

Deneme seyrini Gelibolu Yarımadası kıyılarına paralel bir rota ile yapacaklarından, kıyı tanıma görgüleri artsın diye tümenlerden ve tugaylardan seçtiğim personeli alarak onlara katıldım. Sabah 8.30'da gemiye çıktığımızda yanımda 35 subay bulunuyordu. Hemen demir alıp kalkarak, Saros Körfezi'ne yol verildi ve öğleden sonra saat 13.00 dolaylarında geri dönmek üzere seyre başlanıldı. Bu sırada hız azaltıldı ve kıyılara olabildiği kadar yaklaşıldı. Böylece kıyıları ikinci defa incelemek olanağını buldum. Hellasburnu'na yakın bir bölgede makineleri bir de tornistana denemek istediklerinden, Queen Elizabeth zırhlısı bir süre, geri geri yol alınca, bu seyr oldukça eğlenceli bir durum aldı. Çünkü Türkler karadaki mevzilerden bizi kediyle fare örneği seyrediyor, kesinlikle ve hani bir fırsat bulsalar, iki çift mermiyi patlatmak için can atıyorlardı. Nitekim bir top sesi duyuldu ve duman yükseldi, derken mermi bir mil ötemizde bir yere düştü. Biz, atış menzili dışına rota verirken, Türkler bu derece kötü nişan örneği vermemek için olsa gerek, bir daha ateş etmediler.

Limni adasına demirlerken, üç uydurma geminin yanından geçtik. Bunlar aslında eski yolcu gemileriydi ve düşmanı şaşırtmak amacıyla bunlara sahte bacalar, ince saçtan toplar ve uydurma direkler ekleniyor, bordolar boyanıyor, Tiger, Inflexible ve Indomitable dretnotlarına benzetiliyorlardı.

Saat 18'de demirledik, Arcadian'a geçtim. General Birdwood ve Hunter-Weston aynı gün dönmüşler. Sonra birlikte akşam yemeği yedik, yemekteki konuşmalar bana daha çok güven verdi.

İngiliz savaş gemisi

S. S. ARCADİAN

13 Nisan 1915

Dün gece sert bir yağmur ve rüzgâr fırtınası bastırdı. Herşey altüst oldu, deniz öylesine azdı ki, gemilerin karinaları yukarı kalkıyor, güverteleri sulara gömülüyor. Hem de limanda! Zorunlu olarak kıyıdan açılmak gerekti. Tam çıkartma hazırlığının tamamlandığı günlerde ne tehlikeli bir hava! Rüzgârdan ve dalgalardan ne kadar yardım umulur? Rüzgâr Tanrısı Aeolus ve Deniz Tanrısı Neptün, Yunanlılar ve Truvalılar zamanından beri güçlerinden pek bir şey kaybetmediler!

Öğleden sonra rüzgârın şiddeti yavaşladı ve bir ile iki saat kadar Senegalli askerlerin karaya çıkartılma eğitimlerini izledim. Gecikmemiz bir kayıptır, evet, kabul ediyorum ama bunun bir kayıp olup olmadığı tamamen belli değil daha.

S. S. ARCADİAN
LİMNİ ADASI

14 Nisan 1915

Cam kadar pürüzsüz ve duru bir deniz, güzel bir bahar havası ile tamamlanıyor. Kraliyet Kuryesi olan Albay Dick, bir yazıyla geldi.

Bütün gün çalıştım. Kamaramda çeşitli konularla boğuşurken bir tırtıldan farksızdım. Öğleyin kapkara bir gülümsemeyle kaplandım! Kömür ikmali yapıyoruz çünkü ve her taraf kömür tozu içinde, gürültü de caba... Bu işlerin ortasında Ashmead-Bartlett beni görmeye geldi (Bk. Ek). Basın muhabiri olarak atanan Ashmead, karargâhını Queen Elizabeth'te kurmuş. Mançurya'da da bulunmuştu ve o ülkeyi çok iyi tanıyan yazarın, bu konudaki kitabı ilgi görmüştü. Konuşmamız bitip oradan ayrıldıktan sonra, Amiral de Robeck ile birlikte, çok sakin bir hava içinde çalışmaya başladık ve birçok işi bitirdik. Bir süre sonra Rus kruvazörü H.I.M.S. Askold'un komutanı Albay İvanoff, onur ziyareti için gemime geldi.

Öğle yemeğinden sonra karaya çıktım ve Avustralyalı birliklerin gemilerden karaya, karadan gemilere çıkış ve yerleştirilme eğitimlerini izledim. Komutanları Albay Peterson, Avustralyalı birliklerini denetlemem sırasında bir gözünü askerlerinin üzerinden ayırmadan güzel ve başarılı bir örnek verdi. Avustralyalılar, Senegalli birliklerin ortak çalışmaları sırasında iki ayrı milletin anlama yeteneklerini gözledim. Buradan ayrılıp Kraliyet Deniz Tümeni Zırhlı Otomobiller Birliğini denetledim. Kraliyet Deniz Tümeni Zırhlı Otomobiller Birliği Komutanı olan Binbaşı Wedgewood, biraz değişik yapılı bir kişi, Güney Afrika savaşlarında görev almış.

Birliğin denetlemesi 17.30'a kadar sürdü ve gemiye döndüğümde General Hunter-Weston ile karşılaştım. Dün geceden beri H.M.S. Dartmouth gemisi ile birlikte çeşitli çıkartma uygulamalarını izlemek üzere burada değildi. Sonuçtan çok ümitli dönmüştü. O kadar ki, sabah erkenden başlayacak harekâtta, güneş batarken Alçıtepe'nin elimize geçmiş olacağını söylüyordu. Alçıtepe'nin işgali! Eğer, hep böyle düşünürse, gelecekten korkmamız için hiçbir neden yok.

General Hunter-Weston ile başlangıç saldırısının gece mi, gündüz mü yapılması konusunu tartıştım. Ben, birliklerle yüklü ilk botların şafak sökmeden önce karaya ulaşması gerektiği kanısındaydım. Fakat Hunter-Weston, gündüzü önerdi. Görüşüne göre, araçların yanaşacakları kıyı boyunda ve yarımada çevresinde çok kuvvetli deniz akıntıları vardı, ayrıca kıyıda deniz dibi yapısı kesinlikle bilinmiyordu. Karanlıkta yapılacak çıkartma harekâtında, bir şaşkınlık olursa, kumsalların önündeki birlikler, top ateşinden zarar göreceklerdi.

General Birdwood ise benimle aynı düşüncede idi ve çıkartmanın günün ilk ışıkları sökmeden başlamasını uygun görüyordu. Çünkü birliklerin çıkacağı kıyıdaki denizde akıntı yoktu, fakat öte taraftan da çıkartma yapılacak kumsalın özellikleri konusunda inandırıcı bilgilere sahip değildik. İkincisi, Hellas ve Seddülbahir'de karşılaşacağımız Türk direnişinin derecesi bile kuşkulu iken, General Birdwood birliklerinin nasıl bir direnişle karşılaşacağı bilinmiyordu.

Ümitle bakacağımız birkaç saati sağlamak için, ilk adımımızı dikkatle atmamız gerek. Her yerde ilk adım önemlidir, ama Türklerle savaşta yalnız ilk adım değil, basılan yere de çok dikkat etmek gerekiyor.

Sonunuda sıra bizim içi geçmiş Fransız tümenine geldi. Büyük Çar Nikola, General Istomine ve onun Rus tümenlerinden ne haber? Onlar hâlâ hayalet ile uğraşıp, birtakım saçmalıkları kanıtlamak ardındalar mı? Gerçekten, şu ya da bu şekilde, bizim plânlarımıza uymalıdırlar ve harekâtımız başlarken, değişik cep-

İngiliz nakliye gemisi

helerden Türkleri baskı altına almaları gerekir. Bu konuda Karadeniz'deki Rus Donanması amirali ile Amiral de Robeck aracılığıyla bağlantıya geçmenin en uygun yol olduğuna karar verdim. Akşam, Birdwood'la yemeğe davet edildik.

S.S. ARCADİAN
LİMNİ ADASI

15 Nisan 1915

Sabah saat 9.30'da Albay Kelly komutasındaki H.M.S. Dublin zırhlısına aborda olduk. Bu sırada Amiral de Robeck ile buluştum. Hemen hareket ettik ve akşam üzeri Bozcaada'ya demirledik.

Karaya çıktıktan sonra, uçak hangarını ve personelini yakından tanıdım, denetledim. Alan ve hangar, Deniz Hava Kuvvetinden ve çok yakın iki genç arkadaşım olan Yarbay Samson ile Albay Davies'in grubundandı.

"Kraliçe şansı" derler, hayatımda ilk kez Albay Davies ile uçmuştum. Ömür boyu unutulmaz bir tören sırasında Yarbay Samson, Winston Churchill'i almış, ben de Davies'in uçağında havalanmıştık. Altımızdaki denizde savaş gemileri, çocukların oyuncakları kadar küçük görünmüştü. Şimdi aynı çocuklar, bu becerikli oyuncaklarını kullanacaklar, gürültüleriyle yeri, göğü sarsacaklardı.

Öğle yemeğinden sonra Samson ve Davies'le birlikte kulübelerine gittik ve orada çok güzel iki saat geçirdim. Verdikleri güzel balı sindirirken, bunu yapan arıların Gelibolu Yarımadası üzerinde nice uçuşlar yapıp, çiçeklere konup kalktığını hatırladım. Amiral de Robeck, denizcilerin diğer bölümlerini denetlemek için ayrıldı.

Samson ve Davies, ilk deniz uçaklarının değil, aynı zamanda normal kara uçaklarının da pilotuydular. Mesleklerinin bütün ustalıklarını biliyorlardı. Lord Kitchener'in çabası ile Amirallik Dairesi bu örgütü dörtbaşı sağlam kurmuştu. VP Albay Samson da onun komutanı bulunuyordu.

Bozcaada'ya iki Maurice Farman uçağı ile üç adet B.E. 2 uçağı getirmişti. Maurice Farman'larda 100 beygir gücünde Renault motorları vardı. B.E. 2'lerin ise 70 beygir gücünde Renault makineleri bulunuyordu. Beş uçağın makineleri, B.E. 2'lerden biri dışında, çok yüksek nitelikteydi.

Albay Samson, aynı zamanda 8 Henri Farman uçağı getirmişti ki, her biri 80 beygirlik Gnome motorları ile donatılmışlar. Bu uçaklar, yeniydi, fakat içlerinde yeni bir buluş yoktu ve ayrıca savaş için yapılmamışlardı.

Emrine verilen 70 beygir güçlü Renault motorlu iki B.E. 2C model uçağı, bir yolcu bile alamayacak kadar zayıf olduğundan, amaca uygun değildi.

İngiliz savaş uçağı (1915)

Bir de, Broguet modeli 200 beygirlik Canton marka motorlu uçak vardı ama uçuş yapamıyordu.

İki Sopwith Scout model uçak, Albay Samson'un bir diğer başağrısı idi. Çünkü 80 beygir güçlü Gnome motorlu bu uçaklar, motor dayanaklarının zayıflığı yüzünden kullanılamamaktaydı.

140 beygirlik ve Canton motorlu, çok eski bir Maurice Farman model uçak vardı ki, hâlâ işe yarar durumdaydı. Sonuç olarak, 12 uçak olduğu halde yalnız beşi ordu için elverişliydi. Bölgede üslenmiş birkaç deniz uçağı varsa da, bunlar Albay Samson'un komutasında değildi ve yalnız donanma ile ilgili görevlerde kullanılıyordu. Nominal gücü 12 uçak olan Albay Samson müfrezesi, bu şekilde 11 pilot ve 120 yer personelinden oluşmuştu. Oysa, en aşağı 30 adet iki kişilik uçak, 24 adet avcı uçağı, 40 pilot ve 400 meydan personeli istenmişti.

Akşam 19.30'da Limni'ye döndüm.

Bozcaada'da bulunduğum sırada, karargâh subaylarım Colne muhribi ile Çanakkale Boğazı girişine seyretmişler. O çevrede H.M.S. Triumph zırhlısına geçildikten sonra, Mortokoyu açısı içinde, mevki alıp 6 inçlik toplarla tepenin denize bakan cephesindeki mevziler bombalanmaya başlanmış. Kurmay karargâhım o bombardımanı seyretmişse de, Kumkale mevzilerinden toplar atışa başlayınca, işin rengi değişmiş. Çünkü mermiler kısa zamanda geminin üzerinden aşmaya başlamış ve gemi komutanı hepsini apar topar köprü üstünden içeri almış. Türk topçusu oldukça keskin nişancıya benziyor. Dediler ki, ilk üç mermiyi gemiden 50 yarda kısa düşürmüşler, dördüncüsü üzerlerinden 20 yarda uzağa geçmiş. Ardından üçlü grup geminin ortasında patlamış. Bir tanesi köprü üstünü dikine delip, ana güvertede patlamış. Aksilik, dumansız barutla yapılmış hartuçlar aynı yerde ve açıkta bulunduğundan, gemide korkunç bir yangın çıkmış, ikinci mermi bacaya isabet edip onu delmiş geçmiş, üçüncüsü su hattının üzerinden yara açmış. Türkler 15 atım daha yapmışlarsa da, verdikleri yükseklik yüzünden mermiler denize düşmüş.

Personelde çok kayıp yok, yalnız iki er yaralanmış, birinin ayağı kırık. Gemi komutanı Fitzmaurice, dayanışma ve erdem örneği veren personelinden memnun, ağır yolla aşağılara yol vermiş ve Hellasburnu'ndaki tel örgü engellerini top ateşine tutmuş. Cephane harcamak için iyi bir neden, fakat duyduğuma göre, engellerden yalnız birine isabet sağlanmış ve o da çok hasar yapmamış.

Bombardıman işi, bana çok eksik ve hatalı gözüktü... Gerçekten Malta adasında görevli iken, kara bombardımanında garnizon topçusu ile deniz topçuluk ilkelerinin ayrı olduğunu kabul etmiştim. Fakat kara hedeflerinin iyi seçilmesinden önce denizcilerin bu sanattan öğrenecekleri daha pek çok şey var.

Çanakkale'de Türk topçusu

Çok ilginç bir gece geçirdik, konuşmalar herkesi ilgilendirdi. Ben uçaklar konusunda görüşlerimi anlattım, kurmay heyetim kokladıkları barut kokusunun hikâyesini...

İki Avustralyalı subayın akşam yemeği davetine katıldım. Söyleşi sırasında bana uçaklarımız tarafından çekilmiş iki hava keşif fotoğrafını gösterdiler. Gelibolu Yarımadası'nda Türk mevzileri üzerinden alınmış bu fotoğraflarda, siperler vb. çok iyi görünüyordu. Subaylardan birinin yüzü bana çok tedirgin gibi geldi. Gerçekten onun korku dolu yüzünden çok rahatsız oldum ve fotoğrafları alıp, "Albayım, Türklerin baştanbaşa donattıkları bu dikenli tel engellerine bakmaktan pek hoşlanmıyorsunuz galiba?" dedim.

Başını sallayıp cevap verdi: "Türk tutsaklarını nerede ve nasıl yedirip, su sağlayacağımızdan endişe ediyorum!"

Önceden de o türde fotoğraflar görmüştüm. Türkler galiba ayak bastıkları yerlerde çimen bile büyümesine izin vermiyorlar.

S.S. ARCADİAN
LİMNİ ADASI

16 Nisan 1915

Amiral de Robeck ve İstanbul'daki Büyükelçiliğimizde son olarak çevirmenlik yapmış Bay Fitzmaurice geldiler ve sabah saat 10.00'da başlayarak önemli konuları gözden geçirdik. Bay Fitzmaurice, Türklerin Çanakkale Boğazı'nda büyük bir savaş vereceklerini söyledi. Türkler, İngiliz Bahriyesinin daha bir ay önce şöyle bir tozunu alıvermişlerdi. Fakat İngiliz ordusunu öyle küçük sanıp, kendi seçtikleri topraklar üzerinde hücum edilecek kadar yumuşak olmadığını biliyorlardı. Türkler kendi casuslarının verdikleri bilgilere bile güçlükle inanıyorlardı. Çünkü

Başkomutan Vekili Enver Paşa

Türklere göre, çıkartma Edremit ya da İzmir'den yapılacaktır diye hesaplanmıştı ve Çanakkale Boğazı'na saldırmak için kör olmak gerek diye düşünüyorlardı. Çevirmen Fitzmaurice diyordu ki, "Türkler, İngilizler Çanakkale Boğazı'ndan geçeceklerini sanacak kadar çılgınsalar, kendilerine müteşekkir kalır ve yalnızca Boğazı kapatırız" derlermiş.

Mağrur Enver Paşa'nın, bizimle alışverişi çok kısa sürecektir ve imparatorluğun kalbine çok yakın bir yerde ayağımızı karaya basarsak, saldırıya başladığımızdan en çok bir hafta sonra, İstanbul caddelerinden geçişimizi bir muzaffer komutan olarak değil, tutsaklar arasında seyredecektir.

Mağrur olmalarına rağmen, Türkler şunu biliyorlardı ki, Çanakkale Boğazı'nı donanmamızla aşarsak ya da Boğazı zorlarken gezici toplarının dikkatini başka hedeflere çevirtmek zorunda bırakırsak, bu oyun tarafımızdan kazanılmış olacaktır.

Gerçekten, savaşın tamamen yüksek bir bilimsel uğraş durumuna geldiğini görmeyecek kadar kör değiliz. Diğer bir gerçek de savaşın köklerinin gıdasını, hâlâ ilkel duyuşlar ve yöntemlerden aldığıdır. Bunlar izcilerin ve Kızılderililerin duygularıyla ve savaşım yöntemleriyle aynıdır.

Konuşmamız devam ederken, Sofya Kara Ataşemiz Albay Napier ile General Braithwaite toplantımıza katıldılar. Gerek Albay Napier, gerek Bay Fitzmaurice karşı karşıya olduğumuz konularda beni pek tatmin edemediler.

Öğle yemeğinden önce Manitou isimli nakliye gemisinin İzmir çevresinde bir Türk torpidobotu tarafından hücuma uğradığını öğrendik. Telsiz haberine göre, düşman topçusu çok kötü atış yapmış ve yalnız denize can filikası indirip kurtulmaya çalışan mürettebattan birkaç kişi boğulmuş. Amiral Rosy Wemyss ve Queen Elizabeth zırhlısından yaver Albay Hope, konuğumdular ve doğal olarak bu habere son derece canları sıkıldı. Akşam geç vakit, bir Türk torpidobotunun muhriplerimiz tarafından kovalandığını ve Türk gemisinin bir Yunan adasına baştankara bindirdiğini ve personelinin gemilerini tahrip ettiklerini öğrendik.

Saat 19.30'da General Hunter-Weston geldi ve bir saat onunla söyleşi yaptım.

S.S. ARCADİAN
LİMNİ ADASI

17 Nisan 1915

Hunter-Weston dün geceden kalan işlerini tamamlamış, erken bana geldi. Amiral Wemyss de az sonra gelip, çıkartma harekâtı üzerine tartışmamıza katıldı. Öğleye doğru idi, Manitou gemisi limana girdi, gemideki birliğin komutanı olan Albay Peel, Türk torpidobotunun hücumunu anlatmak üzere geldi ve şöyle anlattı; "Türkler savaş kurallarına uydular, gemiyi terketmemiz için süre verdiler. Bir kısım filikaları indirip gemiden ayrılmak üzereyken, her halde İngiliz savaş gemilerinin rüzgârını duydular. Bir telâştır başladı ve kısa mesafeden bir torpil attılar. Fakat torpil altımızdan geçti, gitti."

Olay çok heyecan verici idi. Hele bir torpilin duru mavi sularda köpükler çıkararak yaklaşması ve öldüm, öleceğim derken geminin altından geçip gitmesini görüş, çok soluk kesici saniyeler yaşatmış olmalı.

Öğleden sonra, Avustralyalı topçu birliklerinin kıyıya taşıma eğitimini görmek üzere, Limni adasındaki uygulama alanına gittim. Konuştuğum subaylardan, erlerden bir çoğu, geçen yıl Avustralya'daki birlikleri gezişim sırasında benimle tanıştıklarını söylediler.

General Paris, akşam görüşmek üzere geldi.

S.S. ARCADİAN
LİMNİ ADASI

18 Nisan 1915

Sabahleyin kamaramda çalıştım. Öğleden sonra obüs toplarının gemiye yüklenişini denetledim. Sonra General d'Amade ile buluşup Kumkale harekâtını tartıştık. General tam bir ilgi ve anlayış içinde. Winter, Woodward ve generalin danışman karargâh subayları da Şouthland'dan geldiler. İskenderiye'den ayrılmadan önce her konunun incelendiğini, eksiklerinin giderildiğini, hazırlıklarının tam olduğunu bildirdiler.

General Ian Hamilton subay arkadaşlarıyla

Çok sıcak bir gün. Deniz sakin ve pürüzsüz. Normal med ve cezir var. Benim ziyaretçilerden başka hareket eden yok. Üç ayrı birlik komutanı ve birçok danışman subayla görüştüm. General Woodward, bu dikenli teller gerisinde yalnız bir günümüzün kaldığını söylüyor! Birlikler tam olarak yüklendi. Generalin kamarası telsiz kamarasının hemen yanında, kendisini uyku tutmuyormuş. Bazı ilâçların acele İskenderiye'den getirtilmesini istiyordu. Telsiz çektirttim. Şimdi biraz daha sakin.

Büyük toplantı Queen Elizabeth'de yapıldı. General d'Amade, General Birdwood, General Hunter-Weston, General Godley ve Bridges, Fransız Filo Komutanı Amiral Guepratte, Amiral Thursby, Amiral Wemyss, Phillimore, Vyvian, Dent ve Loring ve yirmi kadar yüksek rütbeli subay, kara birliklerinin donanmayla ortak çıkartma ve saldırı emrini okudular, ayrıntıları belirlediler ve tartıştılar. Bu toplantıya, zaten onaylanmış harekât emri madde madde incelenip, değerlendirileceği için katılmadım. General d'Amade'a dün bir yazı yollayıp Kumkale harekâtı konusunda görüşümü ve yolunun tam anlamıyla açık olduğunu bildirdim. General Braithwaite Denizci-Karacı işbirliğinin son derece iyi işlediğini ve birliklerin moralinin çok yüksek olduğunu rapor etti.

Öğleden sonra karaya çıkıp Avustralyalı birliklerin çıkartma tatbikatını izledim. Bu tatbikat sırasında erlerle birlikte katırlar ve eşekler de karaya çıkartıldı ve sonradan aynı şekilde gemilere bindirildi.

Karargâhımda üç Fransız subayı bağlantı görevini yapıyor. Bunlar, Albay Bertier de Sauvigny, Yüzbaşı Pelliot ve Yüzbaşı de la Borde. Birincisi tam dünya adamı, tatlı dilli ve kibar; ikincisi bilgili ve alışılmışlar dışında bir kişilik. Yüzbaşı de la Borde'un nitelikleri nedir, bilmiyorum. Fakat candan, yakışıklı bir subay ve çok iyi İngilizce konuşuyor.

S.S. ARCADİAN
LİMNİ ADASI

20 Nisan 1915

Gece sert bir rüzgâr çıktı. Benim Hassa Süvarileri Merkez Dairesindeki personelimden olan bir yazıcıda, bu sabah çiçek hastalığı belirtileri görülmüş. Hiç kuşkusuz, İskenderiye'de bazı iğrenç yerlere girdi, çıktı. Sonuç bu olur! Önceden hepimizin korunmak için aşılandığımız iğrenç bir şey.

Birliklerimiz hazır, fakat rüzgâr son derece sert esiyor. Sabırla bekliyoruz...

S.S. ARCADİAN
LİMNİ ADASI

21 Nisan 1915

Büyük çapta toplar görülüyor. Zaman, bir olaya gebe idi ve çektiği sancılar öylesine uzuyordu ki, doğa dışı bir durum aldı. Emirlerimi birliklere yaydım. Dünkü plânlar, gerçek plândılar. Bugün artık geri dönülmez adımlar atıldı. Birliklere emrim şöyleydi:

"Genel Karargâh
21 Nisan 1915
Fransa'nın ve İngiltere Kralının askerleri!
Modern savaşta benzeri görülmemiş bir serüvene atılmamızdan önce, donanmadaki bütün silâh arkadaşlarınızla birlikte, karşımızda yer alan bir açık kumsala çıkartma yapmak üzereyiz. Bu yerler düşmanımızın 'istilâ edilemez' diye övündüğü kıyılardır.

Çıkartma, Tanrı'nın ve donanmanın yardımıyla başarıyla yapılacaktır; müstahkem mevkiler fırtınamızla dağılacak ve savaş bizi gittikçe yaklaşan zafere bir adım daha götürecektir.

Lord Kitchener, komutanlarınıza veda emrini verirken, hatırlayın, "Gelibolu Yarımadası'na bir kere ayak basarsanız, davamızı sonuna kadar götürmek için dövüşmelisiniz" demişti.

Bütün dünya, harekâtımızın gelişmesini izleyecek. Bize verilen kahramanca göreve lâyık olduğumuzu kanıtlayalım.

General
Ian Hamilton"

S.S. ARCADİAN
LİMNİ ADASI

22 Nisan 1915

Rüzgâr her zamankinden kötü bir sertlikle esiyor, fakat hava açık. 24 saatlik bir gecikme daha. Atina'daki Rus Kara Ataşesi Albay Makalinski öğleden sonra 14.30'da beni ziyarete geldi. Atina'daki iş gören makamların düşünceleri konusunda bana pek önemli bir bilgi veremedi. Dediğine göre, bize ayrılan Rus birlikleri en iyi kıtalarmış.

Gecikme sinir bozukluğundan da kötü. Kraliyet Kuryesi Charley Burn, Albay Coddan ile birlikte geldi. General Istomine'nin Rus birlikleri ile aramda bağlantı görevi yapacaklar.

Kral, hayır dualarını göndermiş.

Kral hazretlerinin emirlerini, bütün birliklere yaydırdım. Bu emirde şöyle deniliyordu:

"ÖZEL EMİR
Genel Karargâhlar

22 Nisan 1915

Haşmetli Kralın dileklerini ileten Savunma Bakanlığının sonradan şu mesajı alınmıştır:
Kral size ve ordumuza başarılarınızın sürekli olmasını diler ve Haşmetli Kralın her zaman aklında ve dualarında olduğunuzu bildirir."

S.S. ARCADİAN
LİMNİ ADASI

23 Nisan 1915

Sonunda güzel bir gün, en görkemli ve en parlak çerçeveye uyan bir görünüm.

Bütün gün öğleden sonra çıkartma gemileri limandan dışarı doğru ağır ağır yol alarak giriş, çıkış yollarını ayarladılar ve mavi renkli körfez sularında diğer gemiler arasından geçerken savaş gemileri tarafından alkışlandılar.

Tanrım!

Bir telsiz haberi, bugünün güzellikleri üzerine sıkıntı dolu bir gölge gibi çöktü ve Rupert-Brooke'un çok tehlikeli bir şekilde hasta olduğunu öğrendim. Telsiz haberine göre, kendisinden ümidin kesildiği anlaşılıyordu.

Çıkartma gemileri komutanı Dent, hazır olmak üzere ayrıldı. Amiral Wemyss kendi filosunun başına geçmek üzere veda etti. General d'Amade'in Kumkale ve Beşika Körfezi'ne çıkartma yapmasına ilişkin emirleri, yeniden gözden geçirilmiş ve onlara ekler yapılmış bir şekilde teslim aldım. Çok açık ve iyi hazırlanmış.

Akşam 19.15'te Lord Kitchener'den şu mesajı aldık:

"Lütfen, diğer mesajımı uygun bir fırsatta ilgililere iletiniz.

1. Savaşın gidişini en kısa zamanda etkileyeceği kuşkusuz olan, önceden başardığınız gibi, yine aynı başarıyla yürütüleceğine inandığım harekâta, size ve bütün birliklerine en iyi dileklerimi sunarım.

Görev, bütün yiğit İngilizler tarafından zayıflık gösterilmeden yapılacaktır ve inanıyorum ki, birlikleriniz İstanbul'a ulaşan yolu zaferle donanmaya açacaktır.

2. Filoya olan en iyi dileklerimi Amiral de Robeck'e iletiniz.

Ordu, düşmanın kara kuvvetleriyle çarpışırken, donanmanın sıkı ve ortak çalışmalarının etkisine güvendiğini bilmektedir.

3. General d'Amade ve Fransız birlikleri, cesaret ve becerileriyle, silâhlarının zaferi sağlayacağına ilişkin kesin inanç taşıdığımızdan emin olsunlar.

Özel: — Harekâtınız başladığı zaman, düşüncelerim her zaman sizinle birlikte olacaktır."

Lord Kitchener'in aklı da bizimle birlikte, bu cephede. Belki onun görkemli gölgesi, Almanlar üzerine düşer ve yüreklerine giren korkudan ölürler.

Amiral de Robeck'ten yeni bir mesaj aldım:

H. M. S. Queen Elizabeth   *23 Nisan 1915*
Sayın General,
Bütün amirallere, harekât konusunda izleyecekleri konuları içeren emirleri gönderdim ve 25 Nisan Pazar sabahından sonra, komutalarında olmak üzere yapacakları görevler konusunda gereken önlemleri almalarını bildirdim.

Dua ederim ki, hava iyi olacak ve plânlandığı yönde ilerlememize hiçbir şey engel oluşturmayacak. Cennetin ışıkları rehberimiz olacak ve Tanrı bize zaferi verecektir.

Sanırım, herşey hazırdır ve çeşitli nedenlerle olacak olan gecikme yararlı olmuştur. Öyle ki, şimdi daha çok layter ve römorkörlere sahibiz.

Saygılarımla
J. M. de Robeck."

Kendisine cevabımı gönderdim:

"S. S. Arcadian   *23 Nisan 1915*
Sayın Amiral,
Yeni aldığım yazınıza karşı, duygularımı anlatmak istiyo-

rum. Kısa zamanda aldığınız görev, şimdi daha iyi durumda ve kazanmamız için en iyi nedeni oluşturmaktadır.

Saygılarımla
Ian Hamilton"

Rupert Brooke öldü, hemen gömülecek. Geriye kalan sessizliktir. Artık söyleyecek bir şey kalmıyor.

H.M.S. QUEEN ELIZABETH
BOZCAADA

24 Nisan 1915

Öğleden sonra 13.30'da Queen Lizzie gemisi aborda oldu. Limni'den hareketle ikindi üzeri saat 16 sularında Bozcaada limanının dışında demirledik. İngiliz Filosuna bağlı çıkartma gemileri armadası tam karşımızdaydı ve hepsi demirde yatıyor. Demir yerine yaklaştığımız sırada yüzen bir mayın görüldü, akıntılarla buraya kadar gelmiş. Gemiler arasından geçerken, kimseye dokunmamıştı. Boynuzlu canavar, ama kendi ölmüş değil, tersine son derece canlı ve ölüm dolu, dolaşıyordu. Üç mermi üzerine dikilince, şiddetli bir patlamadan sonra batıp gitti.

Bu gece uyuyabileceğim! Ümit ediyorum.

H.M.S. QUEEN ELİZABETH

25 Nisan 1915

Bizim Kraliçemiz, Queen Elizabeth zırhlısı, savaş makyajını yaptı ve sabaha karşı göğü ve ufukları saran soğuk dumanlı bir havada harekete hazırlandı. Saat sabahın dördü daha... Saat 4.15'te artık sessiz bir hanımefendi değil, savaşa hazır bir erkek. Emirler heyecanla yerine getirildi; su geçmez bölmeler, kaportalar kapatıldı ve her yer deniz düzenine hazırlanıp, gerekli olmayan eşyalar, zırh gövde altındaki ambarlara yerleştirildi. Tam bir İngiliz gibi, savaş gemimiz savaşa başlamak üzere önlemlerini tamamladı ve günlük işlerini bile gördü. Şimdi ben de hazırım.

Bu benim için bilinmez bir başlangıç ise, Amiral de Robeck için de durum aynı. Deniz savaşında, filo, amiralin emrinde, bir yüzbaşının komuta ettiği askerî bir müfreze gibi bir birimdir. Amiral görür, yapılmak üzere emir verir ve bütün filo harekete geçer, biz karacılarda durum böyle değildir. Kara ordusunda, her komutan verilen genel emri kendi durumuna göre yerine getirir, fakat her yüzbaşı kendi birliğini yürütür, ateşe atılır. Bahriyede topçu, doldurucu, cephaneci, ateşleyicinin, hedef seçme vb. konularda hiçbir düşünme zorunluğu yoktur. Yalnız top donanımında bir arıza olursa bunu onarıma çalışır ve başarırsa aynı gö-

Queen Elizabeth Mondros'tan ayrılıyor

reve devam eder. Oysa hedefe seçmek, hedef üzerinde yoğunlaşmak ve atış emri, hep atış yönetim kulesinden yürütülür. Kara topçusunun farkı buradır işte. Fakat donanma bugün kara ordusu gibi görev yapmak zorunda, gemilerin her biri kendi kararına bırakıldı, yalnız telsizle emir verilebilir.

Amiral de Robeck'le birlikte, benim bulunacağım yer, Queen Elizabeth'in köprü üstü. Danışma karargâhım ise 6 inçlik top bataryası içindeki çelik kulede yer aldılar. Böylece, tek gemi olarak seyrettik ve saat 4.30'da Seddülbahir açıklarına ulaştık. Her yer sessiz ve kül rengi. Buradan Kabatepe yönüne rota verdik ve yarı yolda, Türkler Hellasburnu tabyalarından ağır top ateşine başladılar.

Şimdi Kabatepe açıklarındayız.

Sivri bir tepenin ardından gün ağarıyor, deniz cam gibi pürüzsüz, güneyden çıkartma, tam yüklenerek başladı, şarapneller deniz üzerinde patlıyor, parçaları suya çarpıyor. Biz bu karışıklığın içindeyiz. Makineli tüfekler, dişlerini göstererek mermi yağdırıyor ve mermiler üzerimizden aşıyor.

Küçük silâhların gürültüsü, saat 5.35'de azaldı ve 4000 kişilik bir birliğin karaya çıktığını öğrendik. Filikalar dolusu erlerin kıyıya doğru yol aldığını gördük, karaya ulaşanlar, kıyı boyunca mevzilenmeye çalışıyorlar, diğer gruplar toprağı kazıyor, onları çalılıklarla örtüyor. Dürbünle baktığımız halde, bir arıdan büyük görünmüyorlar. Askerler Sarıbayır'a ulaşmaya çalışırken, para uğruna ya da zorla ileri atılmıyorlar. Birlikler dalgalar olarak ilerliyor ve kaybolan izler ardında yeni dalgalar beliriyor. Birden mevzilenip yere tam siper olduklarından onları kaybediyoruz. Bravo, gemilerdeki her er, karaya çıkmış arkadaşlarının yanında olmayı diliyor.

Artık her cephede savaş başladı. Amiral, bombardımanın en yoğun olması gereken bölgeler için, benimle olmakta büyük bir

River Clyde 23 Nisanda Mondros'tan yola çıkıyor

istek gösteriyor. Bu nedenle, güneye doğru rota değiştirdik ve ardından Hellasburnu kıyılarına döndük.

Kerte köyü karşısında bir başka büyük an yaşanıyor. Çok başarılı bir çıkartma yaptık, inanırım ve bu bir gerçek. Bu kelimeyi kendime defalarca tekrar ediyorum: "Gerçek!", "Gerçek!", "Gerçek!"

İnanmak için gemici dürbünüyle askerlerimizi izliyorum. Kimi zaman insanın inanmayacağı gelir, bir savaş gemisinde rüyada gibiyim. İnsanın kâğıt üzerinde biçim bulmuş olan düşüncelerinin, bir dürbün merceği içinde, çarpışan askerler olarak hareket edişini görmesi, şaşırtıcı oluyor.

Plymouth ve K.O.S. Taburları, kayalıkları kayıp vermeden tırmandılar ve verilen işarete göre, bir dirençle karşılaşmadıkları anlaşıldı.

Türkler ortadan kayboldular, görünüşte bir tehlike ya da şiddet hareketi var değil. Yalnız birliklerimiz kumsal arazide zigzag hareketlerle ilerlemeye çalışıyor ve cephane sandıkları ile su dolu parlak gaz tenekelerini taşıma savaşı veriyorlardı. Dürbünle baktığımda, birliklerimizden bir grup, kayalıkların dibinde çok rahat, sakin oturuyor, belki de sigara içiyorlardı. Bu durum silâhlarımız için önemli bir sonuç, fakat Türklerin bir sürpriz yapıp manzarayı bozmayacaklarını umarım. Mısır gazetelerinin yayınlarına, İstanbul casuslarının çabalarına rağmen, taktik darbemizi onlara kendi topraklarında indirdik ve düşmanımızın komutanını şaşırttık. Kabatepe ve Sağırdere kıyılarını kaplayan Y Kumsalı alanında Türklerden ses yok!

Avustralyalılar, Türk ordusunu Maltepe'den tamamen söküp atarlarsa, Gelibolu Yarımadası kazanılmış olacak. Eğer Y Kumsalı alanında üstünlük sağlanırsa, düşman Gelibolu Yarımadası'na parmak kısmında iş göremez duruma gelecek K.O.S. ve Plymouth Taburları Y Kumsalı bölgesinde, güneyde çarpışan Türklerin çekilme hattına erişmelidirler.

Kıyıya çıkartma yapan İngiliz birlikleri

Gözlediğimiz Tekkeburnu'nun batısı, plânlarımızda X Kumsalı diye belirlenmişti. Biz, o kumsal yönünde yol alırken, Y Kumsalına çıkan küçük birlikler Kraliyet Deniz Tümeni tarafından desteklenmişler ve o birlikler Bolayır yaylası yönünde ilerliyorlardı. General Braithwaite bu konuda engeller söylüyordu. Y Kumsalı plânı üzerinde tek başıma çok durmuştum ve fikirler benimdi. En büyük baskıyı bu bölgedeki harekât yapacak ve büyük değer taşıyacaktı. Fakat, Kabatepe ile Seddülbahir'deki genel çarpışmalar, daha açık şekilde gelişmedikçe, el altında tuttuğum yedek kuvvetlerimi karaya çıkarmayacağım.

Tekkeburnu batısındaki X Kumsalına birlikler ilk anda az bir kayıpla çıktılar. Bu bölgenin güneyinde şiddetli çarpışmalar oluyor. Bununla birlikte taze kuvvetler çok yakında karaya çıkacak: Durum, şu ana kadar iyi.

Tekkeburnu doğusundaki W Kumsalı alanına yaklaştık ve bir diğer başarılı çıkış harekâtı yapıldı, fakat son derece kanlı ve acımasızca.

Kıyıda yatan ölüleri görüyoruz. Lancashire Tümeni erleri kumsalda tutundularsa da, birliklerin arazide ilerlediklerini daha göremiyoruz.

Saat 6.45'de çarpışmalar devam ediyor. Birliklerimiz Seddülbahir'de tutundular. Bu sırada gün ışıyor, güneşin ışınları gözlerimize doluyor, toprak hafif bir pusla kaplanıyordu. River Clyde şilebi, gönüllülerden kurulu bir birlikle dolu, baştan kara ediyor ve orada en iyi askerlerimizin Türklere üstün gelişini seyrediyoruz. Bir süre sonra, gerçek bizi şaşırttı. Gönüllüler birliği baskına uğramıştı.

Dürbünlerimizle tüfek mermilerinin fırtınalı bir yağmur gibi River Clyde'ı hedef aldığını ve kıyı boyunca mevzilenmiş Türklerin, gemiye yaylım ateş açtıklarını gördük. Aynı zamanda cesur erlerden bir kısmı, bir işkence denizi durumunu alan sulara, boyunlarına kadar gömülü, karaya ulaşmaya çalışıyorlardı. Bu erler, River Clyde'in iskele baş omuzluğuna yanaştırılmış bir dubadan denize atlıyor ve cehennemi andıran alanı kaderlerince bazan aşabiliyorlardı.

Kumsalın ortasındaki kısımda küçük kum tepecikleri arasına mevzilenmiş bir düzine asker vardı. Onlar hareket etmeden, cesaretle yayılıp, ateş hattı altında kaldılar. Güven içindeki Queen Elizabeth zırhlısından bu kahraman ruhlu askerleri seyrederken, içim öfkeyle doldu. Komodor Roger Keyes daha fazla dayanamayacağını söyledi. Komutanların çoğu bu korkunç durumu güvenli bir bölgeden izliyorlardı. Doğrudur... Ben, ölümle burun buruna yapılan bu işleri zamanında tamamlamıştım. Şimdi sıra gençlerindi. Fakat insan bir savaş gemisinden bakınca, her zaman çerçevedeki resmin dışında kalır. Gerçek çok acıdır, son derece soğukkanlıdır ve arenadaki gladyatörleri zevkle seyretmeye benzer. Kıyıda, bir metre su derinliğinde olan River Clyde erlerinin faciasına seyirci kalınamazdı. Herkes aynı karara vardı. Queen Elizabeth 6 inçlik toplarıyla ağır bir bombardımana başladı. Kumsalı yarım daire olarak çevreleyen köy ve yüksekteki düzlük toza dumana karıştı. Düşman, anlaşılan yer altına ve çok derine mevzilenmişti. Bir ara River Clyde, kendilerine en çok zarar veren bombardımanın Seddülbahir ve çevresindeki kaleden geldiğini işaretle bildirdi. Türkler soluk almadan aralıksız ateş açarken, hedefi bulmak için yer değiştirdik. Karada tüfeklerin ve makineli tüfeklerin yaylım ateşleri hiç dinmedi. Her saniye salvolar halinde patlayan mermilerin infilâkları, korkunç gürültüler yaparak vızıldıyordu.

İnsanlar bir kâbusun pençesine yakalanmışlardı ve biz çaresiz, perişan bir durumda bekliyorduk.

Kaleden açılan ateş altında, destek birliğinin hareketsiz kaldığını görünce, henüz bir saldırıyla yüzyüze gelmemiş ana kuvveti ileri sürmek konusu belirdi ve bir sorun durumuna geldi. Ne var ki, o birlikleri de kıyıya çıkartıp, hedefi büyütmenin yararı yoktu. Komodor Roger Keyes'e göre bu birlikler, belki Y Kumsalına kaydırılır ve Türk direnişine rağmen karaya çıkabilirlerdi. Böylece doğrudan doğruya öncü birliklerini desteklemek yerine, Seddülbahir'den çekilen Türk kuvvetlerinin geri gitmesi önlenirse, harekât daha etkili olurdu.

General Braithwaite'i oldukça kararsız buldum. General Hunter-Weston'u bütün Güney kanat istilâ bölgesi komutanı olarak görüyordu. Fakat bu düşünce bana çok genel anlamda geldi. General Hunter-Weston'un kitabında alınacak önlemler konusunda bir kayıt yoksa, bir şey söylenmesi gerekir. Gerçekte

Büyük çıkartmanın yapıldığı Seddülbahir'deki
River Clyde bölgesinin genel görünüşü

Karaya çıkan İngilizlere ateş eden Türk birlikleri

General Hunter-Weston, bütün çıkartma hareketleri ile daha yakından bağlantılı idi. Ona komuta etmek, şu önemli anda bana düşmez. Saat 9.15'te şu telsiz mesajını çektirdim:

"Euryalus'te Komuta Heyetine,

Y Kumsalındaki bölgeye bir miktar asker çıkartmak ister misiniz? İsterseniz, balıkçı gemileri hazırdır."

Üç çeyrek saat geçti ve Seddülbahir'deki durum düzelmedi. Bir saldırı geliştirilemiyorsa, durum kötüleşiyor demektir. Destek birlikleri karaya çıkmadılar ve bana da hiçbir cevap gelmedi.

General Hunter-Weston'a yolladığım mesajı tekrarlattım; bu kere doğruca adıma, özel bir mesaj olarak hazırlattım ve kendi adımı kullandım:

"General Hamilton'dan General Hunter-Weston'a,
Euryalus.

Y Kumsalına daha fazla birlik çıkmasını ister misiniz? Balıkçı gemileri hazır beklemektedirler. Cevabınız işaretle beklenmektedir."

Saat 11'de şu cevabı aldım:

"General Hunter-Weston'dan, Queen Elizabeth'deki Seferî Kuvvetler Komutanına,

Amiral Wemyss ve Deniz Çıkartma Gemileri Başsubaylığı, şu andaki duruma müdahale etmek ve Y Kumsalına asker çıkartmak isteğinin, karaya yapılan tahliyeyi geciktireceğini bildirmişlerdir."

Cornwallis zırhlısında bir telâş vardı. Mortokoyu'ndan çekilmeli ve bu taraftaki çıkartmayı desteklemeliydi, fakat emir yerine varmıyor, kafamdan binbir şüphe geçiyor. Şimdi öğrendim ki, sağ kanadımız çok etkili bir hücum ile karaya çıkmış. Bu boğuşmalar devam ederken tepeye de bir Tott Bataryası mevzilendi. South Wales birliklerinin ilerlemeleri ve Seddülbahir'i kuzey-

Türk topçusu ateş ederken

den sarmaları oldukça güç görünüyor. Bununla birlikte taburlar ümit verici.

Hellasburnu ile Seddülbahir arasındaki V Kumsalını bir süre kendi yazgısına bırakmıştık. Y ve Hisarlıkburnu'nu işaretliyen S Kumsallarından güçlü yan saldırılarla Seddülbahir çevrelenebilir ve cepheden, garnizonlardan hiçbiri kaçmadan işi tamamlardık. Yalnız biz o hareketi yapana kadar, Asya yakasından Türk topları, Hisarlıktepesi'ndeki de Tott Bataryamıza ateş yoğunluğuyla onu etkisiz bırakabilirlerdi. O zaman Y Kumsalındaki birlik kayalıkları aşamazdı. Türkler, aşağı kesimlerde Kabatepe'ye oranla daha kuvvetli. Şu anda büyük ve muntazam bir orduya sahip olmadıkları konusundaki inancım sarsılmaya başladı. Açık olan şu ki, bazı kanatlarda Türkler birliklerimizi güç durumda bırakabilir ve moral kırıcı söylentilere yol açabilir. Öte yandan, acaba yedekte bir alayları var mı diyorum.

South Wales Borderer birlikleri ağır bir saldırı ile ileri atılırken, kuvvetleri verdikleri kayıpları kuşkusuz kapatamayacaktı.

Akşam üstü, River Clyde şilebi subaylarından Yüzbaşı Smith makineli tüfekler için daha fazla ikmal sağlamak üzere geldi. Dediğine göre, River Clyde'da durum yürekler acısıymış. Yirmi katı bir kuvvetle çarpışmak zorunda kaldıklarını söylerken, yüzbaşı hiç heyecanlı değildi. V Kumsalı bölgesinde karaya çıkan birlikler ateş çemberine düştüler. Savaş gemileri, Türk siperleri üzerine mermi yağdırıyorlar. River Clyde'dan açılan ateşle 100 metrelik menzil içindeki bölge, düşmandan temizlenmiş, fakat düşmanın makineli tüfek ve obüs atışları durmuyor.

Geminin çift namlulu makineli tüfekleri baş tarafa ve kum torbaları gerisine yerleştirilmiş, sürekli mevzileri tarıyarak, karaya çıkış yapmaya çalışan erleri koruyor. Ama düşman ateşi o kadar etkili ki erlerimiz, kumdan baş kaldırıp, birkaç santim bile ilerlemeye başarılı olamıyorlar. Denizin kıyıya yığdığı kum setleriyle şansları iyi gidiyor ve yalnızca ölümden kurtuluyorlar.

Seddülbahir Körfezi'nden gelen haberlerden oradaki çarpışmaların çok kanlı olduğu öğrenildi. River Clyde şilebi durumu kurtarmaktan çok uzakta.

Öğleden sonra 13.30'da General d'Amade kuvvetlerinin Kumkale'yi işgal ettikleri haberi geldi. Amiral de Robeck telsizle, sabah 9.35'de 6. Koloniye Fransız birliklerinin köye girdiklerini öğrendi. Asya yakasında durum ümit ettiğimiz gibi gelişiyordu. Rus zırhlısı Askold ve Fransız kruvazörü Jeanne d'Arc, müttefiklerimize deniz topçu desteğini sağlıyorlar.

V Kumsalında ise durum belirsiz. General d'Amade'a bu düzene göre karaya asker çıkartmasının mümkün olmadığını söylemiştim. Ne var ki, birliklerini V Kumsalı alanı çevresinden ileri harekâta geçirecek.

Öğleden sonra 14.00'te çok sayıda yaralı erlerin sığındıkları eski Seddülbahir Kalesi altındaki kemerlerden işaretle yardım istendiği görüldü. Queen Elizabeth'ten gönderilen istimbot, mermi yağmuru altında cesaretle kıyıya vardı ve durumları ağır olan yaralıları alıp geri döndü.

Saat 14.00'ten hemen sonra birliklerimiz W Kumsalı yönünde düşmanı püskürtmeye başladılar. Bu birlikler kesinlikle, Royal ve Lancashire piyadelerini desteklemek üzere harekete geçen Worcester ve Essex müfrezeleri idi.

Batıdan X Kumsalından W Kumsalına doğru Seddülbahir yönünde saldırıya geçen birlikler yeni bir ümit uyandırdılar ve bu birlikler belki V Kumsalında kuşatma çemberine giren düşman kuvvetlerinin yakın sağ kanadına vurabilsinler diye Tanrı'ya var gücümüzle dua ettik. Saat 15.10'da cesaretlerine hayran olduğumuz öncü birlikler bütün araziyi kaplayan dikenli tel engelleri temizlemek için durdular. Erler teker teker açılan gedik-

Türk askeri düşmanı gözlerken

lerden geçtiler ve yine göğüs göğüse dövüşerek W ve V Kumsalları arasındaki tepeye egemen olmaya çalıştılar. Birkaç metre ötedeki bir hedefin kimin elinde kaldığı belli değildi.

Dikenli tel engeller kıyıya paralel değil, tersine dikey olarak uzanıyor ve bizim saldırmak istediğimiz yönü engelliyordu. Bütün gün boyunca göğüs göğüse çarpışmalar, hep o engellerin çevresinde oldu.

Korkunç kayıplar vererek bu derece zalim koşullar altında Güney Afrika savaşlarında olsaydık, beyaz teslim bayrağı çoktan çekilirdi. Oysa bugün kimsenin böyle bir isteği yoktu ve geceleyin ay ışığında bile kanlı çarpışmaların devam edeceği anlaşılıyordu.

Amiral de Robeck, Komodor Roges Keyes, General Braithwaite, Godfrey ve ben telsiz kamarasında ayak üstü bir akşam yemeği yedik. Tam yemeğimizi bitirirken, General Hunter-Weston gemiye geldi. Anlattıkları kendi hikâyesiydi ve insanın soluğunu kesecek kadar tehlikelerle doluydu. Sağırdere kıyılarını çevreleyen Y Kumsalı alanındaki harekâttan haber sordum. Kumsal alanında, X Kumsalı bölgesindeki birliklerle bağlantı içinde bulunduklarını ve çok şiddetli savaşlar verildiğini söyledi. Y Kumsalında karaya çıkan birliklerden bir kere, çok ağır baskı altında olduklarına ilişkin mesaj aldığını, fakat başka bir haber alamadığını ekledi. Bununla birlikte iyimserdi ve haberler genellikle ümit verici idi.

Bütün gün boyunca yapılan işlerin toplamı şu oldu: Fransız birlikleri Kumkale'ye çok başarılı bir darbe indirdiler. Kabatepe'nin kuzeyindeki tepeye kadar olan arazide tutunduk, Gelibolu Yarımadası'nın güney ucundaki üç plân bölgesinden X ve W Kumsalları arasındaki düşman savunmasını kırdık.

Seddülbahir çevresindeki V Kumsalına çıktık ve tutunduk. Bu bölgede düşmanın çok ağır direnişi ile karşılaşmıştık. Orayı terketmek zorunluğu beliriyordu ama, X ve W Kumsallarından ileri harekâtın gelişmesi sağlanıncaya kadar oradakiler dayanmalıydılar.

Düşman birliklerinin sağ ve sol kanatlarından yapılan saldırı harekâtı çok parlak şekilde gelişmişti ama, geri çekilme yolları ele geçirilememişti.

Eski Hisarlık ve Mortokoyu'nu çeviren 2. South Wales Borderer birlikleri, müstahkem mevkilerden açılan ağır ateş altında karaya çıktılar ve Cornwallis zırhlısından açılan top ateşi ile desteklendiler. Buna rağmen, ilerleme çabaları ağır direnişle karşılandığı gibi, manevra yapma ve açılma olanaklarından yoksun oldukları gibi, düşman karşısında zayıf kalışlarından ötürü, kendilerini pek savunmasız görüyor, başaramayacaklarını sanıyorlar. Y Kumsalı karşısındaki Kerteköyü harekâtından fazla bir haber yoktu. İki güçlü taburun düşmanla aralarındaki 4 ile 5 kilometrelik geniş ve uzun savaş hattı üzerinde, önümüzdeki saatlerde bir şeyler başarması gerekti. Kerte ve Mortokoyları karşısında Kabatepe'ye çok kayıp vermeden yaklaşıldı.

V Kumsalındaki durum, bir leke gibi, Seddülbahir'e, donanma toplarına açık oluşu nedeniyle, rahatlıkla çıkış yapılacağını sanmıştık. Büyük kuvvetler Mortokoyu'na çıkarken, Seddülbahir'i zorlayıp Türkleri geri püskürtecektir.

Bir konu çok açık. Ne olursa olsun, zafere ulaşma yolundayız. Dünyada bizim askerimizden daha iyi yetiştirilmiş bir asker var değildir. Bizimkiler, askerliğin özüne inmiş, hepsi de gönüllü ve tam bu iş için yaratılmışlar. Subaylar, her rütbe ve kademede erleriyle birlikte ateşe atıldılar. Hepsi de ölecekler, ölecekler ama yakında Türkleri de yola getirecekler.

Buradaki asker, Güney Afrika'daki gibi gözleri kapalı savaşmıyor. Ayrıca, yürekten az çok yakınlık duydukları bir düşmanla da karşı karşıya değiller. Askere birçok kere düşmanın ne olduğu anlatıldı, tekrar edildi. Artık niçin savaştıklarını biliyorlar. Gözleri açıktır, askerlerimiz savaşın sona ermesi için, Boğazları aşıp Rus dostlarımızla elele tutuşmamızın gerekli olduğunu biliyorlar. Yine imparatorluğun yazgısının gösterecekleri cesarete bağlı olduğunu onların kafalarına soktuk. Alınyazısı, Tanrı'nın öyle bir takdiri olabilir ki, bu mert askerlerin hepsi dehşet verici savaşlar boyunca eriyebilirler, fakat tutsak olmayacaklardır.

Gece karanlığı topraklar üzerine çöktü. Queen Elizabeth bütün gücüyle düşmana ateş açtı ve ağır bataryalarıyla dövüşe başladı. Her top alev saçıyor, kükrüyor ve gökteki yıldızları titreten bir şiddetle patlıyordu. Kulaklarımız mumla tıkalı, gözlerimiz soluk kesici sarı patlamalardan yarı yarıya kör durumda.

Birkaç saniyelik aralarla, karadan makineli tüfek sesleri geliyor. Binalar, evler, kale duvarları arasında patlayan mermilerin dumanları görülüyor. Yer, gök karışıyor ve Queen Elizabeth'in 15 inçlik ağır topları yüksek patlayıcı madde doldurulmuş laydeit mermileriyle düşman topraklarını hallaç pamuğu gibi atıyor.

Gece karanlığı evreni gözlerden silerken, sabahtan beri düşman baskısı altında kıyının kum sığınaklarında can korkusu içinde sıkışıp kalmış birçok askerimizin fırsattan yararlanıp, Seddülbahir Kalesi yokuşuna tırmandıkları haberi geliyor.

Artık uyumaya çalışmalıyım. Çarpışma devam edecek ve birlikler hayatta kalmak için dövüşecekler. Onları can pazarında bıraktım. Belki hiçbiri bir daha İngiltere'ye dönemeyecek. İyi ama, ya ben? Ben uyuyorum! Binlerce insan birbirini boğazlamak için savaşırken, ben uyuyorum! Ama başka ne yapabilirim ki? Başarabilirsem bir süre uyumalıyım.

H.M.S. QUEEN ELIZABETH

26 Nisan 1915

Öğle üzeri 12,05'te, General Braithwaite tarafından, daldığım derin uykudan, omuzum sarsılarak uyandırıldım. General, durmadan "Sir Ian! Sir Ian!" diye sesleniyormuş.

Birkaç saat kanlı dövüşten uzakta, sakin bir uykuda iken, Kurmay Başkanım, iki üç keredir, devamlı, "Sir Ian, ölüm kalım sorununu çözümlemek için gelmelisiniz. Kesinlikle bir cevap vermelisiniz!" diye tekrarlıyormuş ki, kendime gelince, top gibi yerimden fırladım. Hemen giyinip amiralin yemek salonuna gittim. Orada, Amiral de Robeck, Avustralya ve Yeni Zelanda çıkartma birliklerinin Komutanı Amiral Thursby, Komodor Roger Keyes, Ancac Kolordusu Kurmaybaşkanı General Carruthers ve Kraliyet Anzac Topçu Birlikleri Komutanı General Cunliffe Owen'le karşılaştım. Yüzlerini görünce buz gibi bir el yüreğimi sıkıştırdı.

General Carruthers, General Godley'in el yazısı ile yazılmış ve General Birdwood'a iletilmiş mesajı uzattı.

Onu yüksek sesle okudum:

"Tümen komutanlarım ve tugaylar, birliklerinin sabahtan beri sürdürdükleri kahramanca çabalardan, bütün gün süren ağır çarpışmalardan sonra, güçlerinin tükendiğini ve şimdi de, düşmanın soluk aldırmaz şarapnel hücumlarından ötürü, maneviyatlarının kırıldığını bildirdiler. Birliklerden bir kısmı ateş hattını bırakıp geri çekildiler, bu zorlu topraklarda dağılan erleri toplamak olanaksız görünmektedir.

Yeni Zelanda Tugayı da, düşmanla az önce karşılaştı ve çok ağır kayıplar verdi. Tugayda maneviyat çok azalmıştır. Birliklerin yarın sabah yeniden savaşa gönderilmesi kararlaştırılmışsa, sonuç fiyasko olacaktır. Ateş hattındaki gedikleri kapayacak yedek birliklere sahip değiliz. Sunduğum konuların son de-

Swiftsure zırhlısı Türk mevzilerini bombardıman ederken

rece önemli olduğunu biliyorum, fakat birliklerimiz geri alınacaksa, bu iş hemen yapılmalıdır.

General Birdwood"

Gözlerimi yumarken, masanın çevresindekilerin hepsi bana bakıyordu. Zaman kazanmak için, karadaki taktik durumlar konusunda bir, iki soru sordum. General Carruthers ve Cunliffe Owen, General Birdwood'un durum değerlendirmesine tek kelime ekler görünmediler. Amiral Thursby'e dönüp sordum:

"Amiral, siz ne düşünüyorsunuz?"

Thursby, "Birliklerin yığıldıkları kumsallardan kurtulmaları üç gün sürer" dedi.

"Pekâlâ, o zamana kadar Türkler nerede olacak?" diye sordum.

"Birliklerimizin tepelerinde!"

"O halde, sonra ne olacak?" diye direttim: "Söyleyin bakalım, Amiral, ne düşünüyorsunuz?"

Cevap verdi, "Ne mi düşünüyorum? Evet, onları orada bulundurmak zorunda isek, bu görevin acısına sonuna kadar katlanmaları gerek."

Hiçbir ek söz duyulmadan, herkes sustu, onun üzerine General Birdwood'a şu cevap mesajını yazdırdım:

"Verdiğiniz haber gerçekten çok önemli. Fakat bulunduğunuz mevzilerde direnip tutunmanızdan ve baskılara dayanmanızdan başka yapacak birşey yoktur. Amiral Thursby'nin size açıklayacağı üzere, birliklerin tekrar gemilere çekilmesi işi iki gün alacaktır. Bu arada, bir Avustralya denizaltı gemisi Çanakkale Boğazı'nı aşmış ve bir Türk gambotunu torpilleyip batırmıştır. General Hunter-Weston ağır kayıplar vermesine rağmen, yarın ilerlemeye başlayacak ve birlikleriniz üzerindeki baskıyı hafifletecektir. Kuvvetlerinize ve General Godley'in birliklerine bir

çağrıda bulununuz ve tutundukları mevzileri korumaları için olağanüstü çaba göstermelerini isteyiniz.

Daha önce de üzerinize çok güç görevler aldınız. Şimdi ise, güvenliğe kavuşuncaya kadar yalnızca siper kazdırınız, siper kazdırınız, kazdırınız.

Ian Hamilton"

Mektubumu alan subay ayrıldı ve Kabatepe'den de bir daha kimse gelmedi. Yazımı götüren subay, çok açık ve kesin emirlerimi iletiyordu. Öyle bir emir verdiğim için de asla pişmanlık duymadım. Düşman topraklarında kahramanca ölmek, kesimlik koyun gibi beklemekten, maratonda kaçmaktan çok daha iyidir.

De Robeck ve Keyes şaşkın durumdalardı, yavaş adımlarla kamarama girip tam üç saat süren bir uykuya daldım ve sabah saat 4'e kadar da dinlendim.

Kabatepe açıklarındaydık. Tanrı'ya şükür, geri çekilme düşüncesi ortadan kalktı. Queen Elizabeth saat 5.30'da yeniden bombardımana başladı. Mermiler düzenli tarrakalarla karanlıkta yükselen güneş gibi parıldadılar; mermiler dönümlerce araziyi kapladı, düşman her salvodan sonra biraz daha sersemlemiş görünüyordu. Birbirini izleyen mermiler, Sarıbayır'daki Türk toplarını ateş çemberine aldı ve ufku, Türk toplarından temizledi.

Kıyıdan teşekkür dolu bir mesaj aldık. Savaş gemilerinin kara bombardımanından pek memnun kalmışlardı, bu nedenle biz de sabah saat 8.30'a kadar atışa devamla, Türk topçusu burunlarını çıkarmaya cesaret ettikçe, bomba yağdırarak onları yumuşattık. O saatlerde birliklerimiz düşmana karşı cesaretlerini yeniden kazandılar, Türklerin direnişi ve topçu ateşinin etkisi azaldı. Düzenli bir karşı saldırıyı tedirginlikle izledim. Birliklerimiz Kabatepe'den biraz çekilir gibi oldularsa da, dev gibi bombardımanlarla patlayan şarapneller Türkleri hareketsiz bıraktı. Bu sırada General Hunter-Weston'dan aldığımız bir mesaja göre, Hellasburnu ile Seddülbahir'deki durumda bir değişiklik olmadığı öğrenildi. General d'Amade'in önceden plânladığı halde Seddülbahir altındaki V Kumsalına birlik gönderemeyeceğine ilişkin telsiz haberini aldım. General d'Amade geri kalan bütün kuvvetlerini Bozcaada'dan getirip Hellasburnu'nda W Kumsalı alanına çıkartmak zorunda idi. Böylece Hellas çevresindeki güç koşullar düzeltilmiş olacaktı.

Saat 9'da Y Kumsalı bölgesi Harekât Komutanlığından bize güçlük çıkaran bir mesaj aldım:

"Yaralılar kurtarılıncaya kadar, yamaçta tutunmaya devam edeceğiz" deniliyordu.

Niçin yaralılar kurtarılıncaya kadar?

General Birdwood çok rahat görünüyordu. Amirale zaman kaybetmeden Seddülbahir'e dönmemizi ve Y Kumsalı birliklerine yardım için kara bombardımanına girişmemizi söyledim. He-

Çanakkale'de en kanlı savaşların olduğu
Sarıbayır'dan Kireçtepe'ye doğru

men güney yönünde rota verip saat 9.30'da Y Kumsalı karşısına vardık. Orada Sapphire, Dublin ve Goliath zırhlıları kıyıya yakın yerlerde demirlemişlerdi. Derken askerlerimizin dik kayalıklardan aşağı kaçtıklarını ve bir grubunun da Goliath'a doğru kıyıdan filika ile açıldığını gördük.

Yaralı getiriyorlarsa bir diyecek yok, fakat kayalıkları tırmanmaya çalışan bir canlı bile görmedik. Oysa kumsal üzerinde dağınık birlikler vardı. Amaçsız ve adamsendeci bir hava içinde olan o birlikleri nefretle seyrettim. Bir çatışma yoktu, derken bir tek tüfek patladı ve arkasından bizim erleri tepeden aşağı inerken açık şekilde gördüm. Kıyıdaki filikalar erlerle doluydu ve kimse niçin onların telâşlandıklarına dikkat etmiyordu! Deniz ve kara işaretçi erleri altı, yedi kere kaçanları uyarmaya çalıştılar. Goliath onlara cevap vermedi, Dublin ise birliklerin gemilere çekilmek istediklerini bildirdi ve biz de o birliklerle bağlantıya geçmedik.

Yaklaşık saat ona çeyrek kala Saffire zırhlısı, kayalıklar üzerinden aşırtma yaparak bombardımana geçip geçemeyeceğimizi sordu. Doğal olarak, Queen Elizabeth, hemen Kerte ve güney araziyi toplarıyla bombardımana başladı. Bir çift şarapnel kayalıkların tepesi üzerinde ve yarım mil kadar kuzeyinde patladı. Pusuya düşmüş bir kısım düşman askerinin geri çekilmeye başladığı görüldüyse de, birliklerimizin kayalıklardan tersyüz edip kıyıya kaçması devam etti.

Demek askerimiz emir dinlemeden, durumu böylesine kendi kendine değerlendiriyor ve kitleler olarak geri çekiliyordu? Geri çekilme gerekirse, bu emri vermek için General Birdwood gibi General Hunter-Weston'un bana sorması gerekirdi.

Saat 10.15'te hareket ettik ve Hellasburnu'na yol aldık. Seyir sırasında General Braithwaite ile birlikte Lord Kitchener'e kaleme aldığım mesajı tamamladım:

"Tanrı'ya şükürler olsun, birliklerimiz durgun bir denizde, yelken yarışındalarmış gibi Kraliyet Donanmasının yardımı ile karaya çıktılar. Her iki kuvvetteki gözüpek, yürekli ve cesur askerlerimize müteşekkiriz.

Topçular tarafından çok iyi desteklenen, Türk piyade birliklerinin acımasızca direnişine rağmen, 29.000'den fazla asker altı kumsal bölgesinde karaya çıktı. Düşman siper arkasına siper, engel arkasına engel yapmış, tel örgülerin ardına yayılıp bizi avlamak için mevzilenmiş, pusuya yatmış ve biz ilerlemeye kalkınca, sistemli saldırıya geçiyor. En tehlikeli cephedeyiz.

Çanakkale Boğazı önlerinde gemilerimizle travers yapabiliyoruz, fakat karada kafamızı siperlerden çıkarmak daha olası değil. Ana çıkartma birliklerimiz, Seddülbahir'in batısındaki alçak kayalıklarla çevrili körfezin deniz kıyısındaki eteklerine ayak bastı. Dün akşam 29. Tümen birlikleri güneş batıncaya kadar Tekkeburnu'nun güneybatı yönünden Türk savunma hattını yarma harekâtına başladı. Dublin, Munster ve Hant Taburları düşman baskısından kurtarılmaya çalışılıyor. Ancak şu saate kadar 29. Tümen birliklerinin hâlâ kıyıda çakılı kaldıklarını öğrendik.

Avustralyalılar, Kabatepe'de büyük bir başarı kazandılar. Sabaha karşı 3.30 ile 8.30 arasında kıyıya 8000 kişi çıkartıldı. Bütün bunlar, cesaretleri iyi organize edilmiş olmaları, deniz disiplini almış bulunmaları ve sürekli karaya çıkma talimi yapmış olmalarından ileri geliyor. Bindirme birliklerinin gece karanlığında kıyıya seyirleri ve düşman ateşi başlarken, çıkartma gemilerinin kıyıya yaklaşmaları konusunda söyleyecek bir söz yok. Deniz araçlarının dipleri kumsal bölgesindeki kıyıda dibe değince, botlardan atlayıp düşman ateşi altında karaya ulaşmak çabası içindeki birliklerin kararlılığında çok değişiklik yaptı. İlk anlarda onları hiçbir şeyin durduramayacağını sanıyorduk. Oysa tel örgüler, kayalıklar, fundalıklar, susuzluk, güçlerinin tükenmesinden ileri gelen şaşkınlık ve yorgunluk, birliklerin isteklerini kırdı. Ayrıca düşmanın havan ve obüs toplarının etkili ateşleri de erlerimizi yollarından alıkoydu.

Saldırılması gereken arazinin çok geniş olduğu konusunda askerlerimiz haklı. Durum biraz endişe verici görünüyorsa da, bu sabahtan sonra birlikler siperlere mevzilendiler, sakin ve durumlarından hoşnutlar.

General Birdwood emrindeki kuvvetler, çok iyi nişancı Türk sahra ve havan topçusunun bombardımanı karşısında Sarıbayırtepesi'nin ana yamacında tutundular ve yamacın eteklerinde geniş bir kuşağı işgal ettiler. Bu alanın derinliği 80-90 metre kadar.

Fransızlar Kumkale'den Yenişehir'e bir fırtına gibi atıldılar. Sizin, Asya yakasının dikkate alınmaması kanısında olmanıza rağmen, taktik gerksinimlerinden dolayı General d'Amade'dan bu hizmetin yerine getirilmesi istenilmiş. Böylece Asya yakasında Morto ve diğer karşı mevkileri çok etkili şekilde bombardıman edebilen Türk bataryaları susturulmuştur.

Çarpışmalar sırasında General Napier'in öldüğünü derin üzüntüyle bildiririm. Kayıplarımız konusunda söyleyeceklerimiz henüz tahminler dışında. Kesin bir rakam söylememekle birlikte, kaybımızın çok ağır olduğu kesin. Bu gerçeği açıklamak zorundayım."

Öğleden sonra saat 13.45'te General d'Amade bir torpidobotla beni görmeye geldi ve Kumkale'de karaya çıktığını, zafere ulaşacakları sırada Türklerin çok sert direnişleri ile karşılaştıklarını, çıkartmanın pek kanlı olduğunu, köy çevresinde ağır çatışmaların devam ettiğini ve savaşın evden eve ilerlediğini söyledi.

Birlikleri köyün mezarlığına kadar varamamıştı, dün akşam savunma önlemleri almışlar, duvarlardan mazgal delikleri açılmış ve birliğin çevresi dikenli tellerle engellenmiş. Ancak gece Almanlar tarafından yönlendirilen acımasız bir karşı saldırının püskürtüldüğünü söyledi. Bir duvar dibindeki Türk cesetleri, oldukça geniş ve yüksek bir tepe oluşturuyordu. Bizim kayıplarımız da çok fazla. Ölenler arasında değerli subaylarımız var. Bütün bu bilgiler kısmen, General d'Amade tarafından, kısmen de kurmay karargâhıma General d'Amade karargâhından ulaştırılırdı. Bu nedenle, General d'Amade en kısa zamanda karaya çıkartma yapmamız gerektiğini bildirdi. Yenişehir köyünü işgal etmeden güvenliğe kavuşmamıza olanak yoktu. Bu köy, Fransız kuvvetlerinin bir buçuk kilometre kadar güneyinde bir tepenin üzerinde kurulmuştu ve Ezine-Beşika Körfezi yönünden de destek almıştı. Köyde mevzilenmiş Türk kuvvetlerinin direnişini kırmak için Fransız Tümeninin tümünü Kumkale'ye göndermek gerekliydi. General d'Amade'ın durum değerlendirmesi doğ-

Yardım arayan yaralılar

ruydu ve ben de onunla aynı düşüncedeydim. D'Amade öğleyin bu doğrultuda hazırlık yapmak amacıyla ayrıldı.

On dakika sonra, Kabatepe yönünde rota kırmışken, Amiral de Robeck ve General Braithwaite karşıma çıktılar, yedek Fransız birlikleri göndermenin yirmi dört saat daha durdurulmasını istediler. Bu düşüncelerini neden General d'Amade, Queen Elizabeth'ten ayrılmadan önce açıklamamışlardı? Doğal olarak, fikrimi ve kararımı değiştirmek, Fransızları şaşırtır ve kızdırırdı. Ancak Gelibolu Yarımadası'na sağlam bir şekilde ayak basmak zorundaydık. Çaresiz, aldığım habere dayanarak General d'Adame'e Kabatepe'den işaret çekerek, Bozcaada'daki bütün yedek birliklerini Tekkeburnu ile Hellasburnu arasındaki W Kumsalına çıkartmasını emrettim ve niçin iki yakada birden aynı güçte harekât yapamayacağımızı şimdi anladım!

Çanakkale Boğazı'nın iki yakasında saldırıya geçmek için yeterli güce sahip değildik. Var olan birliklerle arazi kaplanamıyordu. Büroda küçük ölçekli bir harita üzerinde pireyi deve yapmak olası ve büyük kararlar verilebilir ama arazi üzerinde, başa gelecek tehlikeden kaçılamaz.

Öğleden sonra saat 12.20'de Hellasburnu açıklarından geçtik. Hava daha aydınlık, duru ve sıcaktı. Y Kumsalı açıklarına vardığımızda, çıkartma harekâtı devam ediyordu. Goliath zırhlısından verilen habere göre, düşman dün gece çok dağınık bir hücuma başlamış, fakat bizim kuvvetlerimizi geri çekilmeye zorlayamamıştı. Keyes, Braithwaite, Aspinall, Dawnay, Godfrey ümitleri kırılmış ve bezgin durumdalar, fakat onların hayal kırıklığı benimkinin yanında hiç kalır.

Yine acele ayaküstü yemek yerken, Jack Churchill, direkteki karga yuvasından aşağı indi, birliklerimizin Seddülbahir üzerindeki kaleye egemen olduklarını bildirdi.

Hepimiz heyecanlandık.

Başkomutan Vekili Enver Paşa ve Alman generali

Kabatepe tam zamanında görüş açımızın içine girdi ve Türklerin dehşetli karşı saldırıları başladı. Düşman, sabah akşam demeden devamlı dövüşüyor, fakat bu kere organize bir güçle merkeze doğru yükleniyor. Bu görünüm karşısında Anzac birliklerimizin Enver Paşa'ya ve onun ordusuna hiç de hoşlanmayacakları bir sürpriz yapmaları yakındır.

İşte Türkler geliyor! Önce mermi yağmuru yamacın eteklerine doğru yayılıyor ve yağıyor, sonra bir kısım mermiler körfezin yüzeyinde su sütunları çıkartarak kayboluyorlardı. Prince of Vales kruvazörü, hemen Türklerin üzerine çevirdiği toplarıyla ateşe başlıyor. Arkasından Amiral Thursby'nin Queen Triumph, Majestic, Bacchante, London zırhlıları toplarıyla ölüm saçmaya başlıyorlar. Mermiler denizi aşıyor ve mevzilenmiş birliklerimizin üzerinden geçerek, tepenin yüksek yamaçlarını cehenneme çeviriyor. Gök, kırmızı, sarı, kül rengi dumanlar ve alevlerle çakmak çakmak yanmakta... Taş, toprak, kemik, et yığınları birbirine karışıyor.

Düşmanın şurada burada beliren öncü birliklerini farkediyoruz. Makineli tüfek sesleri duyuluyor ve her baş kaldırışta, bir şiddetli tarraka düşman üzerinde patlıyor. İşte, düşman çimenlik bir arazi parçasından geçmek istiyor. Queen Lizzie zırhlısı hedefi hemen yakalıyor, tetiklere basılıyor. Kulaklarımızı top seslerinden korumak için mumla tıkadık.

Düşman hedefi yok artık!..

Jack Churchill doğru söylemişti. Öğleden sonra 13.50' de River Clyde şilebinden gelen telsiz haberine göre, İrlandalı ve Hint birlikleri Seddülbahir köyünden ilerleyerek, çevreyi düşman birliklerinden temizlemişlerdi. Herkesin yüzü gülüyor.

Haberleri General Birdwood'a ilettim, Türklerin yeniden ortalıkta görünmeleri artık kuşkuludur, fakat her olasılığa karşı 29. Tümen tetikte kalmalı.

Hata etmişim! Öğleden sonra saat 15.00'te Türkler yeniden, bu kere sol kanadımızdan hücuma geçtiler. Çok ağır kayıplar verdirdik. İki taburumuz kuzey yamacı boyunca yarış edercesine ilerlediler. Derken çatışma azaldı ve dindi.

Saat 16.30'da Kabatepe'den Hellasburnu'na seyrettik. Saat 16.50'de Kerte köyü karşısındaki Y Kumsalına vardık. Bütün birliklerin bir araya getirilen yaralıları, düşmanın tek bir müdahalesi olmadan tahliye edildi. Bu arada bazı gereçlerin kıyıda kaldığı anlaşıldı ve denizciler gezmeye çıkarlarmış gibi, bir filika ile karaya gidip geldiler. Goliath bölgeden ayrıldı.

Saat beşe çeyrek kala Seddülbahir'den bir haber alındı. Albay Dought Wylie, Mortokoyu'na yapılan çıkartma sırasında vurularak ölmüştü. Çok yazık! Wylie, Charles Gordon'un vefakâr bir öğrencisi idi, yoksulların ve kimsesizlerin her zaman yardımına koşardı. Mert bir asker olarak yaşadı. Düşmanından bile nefret etmezdi.

Saat 18.20'de Kabatepe yönüne dönerken, Kerte yakınlarında ve Alçıtepe eteklerinde bazı Türk topçu bataryalarını belirledik, onlara ateş açıldı. Bir süre sonra Türk topları sustu, yarım saat daha bombardımana devam edip atışı kestik. Saat 19.00'da Amiral Guepratte gemiye gelerek Kumkale konusunda önemli bir haber ulaştırdı. Öğleden sonra saat 14.00'de hem karadan hem denizden açılan top ateşi, köy mezarlığında mevzilenmiş Türkleri sindirmiş, sonunda beyaz bayrak sallayıp teslim olmuşlar. Tutsak olanlar 500 kişi kadarmış.

Yüzden fazla Türk eri, gece çarpışmalar sırasında tutsak olmak için işaret vermişlerdi, fakat pek güvenilir görülmediği için bir kısmı öldürüldü. Kumkale'de parlak bir görev başarıldı. Türklerin Yenişehir ve Kumkale köyü artık yerle bir, haritadan

Seddülbahir Kalesi

silindiler. Biz de ana kuvvetlerimizin üçte birini kaybettik. Amiral Guepralte, o bölgeye 24 saat daha egemen olmamız gerektiği konusunda bizimle aynı görüşte. Saat 19.30'da ayrıldıktan sonra, Tekkeburnu açıklarında demirledik.

Artık Türk toprakları üzerindeyiz. İlk adımda o topraklara çıkışın bedeli ödendi. Her adım toprağın fiyatı, kan, ateş ve terdi. Şifreli anahtarımızı Hellasburnu'nda yüzyıllardır paslı ve tozlu duran kilide sokmuştuk. Tanrı'nın armağanı bu bize... Tanrım, o kilidi açmak için bize güç ver, olanak ver. Tâ ki kapı açılsın ve İngiltere İmparatorluğu'nun Queen Elizabeth zırhlısı Çanakkale Boğazı'nı geçip kuzeydoğuya Altın Boynuz'a (Haliç'e) ulaşsın.

H.M.S. QUEEN ELİZABETH

27 Nisan 1915
Gece yarısı

Her çeşit soru ve cevapla karşı karşıyayım. Gece yarısından sonra saat 2'de Amiral Guepratte'dan bir mesaj aldım; "Kumkale'deki durum çok iyi, ama General d'Amade birliklerini geri çekmek üzere emir verdi ve birliklerin gemilere taşınması başladı. Bu işlemi durdurmak elimde olmadığı için çok üzgünüm."

İyi, o halde ben de üzgünüm! Bir tugayı geride bırakıp Yenişehir köyünü ele geçirir, Kumkale'yi pençemizde tutar, donanmaya da yardımcı olurduk. Böylece Asya yakasındaki düşman topları susturuldu. Şu duruma bakın, ben haklı olduğumu düşünürken, dilenciler bir türlü beğenemiyorlar. Fransızlar, Seddülbahir'e çıkıyorlar. V Kumsalı yerine, Tekeburnu ile Hellasburnu arasındaki W Kumsalına çıkmakta da serbestler.

Birkaç saat arasında Lord Kitchener'e ikinci mesajımı yazdım ve General Hunter-Weston birliklerinin çok sarsılmaları ve taburlarından bazılarının üçte birini kaybetmesi nedeniyle, dün Alçıtepe'ye taarruz edemediğini bildirdim. Diğer yandan cephane stoklarımız da azalmıştı. Seddülbahir'in çok ilginç, kayalık bir kıyı oluşu, yıkıntılar ve engellerle, dehlizlerle kaplı bulunuşu nedeniyle yapılan açık çıkartma harekâtı çok çetin, çok kanlı olmuştu. Bütün gün süren çarpışmalarımız sırasında sağlam bir ayakla karaya basmamızı garantilemek amacıyla donanma, kara birliklerimizi destekledi.

Alçıtepe'de uzaktan bize karşılık veren tek bir top kaldı, o bölgeye de 28. Tümen birlikleri yarın saldırıcaklar.

Queen Elizabeth, büyük çaplı topları için cephane ikmali yaptıktan sonra, sabah saat 7'de General Birdwood'un karargâhının bulunduğu Kabatepe yönünde hareket ettik. O bölgeye vardığımızda kumsalı dağınık şekilde bombalanmış bulduk. Ateş, kumsal açısının yalnız küçük bir parçasına yönelmiş gibiydi. Mermilerin onda dokuzu denize düşmüştü. Erler ise, yüksek kıyı kayalıklarının gerisinde güvenlik içinde kalıyor, hatta herhangi bir heyecan belirtisi göstermeden bir aşağı, bir yukarı do-

Goeben (Yavuz) zırhlısı

laşıyor, malzeme sandıklarını taşıyorlardı.

Saat 7.55'de Türkleri önemli sayılır şekilde bombardımana başladık. Doğal olarak 6 inçlik toplarımızın mermilerini kabullendiler. Yüksek patlayıcı maddelerle doldurulmuş 100 librelik mermiler Türklerin sık sık sahra top mevzileri üzerinde patladı. Arkasından içinde 10.000 misket bulunan 15 inçlik şarapneller aynı hedefe gönderildi. Türkler, güçleri yettiği kadar karşı koydular. Bazan bütün düşman bataryasını tek başına 15 inçlik dev toplarla susturduk. Türklerin toplarını savaş gemilerinin top menzilleri dışına çıkartmak üzere, içeri araziye çekilmekte oldukları kuşkusuzdu.

Sabahın 10 ile 10.30'u arasında, geminin zırh kulesinde bir düşünceye dalmıştım. Uçaklardan biri Goeben (Yavuz) zırhlısının Çanakkale Boğazı'na yaklaşmakta olduğunu bildirdi. Goeben büyük çaplı topları ile yarımada üzerinden aşırtma yaparak bize karşı bombardımana katılacaktı. Meslekleriyle ilgili konularda denizcilerle tartışmanın gereği yok! Hemen bir gözetleme balonu uçuruldu ve balon iplerle bağlı olarak geminin üzerinde yer aldı... İlk salvo ateşine başladık ve Goeben'e isabet ettiremedik. Düşman, hızla derin sularla çevrili, yüksek bir tepenin eteklerine yol verip, onun arkasında kayboldu. O karışıklıkta askerle dolu olan nakliye gemileri, hemen kaçıp kurtulamadılar ve geriye sarktılar.

Atışa devam ettik, mermilerimiz aşırtma ile hedefe yollandı. Şimdi, hedefimiz Türk ordu birliklerini bir yakadan diğerine taşıyan nakliye gemileri. Gözetleme balonundan haber geldi; isabet yok! Tekrar düzeltme ve ateş, iki dakika sonra nakliye gemisinin kıç taraftan su alıp batmakta olduğu bildirildi! Güzel haber bizim için.

Basit bir kelime bile, kimi zaman dehşet dolu olayları açıklamaya yeterli oluyor.

Amiral Wemyss'ten aldığım telsiz haberine göre, General Hunter-Weston'un birlikleri bütün cephe boyunca üç kilometre ilerlemişler ve ilerleme sırasında düşman savunmasıyla karşılaşmamışlar.

Akşam üzeri saat 18.00'de kuzeyden ağır kasırga gibi bir hava patladı. Uçakların Ege Denizi'ndeki üslerinden havalanmaları olanaksız bir duruma geldi. Çanakkale Boğazı'nın her iki yakasında belirlediğimiz Türk top bataryaları, gemilerden açılan bombardımanlardan sonra ya havaya uçuruldu ya da işe yaramaz duruma getirildi. Sonra da, 18.30'da Hellasburnu açıklarında demirledik.

Akşam saat 19.00'da General Hunter-Weston gemiye geldi, birlikte yemek yedik. Durumdan son derece memnundu. Ancak Y Kumsal bölgesindeki birliklerin çekilmeleri için kendi emir vermemişti. O emri kimin verdiğini de bilmiyordu. Kuvvetleri yarımadanın ucundan sağa doğru beş kilometrelik, Hellasburnu'ndan sonra da üç kilometrelik bir araziyi işgal etmişlerdi. Alçıtepe'yi Türklerin elinden alamamıştık. Birliklerimiz son derece yorgun değiller miydi? Katırlar, atlar, cephane, içecek su varilleri, yiyecek maddelerini içeren sandıklar, bütün gece boyunca kıyıya çıkartılmaya devam etmiş, 26. Tümenle diğer birlikler bitkindi. İstihbarat kanalıyla aldığımız bilgilere göre Türkler, Çanakkale'den kuvvet naklederek yarımadaya destek birlikleri getirmekteler. Demek ki, biz, sayıları eksilmiş taburlarımızı takviye edecek yedek kuvvetimiz bulunmadığı için işgal ettiğimiz toprakları genişletemeyeceğiz.

Yorgun olalım ya da olmayalım, yarın yeniden saldırıya geçeceğiz. Kesinlikle daha çok arazi kazanmalı ve Türkler, Asya yakasından ya da İstanbul'dan destek birlikleri almadan, rahatlıkla harekâtı yürütebileceğimiz bir bölgeyi işgal etmeliyiz.

Bu saldırı gece mi, gündüz mü yapılmalı? General Hunter-

Weston gündüz yapılmasında kararlı. Başlangıç saatini de sabah 8 olarak kararlaştırdık.

H.M.S. QUEEN ELIZABETH

28 Nisan 1915

Sabah 9'da General d'Amade geldi ve Kumkale harekâtı konusunda bilgi verdi. Umarım ki, Fransa hükümeti, General d'Amade'a kuru bir teşekkür yerine daha belirli bir ödül verir.
Saat 9.40'da General Paris ve Kraliyet Deniz Tümeni Danışman Heyeti geldiler, hazırladıkları bazı plânları bize açıkladılar. Saat 10'da Queen Elizabeth kuzey yönünden ağır yolla ilerlemeye başladı ve Y Kumsalı noktasına vardık... Bu bölge daha önceden gaz tenekeleriyle işaretlenmişti. Birden, karşı yamaçlardan kıyıya doğru bazı birliklerin ilerlediklerini gördük. Hemen 15 inçlik toplarla, her birinde 10.000 misket bulunan şarapnel atışları için emir verdim. Fakat gördüklerimiz bizim askerlerimiz miydi, yoksa Türklerin öncü birlikleri mi? Miğferleri güneş altında parlıyor, kimlikleri tam olarak kestirilemiyordu. Amiral de Robeck'le Keyes de kararsız kaldıkları için bana sordular. Emir subayı benimle aynı kanıdaydı. Bunlar yirmide bir olasılıkla Kerte bölgesinden geçmekte olan Türk destek kuvvetleriydi. Ellide bir olasılık yine Türklerdi ve topraklar onları gözden silip yutmaya hazırlanıyordu.

On dakika sonra, yarımadanın 800 metrelik alçak kalan arazi engeli dışında bir yere ulaşınca, manzara daha iyi belirmeye başladı. Parıltılar süngülerden geliyordu ve bunlar Türk birlikleriydi. Hemen araziye yayıldılar ve çeşitli dağınık düzen kollar olarak ilerlemelerine devam ettiler... Karşılarında, onların hücumlarını durduramayacak kadar zayıf birliklerimiz vardı ve bizimkiler sürekli çekiliyorlardı. Yüz kişi kadar olan kuvvetli bir Türk müfrezesi dövüşün havasına dalmış olmalı, Queen Elizabeth'den makineli tüfek menzili içindeki kıyı boyunca, bir grup birliği püskürtmekle uğraşıyordu. Derken o kuvvetin bir kanadı, kayalıkların kenarında mevzilendi. Dövüşleri tam bir Alman piyade müfrezesininki gibiydi, tekrar ateşe devam ettiler... Hepsi disiplinli, her hareket işaretle yapılıyor. Bu arada Queen Elizabeth'in topları onlara yönelme emrini bekliyordu. Tekrar "Hücum" emrini verdiler ve başladılar yamaçlardan aşağı taarruza. Başlarında kılıçlarını çekmiş subaylar koşuyorlar. Manzarayı görenlerden bir denizci subay, "Bizi selâmlıyorlar" diye alay etti!

Queen Elizabeth şarapnel yağdırmaya başladı. Uzaklık 1200 yarda, tam isabet! Dev gibi mermi Türk hatlarının 40-50 metre sağında patladı ve 10.000 misketli şarapnel şimşek gibi çarptı. Duman, toprak ve taş cehenneminin örttüğü arazide her şey sessizliğe döndüğü ve arazi tekrar göründüğü an, sessizliğin sonsuz olduğunu anladık. Toprakta korkunç bir duraksama olmuştu. Uzun süre, arandık baktık. Türk askerinden canlı kimse kalmamıştı.

Sol kanatta beş kilometre ilerledikten sonra, Türklerin artan baskısıyla karşılaşıp geri çekilmek zorunda kalındı ve birliklerimiz bir buçuk kilometre ya da biraz daha fazla gerilediler. Bir diğer cephede 88. Tugay, Türkleri kolaylıkla geri püskürttü, ama sonradan düşmanın direnişi arttı ve gün ortasına doğru geri çekilmeleri durdu. Bu kere yedek birlikler cepheye sürüldü ve hücum denemesi sonunda Kerte bölgesine küçük birlikler şeklinde yaklaşıldığı öğrenildi.

General Hunter-Weston, askerinin başını sokacak kadar siper kazması mümkün olursa, düşmanın kendi birliklerini mevzilerinden söküp atmasının olanaksız olduğunu ve sayıları ne olursa olsun Türklere birkaç santimlik yer bile vermeyeceğini söylü-

Türk askerleri süngü hücumunda

yor. General, darbelerimizi daha şiddetle vurmamız gerektiğine inanıyor. Fakat yedek kuvvetlerin olanca hızla karaya taşınması ancak bir plân içinde olursa başarı kazanılabilir. Karaya ayak basmadan önce, denizde bir dalgakıran, rıhtım, barınaklar, vinçler ve her çeşit mekanik taşıyıcılar bulunması... Öncelikle bu eksiklerin tamamlanması gerek. Yoksa, karaya çıkartılan birliklerin, kıyılardan içerilere doğru yayıldıkça, katırlarla bunlara ikmal yapmaya kalkışmak, kısa zamanda yiyecek ve cephane kıtlığı yaratır. Bu durum en kötü şekliyle yaşanmaktadır.

Bir düşman uçağı River Clyde şilebini bombalıyor. Birliklerimizin subay kayıpları müthiş denilecek kadar arttı.

Yatmadan önce Lord Kitchener'e iki mesaj yolladım:

1. Dün gece Türkler büyük kuvvetler halinde "Allah Allah!" diye bağırarak, borazanlar çalarak, Avustralya ve Yeni Zelanda birliklerine karşı süngü hücumuna geçtiler. Fransızlar 29. Tümenin elindeki bölgede karaya çıktılar. General Birdwood'un kuvvetleri çok zayıf ve Kraliyet Deniz Tümeni ile onları destekliyorum. Bu kuvvetin elimde bulunan son yedekler olduğunu söylemeliyim.

Bis dat qui cito dat (Kolayca veren iki kere vermiş olur.) Çok doğru bir atasözü! Gelibolu Yarımadası'nda bugün bir yeni kuvvet asker, Akdeniz'deki beş gemiye bedel ya da Londra'da merkezdeki birliklerde zaman öldüren elli erden daha değerli. Biliyorum ki millet, dairelerinde şimdi dikkatle rakamları topluyor ve 60.000 piyadenin Osmanlı İmparatorluğu'nu yıkmaya yeterli olduğunu söylüyordur. Gel bir de gerçeği gör!

Süngü savaşı yapacak kuvvetlerimin yarısı, bütün gece cepheye su ve cephane taşımakla görevli. Diğer yarısı ise, ateş hattında toprağı kazıp siper açmakla ve çarpışmakla yükümlü.

H.M.S. QUEEN ELIZABETH

29 Nisan 1915

Büyük deniz göndermesinin ardından, dalgalarla birlikte kafamda her şey sessizliğe kavuşuyor. İki gün süren fırtına yüzünden çekilen acı sona erecek ve çarpışmaları, parmaklarımız dişlerimizin arasında, sinirle izlemekten kurtulacağız. En büyük sıkıntı, kayıpların hızla artması. Alaylarımızda korkunç kayıp var ve eksilen birlikleri tamamlayamıyoruz.

Saat 9'da kıyıya çıkmak üzere H.M.S. Kennett muhribine geçtim. Komodor Roger Keyes benimle geldi, böylece ilk kez saat 9.45'de Türk topraklarına ayak basmış olduk. Ne manzara! Arı kovanı gibi... Öylesine çalışıyorlar... Savaşçı erlerimizden beş yüz kadarı sağa sola koşuyor, kayalar ve kıyıda buldukları taşları denize taşıyorlar. Amaç bir dalgakıran kurmak. Diğer bir kısımda yarı çıplak erler yük boşaltıyor, malzeme sandıklarını kara araçlarına taşıyor, yol yapıyor, katırları kayalıklar üzerinde sürüyor, derken dar ve çetin yerlerden kendilerine bir geçit bulmaya çalışıyorlar. Yüzden fazla er yıkanıyor ve bütün bu pandomim arasında sakin, gülümseyen bakışlarla bekleşen, yüzleri soluk, her tarafları kan içinde yaralılar. Önce, kumsal alanı komutanı ve mühendislerle konuştuk, ardından yaralıların durumları konusunda bilgi aldık ve bir kilometre ötedeki 29. Tümen Karargâhına doğru, General Hunter-Weston'la görüşmek üzere yürümeye başladık.

Uzun bir konuşmadan sonra, çeşitli konuları bir sonuca vardırıp General d'Amade ile görüşmek üzere ayrıldıksa da, generalin beni ziyaret amacıyla Queen Elizabeth'e gittiğini öğrendim. Fransız birliklerini General d'Amade yokken ziyaret etmek istemedim ve V Kumsalındaki Türk savunması konusunda bazı notlar aldım. V Kumsalındaki taşıt ve depolama konularını yeniden görmek üzere geri döndük. Öğleden sonra saat 13.30'da Queen Elizabeth'e geldim ve demir alıp Kabatepe yönüne rota verildi.

Büyük çaplı toplarımızın düşman mevzilerini bombardıman edişini izledikten sonra, Komodor Keyes, Albay Pollen, Dawnay ve Jack Churchill ile birlikte Colne zırhlısına geçerek karaya çıkmak üzere hareket ettik. Uygun bir yere gelince, bir bota geçtik, kıyıda ilerlerken, mermiler gemiye yakın düşüyordu. O nedenle Komodor Keyes Colne'ye atış dışına çıkması için emir verdi.

Tırmandığımız yüksek yerden aşağı dikkatle baktığımız zaman, bir kısım sol şerit, Arıburnu'nun kuzeyinde Suvla Körfezi'ne doğru uzanıyordu. O hattın kuzeyinde mevzilenmiş düşman makineli tüfekleri karaya çıkmak isteyen birlikleri taramıştı. Yeni Zelandalılar o mevzileri süngü hücumuyla ele geçirdiler. Böylece beş ile altı yüz metrelik bir kıyı parçası daha kazanılmıştı. 25 Nisan günü öğleden sonra ve akşam üzeri, şiddetli bir Türk hücumu başladı ve hücum devam etti. Yamaçlardan açılan yaylım ateşi birliklerimizi etkisi altına aldı ve ilk baskında verilen

Anafartalar Grubu Komutanı Mustafa Kemal ve karargâh subayları

kayıplar sonucu, mevziler ölülerle doldu. Ardından Yeni Zelandalılar süngü hücumuna kalktılar...

Canlı bir varlığın kalmadığı kıyıda birkaç filika dizili duruyordu. Gece karanlığın bastırmasıyla boğuşma bitti ve çevreyi ürpertici bir sessizlik kapladı. Süngü darbesinden kurtulanlar, bütün gece ölülerini gömmeye çalıştılar ve Yeni Zelandalıların dedikleri gibi, kimse filikalara binip o daracık alanı terketmedi.

Akşam üzerine yine Colne'ye geçmek üzere botla kıyıdan ayrıldık. Çevremize mermiler düşüyordu, fakat düşman şanssız, bize bir isabet olmadı.

Queen Elizabeth zırhlısının topları, gözetleme balonu uçurulmadan sütre gerisi hedeflere karşı başarı sağlayamazdı. Öbür yandan sık sık bir uçağı Kabatepe üzerinde bulunduramıyorduk.

Gece karanlığında Hellasburnu açığında demirledik. General Maxwell'e Doğu Lanceshire Tugayı konusunda bir yazı yazdım. Bu birlikler geliyor! General Maxwell de bir cevap göndermiş.

Bir komutan için en büyük düşman, çevreye korku salan kimsedir. Türkler, gerçekten cesur ve görüldükleri yerde dehşetli korku yaratıyorlar. Masal kitaplarında değil, ama süngü takmış parıltılar içinde bir uzun insan hattı "Allah! Allah!" naralarıyla üzerinize koşuyor. Fakat ben onlardan, bir iki silâh arkadaşımın korktuğu kadar korkmuyorum. Zararı yok, karaya çıktık ve ne pahasına olursa olsun, canlı ya da ölü bu topraklarda kalacağız.

H.M.S. QUEEN ELIZABETH

30 Nisan 1915

Kahvaltı yaparken topçular mermi yağdırmakla uğraşıyor. Türkler durumdan yararlanarak Truva bölgesindeki mevzilenmiş 6 inçlik obüs bataryaları ile Seddülbahir'in batısındaki V Kumsalını bombardıman ediyorlar. Cesur Havacı Yarbay Samson, bizi kutlamaya geldi. Uçakla o topları tam markalayabileceğini ve gemilerin kara bombardımanında hedefe yöneltme görevini yapabileceğini söyledi. Önerisinden son derece memnun oldum ve birlikte W Kumsalını görmek üzere karaya çıktık. Yarbay Samson, dönüşte Asya yakasındaki Türk toplarının işini görmek üzere ayrıldı.

Bir süre için Queen Elizabeth zırhlısından ayrılıp S.S. Arcadian gemisine geçtim. Gemide 28 Nisan günü olan çarpışmalarda yaralanmış çok sayıda insan yatıyordu. Aralarında çok ağır yaralıların da bulunduğu askerlerle konuştum. Bir kısmının korkunç şekilde kolu, bacağı ya da vücudunun parçaları kopmuş, kırılmış, tanınmaz duruma gelmişlerdi.

Çok ağır yaralılara yaklaştım, kimileri açıkça, ölmek üzereydiler. Biri ya da hepsi durumlarından şikâyet etmediler, mutlu göründüler ya da öyle görünmeye çalıştılar! Bu manzara karşısında gözlerim yaşlarla doldu. Askerlerimizin cesareti, inançlarından da öteydi. Tanrı insanlara bu gücü nasıl veriyordu!

Savaş gemilerimiz Çanakkale şehrini bombardımana başladılar, şehir ve çevresinden koyu dumanlar yükseliyor.

S.S. ARCADİAN

1 Mayıs 1915

Sabah ilk işim karaya çıkmak oldu. Fransız Karargâhını ziyaret ettim. General d'Amade'ı yine bulamadım, fakat Kurmay Başkanı Des Coigns'le birlikte uzun bir yürüyüş yaptık ve yeni Fransız Tümeninin 1. Tugayının 3 Mayısta Çanakkale Boğazı alanına gelmek üzere yola çıkarılacağını Lord Kitchener aracılığıyla öğrendiğimi söyledim. Des Coins sevinmiş göründü, ama bir İngiliz subayı yerine, kendi Genel Karargâhı bu haberi daha önce bildirmediği için biraz bozuldu.

Fransız mevzilerini birlikte dolaştık, diğer konular için Yüzbaşı de la Fontaine'i emrime görevlendirdi.

Bugüne kadar kazandığımız toprak parçalarından başka, egemenliğimizdeki araziyi genişletemediğimizden dolayı üzgünüm. Kendimizi güvenlikte görebilmek için, daha fazla arazi işgal etmeliyiz. Fransız siperleri, bizimkiler kadar iyi yapılmamış ve mermi isabet edince kum torbalarının aralarından geçip, siperdekilerin işini görebilir, çünkü kum torbaları çok kötü şekilde yığılmış. Ben bunu kendilerine söyleyince, erler:

"Un peu de repos, apres, vous verres, mon General." (Biraz dinlenin, sonra göreceksiniz, Generalim) diyorlar.

Bu gezim sırasında, General Vandenberg komutasındaki Akdeniz Tugayı Genel Karargâhına uğradım ve generalle konuştum. Kendisi Hollanda asıllıydı. Ardından Fransızların Sömürge Tabur Karargâhına geldim ve orada Albay Ruef ile tanıştım. Çok kibar ve tepeden tırnağa asker. Fransız birlikleri de oldukça ağır kayıplar verdiler, fakat iyi savaşıyorlar. Sözü bir ara Fransa'nın, İngiltere gibi düşünmediğini ve İngilizlerin İstanbul'u Ruslara peşkeş çekmesini pek yerinde bulmadıklarını söyledi.

Fransız subaylarının istihbarat bilgileri, bizimkilerden daha iyi gibi... Mademki, Ruslar için çarpışıyorduk, o halde Çar Niko-

Fransız askeri yaralı arkadaşını taşırken

la, Kafkaslarda Türklere karşı bir cephe açmalı ve o bölgede de Türkleri ezmeliydi. Hatta Rus Generali Istomine'nin birliklerini donatmak için yeterli paraya sahiptirler. Çanakkale'de hayalî olmak yerine kolordularını görmek isterdik.

Zamanı gelince, değerli Fransız subayları ile sevimli Senegalli askerlere veda edip, saat 15'te geri döndüm. Aşağı yukarı 18 kilometrelik bir gezi yapmış oldum. Gemiye vardığımda Süveyş'ten çekmeye uğraştığım 29. Hintli Tugay Komutanı General Cox'la karşılaştım, bana resmî ziyarete gelmiş. Sonunda kendisini ve tugayını buraya yollamışlardı. General ile askerleri Türklerle cephede çarpışamadıkları için üzgündüler. Ben de kendisine, "28 Nisandaki çarpışmalara yetişemediniz, fakat şansınızı daha fazla yitirmenize göz yummayacağım, merak etmeyin" dedim.

Şu anda general, birliğini karaya çıkartıyor ve hepsini bugün gönderebileceği ümidinde.

Haber alma dairesine bağlı personel 25 Nisan günü cephede öldürülmüş bir Türk kurmay subayının üzerinde ele geçirdikleri emri İngilizceye çevirdiler ve bana getirdiler. Emir, "Emin olunuz ki," diye başlıyor ve şöyle devam ediyordu:

"Düşmanın ne kadar güçlü bir kuvvetle ya da ne derece ağır topçu ateşi ile karaya çıkmaya kalkışmasının önemi yoktur. Çünkü düşman karaya ayak atamayacaktır. Bir noktaya çıksalar bile, kuvvetlerini düzenlemelerine ve bir cephede toplanmalarına izin verilmeyecek, askerlerimiz devamlı hücumlar yaparken, ihtiyat birliklerimizle desteklenerek denize döküleceklerdir."

S.S. ARCADİAN

2 Mayıs 1915

Uykusuz bir gece geçirdim. Bir sürü şeyler yazdım, başka bir iş yapmadım ve köprü üstünde göğün son derece karanlık ve hayat yokmuş gibi durgun oluşuna bakıyor ve düşünüyordum. Dünyada yalnız kalmış gibiydim. Öyle sanıyordum kendimi. Yaprak kıpırdamıyor. Çıt yok. Birden yüzlerce gök gürlemesini andıran bir uğultu koptu, Türk topçusu, Asya ve Gelibolu Yarımadası mevzilerinden bombardımana başladı. Mermiler sağdan, soldan, ortadan yağıyor, yağıyordu. Fransızlar ve bizim topçularımız cevap vermekte geç kalmadılar. Mermi yağmuru sağanak olarak devam etti, bir buçuk saat bombardıman ve karşı kombardımanla yer gök birbirine karıştı, arkasından küçük silâhların çatırdamaları başladı.

Türk topçu birliği

Haber bekliyorum. Yok! On kere telsiz odasına gittim, geldim. Hiç bir haber yok! Ta, yeni yeni alıştığımız ve dehşet verici sesler, karadan denize esen rüzgârlarla kulaklarımıza ulaşıncaya kadar: "Allah! Allah!" bağırışları. Türkler geliyor. Bizimkiler "Hurra!" diye bağırıyorlar... Şaşkınlıktan bir türlü kurtulamadığım bir an. Hangi kaynaktan yararlanıp yardıma koşabilirdim? Olanaksız. Zifiri karanlık ve Arcadian'da iki elim bağlı, savaşanların bağırışlarını dinliyoruz yalnızca. Ne acı verici bir durum!

Çok geçmeden sarı şimşekler patlıyor, aydınlatma fişekleri atılıyor, gök yıldızlarla ışıldıyor ve ileri hatlarımız üzerinde top top yanan yeşil, kırmızı, beyaz işaret fişeği alçalıyor. Düşman subaylarının birliklerine işaretleri olmalı bunlar. Bu korkunç ortamda, şu ışıklar ne kadar güzel oysa! Ama Türklerin mermileri yarımadada bizim ulaştığımız hatların gerilerine düşmeye başlıyor. Birliklerimiz geri mi çekiliyor yoksa?

Şimdi birkaç endişe verici mesaj aldık, özellikle sağ kanat birliklerinden. Hiç haber alamamaktansa, kötü haber almak daha iyi. Bu karanlık ve bilinmezlik içinde öyle görünür. Ne Fransızlarla, ne de 29. Tümen Karargâhıyla bağlantı kurabilmiştik. Mermiler ve şarapneller bazı kabloları parçalamış, telefonlar aralıklı çalışıyordu.

Gece yarısından sonra saat 2'de yedek kuvvetlerimiz olan Kraliyet Deniz Tümeni birliklerini Fransızların sağ kanadını desteklemek üzere gönderdim. Bir saat sonra, Fransızlar aracılığıyla İngiliz kuvvetlerinin çözüldüğünü ve birkaç gün önce çıkış yaptığımız kumsallara doğru çekilmekte olduklarını öğrendim. Saat 04'te General Hunter-Weston bölgesinde Türk birliklerinin cepheyi bir, iki noktada yardıkları, fakat çok kanlı şekilde püskürtülmekte oldukları haberi geldi. Bunun üzerine, genel bir karşı saldırı emrini verdim ve birlikler harekâta başladı.

Her yerde çekilen Türk kuvvetleri vardı ve gün ışıdığı zaman yeniden arazi kazanmış bulunuyorduk, ama sonra Türklerin makineli tüfek ateşi ileri harekâtımızı durdurdu. Sonuç olarak yeniden başlama yerlerimize çekildik. Birkaç yüz tutsak alınmıştı ve her yerde Türk ölüleri yığın yığındı.

General Braithwaite ve diğer danışman subay heyetimi karaya çıkarttım, ben de heyetimle birlikte durumu izledim. W Kumsalı rıhtımında harekete hazır duran birkaç layter, tamamen yaralılarla dolmuştu, az sonra da hastane gemisine götürülmek üzere yüklendiler. Yaralıların durumu ne olursa olsun, layterler diğer yaralıların götürülmeleri için bir saat kadar kıyıda beklemişlerdi.

General Hunter-Weston'u karargâhında görmeye gittim. General Braithwaite, Albay Street ve General Hunter-Weston ile mevzileri gezmeye başladık. Bazı birliklerimiz korkunç sarsıntı geçirmiş. Kuşku yok. Çünkü subaylarının hemen hepsi ölmüş, asker arasındaki kayıplar çok ağır ve yeniden eksiklerini gidermek, birlikleri ilk düzeylerine çıkartmak bir aya yakın sürer. Ayrıca sağ kalanlar fizikî yorgunluktan bitkin durumda.

Türkler süngü hücumu ile zayıf bir noktadan saldırmışlar. Bu kuvvet, tüfek ateşi ile karşılanmış ve bunun üzerine verilen aradan yararlanarak 29. Tümenin yaralı birlikleri, 5. Kraliyet İskoç Taburu, başlarında savaşçı Auld Reekie, birliklerini toparlayıp Türk akıncılarını soğuk çelikten bir duvar gibi önlemiş ve gecenin kaderini düzeltmiş. Hunter-Weston, durumun görünüşte en taş yüreklileri bile eritecek kadar acı verici olduğunu söyledi. Çünkü asker son derece yorgundu. Aydınlanan gün ışıklarında hücum emrimi alınca bitkin bakışlarla harekete geçtiler ama ruhları değil bedenleri hareket ediyordu.

Yeni bir tümen binlerce tutsak almamızı sağlayacak, hiçbir güç bizi zaferden döndüremeyecek. Bununla birlikte, birliklerimizin ilerleyişi kısmen kahramanca, kısmen ağlatacak halde. Düşman da çok kötü durumda. Tükenmiş ve bitkin. Bu nedenle, tutsak düşüyorlar. Fakat sinir bozucu makineli tüfek sesleri başladı, siperler mermi yağmuruna tutuldu.

Şu satırları yazdığım sırada, yarımadada tam bir ölüm sessizliği var. Her yer ölüm sessizliği içinde. Ne top, ne tüfek ateşi duyuluyor ve düşman mevzilerinden yalnız sıhhiye erleri gidip geliyor. Silâh taşıdıkları yok, yanlız sedye ve Kızılay bayrağı ile dolaşıyor ve yaralılarını naklediyor, ölülerini de yığınlar şeklinde gömüyorlar. Türklerin dinsel görevlerini yerine getirmeleri için Sıhhiye ve Kızılay birliklerine izin vermiş ve bu konuda emir de vermiştim.

Çiçeklerden bir halı gibi bezenmiş kırlar üzerinde sedyelerle ölü ve yaralı taşıyanların görünüşü ne garip! Doğa çevremizde en güzel görünümünde. Şu çiçekler! Papatyalar, gelincikler, sümbüller, leylâklar bir gökkuşağı dünyası yaratıyor. Aşağılarda, kıvrılan kıyı boyunda deniz, zengin bir mavilikle gözleri dol-

İngiliz sıhhiye erleri siperlerde yaralı taşırken

duruyor. Ufukta dizili savaş gemilerinin bacalarından çıkan dumanlar ağır ağır göğe yükselmekte.

Tekrar kıyıya döndüğümüzde yaralılarla yeniden dolmuş layterleri gördük, kıyıdan ayrılıyorlardı. Durmadan yaralı geliyor, bitmiyor, yeniden yaralı geliyor.

Kıyıda şimdi Türk tutsakları var, yakışıklı erkekler, iyi giyimli ve çok bakımlı. Her dakika artan sayılarına karşı, çok candan yaradılıştalar. Gelip, yaralılarımızın yanına çömeliyor, el işaretleriyle bir çeşit dilsizce konuşuyorlar.

Türkler, Almanya için çok önemli, bağlılıkla hizmet ediyorlar. Hindistan da bizim için aynı anlamı taşıyor. Eğer Hindistan bizim yanımızda aynı ölçüde ağırlığını koysaydı, şimdiye kadar Viyana kapılarına varmış olurduk.

Öğleden sonra General d'Amade beni görmeye geldi. Davranışlarında oldukça soğuk ve birliklerini, yokluğunda gezdiğim için alınmış gibi bir havası vardı. Tamamen haklı ve ben de tam anlamıyla haksızdım ve bu nedenle, durumu düzeltmek için herşeyi içtenlikle anlattım. Kendisinden özür diledim. Dün, Fransa Savunma Bakanlığından bir mesaj almıştı ki, Lord Kitchener'in bana bildirdiği haberi tekrarlıyordu.

Mesaja göre, 156. Fransız Tümeni, General Bailloud komutasında Çanakkale bölgesine gönderiliyordu. Gerçekten Fransızların Çanakkale'ye gönderdikleri kuvvetlerin çoğunluğunu Senegalliler oluşturuyordu.

General d'Amade yeni gitmişti ki, Amiral de Robeck geldi. Queen Elizabeth'de dün gece kimse uyumamış. Onlar gibi, ben de gecenin karanlık saatlerini kâbus içinde geçirmiştim. Siperlerden kilometrelerce uzakta ve gemide olduğumuz halde, yaralıları, ölenleri görüyorduk, gemi toplarının karadaki silâh arkadaşlarına yardım için çabalarını izliyorduk. Olaylara çok yakındık ama, yardım etmekten de çok uzaktaydık.

General Cox, emrindeki Hintli birlikleri cepheye göndermek için hazırlık yapıyor, ama Pencaplı Müslümanlardan oluşan birlikleri W Kumsalında bırakacağını söyledi. General, cephede üstün gelir de düşmanı püskürtürsek, Müslüman birliklerini de birlikte alacağını, aksi halde Müslümanların, Müslüman Türklerle savaşmak istemedikleri kanısında olduğunu söyledi. Evet, işte bu yüzden, Kitchener'e ve Fitz'e, Gurka Tugayını ayırmaları için ısrar etmiştim, yoksa böyle karışık dinlerden birlikleri değil.

H.M.T. ARCADİAN

3 Mayıs 1915

Dün gece saat 21'de yeniden ağır bombardıman başladı. Genellikle Fransızların 75'lik topları arkasından tüfekle çatışmalar devam etti ve gece yarısına doğru cepheler sustu. Bir süre sonra Türkler yeniden sağ kanadımıza karşı hücuma geçtilerse de d'Amade'ın telefonla bildirdiğine göre, mevzilerimizi yaramadılar. Hatta, yine generalin söylediğine göre, Türk yedek kuvvetleri çok kalabalık bir şekilde hücum ederlerken, Fransız projektörleri tarafından aniden yakalandılar ve kaçmalarına zaman bırakmadan 75'lik top ateşi ile havaya uçuruldular.

General Birdwood sabah saat 9'da geldi ve içinde bulunduğu güçlükleri anlattı. Sol kanatta mevzilerini kuvvetlendirmek için yedekleri yoktu ve çok şiddetli çarpışmalar sonucunda, yeniden 700 kayıp daha vermişti.

Saat 10'da karaya çıktım ve General Braithwaite ile birlikte General Hunter-Weston'u ve General d'Amade'ı ziyaret ettim. Her ikisiyle de ayrı toplantılar yaptım. Komutanlar, yedek birlikler ve cephane ikmali sağlandığı takdirde, sonucun başarılı olacağı düşüncesindeler.

Anzac Kolordusu Komutanı General Lord Birdwood

Gemiye döndüğümde bir Alman Taube uçağının H.M.T. Arcadian'ı bombaladığını, fakat bombaların zırhlının yakınlarında demirli bulunan bir cephane depo gemisiyle, aralarındaki denize düştüğünü söylediler. Büyük şans!

H.M.T. ARCADİAN

4 Mayıs 1915

Dün gece her türlü bombardımanlar ve savaşlar devam etti. Bir ya da iki, ama saçları diken diken edecek nitelikte mesaj aldım. Yalnız Fransız birlikleri değil, 29. Tümen bile çözülmüş, Türklerin önünden denize doğru geri çekilmekteymişler. Çok korku içinde olduğum halde, yedek birliklerinden ayrılmayı reddettim ve şafakta gidip komutayı ele almak için hazırlığa giriştim.

Sonuçta Fransızların ve General Hunter-Weston'un kanadındaki Türk taarruzları durduruldu. Fransız birliklerinin ve bizim iki taburun kayıpları son derece ağır! Hiç şaşmam!

General Hunter-Weston ve General d'Amade öğle üzeri geldiler. General Western, birliklerinin bir noktada düşman ileri hareketlerini oldukça durdurduklarını, General d'Amade yarın akşama kadar kayıplarını karşılayacak şekilde destek kuvvetiyle takviye edilmezse, elde kalan birliklerin savaşmalarının olanaksız olduğunu bildirdi. Uzun uzadıya tartıştık, düşman Fransız ve İngiliz cephelerine karşı, aynı anda ortak bir ana saldırı yöneltmekteydi. Fransızlara ne şekilde yardım edebileceğimi araştırdım ve onların sorumluluklarındaki savunma hatlarının bir kısmını Kraliyet Deniz Tümeninden bir tugaya devrettirdim.

Bugün mayısın dördüncü günü, Asya yakasından ateş açan topların mermileri, Seddülbahir, Hellas ve Tekkeburnu arasındaki V ve W Kumsalları bölgesinde patlıyor. Yarımadaya bir uçak indirdik. Alman Taube uçakları yaptıkları akınlarla yine birliklerimizi tedirgin ediyor. Yalnız, genellikle bıraktıkları bombalar denize düştüğünden, ölen balıklarla iyi bir ziyafet çekiyoruz. 25 Nisandan beri aralıksız devam eden çarpışmalar yüzünden, cephane stokları tehlikeli durum gösteriyor. Cephane ikmal gemisi Junia daha dönmedi. Bazı mermilere hayatî derecede gereksinim var.

H.M.T. ARCADİAN

5 Mayıs 1915

Bütün gece Türk ve Fransız mevzileri arasında yıpratıcı, sinir bozucu bombardıman devam etti. İki tarafın da cephane stoklarının iyi olduğu anlaşılıyor. Fransızların güveni, 75'lik toplar. Savunma hatlarındaki mevzilere girip toplarının gölgesinde kendilerini güvence altına aldılar. Bu yöntemin zararı, çıkarttığı gürültüydü yalnızca... Çok da pahalıya mal oluyordu. Dün gece Fransız mevzilerindeki durumun tersine, Türkler İngiliz mevzilerine sürekli saldırılarda bulundularsa da, tüfek ateşi ile püskürtüldüler.

H.M.T. ARCADİAN

9 Mayıs 1915

Üç gündür defterimi rafa kaldırdım ve 6 Mayıs sabahından beri tek kelime yazmadım. Önce cephane ikmali konusundaki telsiz haberlerinden başlayayım. Örneğin, 6 Mayıs akşamı "Elinizdeki cephane sayısının harcama hesaplarınızı ve oranlarını bir çalışma yapabilmemiz için, bize bildirinceye kadar, daha fazla cephane ikmali sağlamak güçtür" anlamında bir mesaj geldi! O yazıyı okuduğum zaman diz çöktüm ve bana sabır vermesi için Tanrı'ya dua ettim. Gezici ve sabit top bataryalarının, kumsallarda ya da geçiş aşamasında kullanılan mermilerin kaçar adet olduğunu, savaşırken ne miktar harcandığını saymanın olanağı var mıdır? Anlaşılan, benim "S.O.S." işaretimi aldıktan iki gün sonra Savunma Bakanlığı günlük mermi harcama oranlarını değerlendirmeye başlayacak! Lord Kitchener'e bu konuda bir mesaj yolladım, birkaç saat sonra cevap verdi.

Diyordu ki: "Sizden çeşitli zamanlarda sorduğumuz cephane harcama miktarlarını bildirmediğiniz takdirde, durumun değerlendirmesi güç olacaktır. Durum, sizin de belirttiğiniz gibi, herhangi başka bir düşünceye dayanmamaktadır."

Strateji ve taktik kurallarına uyulmayacaksa, Kitchener haklıydı. Gemiler denizde, trenlerin demiryollarında gittikleri kadar hızlı giderlerse, Hellasburnu İngiltere'deki Woolwich'e, Calais'den daha yakınsa, Kitchener yine haklıydı.

Gece geç vakit Ordonat Daire Başkanlığından 10.000 atımlık şarapnelin ve 1.000 atımlık 4,5 inçlik merminin gemiyle gönderileceğine ilişkin haber ulaştı.

Olayları, yine geriye giderek her günü anlatmakla vereyim:

6 Mayıs günü öğleye doğru saat 11.30'da, yarım saat süreyle düşman mevzileri bombardıman edildiyse de, daha fazla devama cesaret edilemedi. Çok sert bir rüzgâr nedeniyle karaya çıkmak ya da karadan gemiye geçmek olanağı da kalmadı. Büyük kuvvetlerle yapılan amansız çarpışmalar sonunda Türkleri mevzilerinden 200-300 metre kadar geri attık. Hiç yoktan iyi! Fakat Türklerin asıl siperlerini ele geçiremedik. Hâlâ 200-300 metrelik bir arazi kazanmak için, bu işi nasıl daha az kayıp vererek başarırız diye düşünüyorum.

Çanakkale'ye giden Türk topçu birliği

Akşam Manchester Tugayının karaya çıkışını izledim. Onlar kadar iyi, sağlam bir birlik görmedim. 6. Tabur, ırkımızın seçme örnekleri sayılabilirdi, bu boy pos ve fizikten yana değil, fakat verdikleri ırk saflığı ve uygarlık izleniminden ötürüydü. Bu ana vatanın verebileceği en seçkin kuşaktı. Bunların yarısı Türklerle can alış verişi yapacaklar.

Aynı gece yeni Fransız tümeninin komutanı General Bailloud resmî ziyaret için gemiye geldi. Kısa boylu, canlı ve yılların esprisi ile dolu. Yetmiş yaşında olduğunu söylediler ama ne bu kadar yaşlı gösteriyor, ne de hareketleri o yaşa göre ağır.

7 Mayıs günü fırtınayla ve çok kaba denizli bir havayla başladı. Saat 10'da Lancashire Piyade Tugayı bizim sol yanımızda ilerlemeye çalışıyor ama gerçekte ilerleyemiyorlar.

Oysa gemilerden yapılan kara bombardımanından sonra, hücumu geliştireceklerini ummuştuk. Dün, bir ara karaya çıktığımda Sahra Hastanesi çadırlarında yatan yaralıları ziyaret ettim. Lord Asquith'in oğlu Yüzbaşı Arthur Asquith de dizinden yaralı yatıyordu. Yarbay Wedwood'a şarapnel çarpmış, durumu çok ağır.

Türklerin cephedeki taarruzlarına bakılırsa, herhalde 40.000 tüfekli bir kuvvete sahipler, oysa bizim kuvvetimiz 25.000 kadar. Ayrıca 12.000 Avustralya Yeni Zelanda birliklerinin mevzilendiği Kabatepe'deki Türk kuvvetleri 20.000'den çok.

Hâlen, Gelibolu Yarımadası'nı savunan Türklerle mi karşı karşıyayız? Her gün bir ile iki alay kadar yedek birlikleri Asya yakasından ya da İstanbul'dan Gelibolu'ya akıyor. Son iki gündür tamamen taze bir tümenin Edirne'den geldiğini ve bu sabah cepheye girerek çarpışmalara başladığını öğrendik.

7 Mayıs günü sabaha karşı saat 4.30'da genel bir saldırı emrettim. 88. Tugay, 87. Yeni Zelanda Tugayı önünde ilerleyecek, İkinci Tugay ise destek gücü olarak görev yapacaktı. Topçuları-

mız her zamandan daha çok çaba harcayarak düşman mevzilerini bombaladılar. Obüs topları 4,5'lik mermileri 500 atım kullandılar. Türk cephesinin ön safları dumandan ve taş bulutundan görünmez oldu. Ardından cesaretle atılan birliklerimiz, Türklerin inatçı direnişine rağmen ilk mevzileri ele geçirdi. Gece, Türkler arka arkaya karşı hücumlarda bulundularsa da, ağır kayıplar verdirilerek püskürtüldü. Fakat artık biz de tek bacakla kaldık ve onun üzerinde durmaya çalışıyoruz.

25 Nisan günü her biri çok iyi birlikler olan taburlar eridi, iskelete döndü. Birliklerin gölgesi kaldı sanki. Dereler gibi kan akarken, kıyıya götürülen yüzlerce yaralının sayısı arttıkça, üzüntü içinde düşünüyordum. Durum son derece sinir bozucu idi. Askerlerin her biri şu üzüntü verici düşünceyle savaşa gidiyordu, düşmanları sandıklarından çok daha sertti. Türkleri daha gerilere süremezsek, bu duruma dayanılamaz. Yarın tekrar savaşmak zorundaydık!

8 Mayıs cumartesi sabahı karaya çıktım ve saat 9.30'dan sonra W ve X Kumsalları arasındaki ağaçlı küçük bir derede karargâhımı kurdum. Kraliyet Deniz Tümeni Genel Karargâhı çok yakınımızda idi, telefon bağlantısı da sağlandı. Oradan General Hunter-Weston ve d'Amade ile doğrudan telefon konuşması yapmam mümkün oldu.

Birliklerimiz iki gün, iki gecedir aralıksız çarpışıyorlar. Aldığımız mesajlar, askerlerimizin bu çabalarına karşılık elle tutulur, gözle görülür birşeyler kazanmak kararında olduklarını gösteriyor. Gemiler 10.15'te bombardımana başladılar ve bir buçuk saat süren mermi atışlarından sonra, Yeni Zelanda birlikleri hücuma geçtiler. Çok kıyıcı ve korkunç, süngü süngüye, göğüs göğüse çarpışmalar sonunda ağır ağır ilerledik, birkaç yüz metre olsun, kazandık.

Kimi karargâhlarda elimizden gelen her şeyi yaptığımız kanısı egemendi, fakat ben bir başka girişim daha yapılmasına karar verdim. Öğleden sonra saat 16.00'da Avustralya birlikleriyle desteklenen bütün kuvvetlerimizin, 17.30'da Kerte köyü ve Alçıtepe yönünde süngü hücumuna kalkmasını emrettim. Saat 17.15'de büyük çaplı toplar düşman mevzilerini bombardımana başladı ve 15 dakika sonra tarihe geçecek olan 8 Mayıs 1915 harekâtı sonucunu gerçekleştirdi.

Karşımızdaki geniş ova insanlarla doldu. Süngü parıltıları bir anda ufku baştan başa kapladı. Derken kıpırdanışlar dürbünlerimizde şekillenmeye ve birer insan biçimini almaya başladı. Türkler süngü hücumuna kalkmışlardı. İnsanlar kana boyanıyor, yuvarlanıyor, düşüyor, kaçıyor, dalgalanan insan seli akıyordu... Birden hatlar çözülüyor, tekrar birleşiyor, parçalanıyor, dağılıyor ve gözden kayboluyordu.

Sol kanadımız ilerledi, fakat sağ kanatta başlangıçta bir gelişme olmadı. Birdenbire, göz açıp kapayana kadar, Kerevizdere vadisinin kuzey yamaçları kabaran dalgalarla, açık renk elbiseli, düzensiz birliklerle kaplandı ve haki renkli elbiseler giymiş diğer birlikler onların sol kanadında ileri atıldı. Bir an içinde aktıkları savaş alanı, bir sel felâketine uğramış gibiydi. Yıkıp geçtiği,

Türk askeri süngü hücumunda

kana buladığı bu çığ, sonra yön değiştirdi ve henüz kimsenin sahip olamadığı topraklar, insan cesetleriyle doldu. Nice asker, obüslerin öldürücü tehlikesiyle karşı karşıya kalmadan, can verdi. Kimse, şuraya buraya koşuşan, savaş dünyasında bağıran, nara atan bir düzen uygulamaya çalışan insanların boğuşmalarını görmeye dayanamaz.

Dürbünüm gözlerimde, öylece kaldım ve durumun sakinleştiğine inanmak istedim. Öyle geldi ki, binlerce Türk askeri Kerevizdere'ye doğru yön değiştirdi ve hızla geri çekildi. Birkaç saniye geçmişti ki, Türklerin 6 inçlik topları ateşe başladı: Bir! İki!! Üç!!!!. Korkunç dumanlar, sarı şimşekli alevler yükseliyor. Hızlı ve kızgın düşman topları ilk kez bütün güçlerini göstererek, bir volkan gibi patlıyor. Büyük çaplı obüs topları da cehennem orkestranın havasına katıldı.

Dumanlar dağıldığı zaman manzara şuydu; Senegalli birlikler perişan, dağılmış, çılgınlar gibi kaçıyor. Bir kere daha dev patlamalar, akşamın koyulaşan sıkıntılı havasına, gecenin yükünü boşaltıyor. Zuavları ve Senegallileri tutmak, durdurmak olanaksız.

Türklerle yeniden süngü hücumu çatışması başladı. Az önce mermiler arka arkaya patlarken Türkler siperlerine doğru çekilmişlerdi. Akşam karanlığı dumanlı ufkun üzerine çöküyor. Son bir manzara Fransız askerlerinden oluşan küçük bir grup, kaybettikleri tabyalarını ele geçirmek için, düşmanlarını geriye sürmeye çalışıyorlar. Karanlık bastıktan sonra!

Savaş bitti. Her iki taraf korkunç bir güçle savaştılar. Ezici bir sıcaklık çevreyi sardı. Karaya sessizlik egemen oldu. Gündüz yazmaya başladığım notlarıma, gece yarısı oldu, devam ediyorum.

Birliklerimiz için özel bir emir yayınladım. Bu dünyada da, öbür dünyada da lâyık oldukları her şeyi kazandılar.

H.M.T. ARCADİAN

10 Mayıs 1915

Sabah, tam kahvaltı sırasında Kitchener'den, Amiral de Robeck'e, Boğazın düşmandan temizlenmesi konusunda danışmamı, fikir sormamı isteyen bir mesaj aldım. Lord Kitchener, "Gelecekteki harekât biçimi için bu çok önemlidir" diyordu.

Cevap verdim: "Amiral de Robeck ile her gün konuşuyor, danışıyorum." Fakat anlaşılıyordu ki, Amiral Londra'ya bir mesaj göndermiş ve o da bana gösterilmemiş, haber verilmemişti.

Sonu gelmez bir denizci hikâyesine girmeden, donanmada iki okul bulunduğunu belirteyim. Komodor Roger Keyes ve onun gibi bu okuldan yetişme gençler, kollarındaki sırmalardan güç alıp, bilim ve görgülerini yine sırmaları ile onaylarlar.

18 Mart günü hurdaya çıkması gereken, perişan balıkçı gemilerine, benzeri görülmemiş bir isim takıp, mayın tarama görevi verildiği ve bunlar 20 mil yapan modern savaş gemilerinin disiplinli askerleri ile donatıldığı zaman, Çanakkale Boğazı'nın kolayca açılacağını sandılar. Olmadı! Ondan kolay ne vardı? 8 Mayıs cumartesi günü biz de denedik. Büyük dövüşçü Amiral de Robeck umursamaz bir hava içindeydi. Bizim gibi, o da sanıyordu ki, kara birlikleri, onun gemilerini kurtaracak.

Son çarpışmalar göstermiştir ki, Kara Ordusu, Çanakkale Boğazı'nı savaş gemilerinin kaybından doğacak zarara oranla daha az kayıp ile açabilir. Ayrıca donanmanın büyük mekanizması da düşmanı vurma çabasına katılır.

Amiral açığa vurmadığı iki kararında direniyordu:

1. Savaş gemilerinin taktik desteklenmesi görevinden bizi almak kararındaydı.

2. Emin olmadığımız sürece gemilerini mayınlı alandan ge-

çirme sorumluluğunu üzerine almıyordu.

Cephane ikmali sağlanamasa bile, Asya yakasında Türkler bizi işgal ettiğimiz topraklardan atamazlardı. Gemiler Boğazı zorlarlarsa, kuşkusuz Türkleri zor duruma düşürür, kalelerini bastırırlardı ve Bolayır bölgesine de egemen olurduk.

Artık Türklerin cephane ve yedek birlikleri durumlarını daha iyi biliyorduk. İstanbul ve Asya yakası yolu ile yapılan ulaştırma önlenecek olursa, Türklerin dayanması olanaksızdı. Hatta 15 gün içinde stokları tükenecekti. Bu konuda aynı düşüncedeydik.

Sonuçta Kitchener'den, "Cephane ikmal gemisinin Marsilya kanalıyla yola çıkarıldığı" haberi alındı. Memnun ve müteşekkirim.

H.M.T. ARCADİAN

11 Mayıs 1915

Hava kapalı ve sıkıntılı. Amrial de Robeck görüşmek üzere sabah gemime geldi. İki düşman denizaltısının bölgeye girmekte olduğu doğrultusunda haber almışlar.

H.M.T. ARCADİAN

12 Mayıs 1915

Sürekli yağmur yağıyor. Sabah meşguldüm. Lord Kitchener'den aldığım bir telsiz haberinden Lowland Tümeninin gönderilmekte olduğunu öğrendim. Buna son derece sevindim. Komodor Keyes bu durumda donanmanın da güçlü bir saldırıya geçeceği kanısında.

Öğleden sonra saat 15'te karaya çıktım. Yağmurdan ötürü toprak bataklık olmuş. 86. Tugayın siperleri boyunca gidebildiğim kadar yürüdüm ve Essex, Hants, Lancashire ve 5. Kraliyet İzcileri birliklerini gördüm. Bir saate yakın subaylarla konuştum. Uykusuzluktan bitkin ve ölü gibi solgun yüzlü, çoğu kısmen yaralı ya da başları, elleri sargılanmış, gözleri de kan içerisindeydi. Bu subayların on beş gün önce son derece canlı, temiz ve bakışları istek dolu aynı insanlar olduklarına inanmak güçtü. Tugayların üçte ikisi çamur deryası bir toprak üzerinde uyumaya çalışıyordu. Şurada burada yarı gömülmüş cesetlerden farksızdılar.

Kumsal yoluyla geri dönerken, Plymouth Taburunun ön hatlarından geçtim. Hiçbirinin yüzü gülmüyor, subaylarının yüzleri asık, yalnız bedenen değil, manen de tükenmiş durumdalardı. Akşam başka bir göreve başlamak üzere vedaya gelen General d'Amade'ı kabul ettim. Hükümetinde beliren önemli bir genel siyaset değişikliği nedeniyle, askerî misyonda acele görev almak üzere Fransa'ya çağırılıyordu. General, son derece kibar, dürüst ve cesur bir askerdi. Oğlunu Fransa'daki çarpışmalar sırasında kaybetmişti. Kendisine iyi şanslar diledim.

H.M.T. ARCADİAN

13 Mayıs 1915

Hava sıcak ve gök bulutsuz, deniz çarşaf gibi. Dün geceki yoğun sis sırasında bir Türk torpidobotu Çanakkale Boğazı'ndan sızıp, Goliath Zırhlısı'nı torpilledi. Bu konuda henüz fazla bir bilgi almış değiliz. Düşman madalyayı kazandı. Kahrolsunlar!

Bir donanma tipi mayın tarayıcıya geçip Hellas bölgesine gittim. 29. Tümen Karargâhını ziyaret ettim. 87. Tugay siperleri boyunca yürüdüm. General Marshall ile durumu tartıştık. Birliklerin güçlerinin tükendiğini, fakat alınan desteklerle sayılarının iki katına çıktığını ve durumun düzeldiğini öğrendim. Hellasburnu'na yürürken, birdenbire başlayan 6 inçlik Türk obüs bombardımanı sırasında bir mermi sağ omuzumun üzerinden geçip, denize düştü! Büyük bir delik açmadı ama, varlığı yeter!

H.M.T. ARCADİAN

14 Mayıs 1915

Sıcak bir gün, sakin bir deniz. Öğleden sonra General d'Amade, yerine Fransız Kuvvetleri Komutanlığına atanan General Gouraud ile birlikte geldi. General Batı Cephesinden geliyordu ve ünü cephemize kendisinden önce varmıştı.

Geç zaman Amiral de Robeck beni görmeye geldi. Çok kötü bir haber getirmişti. Amirallik Dairesi, Boğazı, donanmanın ka-

Türk topçusu

ra kuvvetleriyle ortak denizden ve karadan zorlama düşüncesinden vazgeçmiş. Biz karadan hücuma devam edeceğiz, donanma da bizi toplarıyla destekleyecekmiş. O kadar.

Oysa, savaş tarihinde, eski komutanların bir ilkesi vardır: "Hücum edeceksen, bütün kuvvetinle saldır." Bizim komutanlar bunu daha iyi bilirler, ama önce donanma taarruz etti, biz seyirci kaldık. Ardından biz hücum ettik, donanma pasif kaldı.

H.M.T. ARCADİAN

15 Mayıs 1915

Hellas'a hareket ettim ve General Hunter-Weston ile buluştum. Sol kanat üzerinde yeni kazandıkları arazide olan çarpışmaların ayrıntılarını verdi. Mermiler W Kumsalı üzerinde patlıyor. Sonuçta birkaç Fransız uçağı bölgeye kaymış!

General Birdwood'un vurulduğunu duyunca şok geçirdim. Bununla birlikte yarası çok önemli değilmiş. Bozcaada'ya demirlediğimizde harekâtın sona erdirilebilmesi için ne kadar kuvvete gereksinim olduğunu soran bir mesaj aldım. Çetin bir soru. Beni, amiralin dün akşam verdiği kötü haberden de daha çok etkiledi. "150.000 askere gereksinim var" demekten kolay ne olabilir? Ama ardından başarı kazanamazsan, "istediğim kuvveti bana vermediniz," demek olanağı kalmaz.

H.M.T. ARCADİAN

16 Mayıs 1915

Amiral de Robeck bu sabah yeni sancak gemisi Lord Nelson'dan ziyarete geldi. Alman denizaltıları halen onları izliyor.

General Bridger ağır yaralanmış. H.M.S. Rattlsnake'e geçtim ve Anzac Kolordusuna gitmek üzere hareket ettik. Kıyıya çıkıp General Birdwood'u ziyaret ettim. Ancak, karaya çıktığımda güzel bir törenle karşılandım. Üzerimize düşman mermileri yağmaya başladı. Herhalde Türk gözcüleri, bulunduğumuz yerdeki kalabalığı görünce, bunu olağanüstü bir durum diye nitelendirip bombardımana başlamış olmalılar. Derhal uygun bir sipere çekildik. General Birdwood sarsılmış bir durumda. Buna rağmen, özenle tıraş olmuş. Bir mermi kum torbasının yarık kısmından geçip başını sıyırmış. O anda kan içinde yere yuvarlanmışsa da, hemen yüzünü yıkamışlar ve kendine gelmiş.

Yeniden tehlikeli mermi yağışı altında H.M.S. Rattlsnake gemisine geçip hastane gemisi Gascon'da tedavi altına alınmış. General Bridges'i görmeye gittim. Son derece güçsüzdü ve yüzü soluktu. Yine de neşeli görünmeye çalışıyordu. Ne yazık ki, doktorlar hayatını kurtarmak için bacağını yukarıdan kesmek zorunda olduklarını açıkladılar. Öte yandan ayakları buz gibiydi.

Alman denizaltısı

Doktorlar, kangren olduğunu söylediler. General Bridges gerçek anlamda bir kayıptı.

Hastaları dolaşmaya devam ettim. Avustralyalı, Yeni Zelandalı ve Hintli erlerle uzun uzadıya konuştum. İmroz adasına dönerken Lancashire birliklerinin hiçbir kayıp vermeden 165 metre ilerlediklerine ilişkin sevindirici bir haber aldım. Lancashire'nin gerçekten başarılı askerleri var.

H.M.T. ARCADİAN

17 Mayıs 1915

Saat gecenin 22'si. Harekâtla ilgili yine pek çok iş var. Akşam Amiral de Robeck görüşmek üzere geldi, kendisine Lord Kitchener'e yazdığım uzun yazının taslağını okudum. Müttefik devletler olarak İngiltere ve Fransa görevlerini yerine getirmiş, Çanakkale Boğazı'na çıkartma yapmıştık. Buna karşılık, Balkan devletleri silâhlarını indirmiş duruyorlardı, İtalyanların bir ilgi gösterdikleri yoktu. Ruslar, Karadeniz'de bir adım bile ilerlemek için harekette bulunmuyorlardı. Duyduğumuza göre, Çar Nikola'nın elinde cephane yokmuş. Denizaltıları Marmara Denizi'ne geçmişlerse de, ancak düşman nakliyatını rahatsız edebiliyor. Ama bu nakliyatı durduramadılar, o yüzden Türkler Bolayır'a kaçmadılar hâlâ. Alman denizaltıları filomuzu izliyor ve gerçekten büyük bir tehlike yaratıyorlar.

Lord Kitchener'e yazdığım diğer konular için şöyle devam ettim: "Diğer taraftan çok kuvvetli olan düşman savunmasını yıkmak için, cephelerimizde daha fazla kuvvete gereksinimimiz var. Türkler, kuşkusuz, serbest kaldıkları cephelerden, Edirne, Keşan, İstanbul ve Asya'dan yedek birlikleri getiriyorlar. Bu koşullar içinde Bulgarlar ve Yunanlılar Trakya'dan, Ruslar Karade-

Çanakkale cephesine giden Türk birlikleri

niz'den savaş açacak olurlarsa, 10 Mayıs tarih ve M.F. 216 numara ile bildirdiğim yazımdaki kuvvetlerle Gelibolu Yarımadası'ndaki görevi başarıyla bitirebiliriz."

İsteklerimin en önemli kısmı, istediğim 50.000 kişilik yeni destek kuvveti idi. Bu arada 29. Tümen birlikleri düşmandan 135 metre daha ele geçirmişler.

H.M.T. ARCADİAN

18 Mayıs 1915

General Birdwood'un kurmay subaylarından Villiers Stuart Anzac mevzilerinde bir mermi ile öldü. Önemli bir diğer olay, E. 14 denizaltısı tüyleri diken diken eden bir seyirden sonra, dalmış olarak, Çanakkale Boğazı'nı geçip Marmara Denizi'ne girmeyi başardı. Fakat kötü duruma bakın ki, Türklerin çok şanlı bir topçusu bir mermiyi onun tam periskobuna isabet ettirmiş.

Anzac birliklerinin Yeni Zelandalı kıtalarını desteklemek üzere Malta adasında üslenmiş olan Yeni Zelanda yerlilerinden olan Maori Taburu'nun gönderilmesi konusunda izin istedim.

H.M.T. ARCADİAN

19 Mayıs 1915

Compton Mackenzie gemiye geldi. Haber alma örgütündendir. General Gouraud ve Kurmay Başkanı Girodon öğle yemeğine kaldılar.

Lord Kitchener'den bir mesaj aldım. Benim isteğime cevap olarak hazırlanmış mesajında iki kolordunun, tarafsız ve diğer Müttefik devletler kuvvetlerinin de katılması sağlanarak emrime verildiğini bildiriyordu. Biliyordum ki, çok kızgındı.

H.M.T. ARCADİAN

20 Mayıs 1915

Aubrey Herbert akşam yemeğinden önce benimle görüşmeye geldi. General Birdwood'dan bir mesaj getirdi. Ölüleri gömmek için Türklerle geçici bir anlaşma görüşmesine girişmek isteğindeydi. Çünkü mevziler arasında kalan cesetler kokmaya başlamıştı. Aubrey Herbert de durumu kabul etti. Fakat General Birdwood hiçbir kolordu komutanının barış görüşmesi yapmak yetkisine sahip olmadığını bilirdi. Herbert gece ve gündüz olan çarpışmalar konusunda çok önemli bilgiler getirmişti. General

Winston S. Churchill

Birdwood, karşımızdaki Türklerin başında bulunan Liman von Sanders'in iki yeni tümeninin bir kanadı üzerinde savaşıyordu ve düşman kuvvetlerine biraz darbe indirmişti. 18 Mayıstan beri her günkü mermi hakkı azaltılmış, namlu başına düşen oran kısıtlanmıştı. Türkler de 8 Mayıstan beri cephane sıkıntısı içindeydiler ve atışları yeni yeni şiddetleniyordu.

Amiral Thursby, General Birdwood'un mevzilerine on dakikada 240 mermi düştüğünü belirlemiş.

"Eğer her mermi bir metre için hesaplanmış olsa, arazi boyunun 240 yarda olması gerekirdi" dedim.

Winston Churchill'in Amirallik Dairesinden ayrılmakta olduğu konusunda söylentiler çıktı. Bu bizler için üzücü bir şey olacak doğrusu.

H.M.T. ARCADİAN
İMROZ ADASI

21 Mayıs 1915

Amiral de Robeck, E. 4 Denizaltısı Komutanı Binbaşı Boyle ile birlikte gemiye geldi. Bu genç ve alçak gönüllü kahramanla tanışmaktan memmnun oldum. Kendisi "Savaş Onur Haçı" madalyası ile ödüllendirildi. Gelirken Reuter Ajansının son bültenini de getirmişti. Churchill ile Amiral Fisher'in istifa ettiklerini ve kabinede değişiklik yapıldığını o bültenden resmen öğrenmiş olduk.

H.M.T. ARCADİAN

22 Mayıs 1915

Aubrey Herbert, dün ateşkes konusunu görüşmek üzere geldiği zaman kendisine resmî olmayan bir anlaşma yapılmasını emrettim ve Türklerle iki taraf mevzileri arasında kalan cesetlerin gömülmesi için, bir süre çarpışmalar kesildi. Fakat iki taraf da, düşmanlarına güvenemeyip onları aldatacaklarını sanarak, birden ateşe başlamışlar. O yüzden sıhhiye erlerinden çoğu ölmüş. Bu olaya çok canım sıkıldı. Bir iş gelişigüzel yapılırsa, her an ne çıkabileceği bilinemez. Aubrey Herbert gemideydi, ona Türklerle yapılacak karşılıklı konuşmanın bir "rica" çerçevesinde olacağını ve General Birdwood'un gelecek için gerekli önlem almasını bildirdim. Kahvaltıdan sonra Hellasburnu'nda karaya çıktım ve Fransız Genel Karargâhı yolu üzerinde olan Mısırlı İstihkâm birliklerini denetledim. Bu birlikler, Albay Micklem komutasındaydı. Seddülbahir'de General Gouraud ve kurmay heyeti ile yemek yedim. Eskikale'ye vardığımda General Bailloud beni tam kalenin kemerinde karşıladı.

General sanırım, son derece neşeli bir insandı, yaptığı şakalar ve zarif nüktelerle bizi çok güldürdü. Henüz bir hikâyesini bitirmişti ki, bir telefon haberi geldi: General Bailloud'un tugayı Türklerin ağır baskısıyla karşı saldırısına dayanamayıp geri çekiliyormuş. 400 kişi kaybetmişler ve birinci sınıf subaylarından bazıları da ölenler arasındaymış. Herkesin rengi değişti ve bir şeyler mırıldanıldı. Ben susmaya çalıştımsa da, dikilmeye çalışan çıngıraklı yılanın üstüne atılmak istiyordum. General Gouraud, yemeğin ev sahibi olarak pek tepki göstermeden yerinde kaldı ve "Kahvelerimizi içmeden mevzilere gitmeyeceğiz. Önce kahvelerimizi yudumlayalım, sonra durumu değerlendiririz" dedi.

Onun üzerine, kahvelerimizi içtik, sigaralarımızı yaktık ve ardından Gouraud çok sakin ve heyecansız bir şekilde emrini hazırladı.

Öğle yemeğimiz bir diğer kötü haberle sona erdi. Ayrılmak üzereyken, Kabatepe açıklarında bir düşman denizaltısının görüldüğüne ilişkin bir mesaj ulaştı. Hindistan yerlilerinin bir patikada yeni kaplan ayak izlerine rastlayıp, çevreyi telâşa vermeleri gibi bir durum. Çevrede bir kaplan dolaştığına ilişkin gerçek dışı hikâyeler komşulardan birbirine yayılır ve kimi buna oracıkta inanır. Fakat önemli olan şudur, şiddet ne zaman, nereden, nasıl gelecek? Tanrı'nın adını mırıldanarak, kendisini gözetleyen bir çift vahşi gözü aranır ve kimin ilk önce, ne zaman, nerede, pençesine düşeceğini bilmeden bakınır. Denizaltının telsiz haberi de aynı şekilde ve aynı havada idi ve haberi alan nakliye gemileri tam yolla İmroz adasına kaçmaya başladılar. İngiltere'nin çıkartma harekâtından vazgeçmiş gibiydiler.

Oradan 29. Tümen Karargâhına gittim. Tümenin bütün su-

Liman von Sanders

bayları toplantı için beni bekliyorlardı. Generallerin katıldığı toplantıda istekler, konuşmalar hep aynı doğrultuda, mevcutların eksikliği ve bulaşıcı hastalıklar konusunda toplandı. Karargâha dönüşte, 5. Türk Ordusu Komutanı General Liman von Sanders'in bana yazılmış bir mektubu ile karşılaştım.

General insanî çabalara dayanan bir ateşkese izin verdiğini bildiriyordu.

Dinî ve insanî görevleri yerine getirmek amacını taşıyan bir belge, hiç kuşku yok! Yaralıların hepsi, bizim yaralılar gibi, 19 Mayıstan beri siperlerde kalmışlar. Ölülere gelince, memnuniyetle söylemeliyim ki, çoğu Türk ölüleri. Yine de mert insanlara basit, fakat temiz bir şekilde dinî görevleri yerine getirmek, gömülmelerini sağlamak gerekir.

Liman von Sanders mektubunu Fransızca olarak yazmıştı:

"Ekselâns!
İki düşman tarafın ölülerini gömmesi ve yaralılarını kurtarması ile ilgili ateşkes anlaşmasını tamamen onayladığımı ve bu karara yalnızca insanî duygularımız dolayısıyla vardığımızı siz ekselânslarına bildirmekle onur duyarım.
Yarbay Fahreddin (Altay), benim adıma imza yetkisine sahiptir.

Liman von Sanders
5. Osmanlı Ordu Komutanı"

H.M.T. ARCADİAN

23 Mayıs 1915

Boğucu bir sıcak. Bütün gün yazdım. Bir buçuk saat kadar da Amiral de Robeck'le devlet siyaseti üzerinde konuştuk, tartıştık. Kimse Winston Churchill'den sonra gelen Birinci Deniz Lordunun ne yapacağını bilmiyor.

Denizaltı tehlikesi tam anlamıyla tedirginlik yaratmaya devam ediyor. İşin kötüsü bütün Türklerden ve bütün Alman topçusundan çok korku yaratıyor.

H.M.T. ARCADİAN

24 Mayıs 1915

Fransız Deniz Kuvvetleri Komutanı Oramiral Nicol, beni ziyarete geldi. Türklerle yapılan ateşkes anlaşması sabah 9.30'da yürürlüğe girdi, öğleden sonra 16.30'a kadar da devam etti. Bu süre içinde hiçbir olay olmadan, her iki taraf cesetlerini toplayıp gömdüler.

... Saat gece yarısını 40 dakika geçiyor. Komutan heyecanla kamarama geldi ve bağırır gibi, "Triumph zırhlısı batıyor!" dedi. Telsiz dinlemeleri sırasında bu haberi yakalamışlardı. Alman denizaltısının işi olduğuna hiç kuşku yok. Kesinlikle nasıl olmuş, bunu Tanrı bilir. Türkler bir kere daha bizi alt ettiler, fakat denizcilerimiz bunun hesabını soracaklardır, inanıyorum.

H.M.T. ARCADİAN

25 Mayıs 1915

Kötü haber doğrulandı, Triumph zırhlısı batmış. Amiral de Robeck gemiye geldi, birlikte yeni durumu belirlemeye çalıştık ve ona göre hazırlandık. Çok iyi işleyen birlik nakliye ve ikmal sistemimiz, yüzlerce sorunla karşı karşıya. Küçük tekneler her keresinde, aşağı yukarı 60 millik bir gidiş dönüş yolu yapacaklardı. Oysa şimdiye kadar transatlantikvari, paha biçilmez gemiler Hellas ve Anzac koyu karşısında demirli duruyor ve denizaltılara güzel bir hedef oluşturuyorlardı. Çok yakında bu gemilerin barınağı Limni adasının Mondros limanı olacak ve gemiler liman içinde yatacaklar. İmroz denizaltılar için çok açık bir liman. Ayrıca kuzey fırtınalarında orada tutunmak da olanaksız.

Amiral, Arcadian'ı denizaltı saldırısından korumak için, iki bordasına birer şilep yanaştırmaya karar verdi. Görünüşte Kabatepe açıklarında en az iki denizaltı vardı. Triumph torpillendikten sonra, Vengeance zırhlısı saldırıyla karşı karşıya kaldı, fakat denizaltının attığı torpil isabet etmedi. Lord Nelson savaş kruvazörü ve üç Fransız savaş gemisi hemen zigzag rotalarla limandan çıktılar ve öğleden sonra Mondros dolaylarında düşman denizaltısını belirlemeye çalıştılar.

Arcadian, iki ticaret gemisi arasında kaldı, bu durum için pek rahat denemezdi. Çünkü büyük tonajlı bir Okyanus tipi yolcu gemisi sancak tarafımıza aborda olmuş, görüş açısı diye bir şey bırakmamıştı. Ayrıca gemiyi karartmış, hava da almaz olmuştuk. İskele tarafımıza bağlanan şilep ise, ağzına kadar peynir yüklüydü.

Ateşkes anlaşması uyarınca Anzackoyu, yani Arıburnu çevresindeki savaş alanında ölen 3000 Türk askerinin gömülmesi olaysız tamamlandı. Bunlar, 18 ile 20 Mayıs günleri arasında yapılan çatışmalarda ölen Türklerdi. Fakat Türklerin yaralı sayısı 12.000 kadardı. Tanrı bize zaferi müjdeliyor gerçekten.

Dün gece Fransız birlikleri ve Deniz Tugayı az bir kayıp ile iyi bir ilerleme yapmış. Doğu Lancashire Taburu da düşmanı biraz geriletmiş.

H.M.T. ARCADİAN

29 Mayıs 1915

Avustralyalı subaylardan bir kısmını özel konuğum olarak 48 saat süreyle davet ettim. Amacım onlara birkaç saat dinlenme, eğlenme olanağı vermekti. Albay Monash, 4'üncü Avustralya Pi-

Savaş gemisi Bouvet

yade Tugayı Komutanı ve konuk grubun en kıdemlisi idi. Mesleğinin uzmanı bir subaydı.

Korkunç bir talihsizlik. Arıburnu doğusunda Anzackoyu'na demirlemiş bir savaş gemisi, Yeni Zelanda Bindirilmiş Top Birliğini kıyıya çıkartıyormuş. Bu sırada Türk toplarının atış menzili içine demirlemiş olduğundan, küçük tekneler askerleri kıyıya götürürken, ağır yolla atış menzili dışına çıkacağına, demirli kalmış. Türkler fırsatı kaçırmamış ve tekne demirler demirlemez zeytinlik bir arazideki mevzilerinden ateşe başlamışlar... Gemi demir alıp, yola çıkana kadar 6 Yeni Zelandalı ölmüş, 45 kişi de yaralanmış. Belki yüz normal çarpışmanın yarası beni bu kadar etkilemezdi.

Bütün birliklere özel bir emir çıkarttım:

"Genel Karargâhlar
25 Mayıs 1915
1. Akdeniz Seferî Kuvvetlerinin düşmanla gece gündüz demeden çarpışmaya başladığı bir aydan beri, üst askerî makamlar, subaylarımıza, astsubaylara ve bütün erlere, hayatlarını tehlikeye atarak, çorak topraklarda birkaç metre kazanmaktan daha önemli birşey olamayacağını açıklamamı istemediler.

2. Bir karşılaştırma yapılırsa, Fransız ve İngiliz kuvvetleri dünyada en büyük ve en ilginç birlikler olarak, çökme durumunda olmasına rağmen, görkemli bir imparatorluğun yüreğine yaklaşmak üzere, düşman topraklarında bir yer kazanmakta başarı sağlamıştır.

Birliklerimiz bu topraklarda direnerek dayanıyor ve yavaş yavaş ilerliyorlar. Türk ordusu tarafından kuvvetlerimizi kovmak için harcanan bütün çabalara rağmen, İstanbul'daki kokmuş hükümet, kendiliğinden ağır ağır çöküyor. Bizi bu gerçeklere ve rakamlara getiren sonuç, araştırılmış ve doğruluğu çeşitli kaynaklardan kanıtlanmıştır.

Türklerin harekât başlamadan önce Çanakkale Boğazı bölgesindeki kuvvetleri:

Gelibolu Yarımadası'nda: 34.000 er ve 100 top.

Çanakkale Boğazı'nın Asya yakasında: 51.000 kadar idi.

Gelibolu Yarımadası'ndaki bütün birlikler ve Asya yakasındaki kuvvetlerin yüzde ellisi, normal askerlik sorumlulukları nedeniyle önceden askere alınıp yetiştirilmiş düzenli erlerden oluşmuştur. Akdeniz Seferî Kuvvetlerimiz karaya çıktıkları zaman bu disiplinli askerlerin direnmesiyle karşı karşıya kaldılar. 12 Mayıstan sonra Türk ordusu işgal ettiği yerlerden çekilmeye başladığından olacak çarpışmalarda bu düzenli kuvvetlerini tüketmiş, aynı süre içinde 20.000 kişilik piyade ve 21 sahra top bataryasından oluşan bir destek almıştır.

Akdeniz Seferî Kuvvetleri, Türklerin son derece kanlı direnişlerine rağmen, mevzilerini korumakta, İzmir ve İstanbul'da bulunan 24.000 yakın yedek kuvvetini cepheye getiremezse, yenilgiye mahkûm görünmektedir.

3. Akdeniz Seferî Kuvvetleri, kahraman donanmamız tarafından desteklenmekteyse de, toplam 120.000 kadar olan Türk birliklerine ve çok güçlü top bataryalarına karşı, ancak belirli bir noktaya varmış durumda mücadelesini sürdürmektedir.

Düşman yeni kuvvetler sağlamışsa da, Redif ya da ikinci sınıf kaynakları kalmamıştır. 12 Marttan 26 Mayısa, yani günümüze kadar olan çarpışmalarda ölen Türk askerlerinin toplamı 55.000'dir. Kendi kaynaklarımız tahminlerini en az rakamlar vererek yapmayı seçmiştir.

Hergün ilerleyeceğiz, nasıl olsa yedek birliklerimiz ve yeni kuvvetlerimiz yetişecek, böylece Akdeniz Seferî Kuvvetleri imparatorluğumuzun emrettiği görevi başaracaktır."

H.M.T. ARCADİAN

27 Mayıs 1915

Majestic zırhlısı torpillendi ve Hellasburnu'nda battı.

Haberi tam öğle üzeri aldım. Topçu Yarbayım Fuller, Basın Savaş Muhabiri Ashmeed Barlett, Majestic'te bulunuyorlardı. İkisi de kurtulmuş, yalnız Ashmeed Bartlett, fotoğraf, sinema vb. makine ve notlarını kaybetmiş. Yaklaşık olarak 40 denizci gemiyle birlikte gömüldü. Talihsizlik!

Bir deniz subayı Majestic'in 6 kulaç derinlikte, devrilmiş bir balina gibi, karinası yukarıda yattığını söyledi. Dediğine göre, Alman denizaltısı tam yüklü şileplerle nakliye gemilerinin arasında Majestic'e torpilini çok ustaca nişanlamış. Tıpkı, Sultanın Harem'den en güzel cariyesini seçişi gibi.

İngiliz askeri
Türk siperlerine ateş ediyor

H.M.T. ARCADİAN

28 Mayıs 1915

Amiral de Robeck ile yürüyüşe çıktık. Donanma gemilerini böyle sabit bir yerde, yüzer durumda tutma sorumluluğunu kabul etmiyor. Bu amaçla Hellasburnu gibi, Anzac ve İmroz adası önünde demirli yatmak yasaklandı. Karşı yakadaki kum bankları çevresinde, yani sığ suda demirlemeye gidiyoruz.

H.M.T. ARCADİAN

29 Mayıs 1915

Komodor Roger Keyes öğleyin geldi ve Hellas'a gitmek üzere beni de davet etti. H.M.S. Scorpion muhribi ile bir denizaltının atacağı torpille karşı karşıya kalmazlarsa, Hellas'a varacağımızı ümit ettiğini sözlerine ekledi! Neyse, yolda gözlerimizi dört açıp, hep köpükler çıkartarak yaklaşacak o uğursuz torpili ararken, topçular top başında denizi tarıyarak yol aldık.

Hellas'a çıktığımızda yapılmakta olan çeşitli yolları inceledim. Ardından General Hunter-Weston ile buluştuk. Oradan Fransız Generali Gouraud'un karargâhına, Komodor Roger Keyes'le birlikte gittim. Gouraud tam havasındaydı, çayımızı içtikten sonra, ikindi üzeri V Kumsalına yürüdük. Hellasburnu'ndaki V Kumsalında yapılmış iğreti rıhtıma vardığımızda River Clyde şilebinin sancak tarafında Wolverine isimli bir muhribin aborda olmuş bir durumda, bağlı yattığını gördük. Bu geminin komutanı Komodor Roger Keyes'in kardeşi Binbaşı Keyes idi ve gemisini kendiliğinden o tehlikeli yere sokmuş, Türklerin Asya yakasından açtıkları ateşe hedef oluyor ve inatla cevap veriyordu.

Arıburnu'nda şiddetli çarpışmalar devam ediyor. Türkler mevzilerimizin yakınında bir mayın patlattılar ve o bölgeyi ele geçirmeye çalıştılar. Çarpışmalar çok kanlı oldu. Süngü hücumları birçok kere tekrarlandı ve sonunda o yer elimizde kaldı.

Hanbury Williams'dan bir mesaj geldi. Rus Çarı Nikola, Rus askerî kuvveti İstanbul Boğazı'na çıkmak ve işgal etmek üzere gönderilecek diye beklenirken, bu düşüncesinden caymış!..

H.M.T. ARCADİAN

30 Mayıs 1915

Anzac bölgesine bir muhriple gittim. Bölge ağır düşman bombardımanı altında kalmıştı. Birlikler, kıyıya çok yakın bir kesimde, bir arada, bitkin durumda, cephane ve diğer malzemeyi siper ve hendeklere geçirmeye çalışıyorlardı. General Birdwood gelip benimle buluştu ve askerinin içinde bulundukları koşulları tekrarladı. Tam onun karargâhına yaklaşırken, bir çift şarapnel tepede ve yan bir yerde patladı. Gerçekten bu Ölüm Vadisini aşıp 4. Avustralya Piyade Tugayına geldik. Oradan düşmanın siperlerini ve Yeni Zelanda Bindirilmiş Topçu Bataryalarının Türklerden ele geçirdikleri mevkiden bombardımanını izledim. Bu inceleme gezimden daha tuhaf bir gezi olamaz. Vadi boyunca uzanan patika, bir tehlike ihbarı üzerine kapatılmıştı. Bu yolun yarısı Piccadilly Meydanı kadar güvenlikli, fakat diğer uçta Türk birlikleri mevzilenmiş bulunuyordu. Eğer vadinin içindeki bir yerde sütre gerisinde mevzilenilmiş olsa, yukarılardaki kayalıklardan düşman 15-20 metre uzakta olsa bile, olanaksız göremezdi.

İnsan ruhunu yenmek mümkün olamıyor. Ne var ki, bu bölgede sütre gerisinde mevzilenmiş askerlerimize sonradan battaniye ve hazır yiyecek verdik.

Dün ve bugün korkunç mermi harcadık, yalnız 1800 şarapnel attık. Düşman kuvvetlerine 1.000 ile 2.000 kayıp verdirildi. 18 ile 20 Mayıs günlerinde Türklerin 3.000 ölü bıraktıklarını ve 12.000 yaralı verdiklerini hatırlarsak, sonuç daha iyi anlaşılır. Dünyada başka hiçbir ordu bu kadar uzun süre ayakta duramaz. Fakat şarapnel stoklarımız tükendi ve yüksek patlayıcı maddeli mermilerimiz bile son düzeye indi.

Amiral Nicholls gemisine davet etti. Kızılhaç temsilcisi Courtould Thomson'un da bulunduğu bir grupla akşam yemeği yedik.

H.M.T. ARCADİAN

31 Mayıs 1915

Öğleye kadar çalıştım. General Gouraud, Girodon ve Hunter-Weston ile yemekten sonra harekâtı tartıştım ve hazırlıkları tamamladık. Çok sert koşullar içinde geçen bir ayda düşman, başlangıçta çok yakın mesafelerden devamlı saldırılarını tekrarlamış, bununla birlikte ağır darbeler indirerek maneviyatlarını hırpalamıştık. Fakat karşımıza ne çıksa beğenirsiniz, gündüz iki büyük savaş gemimiz, binlerce Türk askerinin gözü önünde Çanakkale Boğazı'nın sularına gömülmüş ve diğerlerinin batışı da ciddiyetten uzak bir facia durumunu almıştı. Bu derece güçlü Armadanın depo gemileri, bütün donatım, cihaz, cephana ve diğer yüklerini karaya boşaltmış ve şimdi geride kalan savaş gemileri, bütün güçleriyle düşman mevzilerini bombalamaktaydılar. Son derece hırpalanmış Türkleri, koruyan Cenab-ı Allahlarından ayırmak için başka ne yapılabilir?

Kruvazörlerden hiçbiri artık düşmana mermi yağdırmıyor.

Geceleyin karşı yamaçları, Türk siperlerini tarayan, aydınlatan ışıldaklar yok, Ege'den Çanakkale Boğazı'na da büyük çaplı mermiler uçmuyor artık!

İMROZ

1 Haziran 1915

Karaya çıktım ve Yunan köylülerinin tahıl ektikleri bir tarla yakınındaki kumsalda karargâh çadırımı kurdurdum. Onlarla aynı hayatı yaşayacağız. Gerçekten de aynen, ama gemide olmadığım için memnunum ve şöylece bacaklarımı uzatabileceğim.

Gelibolu Yarımadası'nın güney ve kuzey bölgelerinde çetin çarpışmalar devam ediyor. İki cephede de Türk ileri mevzileri 29 Mayıs günü Anzac kuvvetleri tarafından ele geçirildi. Hellas bölgesinde Fransızlar ağır Türk hücumlarıyla karşı karşıya kal-

Anzac askerleri siperde

dılar. Kuzeyde kazandığımız toprakları, Türkler karşı saldırılarla geri alıyorlar, fakat verdikleri ölü ve yaralı sayısı bize göre on katı. Yeterli şarapnel ikmalimiz olsa, asla çekilmeyeceğiz.

İMROZ

2 Haziran 1915

Bütün gün kampta çalıştım. Hava boğucu sıcak. Akşama doğru serin bir meltem başlıyor. Amiral de Robeck geldi ve bir saat kadar çalıştık. Büyük saldırı için 4 Haziran gününde karar kıldık. Gerçekte en büyük çaba ikinci hattı ele geçirmek için yapılacak saldırının başlangıcında toplanıyor. Bu amaçla General Gouraud'dan iki ağır çaplı 75'lik top bataryasını, mermileri ile ödünç aldım. Durumu da, onların bu yardımı sağladıklarını bildirmek amacıyla Savunma Bakanlığına ilettim. Topları bize ödünç olarak verdiler dedimse, "amaçlarımıza uygun şekilde bize devrettiler" anlamına gelmemelidir. Yalnız Fransız mevzilerinde duracak, fakat bizim harekâtımızı destekleyecekler.

De Robeck, Keyes ve General Braithwaite'le birlikte savaşın bu bölgedeki genel gidişini ve gelişmesini İngiliz hükümetine defalarca açıklamış olmama rağmen, onların şiddetli bir bunalım geçirdiklerine karar verdik. Bir savaş alanından kuvvetin yeterli olmadığı bildirilip, iki katına çıkartmak üzere destek kuvvetleri istenilmiş, fakat hâlâ bir görüş ya da cevap gelmemiştir. Türkler, Almanlarla Galiçya'da, Ruslar ise bu bölgede, Yunanlılar tarafsızlık havasında ve arta kalan Türk kuvvetleri durmadan Gelibolu'ya akıyor.

Lord Kitckener'e gönderdiğim bir yazıda şöyle diyordum:

"Doğuda açılan cephede Ruslar, 100.000 kadar Türk askerini oyalayacaktı. Oysa Rusya'da çıkan karışıklıklar, ayaklan-

malar, bu harekâtı yüzüstü bıraktı. Verdikleri kayıplardan sonra serbest kalan birlikler Batı cephesine aktarılmaktadır. Çanakkale Yarımadası'ndaki Türk kuvveti 80.000 kadardır. Edirne'de Bulgar sınırında mevzilenmiş Türk ordu gücü 20.000. Bu birlikler, Bulgarların tarafsız kalmaları nedeniyle cepheye akıyor. Asya yakasında hayatta kalan 10.000 kişilik bir kuvvet ve eğitilen 65.000 kişilik kuvvet de sayıya katılırsa yarımadaya aktarılmakta olan Türk ordu gücü 210.000 kadardır.

Çok kötü eğitim görmüş olmalarına rağmen, çeyrek milyon asker karşısında bulunuyoruz. Oysa Türkler sürekli ve düzenli cephane ikmaline sahipler. Ayrıca Almanların plânladığı mevzilerde Türk askeri her zaman muhteşem bir savaşçı olduğunu gösteriyor.

Cephaneye gelince, düşman tüfek ve makineli tüfek cephanesi bakımından sıkıntıda. Hatta el bombası stokları bile çok kıt olduğu görüntüsüne rağmen 27 Mayıs günü alınan bir rapora göre, Romanya yolu ile cephane desteğinin ulaştığı, Alman Krupp fabrikalarından gelen iki yüz uzman ve mühendis gözetiminde İstanbul'da cephane ve silâh üretimine başlanıldığı öğrenilmiştir.

Türkler ileri harekâtlarına devam ediyorlar. İzmir çevresinde önemli bir kuvvet kalmadığı inancı var. Trakya bölgesinde ise, araziye yayılmış çeşitli sayı ve güçteki birliklerin Gelibolu Yarımadası cephesine geçme aşamasında oldukları bildiriliyor.

Savaş gemilerimizin Alman denizaltılarının tehdidi karşısında, geçici olarak geri çekilmeleri ve güvenli bir limana geçmeleri aleyhimize bir hava yaratmış.

Bütün bu etkenleri dikkate alırsak, kısa zamanda zafere ulaşmak, Rusların İstanbul Boğazı'na saldırılarıyla mümkün olacak kadar hayatî önem taşımaktadır. Ayrıca Yunanlılar Trakya Yarımadası'nda Enez'den saldırıya geçmeli ve bu nokta-

da da Türklere bir cephe açılmalıdır. O zaman sorun daha basitleşecektir. Benim düşüncem şu merkezde: Müttefiklerimiz bu aşamada Türklere karşı kışkırtılıp, savaşa sokulmalı ve Türkler değişik cephelerde savaşmak zorunda bırakılmalıdır. Yukarıda belirttiğim harekât Rusların yardımı olmadan bilinemez."

İMROZ

3 Haziran 1915

Anzac-Arıburnu bölgesine gitmek istiyorum, fakat deniz çok kabarık, öğleden sonra Amiral de Robeck ve Komodor Keyes'le görüştüm. General Braithwaite ile de dün yolladığım telsiz mesajı üzerinde konuştuk. Savaş gemilerimizin Çanakkale Boğazı ağzındaki yerlerinden çekilmesinden ötürü düşmanımızın övünme payı çıkardığı kanısındayım. Amiral de Robeck ve Komodor Keyes Rus ordularının bize katılmaktan vazgeçmesinden ötürü çok şey kaybettiğimiz kanısında. Savunma Bakanlığına birçok kere destek birlikleri gönderilmesi için yazı yollamıştık. Lord Kitchener halen 65 yaşında. Sanıyor ki, devrimizde savaşlar hâlâ "Adam adama, silâh silâha", yani teke tek devam etmektedir. Oysa ben her insanın değerinin yarı yarıya çevresiyle ölçüldüğüne inanırım.

Lord Kitchener'den bu sırada 5104 numaralı bir yazı gelmiş, şöyle diyordu:

"Sizin M.F. 288 sayılı yazınıza cevaptır. Çok iyi tahkim edilmiş ve dayanmakta olan bir düşman engeline karşı egemen bulunduğunuz arazide ve Avrupa'da, Belçika cephesinde Flanderler savaşında siperlerde kuvvet yığınağı yapma denemenize dayanarak, sizin aynı şekilde sınırlı bir arazi hattı üzerinde kuvvet arttırma amacınız bende tereddüt yaratmıştır. Fakat sizin

görüşünüzü en kısa zamanda, mümkünse bugün öğrenmek isterim. Kuvvetlerimizi takviye edersek, Çanakkale harekâtını sona erdirir ve Kilidbahir'e egemen oluruz iddiasından emin misiniz?
    Bir önceki telgrafınızda, destek kuvvetlerini Adalarda bekletmek isteğinde olduğunuzdan söz ediyordunuz. Yolda bulunan Lowland Tümeni ve ileride gönderilecek diğer birlikler konusundaki kararınız bu mudur?"

İMROZ

4 Haziran 1915

Kahvaltıdan sonra Binbaşı Keyes'in gemisi Wolverine'e geçtim. Danışman subaylarla birlikte Hellas'a hareket ettikse de göz gözü göremeyecek bir toz bulutu içine girmiştik. Toz, toprak, çok sert esen rüzgâr nedeniyle, karadan havaya ve denize doğru uçuşuyordu.

Rıhtımda General Gouraud ile buluştum ve yokuştan yukarı birlikte yürüdük. Ağır başlı, fakat kendinden emin bir komutan-

Türk askerleri hücum hazırlığında

dı. General Hunter-Weston bölgesinde sol kanat birlikleri Türkleri geri püskürtmüşler. Manchester Tugayı ise merkezde Alçıtepe'nin alt yamaçlarındaki mevzilerden Türkleri atmakta başarılı olmuşlar.

Alçıtepe bölgesine yayılmış Türk kuvvetleri ile amansız savaşlar devam etti. Son derece kanlı süngü saldırıları ile 300-350 metre kadar daha ilerlendi ve 400 Türk askeri tutuklandı. Rusya'da ya da Fransa'da bu kadar mesafe ve şu tutsak edilen asker sayısı çok küçük görülür, pek basit sanılır, ama bu topraklar üzerinde Türklere karşı çarpıştıktan sonra, 300-350 metre ilerlemenin ve birkaç yüz Türk askeri tutsak alabilmenin ne derecede önemli olduğunu değerlendirmek çok kolay değildir. Evet, kanlı ve çetin boğuşmalardan sonra 300-350 metre ilerlemiş olduğumuz için yeter derecede memnunum. Bu başarıyı sağlamak için en iyi yetişmiş birliklerin yarısını bedel olarak ödemiştik. Birliklerimizin kayıpları ucuz bir zaferinkine oranla üç katına yükselmişti. 4 Haziran çarpışmalarında madalyonun öteki yüzündeki gerçek bu idi!

Yeniden kıyıya çıktığımda Fransa'dan gelmiş olan General de Lisle ile karşılaştım. 29. Tümen Komutanlığını General Hunter-Weston'dan teslim alacaktı. General Weston ise yeni kurulmakta olan 8. Kolordu Komutanlığına atanmıştı.

İMROZ

5 Haziran 1915

Günün hemen en önemli dakikaları bitip tükenmez çarpışmalara ilişkin uğraşlarla geçti. Düşman bastırıldı ve bugünkü hakkını almakla yetiniliyor. İkindi üzeri saat 17.30' da Amiral de Robeck başka konular arasında Lord Kitchener'e raporumu gön-

8'inci Kolordu Komutanı General Hunter-Weston

dermeden önce, özellikle Enez ve Bolayır tasarısı üzerindeki son kararı vermek amacıyla geldi. Tasarladığımız taktiği kimseye duyurmazsak, ileride neye girişmeyeceğimiz konusunda daha az sorumluluk altında kalırdık. Amiral, Bolayır konusunda tamamen olumlu bir kanıda. Bolayır cephesi kıyılarında savaş gemilerinin korunma olanakları zayıf ve denizaltı savunması da çok güç. Oysa Enez'den yapılacak saldırı için bu bölgeye gelen savaş gemileri birkaç kulaçlık suda yatacaklar ki, çok akla yakındır.

İMROZ

6 Haziran 1915

Çok sıcak ve toz toprakla boğuşulan bir gün. Hâlâ çarpışmaların yıkıntısını temizlemekle uğraşıyoruz. Ardı arası kesilmeyen savaşlar sonunda kuvvetlerimizdeki kayıpların artışı, tümenleri tugay düzeyine, taburları da bölük sayısına düşürdü.

Şifreli bir mesaj geldi. Anavatandaki büyük kişiler, emirlerindeki hizmetkârlar, onlara güven duygusu vermedikçe, doğru dürüst akıl almak olanaksızdır sanıyorlar. Lord Kitchener, destek gücü olarak istediğim yeni ordu tümenlerini yolladığı takdirde, zaferi kazanıp kazanamayacağımı soracağına, önce sorduğum şu sorulara karşılık içini dökse, bir itirafta bulunsaydı daha iyi olurdu:

1. İtalya ya da Yunanistan harekete geçecekler mi?
2. Balkanlarda, Kafkasya'da, Mezopotamya'da neler olmaktadır?
3. Sir John French ne istemektedir?

Hani, Kafkaslarda ve Mezopotomya'da açılan cephelerde Türkler meşgul edilecekti?

Lord Kitchener'e bir mesaj hazırladım. Birinci bölümünde 4 Haziran günü girişilen genel saldırının hayal kırıklığı yaratacak şekilde sonuçlandığını nedenleriyle açıkladım ve dedim ki, "Eminim ki, hazır kuvvetlerimle girişilecek harekâtta gelişme çok yavaş olacaktır. İleride Türkiye ile Bulgaristan arasında kesin bir anlaşma olmadığı takdirde, 234 numaralı mesajımda belirttiğim destek kuvvetlerinin sağlanması durumunda Kilidbahir ele geçirilecek ve kararımızı uygulamak da kesinleşecektir.

Enez-Trakya, Yunanistan sınırlarından yeni bir cephe açılmasını, yeterli bir destek kuvveti sağlandığı takdirde, çok önemli görmekteyim. Amiral de Robeck Enez bölgesine egemen Saros Körfezi'ni düşman topçusuna pek açık, düşman denizaltılarına karşı çok önemsiz bulmaktadır. Bu sakıncalar dışında Enez, en uygun harekât bölgesi olarak görülmektedir. Stratejik ve taktik bakımdan son derece uygun olup, İstanbul'a en kestirme yoldan ulaşma özellikleri vardır. İzmir ve Edremit aynı amaçla kullanmak bakımından uygun olmadıkları gibi, benim görüşüme göre, çok uzak yerlerdir. Fakat müttefiklerimiz bu iki şehre yeni kuvvetlerle aynı zamanda saldıracak olurlarsa, Türklerin kuvvetlerini bir bölgede yoğunlaştırmaları önlenecek ve yalnız Enez ve Gelibolu çevrelerine kaydırma yapmaları mümkün olmayacaktır. Bu, bizim için büyük bir avantajdır."

İMROZ

7 Haziran 1915

Kamptan erkenden ayrılıp bir muhriple Hellas bölgesine gittim. Türk tutsaklarla Mısırlı Arap İşçi Taburlarına yaptırılan ve kum torbalarından oluşan rıhtımda General Wallace ile karşılaştım. Wallace, Genel Haberleşme Müfeştişi olarak atanmıştı.

W Kumsalı bölgesine vardığımda beni 9. Tümen mevzilerine doğru yürürken, General Hunter-Weston, General de Lisle ve General Doran karşıladılar. Söyleşi sırasında, Asya yakasından Türk bataryaları çevreyi bombardıman ediyorlardı. Öğle yemeğinden sonra General Gouraud'un Genel Fransız Karargâhını da ziyaret ettim. Kıyı boyunca yürürken, heyecanlı bir manzarayı izledik. Türk topları namlularını hayvan yemi yüklü bir Fransız nakliye gemisine çevirmişlerdi. Geminin kaptanı Mondros limanında boşaltmak yerine, Alman denizaltı tehlikesine rağmen, cesaret gösterip yoluna devam etmiş ve V Kumsalına demirlemişti. Fakat demir yerine varıncaya kadar aldığı isabetlerden dolayı gemide yangın çıktı. Muhriplerle mayın tarama hizmeti gören balıkçı gemileri yardıma koştular, sonunda yangın kontrol altına alındı. Ardından kendi makineleri ile hareket edip buradan ayrıldı. Şaşılacak şey şuydu ki, Türkler birkaç mermi daha atsalardı, gemi kesinlikle batacaktı. Ama atmadılar. Türkler top düğmelerini kapatmışlardı nedense! Oysa gemi tutuşmuş baca gibi yanıyordu. Değer biçilmez ödülü almaktan vazgeçmişlerdi.

Kocamış Türkler gerçekten çok ilginç. Üzerlerine saldırınca, şiddetli bir savunma ile karşınıza dikiliyorlar. Diğer zamanlarda ve durumlarda savaşın tehlikesi karşısında, tamamen "Allah kısmet ettiyse" ilgisizliği içindeler.

İmroz adasına dönerken, E.11 denizaltımızın Marmara'da verimli üç hafta geçirdikten sonra, sağ salim döndüğü doğrultusunda telsiz mesajı alındı.

Yarımada üzerinde bitip tükenmez çarpışmalar devam ediyor.

İMROZ

8 Haziran 1915

Yeni ordudan üç tümenimiz oluyor! Hükümet bize destek kuvveti sağlamaya karar verdi. Telsiz haberi şöyle:

(5217 numaralı şifre) *"İçinde bulunduğunuz zorluklar hükümet tarafından değerlendirilmiş olup, destek kuvvetler sağlanmıştır. Size, yeni ordudan üç tümen gönderiyoruz. Birinci tümen, sanırım bu hafta sonunda hareket edecektir ve diğer iki tümen nakliye gemileri sağlanınca gönderileceklerdir.*

Üç tümenin gelişleri temmuz ayının ilk on beş gününden geç olmayacaktır. Bu süre içinde filonun Çanakkale bölgesindeki gemileri, yeniden takviye edilecek ve bu gemiler denizaltı saldırılarına karşı daha dayanıklı olacaklardır. Bu durumda donanma, size sürekli destek yapabilecektir.

Düşmanı aralıksız baskı altında bulundururken, etkili olan koşullar altında aceleye ve gereksiz tehlikelere atılmaya bir neden yoktur kanısı egemendir."

İlk iş olarak, Amiral de Robeck'e bir işaret çektirip davet ettim. Öğleden sonra saat 14'te Komodor Keyes ile birlikte geldi. Ümitlerimizin sonuna vardığımız sırada yeniden sevindiriliyorduk. Peki, ama niçin üç hafta kaybettik?

Toplantının havası bu idi. Çalışmaya koyulduk ve bir buçuk saatte harekâtımızı geniş yönleri ile plânladık.

Amiral yeni ayrılmıştı ki, İstihbarat Subayı Ward, biraz can sıkıcı bir haberle geldi. Türkler yeniden ilerlemekteydiler, bir ayakları üzerimizdeydi. İki yeni tümenle destek sağlamış ve doğruca o kuvvetleri mevzilere sürmüşlerdi. Bizim ise mayıs ayında istediğimiz yeni birlikler temmuz ortalarında cepheye gelecekti. Bu nedenle o zamana kadar iki Türk tümeni hırpalana hırpalana zaten cesede çevrilirdi. O kadar ki, Lancashire birliği bölgesinde mevzi kazanmalarına rağmen, bir tehlike yoktu. İleride nasıl olsa püskürtecektik. Bu çarpışmalar ileride daha fazla tutsak alacağımıza işaretti.

H.M.S. Triad'da akşam yemeği yedim. Normalden fazla oturup sohbet ettik. Yalnız Gelibolu Yarımadası'ndaki çarpışmalar konusunda değil, Komodor Keyes'in gözbebeği E.11 denizaltı gemisi komutanı Nasmith'in Marmara Denizi'ndeki serüvenleri konusunda da bilgi aldık.

Türk birlikleri cepheye gidiyor

Karaya çıkıp karargâh çadırına yürürken, toplantı gece yarısı bitmiş olmasına rağmen, salon hizmeti gören bir çadırda ışık yanmaktaydı. Kesin beni bekleyen bir konuk vardı. Yüreğim duracak gibi çarparak yaklaştım. Haberler iyi imiş! 1. Avustralya Hafif Süvari Tugay Komutanı Albay Chauval'dı haberi getiren.

İMROZ

11 Haziran 1915

İki gün çok tekdüze geçti ve dikkate değer bir olay olmadı. Yalnız geceleri sivrisineklerle mücadele gerekiyor. Aldığımız bir habere göre, Türk bataryaları 1300 Alman topçu mürettebatı ile takviye edilmiş.

Bu sabah Anzac bölgesine General Braithwaite ile gittik. Yeni ordunun Türk mevzilerine saldırı plânımız konusunda General Birdwood'un düşüncelerini dinledik. Görevin yerine getirilmesi için general de üç yeni tugay istiyor. Tanrı günahını bağışlasın! Pekâlâ, ona dört, belki beş tugay vereceğim. Çünkü kıyıdan Sarıbayır tepelerine olan mevzilere hücum edip onları işgal edecek. Bütün plân Anzac ve Maydos ile ortaklaşa Sarıbayır çevresinin işgaline bağlı, hatta Çanakkale Boğazı ve Ege yakası da.

Muhriple Hellasburnu'na döndük ve Makineli Tüfek Birliği Genel Karargâhında General Hunter-Weston, General Gouraud ile görüştüm. Hepsi ümitli ve ateş gibi. Birçok ayrıntı konusunda karar verdik. Generallerin ilgi ve onayı ile karşılaştım. General Birdwood'dan Anzac bölgesine giderken ayrıldım ve Anzac'taki incelememden sonra İmroz'a döndüm.

Olumlu çalışmalarla geçen bir gün yaşamıştım.

İMROZ

12 Haziran 1915

Amiral de Robeck ile görüştüm. General Joffre ve Fransızlar her top için günde 17 atımlık mermi hesaplamışlar! Biz çok mu pürüz çıkartıyoruz? Hiç sanmam. Bir düzine küçük çaplı 4.5 kalibrelik sahra Howitzer mermisi iki Türk'ün canını alıp, bir İngiliz'in de hayatını kurtarır.

Bugün Londra, Bolayır Plânına dayanarak, Gelibolu Yarımadası'na ne kadar yerleşebileceğimizi soruyor. Cevap verdim: "Olumsuz. Nasıl bilebiliriz ki!"

İMROZ

13 Haziran 1915

Savunma Bakanlığı ısrarla herşeyi bırakmış, Çanakkale Boğazı kıyı savunması konusunda bilgi istiyordu. Cevap verdim:

"Gelibolu'ya kadar olan kıyı boyunca düşman tahkimatı konusundaki sorunuzu ancak filo yetkiyle cevap verebilir. Bu amaçla keşif uçaklarının gönderilmesinin en güvenli bilgileri sağlayacağı kanısındayım. Zaman zaman Naraburnu ile Soğandere arasındaki kıyı kesimine, sabit torpil kovanlarının monte edilmiş olduğuna ilişkin raporlar alınmaktadır. Bu konuda Amiral de Robeck Amirallik Dairesine bilgi vermiştir sanırım.

Fakat kesin bir yargıya varmak için bugün Mondros'ta bulunan Amiral de Robeck'e mesaj göndereceğim. Kendisinden, isteğiniz üzerine, uçaklarla kıyı savunmalarını belirlemeye yönelik keşif yaptırılmasını isteyeceğim. Böylece size ulaştırılan torpil kovanlarına ilişkin bilgilerin doğru olup olmadığı da ortaya çı-

karacaktır.

Sizin 5441 numaralı mesajınızda bildirdiğiniz üzere, Gelibolu Yarımadası'nda Türk kuvvetlerini Bolayır geçidinde ikiye yarmak konusu, benim en yürekten istediğim ve yaşamsal sorunumdur.

Bolayır'daki bağlantı olanaklarının kesilmesi için iyice kuzeyden Anzac birlikleri ile bir harekete geçilse, bu kere toplarımızın isteği konusunda Türklere çok fazla yer ve zaman bırakılacaktır. Oysa güneydoğudan üç kilometreden çok bir ilerleme sağlanabilirse, Bolayır ile Kilidbahir arasındaki kara savaşına egemen olabiliriz. İstanbul'dan ve Çanakkale'den getirilen destek birlik ve malzemeleri Akbaş limanından boşaltılmaktadır ki, o durumda bu olanak yok edilecek ve Akbaş işe yaramaz hale gelecektir. Bu gelişme, filo ile bağlantımıza yardımcı olacak ve Asya yakasını Kilye limanı ile Maydos'dan toplarımızla ateş altına almamıza yarayacaktır.

Destek birlikleri gelene kadar, Avustralya birliklerimiz mevzilerini daha fazla genişletemem. Filonun yardımı ile Bolayır geçidini kapatmaya başarılı olursam, Asya kıyılarında düşman mevzileri, aynı harekât içinde yeteri kadar engellenmelidir.

Diğer bir konu: Denizaltılar İstanbul'dan yapılan deniz nakliyatını önleyebilirlerse, sorun çözümlenmiş olacaktır.

Cephane ve yiyecek ikmali, Çanakkale Boğazı'nda karşıdan karşıya yapıldığı gibi, Bandırma ve Karabiga yoluyla da sağlanmaktadır. Normal zamanlarda zaten yiyecek, et, tahıl toplama limanları ya da bölgenin interlandı konumundadır. Bandırma-Çanakkale kara yolu da elverişlidir. Gelibolu Yarımadası için gerekli maddeler, büyük bir ikmal deposu olan Çanakkale'den sağlanabilir. Şöyle ki, Çanakkale'de buharla çalışır değirmenler, buharla ekmek pişiren fırınlar, az su çeker takalar var. Kara ulaşımı Bolayır'dan kapatılırsa, cephane ikmalini Bandır-

ma'dan deniz yolu ile ya da karadan Çanakkale'ye oradan Kilidbahir'e geçirmekle yine sağlarlar."

Geleceğe yönelik plânların gizliliğine uymak yaşamsal bir önem taşıyor. Bu konu üzerinde özellikle duruyorum. Çünkü bizim Gelibolu Yarımadası'na çıkış günümüz açıklanmış ve çok daha önceden Viyana kanalı ile İstanbul'a ulaştırılmıştı.

Mesajın hazırlığı için saat 11'e kadar kampta kaldım, sonra Grampus muhribi ile Hellasburnu'na hareket ettim. Hunter-Weston ile öğle yemeğini yedikten sonra W Kumsalı kayalıkları altında yapılmış yeni yoldan yürüyerek Gurka mevzilerine geldik. 29. Tümen Karargâhında de Lisle ile görüşmek üzere mola verdik ve oradan kıyı boyunca 88. Tugaya vardık.

Tugayın hemen bütün personeli denizde yüzüyorlardı. Hava çok sıcak ve açıktı. Düşman ise bizi kumsallardan söküp atama-

İngiliz birlikleri kıyıda dinlenirken

mıştı. Erler, güzel kumsallar üzerinde neşeyle koşuyor, denizde eğleniyorlar. Anneleri dünyada oğullarının ağızlarında pipolar, güneş altında banyo yaptıklarına pek kolay inanmazlardı. Ama gerçek buydu! Oradan kayalıklara tırmandım ve düşman hatlarını gözledikten sonra siperlerinde dinlenen Doğu Lancashire personelini ziyaret ettim.

Akşam saat 18'de General Hunter-Weston'un karargâhında ikindi çayını Hint Tugayı Komutanı General Cox ile birlikte içtikten sonra, birlikte İmroz adasına döndük.

İMROZ

14 Haziran 1915

Lord Kitchener'den bir mesaj aldım. Özetle diyor ki:
"Asya yakasındaki Türk toplarının bombardımanı nedeniyle yerlerinizde tutunmanızın olanaksız olduğu rapor ediliyor. Lütfen durumu açıklayınız."

Kuşkusuz! Hiç kuşkusuz! Lord Kitchener'in çok iyi bildiği gibi, değeri bir telsiz mesajının maliyeti gibi ölçülemeyecek pek çok konulara bağlı durum hakkında cevap verdim. Türk toplarının çaplarını ve sayılarını, cephane ve top ikmalini engelleyen ya da engellemeye çalışan denizaltılarımızın kuvvetini, savaş gemilerimizin ve kıyı bataryalarımızın değerini, mevzilerimizin derinliklerini, askerlerimizin maneviyatını ve sonu gelmez maddeleri ekledim. Bütün bu ayrıntıların toplandığı nokta şu idi: "Türklerin elinde yeter sayıda top yoktu. Biz de bu gerçeği öğrenmiştik... Eğer yeniden, top ve cephane ikmaline kalkışırlarsa, bunların sevkiyatı, mevzilere nakli ve montajı haftalar alırdı.

Kitchener bu gerçekleri İngiltere'de herkesten iyi biliyordu. Gelibolu Yarımadası'nda tutunmamızı tehlikeye sokacak şekilde

Asya yakasında top atışı yapılıyorsa, kendisini en kısa zamanda haberdar etmem gerekiyormuş. O halde niçin soru soruyordu? Eleştirmek yerine masayı kendi önüne çevirdi, bizi yere sereceğini sandığı tehlikeden ötürü, korkusunu yenmek için, soruyu kendisine yönelttim:

"General Ian Hamilton'dan Lord Kitchener'e,
5460 numaralı telgrafınıza, ilgi olarak...
Asya yakasından yapılan Türk bombardımanının zaman zaman engelleyici bir etken oluşturduğunu önceden bildirmiştim. Ancak gerekli önlem alınmaktadır. Kuşkusuz 6 inçlik Howitzer bataryaları sağlanırsa, bu konuda daha başarılı olunacaktır."

Aynı gece, bu konuda bir mektup aldım. "Ardennes Dağlarının Aslanı" diye ün yapmış olan General Gouraud, çok iyi bir eleştiri yaparak, Asya yakasındaki Türk bataryalarının önceki, şimdi ve gelecekteki harekâtımız üzerinde ne derecelerde etkili olacağını açıklıyordu.

Öğleye doğru saat 11.15'te muhribe geçip Gully Kumsalına hareket ettim ve bir filika ile kıyıya çıkıp General de Lisle ile 29. Tümen Karargâhında öğle yemeğimi yedim. Bir süre sonra General Hunter-Weston da bize katıldı.

İki generalle birlikte birkaç kilometre yürüyerek Gully Kumsalı bölgesi tepelerine çıktık ve 87. Tugaya ulaştık. Ateş hattına uzanan Hintli Tugayına ilişkin savaş mevzilerinin giriş kısmında Gurka Tugayından Albay Bruce bizi karşıladılar ve birlikte derin tünellerden yürüyerek ateş hattına vardık.

Her birkaç yüz metre ilerleyişten sonra de Lisle'in sahra dürbünü ile Türk siperlerini gözledim. Düşman mevzileri bazı hatlarda 6-7 metreye kadar yaklaşıyordu. Bu, inanılmaz gibi gelen bir gerçek. Mazgal deliklerinden gözüken tüfekleri dinlenme durumundaydı.

Görünüm korkunçtu, iki taraf mevzileri arasında kimi bozulmaya yüz tutmuş, kimi yeni Türk ölüleri yatıyordu. Gurka mevzileri sonunda Albay Wolley Dod tarafından karşılandık. Albay bizi 86. Tugayın ateş mevzilerine doğru götürdü.

İmroz'a döndüğümde filo, kara bombardımanına başlamıştı.

İMROZ

15 Haziran 1915

5250 şifre numaralı mesajda benden bazı bilgiler isteniyordu, hemen cevaplandırdım. Özet olarak yazdıklarım şöyleydi:

"Mesajınızın son paragrafına göre, Gelibolu Yarımadası'ndaki kolordu komutanlarının gerekli olan yeterlikleri konusundaki düşüncelerinizi aşağıdaki görüşle cevaplandırmak isterim. Bu makamda bulunan bir kişinin başarısı, dayanıklı olmasına ve sinirlerini denetim altında tutmasına bağlıdır. Bu derece sinir bozucu bir arazi şeridi üzerinde aynı şekilde içice karargâhlar gibi, yakın mevzilerde, devamlı bombardıman olmadığı durumlarda orta derecede gereksinimleri sağlanan karargâhlarda pek çok kişinin yararsız kaldığı görülebilir. Soğukkanlılık, dirençli olmak istenilen niteliklerdir. General Rawlinson ile Byng'i istenilen yeteneklere ve üstün niteliklere sahip kişiler olarak örnek gösterebilirim."

Kamptan ayrıldım ve Savage savaş gemisine bir cambaz gibi tırmanarak çıkabildim. Güverteyi yalayan ağır denize batıp çıkarak Hellasburnu'nu dolaştık.

Rüzgârın kaldırdığı toz bulutları içinde rıhtımdan ve kumsaldan geçerek 155. ve 156. Tugayları denetlemeden önce General Hunter-Weston ile yemek yedik. Yolda, General Erskine ve Scott Moncrieff ile buluştuk. Mevzilere vardığımızda silâh arkadaşlarımızı maneviyatları yüksek, görevleri başında buldum.

Kraliyet Deniz Tümeni Karargâhında General Paris'le buluştum. Birlikte General Trotman komutasındaki 3. Deniz Piyade Tugayına gittik. 8. Kolordu Karargâhında ikindi çayımızı içmemize bile olanak kalmadı. Türk topçusu davetsiz konuk gibi, hesapta olmadığı halde mermi yağdırmaya başladığından, barınaklara sığındık. Türk ateşi, o kadar sık ve isabetliydi ki, karargâhtan kıyıya kadar olan açık arazide General Gouraud ile yüreğimizi metin tutmaya çalışıp, yola çıktık. Düşman topçusu, yaklaşık her 20 saniyede bir mermi yağdırıyordu. Benimle İmroz adasına gelecek olan General Gouraud ile birlikte başlarımızı kaybetmeden kıyıya vardık!

Tam anlamıyla savunma düzenine girmiş olmamız yanlıştır, bu durum bize toprak kaybettiriyor. Oysa bir metrelik toprağı bile elden çıkarmamalıyız. Tutunmak istiyorsak, saldırıya devam etmeliyiz! Fakat, Batı cephesi standartlarına uygun cephane ve sahra toplarına yeterince sahip olmadan başarı beklemek, hayal âleminde yaratılmış bir gerçek. Açık arazide askerlerimizi Türk askeri ile karşı karşıya getirelim. Bizim gönüllü İngiliz askerlerimiz, Mukaddes Cihad'a inandırılıp robot durumuna getirilmiş olan sofu Anadolulu, Suriyeli ya da Arap askerlere çok üstündür.

Türk topçusu görev başına gidiyor

Ama dikenli tel örgüleri ve makineli tüfekler, süngü süngüye, adam adama çarpışmayı engelliyor. Dikenli telleri aşmaya çalışan on, yirmi, elli ve daha nice erlerimizi Maksim makinelileri ile tarayan, öldüren tek Türk'ün, on, yirmi, elli ve daha pek çoğunun canını alıp sorunu çözümlemek için, durumun korkunçluğu anlaşılmadıkça, işimiz Tanrı'nın bağışlamasına kalmıştır. Lord Kitchener buraya gelirse, gerçeği gözleriyle görebilir.

İMROZ

16 Haziran 1915

Sevimli konuk General Gouraud öğleden sonra 15.30'da bir İngiliz muhribi ile karargâh subaylarıyla birlikte ayrıldı. Kendisi gerçek bir mentinlik kalesi. Asya yakasındaki Türk toprakları Fransız birliklerini iyice hırpalıyor. O yüzden Mortokoyu'na iki dev top yerleştirerek Asya'dan gelen bu yangını en kısa zamanda söndüreceğini ümit ediyor. Biz de General Gouraud'un İmroz'da bulunduğu sürece, ümitlerimizi ve tedirginliklerimizi yaratan olayları general benimle tartıştı, konuşmaları sonuçlandırıp plânladık. General Gouraud Türklere karşı rekor sayılacak bir zafer kazanacak şansa sahip olduğumuz inancında.

Hava çok serin ve rüzgârlı. Öğleden önce yağmur çiselemeye başladı.

İMROZ

17 Haziran 1915

Deniz çok sakin, fakat karargâhta hava pek gergin. Ordonat Dairesi Başkanı generalden, yeniden 6 inçlik Howitzer topları isteğime bir cevap geldi:

"331 numaralı telgrafınıza yeniden 6 inçlik Howitzer toplarını size gönderebiliriz. Fakat cephane üretimindeki güçlüklerden ötürü ikmâl hızını ve oranını arttırmaya olanak yoktur. Size bu topları gönderirsek, cephane azlığından ötürü şikâyet etmemelisiniz. Gerekirse filonun 6 inçlik top mermilerinden yararlanabilirsiniz."

Son derece canım sıkıldı. Gerçek buydu. Elimde isteğime göre bir silâh yoktu ama çok uygun bir dilde kullanarak alaycı bir cevap yazdım.

"...Lütfen 6 inçlik Howitzer toplarını gönderiniz. Bu toplar Asya yakasından ateş açan Türk bataryaları tarafından hasar gören Howitzerlerin yerine kullanılacaktır. Cephane ikmalinin sağlanacağından kuşku duymamaktayız. Yalnız dün ele geçen Türk tutsakları, 14 adet ağır çaplı Türk topunun daha Gelibolu Yarımadası'na getirilmekte olduğunu haber verdiler."

Yıldırım çarpmış gibiydim ve Sir John French'e şu mektubu yazıp gönderdim:

Akdeniz Seferî Kuvvetleri
Genel Karargâhı
17 Haziran 1915

Sayın French,
Size ilk yazdığım günden beri son derece yüklü bir ay geçirdik. Zamanın, gece gündüz, seferler, alarmlar altında nasıl devamlı bir baskı ile uçup gittiğini sizden iyi anlayan yoktur. İki kelime arasında bile korkunç çarpışmalar, bombardımanlar ve süngü hücumları devam ediyor. Genellikle zafere doğru ilerleyen Türklerin dışında, Anzacların tutunduğu birkaç yüz metrelik toprak parçası ile yarımadanın güneyinde yaklaşık birkaç kilo-

metrelik bir arazi şeridine sahibiz. Fakat daha geniş bir görüş açısından bakarsak, verdiğimiz kayıplar ve harcadığımız çabalar, birkaç metre ile ölçülebilen bir arazi işgalimize rağmen, davamız uğrunda büyük olanaklar sağlamıştır.

Birincisi, Türkler, Mısır'a saldırmak ve Basra'yı ele geçirmek yerine, Gelibolu Yarımadası'nda kuvvetlerini birleştirip savunma yapmak zorunda bırakıldılar. İkincisi, savaşın bu sahnesine girişimiz, İtalyanların acele etmelerini sağlamıştır: Üçüncü olarak, eğer Türkleri meşgul edebilir ve yıpratıp güçsüz bırakırsak, Balkan devletlerinden bazılarını kışkırtıp, bu kan deryasına bulaştırmak çok zaman almayacaktır.

Bununla birlikte, bütün bunlar başarılsa bile, zafere ulaşmak için en kötü olasılığı düşünerek hazırlanmalıyız. Sizi inandırmak isterim ki, bu çok çetin bir iştir. Eski silâh arkadaşlarımız, kurmay okullarında öğrendikleri manevra kuramlarına dayanarak, bu cephedeki Türkleri, zaman bile vermeden en az iki kere yenilgiye uğratacaklardır, ama kâğıt üzerinde! Fakat gerçekten yarımadanın engelleri, Türklerin "T" taktiğini kullanmalarına yarıyor. Mevzilenme, siper savunma işlerinde Türkler her zaman çok iyi. Oysa, bilgisiz olan bu askerler kendilerine verilen görevleri aynen yerine getirmek konusunda çok mert hareket ediyorlar. Bir yere tam siper ettiler mi, araziye yapışıyor ve üzerlerine gelen her hedefi vuruyor. Bu çeşit savaşlarda Türk askeri çok usta.

Gerçekten ben hayatımda bu derece cesur asker görmedim. Bazıları ideal nitelikler. Hücuma kalkıp, ilerlemeye başladık mı, üzerlerine yağdırdığımız mermi sağanağına aldırmadan, soğukkanlılıkla ayağa kalkıyor, siperlerden fırlıyor ve başlıyorlar ateş etmeye, el bombası atmaya...

Türkler sınırsız el bombası ikmali yapıyorlar ve her asker birkaç el bombası taşıyor. Üstelik hedefe el bombası fırlatmakta yarı yarıya başarılılar. Geçen zaman içinde Asya yakasındaki 4,5, 6,8, 9,2, ve 10 inçlik top bataryaları ile mevzilerimizi ejderler gibi dövüyorlar. Bu durum hiç hoş değil.

Gerçekleri yansıtan olaylar karşısında üst kademenin çok dayanıklı olması gerek. Örneğin, X ve Y Kumsalları bölgesi Tekkeburnu ve Sağırdere bölgeleri, 24 saattir aralıklı bombardıman ediliyor. Burada herkes ateş altında ve gerçekten, inanınız, ileri mevzilerdeki birlikler, arka hatlardakilerden bir bakıma daha güvenlikteler ya da en az onlar kadar güvenlik içindeler.

Niçin çok ağır ilerlediğimizin ya da çok fazla kayıp verdiğimizin bir diğer nedeni de düşmanın sürekli takviye almakta oluşudur. Biz, Türklerin üç başarılı ordusuna karşı üstün gelmeye çalışıyoruz ve 20.000 kişilik bir destek kuvvetinin Suriye'den bu cepheye kaydırıldığını, 14 büyük çaplı topun gönderilmekte olduğunu da tutsaklardan öğreniyoruz. Umarım, bu haberler doğru değildir.

Dün akşam 86. Tugay üzerine saldıran bir Türk birliğinden, biri Alman olmak üzere iki subay ve 20 ile 30 er öldürüldü ve hücum püskürtüldü. Güney Wales Borderer mevzilerine karşı başlayan saldırı ise çok daha ağır bir baskı içinde gelişti ve birliklerimizin mevzileri bombalandığından geri çekilmek zorunda kaldık. Fakat bu geri çekilme ancak 25-30 metre kadar oldu ve erlerimiz tekrar mevzilendiler. Bu sabah Maxim makineli tüfekleri ile iki üç kanat ateş altına alındı ve Dublin müfrezeleri süngü hücumuna kalkarak düşmanı eski mevzilerine sürdüler.

İki yüz Türk ölüsü hendeklerde yatıyor, bizim kaybımız yalnızca 50 kişi. Çok kötü sayılmaz! İkindiye doğru bir Alman denizaltısı nakliye ve depo gemilerimize saldırdı. Şansımız varmış ki, attığı torpiller isabet etmedi ama ikmâl harekâtını durdurmak zorunda kaldık. Bunlar günlük huzursuzluklar.

Ümit ederim ki, iyimsersin ve genel anlamda olayların yararımıza geliştiğine inanıyorsun. General Robertson ve General Barry'ye selâmlarımı ilet. Başka bir durum olmadıkça mektubumu lütfen kişisel bir mektup olarak koruyunuz.

Sevgilerle,
Ian Hamilton"

Bizim görkemli Doğu Lancashire Tümenimiz! Tümen, çok kötü bir durumda. Bir ay daha ihmal edilirse, tam olarak eriyecek. Zorda kalarak bir mesaj gönderdim.

"General Sir Ian Hamilton'dan Savunma Bakanlığına,

Doğu Lancashire Tümeninin her tugayındaki kayıplardan dolayı meydana gelen eksiklikler aşağıda gösterilmiştir:

125. Tugay   50 Subay, 1852 astb. ve er,
126. Tugay   31 Subay, 1714 astb. ve er,
127. Tugay   50 Subay, 2297 astb. ve er,

Birlik kayıpları, özellikle 127. Manchester Tugayında en yüksek sınıra ulaşmış, birlikler çok zayıf düşmüşlerdir. Şimdiki sayıları ile çarpışmaya devam edecek olurlarsa, daha fazla ka-

Alman denizaltısı

yıp vererek güçlükleri artacağı gibi, geri kalan subay ve erin, tugayın temelini yeniden kurmaya yeterli gelmeyecektir."

Akşam yemeğini Triad zırhlısında Amiral de Robeck ile birlikte yedim. Güzel bir akşam yemeği! Yemek ve servis işlerinde denizciler gerçekten elleri çok yatkın kişiler. Peçeteler, tabaklar, çeşit çeşit bardaklar, ekmek, et, şarap ama hepsi en iyisinden her zaman. Düşman görünürse ya da canları sıkıldığı zaman serin havaya, güverteye çıkıyorlar ya da lombozlardan başlarını uzatıp çevreyi seyrediyorlar.

M. Venizelos'un seçimlerde Yunanistan'ın büyük oy çoğunluğunu kazandığına ve kralın ölüm döşeğinde olduğuna ilişkin bir telgraf haberi aldım. Demek ki, kral ölmedikçe ya da iyileşmedikçe Yunan ordusu bizimle birleşemez.

İMROZ

18 Haziran 1915

Kefalo Kampına Lord Rochdale'in 127. Manchester Tugayını denetlemeye gittim. 2. Deniz Tugayının Howe Taburu ve 3. Sahra Ambulans Birliği de oradaydı. Kuvvetlerinin yarısını kaybetmiş olan birlikler, cephe gerisine alınmış olmanın sevinci içindeydiler. Fakat son derece üzüntülü çarpışmalarda verdikleri kayıpları unutmuşçasına kararlıydılar. Erlerin yüzlerinde cesur çizgiler vardı, onlara bakıp kuvvet buldum. İnanıyorum ki, bizleri zafere götürecek yüzler, bu erlerinkilerdir.

İngiltere'den yeni gelen 20 kadar subayla tanışmıştım. Henüz hiçbir birliğe dağıtılmamışlar. Bunlardan biri çok zeki ve tanınmış sosyalistlerden.

Savunma Bakanlığı daha fazla Japon yapısı siper havan top mermisi sağlayamıyor. Bu felâket! Fransız kuvvetleri bir kanat-

Yunan Kralı Konstantin

ta, diğer kanatta biz ve Japon yapısı yarım düzine havan topu... 6 havan topu Anzac birlikleri için altın değerinde. "Elimizde 25 adet Japon havan topu olsa, Türklerin mevzilerinde tutunmaları olanaksız olur" diyorlar. Bu toplar ateş etti mi, mermileri arı kuşu gibi vızıldıyarak gidiyor. Bütün Anzacları bir gülmedir alıyor ama mermiler, Türk siperlerine düşünce, şiddetle patlıyor ve "Ay! Ay, ay! Anam!" diye acıyla bağıran Türklerin feryatları duyuluyor. Cesetleri bile harekete getirecek güçte bir silâh. Ne yazık ki, mermisi bitmek üzere. Zorunlu olarak çok basit bir sonucu içeren şu mesajı yolladım:

"İngiltere'de Japon bombalarını yapmaya olanak yok mudur?"

Geç saatlerde Türklerin ağır bombardımana başladıklarını ve ardından hücuma geçtiklerini öğrendim. Çarpışmalar devam ediyor.

İMROZ

19 Haziran 1915

Türkler dün gece 500 yüksek patlamalı mermi attılar. Asya yakasından da ağır çaplı toplar 250 mermi fırlattı, binlerce şarapnel mevziler üzerinde patladı. Ardından saldırıya geçtiler, biz de karşı hücuma geçtik. Ateş hattında tereddüt yaratıcı piyade çarpışmaları sırasında kimi birlik ilerlerken, kimi geri çekildi. Fakat sonunda Türkler 1000 ölü bırakarak çekildiler.

İMROZ

20 Haziran 1915

Erkenden kalktım. Kurye, sabah saat 8'de yazı dolu bir torbayı bıraktı. Çok iş yaptım bu nedenle. Lord Kitchener'e Türklerin yeniden destek aldıklarını ve 18. Tümen bölgesinde de çarpışmaların devam ettiğini, mevzilerimizin korunduğunu, Türklerin gittikçe çözüldüklerini bildirdim.

Basın Savaş Muhabirleri konusunda da yazdım. Eski deneyimlerime dayanarak, cephedeki gazeteci sayısını iki ya da üç kişiye çıkarmaları için Lord Kitchener'e yazdım. Cephede bir tek savaş muhabiri oluşu, o muhabiri, bütün Londra basınını arkasında görür, gazeteler haber almak için onun ağzına bakarlar o yüzden nedensiz yere çok önemli bir kişi durumuna gelir. Tek başına olduğundan, onu kontrol edecek bir başka muhabir de bulunmadığı için haberleri dilediği gibi uydurur, yazar. Ama cephede ikinci bir savaş muhabiri olursa, pek art fikirlerle ortaya çıkıp, atıp tutamaz. (bk. Ekler)

Japon havan topları için mermi sağlanamayacağı haberi geldi. Uzun bir mesaj hazırladıktan sonra Sancak gemisi H.M.S. Triad zırhlısı ile Limni adasının Mondros limanına hareket ettik ve öğleden sonra saat 15'de Mondros'a demirledik. Avustralya rıhtımında karaya çıktım, 15-16 numaralı Mevki Hastanelerini dolaştım.

İMROZ

21 Haziran 1915

Yarbay White yönetimindeki 2 Numaralı Mevki Hastanesini ardından Yarbay Bryant yönetimindeki 1 Numaralı Mevki Hastanesini gezdim, doktorlarla konuştum. Öğleden sonra saat 13'de Triad'a geçip İmroz'a döndüm.

İMROZ

22 Haziran 1915

Sıkıntılı bir gece geçirdim. General Gouraud'un kuvvetleri çok iyi bir iş başardılar, Türkleri çok kötü yenilgiye uğrattılar gibi, sürekli geri çekilmeye zorladılar... Gelişen durum konusunda şu mesajı yolladım:

"24 saat süren ağır ve devamlı çarpışmalardan sonra, önemli başarılar sağlanılmıştır. 4 ve 5 Haziran günleri olan çalışmalarda merkez kanatta ilerleme sağlanılmışsa da, sağ ve sol kanatlar karşısında Türk direnmesi fazla olduğundan durum olduğu gibi kalmıştı.

Dün sabaha karşı 04.30'da General Gouraud komutasındaki Fransız birlikleri saldırıya geçmiş ve Kerevizdere boyunca büyük başarılar elde etmişlerdir. Öğleden sonra 2. Fransız Tümeni hücuma geçmiş, Türklerin birinci ve ikinci savunma mevzilerini işgal etmiş, Kerte köyüne uzanan hat üzerindeki ünlü Haricot Tabyayı almışlardır. Sağ tarafta, Birinci Fransız Tümeni, sert bir çarpışmadan sonra, Türk mevzilerini ele geçirmiş, fakat bir karşı saldırı sonucu geri çekilmek zorunda kalmışlardır. Arkasında toparlanan tümen yeniden saldırıya kalkmış, mevzileri işgal etmişse de, Türklerin ağır karşı saldırı sonunda mevziler yeniden Türklere geçmiştir."

General Gouraud öğleden sonra 14.55'te şu emri yayınlamıştı:

"Türklerin ilk savunma mevzilerinin işgal edilmesi zorunludur. Aksi halde 2. Tümenin başarılarının anlamı kalmayacaktır. Aydınlık beş saatiniz var, zamanınızı biliniz ve hazırlanmak üzere saat belirleyek ve piyadenin aynı anda saldırı için gerekli çalışmayı yaparak, emirlerinizden beni haberdar ediniz."

Bu emrin sonucu olarak, Türklerin sol kanadının bombardımanı yeniden başladı. İngiliz topları ve obüsler, Fransız topçusunu saldırı öncesi desteklediler. Akşam üzeri saat 18'de birlikler hücuma geçtiler ve Türklerin ilk savunma mevzileri karşısında 600 metre kazanıldı. Gece çok ağır bir karşı saldırıya rağmen, özellikle sabaha karşı 03.20'de olan ağır düşman baskısına dayanılarak, kazanılan topraklar korundu. Korkarım, kayıplar çok fazladır, fakat tamamlayıcı bilgiler sağlanamıyor. Keşif uçağımız, bir Türk taburunun takviye amacıyla cepheye yaklaşmakta olduğunu bildirdi. Tanrı'ya şükür, uçak makineli tüfek ateşi açarak, dağılmalarına fırsat vermeden 75 kadarını saf dışı etmiş.

Çarpışmaların özelliği, fazla tutsak alma olanağı vermedi. Yalnız 50 er ve 1 subay elimize geçmiş durumda. Fransız savaş gemisi St. Louis, Asya yakasındaki Türk bataryalarına karşı bombardımana başlayarak çok iyi iş görmektedir. En seçkin karargâh subaylarından biri olan Albay Girodon, önemli şekilde yaralananlar arasında. Albay Nogues de Kumkale çarpışmalarında arka arkaya ağır yaralar almış. Girodon, on binde bir bulunan bir subaydır. Ciddî, cesur ve uzak görüşlü bir subay, mermi ciğerini delmiş. Kayıplarımızın 3000 kadar olduğu söyleniyor.

Özellikle gece yarısından sabah saat 04'e kadar çarpışmaların çok sert geçtiği anlaşılıyor.

Akşam üzeri 18'de Amiral de Robeck, Komodor Roger Keyes, General Godfrey, Yüzbaşı Ormsby Johnson beni görmeye geldiler.

Japon havan topu ve mermileri konusunda bir haber ulaştı. Japon silâh fabrikaları ile yapılan bir anlaşmaya göre iki ay sonra teslim edilmek üzere 1000 adet mermi sipariş edilmiş ve ardından ay 500 adet daha yapılacakmış. Hava toplarının ise, iki buçuk ay sonra hazır olacağı bildiriliyor. Buna on beş gün de gecikme payı koyalım, bir ay da denizden nakil, eder dört ay! Onlara söyleyecek çok söz var ama...

Bahriye makamları, Lord Methuen emir verirse, Malta Gemi

Türk askeri ilerliyor

Tezgâhları Müdürünün kendi atölyelerinde el bombaları yapacağına ilişkin güvence verdi. Bu nedenle Türklerin kullandıkları el bombalarının bütün teknik niteliğini hazırlattım. Çünkü Türklerin bize karşı kullandıkları o el bombaları çok müthiş şeyler.

İMROZ

23 Haziran 1915

Kampta geçen bir diğer gün. Amiral de Robeck ve Keyes ile birlikteydik.

İMROZ

16 Haziran 1915

Üç gün önce Savunma Bakanlığına üç yeni tümenin yeterlilik durumunu sormuştuk. Savunma Bakanlığı bunların XI., XIII. ve X. Tümenler olduklarını ve komutanlarının kişiliklerinin en önemli etkeni oluşturacağını hatırlattılar.

Masa işlerimi tamamladıktan sonra General Braithwaite ve Mitchelle ile Yüzbaşı Fallowfield komutasındaki Basilisk muhribine geçerek Suvla Körfezini ve kuzey yakasına seyrettik. Muhribi, karakol hattı üzerinde tutarak kuşku çekmeyecek rotalar verdirdik ve arazinin durumunu inceledik. Tuz Gölü denilen bir yer vardı ama onun gerçekten göl olduğundan emin değildik. Yoksa parlayan kısımlar yeni kurumuş bir kumsalın yansıması mıydı? Top talimi yapıyormuş gibi göl ya da tuzlu kumsalın yüzeyine mermi attık.

Çevrede hiçbir hayat belirtisi yok. Bütün Suvla koyu sessizlik içinde ve tamamen boşaltılmış anlaşılan. Biz buraya başka bir amaçla gelinceye kadar, oranın aynı şekilde kalmasını belki Tanrı armağan eder.

Dönüşümde Amiral de Robeck, düşüncelerimi öğrenmek amacıyla geldi. Plânımız çok geniş, fakat "Her zaman yolun ortasından git" taktiği İngiliz İmparatorluğu'nun karşı karşıya olduğu güçlüklerden daha iyi. Biz buradan ilerleyebilirsek, dünya savaşı gelecek yıl kesinlikle sona erecektir.

Amiral, denizaltılara karşı kullanılmak üzere üretilen yeni bir engel ağından söz etti. Bu ağ Bozcaada'nın kuzey ve güney burunlarından sığlıklara ve oradan Asya kıyısında Yükyeri Körfezi'ne kadar gerilebilecek. Böylece denizaltılara ve torpillere karşı engel sağlanacaktı.

İMROZ

25 Haziran 1915

Sabah saat 8'de General Paris ile birlikte yürüdüm ve adadan ayrıldıktan sonra kampa dönüp öğleye kadar çalıştım. Öğleden sonra 2. Deniz Tugayını, Hood, Howe ve Anson Taburlarını denetledim.

Hood, Howe ve Anson Taburları çok tehlikeli hücumlarla karşı karşıya kaldıklarından, zor durumdalar. Fakat bir süre ne kadar zarar verdiğini söylemek güç. Gelibolu'ya doğru onları izledi. Birkaç dakika içinde 28 subaydan 25'ini kaybetmelerine rağmen, Türkleri püskürttüler ve zaferle ilerlediler.

Öğleden sonra 15'de Basın Savaş Muhabiri Ashmead Bartlett, görüşmek üzere benden randevu istedi (bk. Ek.). Kitchener kısa bir süre önce bunun hakkında bana birkaç telsiz gönderdiği için Ashmead Bartlett galiba huzursuzdu. Cephedeki durumla ilgili onun görüşünü dinledim. Benden özür diledi, fakat köklü değişiklik yapılması konusunda onunla aynı düşüncedeydim.

Ardından, Bolayır hattının bizim için çok önemli olduğundan söz ederek, beni o bölgeye yeni tümenler çıkarmaya teşvik etti. Kendi kendine yepyeni buluşlar yaptığını sanıyordu. Hatta çok şahane bir önerisi daha vardı: "Türk askerlerine adam başına 10 şiling bahşiş verileceği söylenir ve kendilerine dokunulmayıp, affedilecekleri ilân edilirse, her asker silâhı ve sahra aletleriyle gelip teslim olur ve ateş hattında dövüşecek kimse kalmaz!" diyordu.

Sanıyordu ki, bu şekilde düşman ordusundan çok çabuk kurtulabiliriz. Merakımı uyandırmıştır, karşımızda Hıristiyanlara düşman bir Müslüman olsa ve karnı aç olsa, kendisine 10 şiling verilse ve iyi bir akşam yemeği yedirilip karnı doyurulsa, ne yapardı acaba? Dünyada Osmanlı Türkünden başka, bir din uğruna canını fedaya tartışmasız hazır bir millet ve asker yoktur. Asker başına 10 şiling yerine 50 İngiliz lirası altın versek, yine de yüzümüze çarparlar, biz de dünyaya rezil oluruz.

İMROZ

26 Haziran 1915

Öğleden önce saat 11'e kadar çalıştım ve General Braithwaite ile birlikte Anzac Kolordusunu görmek üzere Pincher muhribine geçtik. Kısa bir süre sonra Binbaşı Clarke'ın komutasında olan Mosquito muhribine aktarma olup yola devam ettik. Cebimizde yeteri kadar bisküvi olduğu halde, denizciler bize geleneksel sofralarında güzel bir öğle yemeği ikram ettiler.

Türkler, acele ve umulmadık bir şekilde bir muhribin karaya sokulduğunu görünce başladılar bombardımana. Tam rıhtıma ayak basmıştık ki, bir mermi birkaç metre ileriye düştü ve parçalar sağı solu tahrip etti. Kendimi o anda yere fırlattım ve sağa dönüp General Birdwood'un yeraltı karargâhına ilerledim. Kocamış Türkler çok öfkeli atışa devam ettiler ve General Birdwood'un karargâhında bir çeyrek saat bekledim..

İMROZ

27 Haziran 1915

Bunaltıcı bir hava. Mektupları bitirmek, evrak sepetleriyle, sivrisineklerle ve yıkılmış olan yerlerle uğraşmak gerekiyor. Akşam üzeri de Robeck'i bekledim, çünkü iş hakkında konuşmak üzere geleceğine işaret çektirmişti, ama gelemedi. Hayaller ile uğraşan Savunma Bakanlığı, kahraman çocuklarını yakından izlemeleri için, halkın şevk ve heyecanını arttırmalıdır. Sonra, basından yararlanarak, halka üç çeşit savaş olduğu öğretilmelidir. Bunlar; a. Askerî savaşlar; b. Ekonomik savaşlar; c. Sosyal savaşlardır.

Son olarak hükümet, içinde bulunduğumuz mücadelenin askerî, çoğunlukla ekonomik, fakat aynı zamanda sosyal savaş olduğunu ve bunların karışımından meydana geldiğini açıklamalıdır.

Çağımızda ekonomik zafer nasıl kazanılabilir? 1. Amerika'nın sempatisini sağlayarak; 2. Constantinople'u Türklerden alarak.

Üzerinde acele ettiğimiz bu fikir, Alman İmparatoru Wilhelm Kayser, Ren ırmağından dönüp Berlin'e yürüdüğü zaman, Fransız ordusunda çok sık inceleme konusu oluyor, üzerinde çalışılıyordu. Ne var ki Almanlardan değil, Fransızlardan doğdu. Ama biz, Constantinople'u Türklerden almaya karar verdik. Burada kazanılan birkaç metrelik toprağı bu nedenle Batı cephesinde ele

Alman İmparatoru II. Wilhelm

geçirilen aynı toprakla kıyaslayamayız. Ekonomik savaş kazanılmalıdır.

Bunların hiçbirinin, basının yardımı olmadan başarılacağı düşünülemez. Halen sansürün İngiltere'ye ve Amerikaya ne kadar zarar verdiğini söylemek güç. Gelibolu'ya doğru ayrılmadan önce Amerikalı diplomat Hare ve Fredrick Palmer'den özür diledim. Uçak ve asker göndererek bize yardım emek isteğinde olduklarını biliyordum. Fakat Londra basınının kıskançlık göstermesinden çekinip özür dilemekten vazgeçtim.

Ümit ediyor ve inanıyorum ki, geleceğin savaş okulu öğrencileri büyük bir imparatorluğu harakiri yapmak zorunda bırakmak için, neden bu kıraç, değersiz kayalıklar üzerinde, eteklerinde sıkıştığımızı değerlendirebileceklerdir. Biz bu kayalıklarda hançerimizi Osmanlı Sultanının kara yüreğine sapladık. Yalnız, hançer henüz etini deldi ve yarasından yeni yeni kan akmaya

Osmanlı Padişahı V. Mehmet (Sultan Reşad)

başladı. Her gün ölümden kurtulmak için debeleniyor. Biz, bir metre daha ilerleyemesek dahi, halifenin canı alınıncaya kadar, kanı bu kaba akıtılacaktır.

Enver Paşa, Anzacları yalnız bırakmak istemiyor!! Oysa biz onun ensesine çok yakınız. Çanakkale Boğazı'nın en dar geçidine... Yani Enver, en iyi ordularını, genellikle denizden göndererek bu bölgeye getirmek isteyecek ama, denizaltılarımız, havuzda anaç ördek farkına varmadan yavrularını kapan kartallar gibi, zaten düşmanın cephane, yiyecek, giyecek ve asker yüklü konvoylarının %25' ini avlamakta.

Türkler bizi denize püskürteyim derken, başaramayacakları bu iş yüzünden bütün güçlerini tüketip, ölecekler.

Braithwaite ve Amery ile akşam yemeği yedim. Albay Amery'yi tekrar görmek büyük bir sevinç demektir.

İMROZ

28 Haziran 1915

Yazgımızı belirleyen bir gün. General Braithwaite, Yarbay Ward ve Yüzbaşı Dawney ile birlikte kamptan ayrılıp, Yarbay Seymour komutasındaki Colne muhribine geçtik ve Hellas bölgesine yol verdik. Top düellosu çok şiddetli devam ediyordu. Köprü üstünden toplarımızın kuzeybatı kıyılarını hedef alan dövüşünü rahatça seyrettik. Kayalık hat ve bir buçuk kilometre kadar içeri uzanan arazi, ölü sarısı bir toz bulutuna bürünmüştü. Dumanlar döne döne yükseliyor, Alçıtepe bile bu karışıklıkta payına düşeni alıyordu. Karşımızda beliren bu sahneye aynı anda düzinelerle mermi yağıyor, küçük beyaz şimşekler çakıyor, şarapneller parça parça olup dikenli tel engellerini ve savaş siperlerini yıkıyordu. Mermiler, o kadar sık düşüyor ve patlıyor ki, çıkan gürültüler, bir trenin tekerleklerinden tekrarlanan sesten farksız. Top düellosunun ara verdiği yok, askerler birbirlerine bir taş atımı kadar yakın mesafelerde bazı mevzilerde. Türklerin ve bizim askerlerimizin siperleri arasında 80-90 metre ara ya var, ya yok! Her iki taraf da sinmiş, oturuyor.

Jimmy Watson rıhtımda bana katıldı, kendi İleri Üs Komutanıdır. Elimize geçen yarımada arazi şeridi, geniş çapta bir savaşa girişmemiz engel oluşturuyorsa da, Fransızlar, Simpson-Baikie'nin bombardımanını desteklerken, Filodan Scorpion, Talbot ve Wolverine savaş gemileri kara bombardımanına katılıyorlar. Türk bataryaları çok seyrek cevap veriyor. Olanak olsa bataryalarını ele geçirsek, eminim, cephaneliklerini boş bulacağız!

Türkler yeniliyorlar. İleri mevzilerinin beş hattını terketmek zorunda kaldılar. Boomerang Tabyası işgal edildi ve bir kilometre kadar ilerledik. Kayıplarımız çok değil. Büyük bir gösteri bu!

Öğleye doğru saat 11'de 87. Tugay, siperlerinden fırlayıp hücuma geçti. Türkler şiddetli şarapnel atışına tutmalarına rağmen, erler bir yandan vurulup ölürken, diğerleri saldırılarına devam ettiler.

Saat 11.30'da 86. Tugay aynı şekilde ilerledi ve 87. Tugay hattı boyunca arazi kazanıp iki savunma hattı işgal edildi. Gece yarısı 29. Tümenle 156. Tugayı kutladım ve "Büyük taarruzunu hayranlıkla izliyorum. Araziye yapışınız, adınız vatanımızda saygıyla anılacaktır" diye bir telsiz gönderdim.

Öğleden sonra saat 15.15'te karşıya geçip General Hunter-Weston'u candan kutladım. Oradan General Gouraud ile görüşmek üzere ayrıldım. Hunter-Weston, Gouraud ve Braithwaite, şu konuda aynı düşüncedeydiler; "Sabahki bombardımanı tekrar edebilir miydik? O zaman hava kararmadan bir kilometre daha ilerler, yarın ya da öbür gün akşam üzerine kadar Alçıte-

Sık sık el değiştiren siperler

pe'yi ele geçirirdik. Düşmandan 50 top ve yaklaşık 10.000 tutsak alırdık."

İkindi üzeri saat 17'de General Gouraud ile birlikte General Hunter-Weston'un Genel Karargâhına geldik. Son derece memnunduk, kafamızı yoran ağırlıktan kurtulmuştuk. Yarım saat sonra Türk destek birliklerinin bombardımanımız sırasında çok kötü hırpalandıklarına ve ağır kayıplar verdiklerine ilişkin General Birdwood'un istihbarat mesajı geldi. Sevinç kağıdı cebimde, kıyıya geldim ve Yüzbaşı Tupper komutasındaki Scourage muhribi ile İmroz'a döndüm.

İMROZ

29 Haziran 1915

Güneş, gecenin sona eren karanlığından, çeşitli renklerde ışıklar saçarak yükseliyor. Türkler yeni kazandığımız mevzileri geri almak çabası içinde karşı saldırıya geçiyorlar. Çarpışmalar kıyıya yakın bir hat üzerinde uzayıp gidiyor ve gecenin son sakin saatlerinden beri mermilerin vınlayışları, patlamalar deniz üzerinde gemilerden duyuluyordu. Çok şiddetli bir hücum olmasına rağmen, bomba ve süngü taarruzu ile Türkler geri püskürtüldüler. Gün ağardığında düşman makineli tüfek ateşi sonrası, bir diğer saldırıya geçtiyse de, ikiye ayrıldı.

Hükümete ümitlerimi ve tedirginliklerimi içeren uzun bir telsiz gönderdim. 5. Tümenin gönderilmesinin zorunlu olduğunu bildirerek, plânımın genel hatlarını açıkladım. Bütün stratejik ve taktik durumlar yeniden değerlendirilerek, kuvvetli bir armadayı meydana getiren filo, artan isteklere yardımcı olacaktı. Bu şekilde 4. ve 5. Tümenler birlikte karaya çıkacak, diğer üç tümenle birlikte son saldırıya geçeceklerdi. 1. ve 2. Tümenler Hellasburnu'ndan, Anzac Kolordusu da Saros Körfezi'nden hareketle, İstanbul üzerine yürüyeceklerdi. Mortokoyu'nu ileride kötü havalarda güvenli bir üs olarak kullanmak düşüncesindeydim.

Cephane konusuna gelince, daha fazla ikmal yapılırsa, bu bizim zafere ulaşmamızı kolaylaştıracaktı. İkmal ordusu değiştirilmediği takdirde bile, temmuz ayının sonuna kadar zaferi sağlayacak cephane sağlanmalıydı.

En kuzey kanadın ileri mevkilerine Gurka birliklerini yerleştirdim. Ele geçirdikleri kayalıklardan düşman kuvvetlerini baskı altında tutuyorlardı, bu harekât Kerte köyüne ulaşmak amacını taşıyordu. Tahkim edilmiş ve bütün gece dayanan düşmanı geri çekilmeye zorlayıp, bir kilometre kadar ilerledik. Gece, Türkler saldırıya geçip ileri mevzileri yeniden işgal ettiler ve arkasından askerlerimiz hücuma kalktılar. Türkler ağır kayıplar vererek püskürtüldüler. Karşılıklı saldırılar aralıklı devam etti. Türkler yine cepheden yaptıkları hücumlarla bazı hatlarımızı yardılar ve makineli tüfek ateşi altında çok kayıp verdikleri gibi, çok sayıda da tutsak alındı.

Söz ettiğim bir kısım mevziler hâlâ düşmanın elinde. Sol kanatta başarılı bir ilerleme, 2000 kayıp vererek, sağlandı.

Şafak sökerken başladığım yazılarıma aralıksız devam ettim.

Bir ara Kurmay Karargâhımdan iki subay, bir balıkçı gemisi ile Gelibolu Yarımadası'na gitmek üzereydiler, zaferle gelişen cepheyi tekrar görmek olanağını kaçırmak istemedim. Karaya çıktığımızda General Hunter-Weston'u aradımsa da, ön hatlara gitmiş. Danışman heyeti herşeyin yolunda gittiğini bildirdikten sonra, karargâhımdan gönderilen bir istihbarat mesajından, Türklerin çok sayıdaki destek birliklerinin Alçıtepe gerisinde toplandığını öğrendim. Türkler geniş çapta bir karşı saldırıya geçmek üzere yığınak yapıyorlardı. Bu durumda en akıllıca hareket, hızla karargâha dönmek olacaktı. Akşam üzeri saat 19'da

İmroz'a vardım ve bu konuya ilişkin bilgileri içeren mesajlarla karşılaştım.

Dün gece korkunç süngü ve elbombalı çarpışmalar olmuş ve bazı mevziler yeniden Türklerin eline geçmişti. Gün ışıyınca Türklerin arka arkaya hücumları, bir kıyam gibi geri çekilişleri ile son buldu. Böylece çoğu yeni arazi elimizde.

İMROZ

30 Haziran 1915

Sevindirici haberler geliyor. O kadar ki, bu haberler yağmıyor, ırmak gibi akıyor. Fransızlar ufak bir kayıp ile çok iyi bir hücum yaptılar. Türkler, cesaretleri kırılmış gibi, alıştığımız direnmeyi artık gösteremiyorlar.

Sabah saat 10.30'da General Gouraud'ya bir mesaj çektim:

"Kaybolan yaklaşık 2000 litre şarabınız yerine konulacak. Sabahki başarınızdan dolayı içten kutlamalarımı sunarım. Hükümetiniz kaybınızı bağbozumu Bordo şarabıyla tamamlamalıdır. Lütfen bana yeni kazandığınız arazinin plânını öncelikle gönderiniz."

General Gouraud şöyle cevap verdi:

"Kutlamalarınıza en derin teşekkürler, plân yapıldı. Eğer hükümetim, Türklerin Asya yakasındaki top bataryalarının açtığı ateş sonucu yok olan şarap stoklarımızı en iyi kalite şarapla giderirse, kadehlerimizi İngiliz silâh arkadaşlarımızın onuruna kaldırır, içeriz."

Gece Wolverine ve Scorpion muhripleri şansları çok iyi giderek bir hücumu başardılar. Kuzey iç kesimde yürüyüş yapmakta olan iki Türk alayı kayalıklar üzerinde ilerlerken, Scorpion'un projektörüne yakalandılar ve arkasından açılan top ateşi ile perişan edildiler. Sabah olunca 300 Türk ölüsü belirlendi. Aynı zamanda, tutsak sayısı da 180 kadar olup, bunlar 13., 16. ve 33. Türk alaylarındanmışlar.

Garip! Çerkez asıllı Türk tutsaklarından biri, yaralı bir İngiliz askerini ateş altında sırtına alıp taşımış.

29. Tümen ve 156. Tugayın önceki günkü ve General Gouraud'un saldırıları üzerinde çalışma yaparken, Türk Yüksek Komutanlığının 28 Haziranda Güneybatı Kerte bölgesine başlayan saldırımızdan bazı şeyler sezinlediğini kabul ettik. Liman von Sanders, bunun üzerine, Maydos bölgesindeki kuvvetlerini Anzacların karşısına yerleştirmiş olmalıydı.

Öğleden sonra saat 13'de ileri yürüyüşe başlarlarsa, Kerte'ye alacakaranlıkta varırlar ve elbombası kullanarak, ay ışığında karşı saldırıya geçebilirlerdi. Bu nedenle, General Birdwood'dan geçiş aşamasındaki destek kuvvetini biraz geciktirmesini istedik. Halen Avustralya ve Yeni Zelanda birliklerini cepheye sürüyor. Türklerle pazarlığa girişmekten iyidir.

Zafer tamamen sağlanmak üzere. Kanlı oldu bizim için ama, Türkleri püskürtüp yenik düşürdük. Çok kan döktüler. Dokuz yeni düşman taburu yok edildi, savaş alanında yüzlerce Türk ölüsü yatıyor.

İMROZ

1 Temmuz 1915

Hellas'tan iyi haberler gelmeye devam ediyor. J mevzilerinde Gurka müfrezeleri dün gece erken saatlerde saldırıya geçtiler. Fakat ağır top ateşi karşısında tekrar mevzilerine çekildiler. Daha aşağıda yarım Türk taburu bir tepe üzerindeki kayalıklar boyunca hücum denediyse de tamamen işe yaramaz duruma getirildi.

Bu haberlere karşılık, General Gouraud'un yaralandığını üzüntüyle öğrendim. Bir mermi patlamasından ötürü birkaç yara almış, hastane gemisine göndermişler. Hemen kendisini ziyarete gittim. Yarım dakika kadar görüşmeme izin verdiler. Asya yakasından ateş açan Türk bataryalarından 8 inçlik bir mermi, V Kumsalındaki hasta ve yaralıları ziyaret ederken generalin birkaç metre uzağında patlamış. Olmayacak bir şey! Kendisine mermi parçaları isabet etmemiş, fakat patlama basıncı nedeniyle havaya fırlamış ve 3-3.5 metre yükseklikteki bir duvar üzerinden aşağı düşmüş. Vücudu ve kolu, bileği fena şekilde ezilmiş ve kırılmıştı. Doktorlar, durumunun ağır olduğunu ve kolunun kesilmesi gerektiğini söylediler.

İMROZ

2 Temmuz 1915

Kampta kalıp bütün gün çalıştım. General Birdwood ve Onslow sabahleyin Anzac bölgesinden gelip plân çalışmalarına katıldılar.

Gece yemeği Sancak gemisi H.M.S. Triad'da Amiral de Robeck ile birlikte yedik.

İMROZ

3 Temmuz 1915

Çok sıcak, salgın hastalık yüzünden ben de rahatsızım ve topallayarak yürüyebiliyorum. Hellas'ta dün gece olan çarpışmalarla ilgili haberlerden ötürü sevinçliyim. Türkler kesin cephane ikmali yaptılar ki, akşam saat 17.30'da Asya yakasından ağır bombardımana başlayarak atışlarını Hellas bölgesinin en uç sol kanadına yoğunlaştırdılar. Kendilerine zayıf şekilde cevap verebildik. Saat 18'de düşman kuvvetleri taarruza geçtiler ve 100 metre kadar arazi kazandılarsa da, sonradan dereye doğru 750-800 metre kadar püskürtüldüler. Scorpion muhribi karadaki çarpışmaları topları ile destekledi. Bir saat sonra Türk topları bombardımana başladı ve çok geniş bir alanı ateş altına aldılar. Bombardımanın kesilmesi omuz omuza bir mücadele, boğuşma ile gelişti. Gurka Nepalli müfrezeler, İngiliz birliklerini desteklediler. Düşman subayları çok üstün nitelikli kişiler, ellerinde kılıçları, askerlerinin önünde bize doğru koşuyorlar ve birliklerinin cesaretlerini perçinliyorlar. Fakat ateşimize dayanamayıp ağır kayıplar verdiler... Geri çekildikleri andan beri, arazinin üzeri iki sıra Türk cesetleriyle dolu.

Lord Kitchener'e birliklerimizdeki kayıpların kritik bir düzeye ulaştığını ve eksik kadroların tamamlanmasına ilişkin bir mesaj daha yazdım. Hep eski hikâye:

"Birliklerimizin takviye edilmesi noktasından endişe duymaktayım. 28 ve 30 Haziran günleri devam eden çarpışmalar sonunda tugay sayıları kayıplar nedeniyle aşağıdaki düzeye düşmüştür:

86. Tugay 71 subay, 2807 erden, 36 subay, 1994 ere,
87. Tugay 65 subay, 2724 erden, 48 subay, 2075 ere,
88. Tugay 63 subay, 2139 erden, 46 subay, 1765 ere,
156. Tugay 102 subay, 2839 erden, 30 subay, 1399 ere.

İngiltere'den sonradan gönderilen subaylar, yukarıdaki kadrolara eklenmişlerdir. General Maxwell, Mısır'daki kuvvetlerimizden 80 subayı bölgemize vermek konusunda bizimle aynı düşüncededir. 28 Haziran günü, başlangıç kayıplarımız 2000 kadar iken, gece 3500'e yükselmiştir."

İMROZ

4 Temmuz 1915

Sabahleyin kilisedeki âyine katıldım, sonra Binbaşı Bonsor komutasındaki Surrey Süvarilerini dikkatle denetledim. Ardından H.M.S. Basilisk'e geçip Hellas bölgesine rota verdik. Türkler her zamanki gibi Lancashire çıkartma alanını çok düzensiz bir şekilde bombalıyorlar. Herkes mermilerden korunmak için mevzilere sinmiş.

General Hunter-Weston'un karargâhına gidip biraz çalıştıktan sonra öğle yemeği için oturmuştuk ki, bir geminin limanda torpillendiğini ve batmakta olduğu haberi geldi. Hemen dürbünlerimizi alıp baktık, yaralanan gemi Carthage isimli bir Fransız nakliye gemisi idi, batması çok hızlı oldu ve dört dakikada kaynadı, gitti. Şükür ki, can kaybı olmamış.

H.M.S. Basilisk'e geçerek, gece oldukça geç İmroz'a döndüm.

İMROZ

5 Temmuz 1915

Telsizin başında sıcak bir gün geçti. Türkler dün geceden beri sürekli taarruzlar yapıyorlar. Baş kaldıramıyoruz. Düşman önceden plânladığı saldırıya başladı ya da başlamaya çalışıyor. General Braithwaite'e gelen bir habere göre, 1 Temmuz günü 5000 kişilik seçme Rus birliği Vladivostok'tan Gelibolu cephesine hareket etmiş. Dört taburlu bir alay ve bir de Kazak Süvarileri. Hiç fena değil! Rusların Gelibolu cephesinde yer almaları, sayılarının iki katı değerindedir. Gereksinimimiz yalnız daha fazla tüfek değil. Aynı zamanda Balkanlar üzerinde moral bir etki yaratmak.

Türkler geniş çapta destek kuvvet sağlıyorlar. Dün gece büyük taarruza katılan birlikler, Edirne'den kaydırılan yeni kuvvetler olmalı.

Çarpışmalara ilişkin tam ayrıntılı bilgiler, yeni ulaştı. Anzac ağır bombardıman ediliyor. Bir Türk savaş gemisi, herhalde bir kruvazör olmalı, 11,2 inçlik ağır çaplı mermilerinden 20'sini mevzilerimize isabet ettirdi. Hellas'ta bütün gece boyunca Türkler hücumlarını tekrarladılar. Sabaha karşı 04'te Asya yakasından ve Alçıtepe'deki bataryalarının katılmasıyla mevzilerimiz ve kumsal alanları ateş altına alındı. Asya yakasındaki Türk bataryaları 1900 mermi attı. Bunlardan 700'ü Lancashire çıkartma alanına isabet etti. Fakat bombardıman oldukça amaçsız ya da dikkatsiz yapılıyordu, hatta hedef almadan atıyor gibiydiler.

Sabaha karşı saat beşten önce Türkler, vadiden hücuma geçerek 29. Tümenimizin sol kanadına saldırdılar.

Saat 6'da Türkler hatlar olarak değil, bir çeşit arı sürüleri gibi yığınlarla hücuma devam etmekteydiler. Çalılıklar içinden bin-

Türk askerleri siperde

lerce Türk çıkıyordu. Makineli tüfeklerin yaylım ateşiyle çoğu öldürüldü. Cesetleri topraklar üzerinde duruyor.

Çarpışmalar aralıksız devam etti. General Baikie'nin dokuz bataryası, Türklerin sol kanadını süpürdü. Bu arada düşman askerlerinden 30 kadarı siperlerimize kadar varıp, 2 subayımızı alınlarından vurmuşlar.

Sabah 7.30'da yeniden taarruz gelişti ve Türkler 300 kadar ölü bırakıp çekildiler. 90 kadar Türk cesedi kendi siperleri üzerinde duruyor. Türk taarruzu bu kere 29. Tümenin sol kanadına doğru başladı ve göğüs göğüse çarpışmalardan sonra Türkler 150 ölü bırakıp gittiler. Çatışmalarda karşımıza çıkan Türk kuvvetleri çoğunlukla yeni birlikler. Düşman savaşın yarısında kuvvetlerini tamamen yıpranmamış alaylar ve taburlarla değiştirirse, ne kadar dayanabiliriz, kuşkuludur! Bununla birlikte şu günlerde Türklerin kayıpları çok ağırlaştı. Savaş alanında yaklaşık olarak 5000 Türk ölüsü sayıldı. General Hunter-Weston 4 Temmuz günü çatışmada Türklerin büyük kayıp verdiklerini ve geride bıraktıkları 1200 cesedin teker teker sayıldığını bildirdi. Türklerin kandili, Anzaclar ve Hellas kuvvetleri karşısında sönmek üzere. On güne kalmaz Türk askerleri tamamıyla eriyecektir.

İMROZ

6 Temmuz 1915

Sabah erken saatlerde başladığım çalışmalarıma aralıksız akşam 18'e kadar devam ettim. Ne kadar direndiysem, sivrisinekler de o derece inatla ısırmaktan bıkmadılar. İkindi çayımı alıp, Maitland'la at gezintisine çıktık. Gece Yüzbaşı Pollen'i alıp Sancak Gemisi H.M.S. Triad'a yemeğe gittik.

Fransızlar, Asya yakasında bir türlü susturulamayan Türk bataryalarına kızıyorlar. General Gouraud'un selefi olan General Bailloud, Asya kıyılarına çıkartma yapılmasında aynı düşüncedeydi. Çünkü karşı yakadan önlenemeyen bombardıman, birliklerini her an arkadan vuruyor ve morallerini bozuyordu. Amiral de Robeck, Bozcaada'dan hareketle Yenişehir ve Taşlıburun arasına çıkartma yapılması düşüncesinde ama bu iş yeni bir ordu ile mi, yoksa var olan kuvvetlerden bir kısmı kaydırılarak mı yapılır? Her halde çok büyük bir iş!

İMROZ

7 Temmuz 1915

Sepetler dolusu evraklardan kaçmak olanaksız. General Bailloud, Kurmay Başkanı Albay Piepape ve Binbaşı Bertier, bir Fransız torpidobotu ile görüşmek üzere geldiler. Kaldıkları bir saatlik süre içinde General Bailloud ana hedefinin General Gouraud tarafından plânlanmış bir saldırıyı yarın gerçekleştirmek olduğunu açıkladı. Her şey tartışılmış ve hazırlanmıştı. Ümit ederim ki, Fransızlar sağ kanadımız üzerinde başarılı bir ilerleme yapacaklar.

General Gouraud ve Albay Girodon'un ayrılışından beri Fransız birlikleri eskisi kadar huzur içinde değiller. Albay Piepape önceden karargâhlarda danışman subay olarak hiç çalışmadığı için, eski Kurmay Başkanı Albay Girodo'un yerini tutması olanaksız.

General Bailloud, salona girdiğinde büyük bir çıkışla, "Boğazın Asya yakasını 15 gün içinde ele geçiremezsek, bütün kuvvetlerimi yok edeceğim" gibi bir söz etti. O sırada salonda 45 genç subay bizi dinliyorlardı. Aşırı bir kehanet! General Bailloud neşeyle bir espri yaptı ve beni İstanbul'da fevkalâde lüks bir restoranda akşam yemeğine davet etti.

H.M.S. TRİAD
BOZCAADA

8 Temmuz 1915

Freddie Maitland ile Aspinall'i ve konuk olarak Amiral de Robeck'i alıp H.M.S. Triad ile Bozcaada'ya geldik. Kıyıda ada Genel Valisi Albay Nuillion ve Hava Üs Komutanı Yarbay Samson tarafından karşılandık. Kıyıya filika ile çıktıksa da, deniz dalgalı olduğundan biraz ıslandık. Bozcaada'nın doyulmaz bir güzelliği var. Bu adaların herbiri kendine özgü kıyılarla çevrili, renkler çevrede yakut ve zümrüt gibi pırıltılı. Kıyılardan tepeye doğru bir yürüyüş yaptık, doğal olarak zayıf vücudumu taşıyan uzun bacaklarımla yarışı kazandım.

Tepeden Asya yakasında gelişen çıkartma harekâtını izledik. Türkler her türlü tehlikeye karşı geniş çapta hazırlanmış olmalılar ve kanımca harekât 25 Nisandaki durumdan da kötü gidiyor. Bununla birlikte karışmayacağım.

9 Temmuz 1915

Sabahtan beri yine durumu açıklığa kavuşturacak sıralamaları yapıyor ve evrak yazıyorum. Lord Kitchener'e bir mektup gönderdim:

1. Çıkartma başlayalı beri en ümit dolu haftayı geçirdik. Bir kilometre kadar ilerleyen kuvvetlerimiz önünde Türkler yığınlar halinde ölü bırakarak çekildiler. Düşmanın çok sert altı saldırısı püskürtülüp zararsız duruma getirildi.

2. General Gouraud'un cephemizden kaybı, kazançlarımızı ve şansımızı azalttı. General Bailloud, daha fazla cephane ikmali sağlanmadıkça, gelecek haftaya kadar saldırıya geçmekten çekindi.

3. Asya yakasındaki Türk bataryaları susturulamıyor ve bize çok zarar veriyorlar. Fakat onları bizim 9.2'lik, Fransızların 9.4'lük ağır topları ile yakında tahrip edeceğimizi sanıyorum. Bu toplarımız mevzilerine yeni yerleştirildiler.

4. İngilizler ve Avustralyalılar büyük bir yeterlikte olmalarına rağmen, Hintli birlikler bir süre için tarafımdan İmroz adasına alındılar. Komutanları çok güçlü bir askerse de, bir tugay komutanlığı için oldukça yaşlı. Askerlerini moral ve fiziksel bakımdan çok yorgun gördüm. Bu tugay, subay sayısının dörtte üçünü kaybetmiş durumdadır."

İMROZ

10 Temmuz 1915

Türk ordusu komuta kademesinde değişiklik yapılarak Silâhlı Kuvvetleri Komutanlığına atanan Weber Paşa, ölülerin gö-

Hellas'taki Alman komutanı General Weber

mülmesi için yapılan önerimi reddetti! Oysa savaş alanlarında binlerce Türk ölüsü birbiri üstüne yığılmış yatıyor. Değil bir bölge, Gelibolu Yarımadası'nın havası kokan cesetler yüzünden, çok iğrenç bir durum aldı. İnsanlık ve sağlık bakımından anlaşılmaz bir durum. Bir söylentiye göre, Türkler ölülerini, dikenli tellerden daha iyi engel oluşturdukları için gömmüyorlarmış..

11 Temmuz 1915

Sabah erkenden kalkıp, öğleye kadar çalıştım. Yarınki saldırı plânı tamamen hazır. Zaman ve topların kaç mermi atacakları bile belirlendi.

General Freddy Stopford ve danışman heyeti Mondros' tan döndüler. Lord Kitchener kendisine bir mektup göndermişti. Generale söz ettiğim üzere, Lord Kitchener, önerilerime katılmadığı gibi, 20. yüzyıl savaşının çamuruna dalmış ve dipte yatan ilkel çağların fikirlerini bulup çıkarmaya çalışmıştı. İlk çıkartma harekâtında mademki Türkler bir sürpriz sonuçla dayandılar, izlenecek yol açıktı. Gelibolu Yarımadası bölgesindeki harekât bize Batı cephesinde harcadığımız çaba ve zamana oranla iki katına mal olmuştur. Çünkü, kara haberleşme hatları kötü, birliklerimizin, Türklerin bir ya da iki berbat yolundan ilerlemeleri de zordu.

General Hunter-Weston ve General d'Amade, Çanakkale Boğazı'nın en dar geçidini Alçıtepe'yi işgal için ellerinden gelen en büyük çabayı gösterdiler. Ama girişimler küçük tekne darlığı, içecek su azlığı, ikmal maddelerinin yetersizliği ve yolların olmayışı, çarpışmalarda verilen kayıplar sonucu eksilen kadroların yenilenmesindeki gecikmeler yüzünden başarıya ulaşamadı.

Önce, bizim mavnalar, layter ya da çıkartma araçları kendi makineleri ile ya da çekilerek 500 er taşıyabilmekteydiler. Anzackoyu'na çıkartma yaparken, saatte 2.5 mil yapan bu tekneler, her seferde ancak 1500 kişilik tam donatımlı bir grubu taşıyabildiler. Oysa bir komutan bu çıkartmayı şimdi tekrarlarsa, saatte en az 5 mil hız yapan teknelerle, her seferde 5000 kişilik bir kuvveti karaya alabilmelidir. Hem de kürek çekmeden, yedeğe girmeden, şarapnel hücumundan korunarak.

İkincisi, ilk günlerde korkunç bir içecek su sorunuyla karşılaştık ki, kâbus gibi bir şeydi. Üçüncüsü, özel yiyecek maddelerinin ve cephanenin kumsal bölgelerinden ileri ateş hatlarına kadar taşınması ve gönderilmesi, çeşitli incelemeler sonucu bir sistem durumuna getirildi.

Lord Kitchener mesajında şöyle diyordu:

"Hükümet Sir Ian Hamilton'un parça parça saldırılar yapmasını istememektedir. Hükümet, bir büyük taarruza geçebilmek için destek kuvvetlerinin cepheye geçirilmesinin beklenmesini istemektedir. Bu şekil hareket başarıyla sonuçlanacak olursa, kuvvetlerimizin Çanakkale Boğazı'nın en dar ve kilit yerle-

Cephede Türk ölüleri

rine, Kilidbahir yaylasına egemenlik sağlanacaktır. Elinize iyi bir fırsat geçmedikçe ve onu işgal edebileceğinize emin olmadıkça, Sir Ian Hamilton ileri harekâta geçmemelidir."

General Stopford öğleden sonra Genel Karargâh çadırında kaldı. Wolfe Murray'a "Ne yapayım, nasıl başlayayım?" diye takıldım durdum: General Stopford ve Albay Reed takımı bu tür görevlerin subayı değiller.

İMROZ

12 Temmuz 1915

Gün ışımadan önce Fransız birlikleri Hellas'tan saldırıya geçtiler. General Stopford ve danışman heyeti ile birlikte kahvaltı ettim. Sonra Mondros'a hareket ettiler. Cephede savaş devam ediyor, biz kazanıyoruz, Türkler karşı saldırıya geçiyor, geri çekiliyoruz tekrar ilerliyoruz, ardından düşman bastırıyor ve geriliyoruz. Çadırım, işaret istasyonum ve Danışman Heyeti çadırı arasında mekik dokuyorum.

Lord Kitchener'den sevindirici bir mesaj haberi aldım. Altham'ı Danışman Karargâhım için Ellison ile birlikte atamış. İşlerimizi yürütecek, işten anlar kişiler atandırıldılar, binlerce teşekkür.

General Freddie Maitland'in de bulunduğu akşam yemeğinde Amiral de Robeck, Kraliyet Deniz Tümenininde geçici görevle çalışmakta olan 600 kömürcü askeri gemilere geri çekmek istediğini söyledi. Söz konusu tümen için, bu, bardağı taşıran son damla demektir.

Amiralin ulaşım motoruyla kıyıya çıktığımızda çok sevindirici bir telsiz haberi aldım:

"Gündüz saatleri süresince güney hatlardan sağ ve merkezin

sağ kanadından saldırıya geçtik. Ağır bombardımandan sonra piyade hücuma kalktı ve Fransız alayları ile Lowland Tümeni Türkler tarafından iki sıra kuvvetle tahkim olunmuş mevzileri ele geçirdi. Derinliğine 170-360 metre ilerledik. Bu gece yeni mevzilerimizde tutunabilirsek, bu yalnız arazi kazanma olmayacak, fakat ileri hatlarımızı da oldukça kuvvetlendirecektir. Tam ayrıntı yarın bildirilecektir."

İMROZ

13 Temmuz 1915

Hâlâ kararsızlık içindeyim. Hellas'tan durumu aydınlığa kavuşturacak bir haber yok. Şu mesajı çekmek zorunda kaldım:

"Son mesajınızdan beri, birlikler düşmanla sürekli çatışma içindeler, fakat durum açıklığa kavuşmadığından sonuç çok şaşırtıcı olabilir. Telefon hatları mermi isabetleri ile parçalandığından cephe ile bağlantı kesik."

Moralimi korumaya çalışıyorum. Bugün bazı gazetecileri geldiler. Kendilerine Almanya'nın hoşlanacağı her şeyi yapabileceklerini söyledim! Ashmead Bartlett mühürlenmiş olan kağıtlarını tüketmiş bir durumda (bk. Ekler).

Tahmin ettiğim gibi, Türkler dün gece saldırıya geçmişler ve sağ kanadımızdaki mevziler tekrar ellerine düşmüş. Bugün çarpışmalar devam ediyor. Ele geçen tutsak sayısı 400'ü buldu, bir de makineli tüfek.

Ne savaş! Kalp sektesinden gideceğim. Kesinlikle H. 12 bölgesini ele geçirmeliyiz. Çünkü tutsaklar Türk birliklerinin su ikmallerini yaptıkları kuyuların bu bölgede ve kendi kanatlarında olduğunu açıkladılar.

Bugün eski dert yine ayağıma çengel oldu. General Hunter-

Weston, Türkler karşı saldırıya geçtiklerinde çok iyi bir hedef oluşturdukları halde, yeterince bombardıman yapılmadığından yakındı.

Doğal olarak, cephane sağlanmasındaki yetersizlik, en önemli derdimiz. Lord Kitchener'e daha fazla cephane sağlanması konusunda mesaj hazırladım ve 1 Ağustosta bölgeye gelmiş olmak üzere, ümidimi belirttim. Bunlar, önceden söz verilen destek kuvvetlerimizle aynı zamanda gönderilmeliydiler. 1 Ağustosa kadar ikmalini istediğim cephanenin, yüksek patlayıcı madde içermek koşuluyla cinsi ve miktarları şöyleydi:

4.5 inçlik Obüs topları için   3.000 mermi
5 inçlik Obüs topları için   7.000 mermi
6 inçlik Obüs topları için   5.000 mermi
9.3 inçlik Obüs topları için   500 mermi

Ayrıca, 15 Ağustostan önce gelmek üzere, aylık cephane ikmalinin aşağıdaki sayılara göre sağlanmasını bildirdim:

Cephedeki arkadaşlarına su taşıyan Türk askeri

18 lik Piyade tüfeği için	300.000 mermi
4.5 inçlik Obüs topları için	30.000 mermi
5 inçlik Obüs topları için	30.000 mermi
6 inçlik Obüs topları için	24.000 mermi
9.2 inçlik Obüs topları için	6.000 mermi
60'lık Piyade tüfeği için	15.000 mermi.

Lord Kitchener'e sonra şunları yazdım: *"Belirttiğim sayıda cephanenin tümünü sanırım Marsilya'daki Ordonat Depolarından sağlamak olanağı vardır. Zaman kazanmak için, cevabınız olumlu olursa, Amiral de Robeck, 1000 tonluk ve sür'atli bir şilebi bu göreve ayıracaktır. Geminin ikmali ve kömür alışı için geçecek zaman, Marsilya'ya varışı ve yeniden kömür ikmali, cephanenin hazır edilişi bir hafta alır. Lütfen, bu kararı aşağıdaki nedenden dolayı verdiğimi değerlendiriniz:*

Gelen raporlara göre, cephemizde çarpışmalar saldırı olmaktan çıkmış ve savunma havasına bürünmüştür."

İMROZ

14 Temmuz 1915

Sabah erkenden yazıları gözden geçirdim ve atla yeni havaalanının kurulduğu Tuz Gölü çevresini gezdim. Türklerin dün gece başlayan karşı saldırısı tamamıyla püskürtüldü. Fransız kuvvetleri Kerevizdere boyunca ilerliyor ve düşman denize doğru sürülüyor. En son olarak düşmandan bir makineli tüfek ve 500 er ele geçirildi. General Hunter-Weston 13. Tümen Komutanı General Shaw'un yerine geçici olarak 52. Yeni Tümen Komutanlığını da üzerine aldı.

Savunma Bakanlığından cevap geldi. İstediğim miktarda cephane ikmalinin çok zor olduğu ve daha indirilmiş sayıda cephane gönderilmesine devam edileceği bildiriliyor.

Atla 25. Yaralı Tedavi İstasyonu'na gittim. İstasyon Komutanı Yarbay Mackenzie, yaralıların bakımında güçlük çektiğini açıkladı. Yeterli sayıda yatak, pijama, cibinlik var değil. İkindi üzeri saat 17'de General Cox komutasındaki Hint Tugayını ikinci kere denetledim. Bir süre önce fiziksel ve moral durumlarını düzeltmeleri için cepheden geri çekilmişlerdi. Geçit törenine 5., 6. ve 10. Gurka Taburları ve 14. Sikh Taburu katıldı.

Gece yarısı Danışman Heyet çadırından yeni dönmüştüm ki, General Bailloud ve Hunter-Weston kuvvetlerinin 180-360 metre kadar ilerleyerek Türklerin iki ileri mevziini ele geçirdiklerini öğrendim. Çarpışmalar devam ediyor.

İMROZ

16 Temmuz 1915

Anlatılması olanaksız bir hayal kırıklığı içinde kendimi görev yapmaya zorluyorum. Oysa ağustos ayında girişeceğimiz büyük saldırı için doktor, hemşire, ikmal maddeleri, cephane ve askere gereksinimimiz var. Birkaç gün önce şu mesajı yollamıştım:

"Ağustos ayının ilk haftasında 80.000 kişilik kuvvetimizi ateş hattına sokmuş olacağız. Bu çarpışmalar kesin sonuçlu olacağından, tıbbî yardıma ve personele gereksinimimiz çoktur. Kayıpların sayısını önceden kestirmek olanaksızdır, ancak önceki Gelibolu savaşlarından edindiğimiz sonuçlara dayanarak 20.000 kadar olacağını söylemek abartılı olmayacaktır... Bu rakam, sağlık merkezlere göre hesaplanırsa, 30 nakliye gemisinin geçici olarak hastane gemisi durumuna getirilmesini zorunlu kılmaktadır. Bu sonuca göre, ek olarak 20 doktor ve belirtilen sayılarda, hemşire ve sağlık astsubaylarına gereksinim bulun-

duğu açıktır. Benim tahminlerim uygun görülüyor ise, istenen personel ve tıbbî alet ve cihazlar 1 Ağustos tarihine kadar Mondros limanında bulundurulmalıdır."

İMROZ

17 Temmuz 1915

Öğleden sonra saat 14'te H.M.S. Savage muhribi ile Sağırdere kıyısında Gully Kumsalı bölgesine hareket ettik. Ardından bir filikaya geçerek General Aspinall ve Freddie ile kıyıya çıktık. Kıyıda bizi General de Lisle karşıladı. Birlikler kayalıkların doğal siperlik yapmasından yararlanarak, anadan doğma soyunmuş denize giriyorlardı. Kıyı boyunca yürüyerek Türk bataryalarının ateşini izledim. Bombardımanlarını 6. Doğu Lancashire Tugayı bölgesine yoğunlaştırmışlardı. Oradan 13. Tümen Komutanı Ge-

Kıyıda İngiliz askerleri

neral Shaw'i ziyarete gittim. Çeşitli mevzileri gezdim. Siperler boyunca 23 km kadar yol aldık. Askerler çok istekli görünüyorlar. Bu inceleme sırasında Albay Palmer Komutasındaki 9. Warwicks, General Cayley Komutasındaki 39. Tugayları, Albay Nunn Komutasındaki 9. Gloucester ve Albay Adrews Komutasındaki 7. Kuzey Staffordshire ve Albay Jordan emrindeki 7. Gloucester Taburlarını gezdim.

Gemiye dönmeye karar verdiğimde yarı gülünç, yarı önemli bir serüvenle karşılaştım. Savage muhribinden beni almak için iki erin kürek çektiği ve bir astsubayın dümencilik yaptığı küçük bir bot göndermişlerdi. Tam denize açıldık ki, Türk bataryaları muhribe mermi yağdırmaya başladılar. Gemi komutanı bizim varışımızı beklemeyip, atış menzili dışına yol verdi. Deniz ortasında iki kürekli bir botta kaldık. Türk topları bu kere atışlarını bize yönelttiler. Mermiler isabet etmediyse de, gittikçe yakınımıza düşmeye başlarken, can korkusu içindeki erler var güçleri ile küreklere asılıyor, kıyıda kayalıklar altında tehlikeden uzak ve deniz banyosu yapan erler de, en büyük komutanlarının can korkusuyla kaçışını yarı heyecan, yarı eğlence içinde seyrediyorlardı. Tam yanaşıp sıçramaya hazırlanırken, muhrip bir mermi isabeti aldı ve kömürlüklerinden birinde yangın başladı. Komutan öfke ve heyecan içinde "Tam yol ileri" emrini verdiğinden, küçük botun içinde kaldık yeniden. Muhrip bizi bırakmıştı. Bu kez heyecanımı unutmuş, gülmekten gözlerimden yaşlar boşanıyordu. Savage, Hellas tarafına doğru tam yolla kaçtı. Kıyıdan yarım mil kadar açıkta, yine tek başımıza bırakılmıştık. Bir taraftan sağımızda solumuzda denize düşen mermiler, diğer taraftan korkudan ve heyecandan ter içinde kürek çeken erlerle tam bir saat denizde kaldım ve sonunda muhribe ulaştık. Muhribe varınca çıkışmayı gerektirecek bir harekette bulunmadım. Yalnız bir denizci yaralanmıştı.

Gece saat 21'de İmroz'a demirledik. General Legge ve Albay H. Lloyd gece görüşmek üzere geldiler.

İMROZ

18 Temmuz 1915

Kilisede âyine katıldım ve öğleden sonra birlikleri denetledim. Haber Alma Dairesi'nden Albay Ward ile H.M.S. Abercrombie Komutanı Albay Doughtie akşam yemeğinde birlikteydiler.

İMROZ

19 Temmuz 1915

Büroda yine plân çalışmaları, belgeler, özetle yaz çiz, hep karargâh işleri ile uğraştım. Avustralyalı gazeteci Schuler savaş muhabiri olarak görevlendirilmiş, kendini kabul ettim, bende çok zeki bir genç izlenimini bıraktı. Cepheyi ve her birliği gezip görmesi için izin verdim.

General Braithwaite'in Savunma Bakanlığından aldığı özel bir habere göre, emrimize girmek üzere Vladivostok limanından hareket eden 5000 kişilik Rus alayı bir emirle geri çevrilmiş. Niçin, bir türlü anlayamıyorum? 5000 Rus askerinin değerinden çok sorun oluşturacağını hesap etmiş olmalılar.

İMROZ

20 Temmuz 1915

Kefalo limanına gidip yeni ordu birliklerini denetledim. Bu

kuvvetler 11. Tümenin 32. ve 34. Tugaylarını oluşturuyor. 33. Tugay Hellas bölgesinde.

İMROZ

21 Temmuz 1915

Yazacak önemli bir şey olmadı. İngiliz İmparatorluk Genelkurmay Başkanına bir mektup yazdım ve düşüncelerimi bildirdim.

İMROZ

22 Temmuz 1915

Bugün çok güzel vakit geçirdim. Sabah saat 10'da bir mayın tarayıcı gemi ile Hellasburnu'na hareket ettik. Aspinall, Bertier ve Broderick benimle birlikteydiler. Öğle yemeğine 8. Kolordu Karargâhından General Stopford davet etmişti. Geliştirilecek harekâtın ilk genel hatlarını içeren plânı kendisine verdim, maddeleri birlikte okuduk ve ortak bir anlaşmaya vardık. Olası bir sorun çıktığı durumlarda cevaplandırması amacıyla Aspinall'ı karargâhta bırakarak diğer subaylarla birlikte 42. Tümenin 6. ve 7. Manchester Tugayları tarafından savunulan mevzilerdeki, yani Eskihisar'ın durumunu görmeye çıktım. 7 ve 8 Mayıs günleri General de Lisle komutasındaki birliklerin ele geçirdiği bu mevziler, gerçekten çok iyi tahkim edilmiş ve sızılmaz duruma getirilmişti. Tümen Komutanı General Douglas karşıladıktan sonra, yürüyüşe devam ederek Kraliyet Deniz Tümeni mevzilerine ulaştık. Oradan General Paris rehberliğinde Zimmerman Çiftliği bölgesine kadar ilerledik. Birlikte de Tott Bataryasının bulunduğu yere kadar uzanan Fransız hatlarını gezdik.

Çok acele yaptığımız bu gezi sırasında Asya yakasındaki Türk bataryalarının her an atışa başlayacaklarını bekledikse de, olmadı. Böylece güvenlik içinde Hellasburnu'ndan gemiye geçtik ve gece saat 21'e kadar İmroz'a dönmeyerek sancak gemisi H.M.S. Triad'da kaldık. General Hunter-Weston çok hasta ve ateşi varmış. Hastane gemisine geçerek kapı aralığından bakabildim, çünkü kimseyle görüşmek istemiyormuş. Doktor, generalin şiddetli baş ağrısından yakındığını bildirdi.

İMROZ

23 Temmuz 1915

Bütün gün kampta kalarak, 1. Personel; 2. Stratejik; 3. İdarî konuları aydınlatmak amacıyla alınacak gerekli önlemleri hazırladım.

General Hunter-Weston İngiltere'ye dönecek ve yerine Bruce Hamilton gelecek. General Bruce tam savaş alanlarının adamıdır. Çelik gibi dayanıklıdır ve sağır oluşu Gelibolu Cephesi birlikleri için kayıp değil, tersine kazançtır.

Fransız kuvvetleri komutanı General Bailloud, kendisini destekleyen Fransız Savunma Bakanından cesaret alarak, yeni kuvvetlerimizden 20.000 kişilik bir grupla Asya yakasından bir gösteri harekâtına girişmek kararında. Fakat donanma, Suvla ve Anzac harekâtını yürütürken, aynı anda Bozcaada karşısında Asya kıyılarına yönelik bir çıkartma işine kalkışamaz.

14 inçlik top yerleştirilmiş bir monitörü, Tavşan adalarına demirlersek, buradan Türk bataryalarını, de Tott Bataryası desteği ile çapraz ateşe alabiliriz. Çıkartma harekâtı çok belirsiz bir iştir. Müttefik kuvvetlerin harekâtı da koordinasyonu bakımından öyle kolay bir iş değildir, tıpkı buz üzerinde kayan ve kolkola

girmiş iki patinaj arkadaşın her birinin ille de ayrı şekiller yapmaya kalkışmaları gibi.

İMROZ

24 Temmuz 1915

Türkler sol uç kanadımız üzerinde arkası kesilmeyen bir hücuma daha geçtiler ve yüzlerce ölü bırakarak geri çekildiler. Bizim kayıplarımız çok az.

Türk askerleri siperde

İMROZ

25 Temmuz 1915

Sabah saat 9'da kilisedeki âyine katıldım. Casuslarımız aracılığıyla Türklerin 23 Temmuzda büyük saldırıya geçeceklerini öğrenmiştik, fakat bugüne kadar böyle bir harekâta başlamadılar.

Fransızlar dün gece Türkler tarafından yeni kazıldığı anlaşılan bir çatışma siperini ele geçirdiler ve düşmanı kolaylıkla püskürttüler. Her üç çarpışmanın ikisini de biz kazanıyoruz, fakat bu şekilde aynı mevziler üç kere el değiştirmiş oluyor.

İMROZ

26 Temmuz 1915

Çok sıkıcı bir gün. Cephane ve destek kuvvetlerinin yeterince sağlanamaması, hep aynı sorunlarla uğraşmamıza neden oluyor.

İMROZ

27 Temmuz 1915

General Altham görüşmek üzere geldi ve bir buçuk saat kadar birlikte çalıştık. Tam bir görev adamı. Mondros' tan gelen Amiral Wemyss'le de durumu tartıştık. İkindi üzeri Amiral de Robeck, Ormsby Johnson ve Freddie Maitland ile birlikte atlarımıza binerek Deniz Uçakları Kampına gittik ve onarımı yapılan bazı uçak motorlarını gördük. Akşam yemeğini Beryl zırhlısında Freddie Maitland ve Sir Douglas Gamble ile yedim. Aynı yemekte Amiral de Robeck, Komodor Keyes, General Altham, Ellison ve Albay Stephens vardı. İmroz adasına gece 23'de döndüm. Cepheden haber yok.

İMROZ

28 Temmuz 1915

Lord Kitchener, General Hunter-Weston yerine Bruce Hamilton'un atanması konusunda Başbakanın General Bruce'ü bu görev için çok yaşlı bulduğunu söyleyerek olur vermediğini bildirdi. Generalin yerine General Joey Davies atanmış. Her ikisini de tanırım. General Joey Davies her şeyi başarır, ama General Bruce Hamilton orduda sonuca gidecek kadar kararlı bir komutandır.

İMROZ

29 Temmuz 1915

Gaskonyalı kuvvetler Q Bölgesinde ilerlediler. Ağır bir bombardımana başladık ve belirlenen saatte kayalıklar üzerine çıkarak karşılıklı ateşi seyrettim. Birliklerdeki kayıplar nedeniyle Savaş Dairesine yeniden bir mesaj gönderdim. General Stopford Hellas Bölgesinin komutanlığını yapıyor. Savunma Bakanlığına gönderdiğim mesajda özet olarak şöyle yazdım:

"Deniz Piyade Tugayının işe yarar kuvveti 50 subay ve 1890 ere inmiştir. Ek olarak beş tabur ile Kraliyet Deniz Gönüllüleri Yedek Taburları, tümenlerin içlerinde bulunmaktadır. Anson Taburu gelecekteki harekâtta kullanılmak üzere cepheden alınmıştır. Gemi ocaklarında çalışan 300 kömürcü er, Amiral de Ro-

beck'in isteği üzerine filonun yardımcı gemilerinde çalışmak üzere cepheden çekilmişlerdir. Tümen sayılarını her zaman 8 tabura kadar düşürmekteyim. Lütfen söz verilen destek kuvvetlerinin ne zaman hazır olabileceğini ve ne vakit burada bulundurulacaklarını bildirir misiniz? Bir tümenin yeniden 12 taburdan kurulu duruma geldiğini görmek isterim ve cephede yoğrulmuş bu kuvveti tamamen kaybetmek, çok acı bir kayıp olacaktır."

İMROZ

31 Temmuz 1915

Midilli adasına yerleştirilmek üzere yeni varmış İrlanda Tümenini denetlemek üzere hareket ettim. Marsilya Kanalı ile 4.5 inçlik obüs mermisi sağlandı.

İMROZ

1 Ağustos 1915

Ayrılmadan önce her zamanki acelecilikle yazmaya zaman yok. Durum konusunda iki mesaj gönderdim; ikindi üzeri H.M.S. Chatham'a geçerek Midilli adasına hareket ettik.

H.M.S. CHATHAM
MİDİLLİ ADASI

2 Ağustos 1915

Sabah erkenden kahvaltı ettikten sonra H.M.T. Alaudio gemisinde 6. ve 7. Kraliyet Dublin Alaylarını, saat 9.30'da Albay G.

Downing komutasındaki birliklerden sonra, saat 11.30'da H.M.T. Canada'ya geçerek Yarbay F. A. Greer komutasındaki 6. İrlanda Alayını ve son olarak H.M.T. Novian'daki Yarbay H. Vanrennan komutasındaki 5. Kraliyet Alayını denetledim. Bu birliklerin yüzde altmışı İrlandalı, diğerleri Kuzey İngiltereli kömür maden işçileri ve bir kısmı da Somerset bölgesinden.

Birliklerin diğer kısmı karaya gönderilmişlerdi. Hemen karaya geçerek, bu askerleri de denetledim. Akşam, hem askerî hem de sivil valiye resmî ziyaret amacıyla gittim. Askerî vali Giritliymiş. Çok nazik davrandılar. Saat 19'da İmroz'a hareket ettik. Dönüşte 6 Ağustosta başlanmasını plânladığım 25 numaralı taarruz emrini yayınladım:

25 Numaralı Emir

2 Ağustos 1915
1. Gelibolu Yarımadası'ndaki toplam düşman kuvvetlerinin 100.000 kadar olduğu tahmin edilmektedir.

Anzaclar siperde

Bunların 27.000 kişilik grubu Anzac-Arıburnu bölgesinde olup, 19., 16. Tümenler ve 18. ve 64. Alaylardır; 36.000 kişilik bir kuvvet güney bölgede mevzilenmiş olup, 1., 4. ve 6., 7., ve 11. Tümenlerden oluşmuştur. 6. ve 11. Tümenlerin bir alay noksanları vardır ve 37.000 kişilik yedek kuvveti bir alay noksanlı 9. Tümen bir alay noksanlı 12. Tümen bir alay noksanlı 25. Tümen ve 10., 13., 14., Tümenlerdir... Yedek kuvvetlerin iki tümeni Bolayır bölgesinde, bir diğer tümen Eyerlitepe kesiminde bulunmaktadır. Asya yakasında, Çanakkale bölgesi mevzilerine dağılmış kuvvet sayısı 12.000'dir. Bunlar birer alay noksanlı 2. ve 8. Tümenlerdir. 5. ve 6. Kolordulara bağlı 45.000 sayılı 5 tümenin Keşan bölgesinde tutulduğuna inanılmaktadır.

Bütün gözlemler, düşmanın siper çarpışmalarında iyi dövüşücü olduklarını göstermiştir. Fakat moralleri dikkati çekecek derecede bozulmuş ve çok ağır kayıplar vermişlerdir. Cephane stokları erimek üzeredir.

2. (a) Genel Komutanlık 6 Ağustos günü Kolordu Komutanlıklarının çalışmalarına sunulan plân gereğince, aynı anda ve birbiri ile bağlantılı olarak kuzey ve güney bölgelerden saldırıya geçilmesi kararındadır.

(b) Harekâtın ilk aşamasında 13. Tümen, 29. Piyade Tugayı, Avustralya ve Yeni Zelanda Kolordu birliklerine doğal olarak ileri harekâta geçeceklerdir,

3. Birliklerin bindirme ve boşaltılmalarına ilişkin özel yönerge, bu emre ek olarak verilmiştir.

4. 53. Tümen yedek birlik olarak Genel Karargâh emrinde bekleyecektir.

W. P. Braithwaite
General
Akdeniz Seferî Kuvveti Komutanlığı
Kurmay Başkanı"

İMROZ

3 Ağustos 1915

Sabaha karşı 05.30'da İmroz adası dış limanına demirledik. General Girodon, Hellas'tan geldi ve görüşmeden sonra Hellas'a döndü. Bölgede başarıya ulaşabilmek için 205.000 kişilik bir kuvvete gereksinim bulunduğuna ilişkin Londra'dan gönderilen mesaja karşılık, General Maxwell, Mısır'daki kuvvetlerinden, 300'ü subay, 5000 eri niçin istediğimi sordu!

İMROZ

4 Ağustos 1915

Yeni ordu birliklerinin eğitimini izledim. Bir kısım dağa tırmanma eğitimi yaparken diğerleri kürek çekme ve yön bulma yöntemlerini öğreniyorlardı. Erler iyi durumdalar, fakat bütün Doğu Akdeniz'i saran bir bağırsak hastalığı birlikler arasında salgın duruma gelir gibi, kolera diyorlar. Son savaşta İstanbul'u Bulgar istilâsından da kolera salgını kurtarmıştı.

İMROZ

5 Ağustos 1915

Çok uzun zamandır beklenilen günün ucundayız şimdi. Zaferimizin bir bölümüne ulaşmış olacaktık ama koşullar elvermediği halde hâlâ plânlarımızı uygulamak için zamanımız var. Birkaç gecedir Anzac birlikleri sürekli akınlar yapıyorlar. İyi yetiştirilmiş askerlerden kurulu kuvvetlerin kazanması ya da kaybet-

mesi şu etkenlere bağlıdır:
1. Türklerin gözlerini bağlamalıyız, yani baskın saldırısı yapmalıyız.
2. 13. Tümen ile Hintli Tugayın Anzac bölgesine geçişi düşmana sezdirilmeden başarılmalıdır.
3. İmroz, Limni ve Midilli adasında tutulan kuvvetlerimizi Sulva Körfezi'ne göndererek önceden belirlediğimiz gün ve saatte çıkartma yapacağız. Yalnız arazi durumunu kesinlikle bilmediğimiz gibi, deniz ve kıyı dip yapısı da kısmen bilinmemektedir. Bu son konular denizcilerin ellerine bakmaktadır.

İMROZ

6 Ağustos 1915

Yardımına sığındığımız Tanrı, senden çok ender bir dilekte bulunuyorum. Öbür gün Yeni Ordu birliklerimiz görevlerini nasıl başaracaklar? Komutanlar, askerlerinin morallerini yükseltici konuşmalar yapıyorlar.

Kefalo Kumsalını inip 11. Tümenin layterlerle muhriplere bindirilişini izledim. Albay Broderick hâlâ bizlerle birlikteydi ve dikkatimden kaçan pek çok konuyu bana hatırlattı. Genç deniz subayları layterlere komuta ediyorlardı. Her biri cephane ve su stoklarını nasıl yerleştirdiklerini bir bir gösterdiler. Önce muhripler, sonra layterler rıhtıma yanaşıyor ve bindirme yapılıyordu.

General Hammersley ve Albay Malcolm'la uzun uzadıya konuştuk. Danışman karargâh subayları ve hemen bütün alay subayları ile az çok sohbet ettim. General Hammersley çok emek vermiş ve hazırlanmış. Yalnız çok asık suratlıydı. Normal bu. Herkes kendi yapısına göre davranıyor. Kimileri savaş için dua ediyor, bir kısmı da dans edip, içmekte!

General Stopford ve General Reed'i göremediğim için, hayal kırıklığına uğradım. İkisinin de birliklerinin başında, burada olmaları gerekirdi.

Deniz erimiş bir cam gibi mavi, yeşil renkler arasında donuk kırmızı pırıltılar oynaşıyor. Savaş alanına girmek üzere olan birliklerin moralleri, savaşlarda pişmiş, insan ruhunun inceliklerine egemen olmuş komutanlar tarafından beslenir. Böylece komutanla, komuta edilenler arasındaki ve hergünkü ilişkileri kapsayan kör duvar, çok seçkin bir kristal ya da iki yüzü görünür bir cisim kadar aydınlanır. Askeri, savaş heyecanına ulaştırmak anı, yalnızca birkaç dakika, ama bu dakikalar içinde başarıya götürecek havayı yaratabilmek ustalığı, komutanların uzun emeklerine bağlıdır. Şimdi Stopford ve Hammersley aynı durumdalar.

Kıyı boyunca yürüyerek döndüm. Alacakaranlık içinde bütün filo kuzeye doğru ilerleyerek gözden kayboldu... Boşalmış,

Bir Türk bataryası

ıssız bir liman bana ürperti verdi. Bir donanmanın ayrılıp gidişindeki sessizliğin korkunçluğu hiçbir şekilde anlatılamaz. Her asker şimdi kendi yazgısıyla başbaşa kalmak üzere.

Albay Samson dün Suvla bölgesinde çekilen uçak fotoğraflarını göndermiş, Türk engelleri 100-150 metre aralıklarla mevzilenmiş, yarım düzine de top görülüyor. Eklediği rapora göre, bölgede hareket halinde başkaca Türk birliği belirlenmemiş.

İMROZ

7 Ağustos 1915

Gece Genel Karargâh çadırında kaldıktan sonra kulübeme dönüp oturdum.

Bir telsiz haberi. Herkes koşuyor. 9. Kolordu karaya ulaştı, kıyıda bazı engeller varsa da, Seddülbahir'deki gibi iyi tahkim edilmemiş, üstelik dikenli tel örgüler de yok. Başlıbaşına 50 milyon İngiliz lirası altın kazanmış gibiyiz. Tanrı'ya şükür! Yalnız ışıldaklar denizi tararken makineli tüfek ateşi ile filikalarda olan birliklerimizden kayıplar verilmiş.

Arıburnu bölgesinde Türklerin en iyi tahkim edilmiş Tekçamtepesine dün gece Avustralyalı 1. Tugay baskın saldırısı yaptı. Gece, General Birdwood'dan gelen telsiz haberine göre, Türklerin açık şekilde karşı saldırıya geçmelerini beklemekteler. Sağ kanatta olan çarpışmalarda 100 ölü, 400 yaralı verdik.

Hellas'ta geçici bir başarı kazanıldıysa da, karşı saldırıyla Türkler bizim yine ileri harekâtımızı durdurdular ve üstelik eski mevzilere sürdüler.

Suvla'daki harekât konusunda "Çıkartma başarıyla yapıldı" mesajından başka hiçbir haber alınamadı. Fakat 9. Kolordu Genel Karargâhından sabah 7.58'de Amiral de Robeck'e çekilen bir mesajdan, "Ele geçen tutsaklar, düşmanın destek kuvvetlerinin cepheye yakında geçmediklerini belirttiler. Karşımızdaki kuvvetin önceden tahmin ettiğimiz kadar olduğu anlaşılmaktadır. Sol kanatta bir alay gücünde düşman direnmektedir" şeklindeki bir haber alınmıştı. General Stopford'a bir mesaj göndererek, gelişen durumdan beni haberdar etmesini istedim.

İMROZ

8 Ağustos 1915

Önemli haberler: Suvla'daki askerimizin tepe yamaçlarına ulaştıklarına ilişkin bir telsiz haberi alındı, iki mesaj Stopford'dan, bir sürü mesaj da Anzac ve Hellas'tan geldi:

"Sabaha karşı saat 01.12-9. Kolordu Komutanlığından Genel Karargâha,

33. Tugay kıyıdan başlayarak Suvla Tuz Gölü'nün güneydoğu kesimini, Lalababa da dahil, bütün ele geçirdi. Tuz Gölü kuzeyinde, 31. ve 32. Tugaylar Azmakdere doğusundaki yere kadar ulaşıp hazırlığa giriştiler.

34. Tugay, Tuz Gölü batısından Karakol dağına kadar olan bölgede bir hat oluşturarak çekilmekte olan düşmanı izliyor ve Küçük Anafarta Ovasına ilerliyorlar.

34. Tugaydan bir tabur Kireçtepe kıyı hattında yüksek bir mevziyi ele geçirdi."

"Sabaha karşı saat 05.10 9. Kolordu Komutanlığından Genel Karargâha,

Yılgınburnu Türklerden alındı. Başka bilgi yok."

Lone Pine (Tek Çam) Tepe'de çok kanlı çarpışmalar devam ediyor. Düşmanın karşı saldırısı çok müthiş, fakat General Birdwood hâlâ bu yerin elimizde olduğu kanısında. Bir grup Türk yedek kuvveti, bu bölgede savaş alanına girdi. General Godley'in Yeni Zelandalı birlikleri ve General Shaw Komutasındaki 13. Yeni Tümen, Conkbayır'ı ele geçirmek üzereyse de, Kocaçimentepe daha düşmanın elinde. Conkbayırı'nı işgal edeceğiz, savaşı biz kazanacağız.

Hellas'ta yine düşmanı yendik ve püskürttük. Doğu Lancashire Tümeni bir bağda mevzilenmiş Türkleri söküp attı. Düşmanın karşı saldırıya geçmesi olası. Ne Hellas'tan, ne de Anzac bölgesinden, Sarıbayır ve Suvla'ya kuvvet kaydırmaları olası.

Saat 11.30'da harekât alanına ulaşmak için bir gemi aradık. H.M.S. Arno'ya işaret çektirdik, ocakları sönükmüş. Çağıracak başka gemi de yok. Oysa Hellas çevresinde devriyede her zaman bir muhrip bulunuyordu. Sonunda Amiral Nicholson, H.M.S. Triad'ın ikindi üzeri saat 16.15'te Suvla'ya doğru hareket edeceğini bildirdi. Bugün gelen mesajlarda Arıburnu'na ilişkin haberler çok iyi, Suvla'dan ses yok!

Amiral Roger Keyes, Suvla çıkartmasının sona erdiğini bildirdi. 33. Tugay hiçbir direnişle karşılaşmamıştı, 32. Tugay ateş altında kalmış, fakat düşman savunması güçlü olmamıştı. 34. Tugay 10 Numaralı Tepe karşısında karaya çıkmak üzere ayarlanmış ve Tuz Gölü'nün ağız kısmındaki derinliği, geçit verip vermediği gibi durumların belirlenmesi kendilerinden istenilmişti.

Tugay, çamur ve su kaplı arazide güçlükle uzun ve yorucu bir yürüyüş yapmak zorunda kalmış.

General Aspinall yeni geldi, sinir içersindeydi. Şansımızın elimizden kaçmakta olduğunu, durumun bana mesajla bildirildiğini söyledi ki, bundan haberim yok! Daha çok bekleyemezdim. Komodor Keyes'le bir motora binerek H.M.S. Jonquil'e geçip hareket ettik. İlk işim General Stopford'la görüşmek oldu.

Anafartalar Komutanı Mustafa Kemal cepheleri denetliyor

General durumdan hoşnut görünüyordu ve gelişmenin normal koşullar içinde ilerlediğini söyledi. General Mahon, Kireçtepe sırtlarında Türk kuvvetlerini püskürtme çabasında olduklarını ve Lalababa bölgesinde çok kanlı çarpışmaların devam ettiğini bildirdi. General Stopford, "Türkler Küçük Anafarta ve 10 Numaralı tepe üzerinde öyle sert bir direniş gösterdiler ki, ertesi sabah ümitlerimizi kaybetmek üzereydik" diye ekledi. Bununla, sonunda tepe yamaçları işgal edilmiş. Ancak asker öylesine yorgun, bitkin ve susuzmuş ki, çekilen düşmanı izlemek için güçleri kalmamış.

"Şimdi neredeler?" diye sordum.

"Orada, yine yamaçtaki mevzilerde." Kuzeyden güneye uzanan bir hattı işaret ederek gösterdi.

"Fakat, o hattı zaten dün ele geçirmiştik" dedim.

"Evet!" dedi.

General Stopford ve tugayların çeşitli yerleri önemli çarpışmalar yapmadan işgal ettikleri bir olaydı ama düşmanı etki altına alacak taktik noktalar henüz işgal edilmemişti. Askerler,

Türklerle boğuşmadan son derece yorgun çıkmışlardı. En kısa zamanda su ikmallerini tamamlamaya ve topları ümit ettikleri kadar çabuk göndermeye olanak yoktu. Bu nedenle, daha güvenli yerlere çekilmişlerdi. Zorunlu olarak vadinin işgal harekâtını ertesi sabaha kadar erteledim.

İçinde bulunduğumuz savaş, tamamen normal ve klâsik bir savaş şekli idi ki, hep bunu söylemeye çalışmıştım. Ama General Stopford her verdiği kararda beni haberdar edecek iken, bildirmedi ve "Hızla saldırınız!" diye dün öğleden sonra çektiğim mesaj emrini yerine getirmedi. General, geçen saatler boyunca aklıyla hareket ettiğini bildirdi. Dediğine göre, olayları bildirmek üzereymiş.

Şimdi ne yapılabilir?

Türkler tam bir sessizlik içindeler, bizi vurmak için kesin hazırlık yapıyorlar, biliyorum. Bütün kıyı boyunca ve kazandığımız derinliğine arazide kuvvetlerimiz hareketsiz, siperlerine girmiş durumda ve Türkler için kesin bir hedef oluşturmaktalar. Düşman topçusu İsmailoğlutepe'den açtığı ateşle Anzac kuvvetlerini baskıya almıştı. Henüz tek bir salvo atışı dışında ses yok! Ya, bataryalarını güvenliğe almak için geri çektiler ya da İsmailoğlutepe Garnizonu bir çarpışmaya girmekten çekinecek kadar zayıf.

General Stopford'a, "Tepeleri kesinlikle ve en kısa zamanda ele geçirmeliyiz. İsmailoğlutepe'nin ve Tekketepe'nin hızla ele geçirilmesi zorunludur" dedim. Bunun üzerine, fikirler yürüttü. Kendi ve General Reed bu iş için daha çok kuvvetin gerekli olduğunu, su gereksinimlerinin giderilmesi gerektiğini ileri sürdüler. Donanma ve Kara Kuvvetlerinin ortak çalışmaları ile sabah bir plân uygulanmış ve başarılmıştı. General, verdiğim emirlerle aynı düşüncedeyse de, emre pek çok taktik nedenlerden dolayı karşı olduğunu belirtiyordu. Özellikle tümen komutanlıkları askerlerinin son derece yorgun olduklarını bildiriyorlardı.

Durumu iyice kavramak için, Komodor Roger Keyes'in motoruna binerek Lalababa kısmına geldik. Değer biçilemeyecek kadar önemli dakikaları yaşıyorduk. Şimdi, General Hammersley'in karargâhındaydım ve alçak kayalıklı kıyıda yarım ay şeklinde bir koy uzanıyordu. Kendinden durumu aydınlatıcı bilgi isteğime karşı, aldığım karşılık General Stopford'un sözlerinin aynı oldu. Harnmersley askerlerinin yorgunluktan tükenmiş olduklarına inanmamı istedi. Erler susuzluktan kıvranıyorlardı. Fakat kıyıya daha fazla katır getirilmiş ve böylece her birliğe yeterli su ve yiyecek ikmali sağlanarak, gereksinimler giderilmekteydi. Askerler dinlenmekteydiler. O zaman, kuvvetini toparlamış birliklerin hemen saldırıya geçmelerini ve sağ taraftaki tepeyi almalarını söyledim. General Hammersley bu işin ertesi sabah mümkün olabileceğinde ısrar etti. Hellas ve Anzac'ta Türkler karşımızda mevzilenmişlerdi. Fakat Bolayır ve Asya yakasındaki Türk kuvvetleri geçiş aşamasındaydılar. En kısa zamanda önemli mevzileri ele geçirmemiz gerekiyordu.

Sonunda Hammersley, amacımı ve tedirginliklerimi anladığını ve emrimi en kısa zamanda yerine getireceğini bildirdi. Chatham aracılığıyla H.M.S. Triad sancak gemisine geçtim. Gece saat 23'e kadar kıyıları gözleyip durdum, aynı ölü sessizliğini korudu. Bu saate kadar köprü üstünde kaldım.

Akşam yemeği sırasında telsizle General Broderick kuvvetlerinin Suvla koyu içinde Tuz Gölü'nün batısındaki dar geçitten geçerek ilerledikleri haberini aldım. 10 Numaralı Tepeye yapılan saldırı terslik sonucu yine kendi birliklerimizin hücumu ile parçalandı. Çünkü önce bu tepeyi işgal eden kuvvetlerimize, bir başka birliğimiz karanlıkta saldırarak geri püskürtmüş! Hatırladığım en acı haber bu!

İMROZ

9 Ağustos 1915

Dürbünle köprü üstünden Suvla tarafını seyrederken, tepeler birden mermi, şarapnel alevleri ve patlamalarıyla kaplandı İlk anda anladığım şuydu, Tekketepe bizim elimizde değildir.

Anafarfa'nın güneybatı yamaçlarından ilerleyen birlikler görüyorum. Yoğun çalılıklar arasından, patikalardan tepeye tırmanmaya çalışıyorlar. Sağ kanatta herşey normal bir görünüm içinde. İlk bakışta İsmailoğlutepe'yi kazandık kanısı egemen olmakta. Birden şarapneller, kitleler durumundaki birliklerin sol kanadı üzerinde patlamaya başladı. Kuzeyden güneye doğru askerler panik içinde kaçıyorlar. Daha dikkatli bakınca, patlayan şarapnellerin ardında, düşmanın bizim hatların solundan merkeze doğru aktıkları görülüyor. Karşı saldırılarını doğruca Tekketepe'nin eteklerinden ve Sulacık ovasından geliştiriyorlar. Merkezdeki birliklerimiz sürekli ilerleyen Türkleri durdurmaya çalışıyor ve biz öyle sanıyorduk. Üç ya da dört bölük kadar bir kuvvet çalılıklardan fırlayıp, Sulacık çevresinde mevzilenmeye çalıştılar, ama devamlı ve etkili şarapnel ateşi altında tamamen gözlerden silindiler... İkindi üzeri, saat 18'de bütün cephe birden çökmüş gibiydi: Yalnız arazi kaybetmekle kalmamış, fakat denize doğru yarı yola kadar da itilmiştik.

Düşman çok büyük bir istekle savaşıyor. Türk topçusunun atışı her an daha şiddetleniyor, daha yıkıcı oluyor. Türk bataryaları şimdi yalnız Sağır Anafarta'dan değil, Anafarta'nın güney batısından ya da 2.5 kilometre kadar ötesindeki tabyalardan da ateş açıyor. Geri çekilenler hâlâ bizim askerlerimiz, bir çeyrekten az kalan arazi ise hâlâ elimizde. Yüreğim, gece yarısı başlayan bu iki boğuşma sırasında bana daha acı veriyor. Türk ve İngiliz topları, denizden, karadan durmadan ateş yağdırıyorlar. Her infilâk, her patlayış canlı cansız herşeyi parça parça ediyor.

Sabah saat 7.30 ile 8 arasında Suvla'daki Türkler yeterli desteği almış görünüyorlar. Welsh Tümeni bu sabah geliyor, ama artık çok geç. Baskın fırsatı kayboldu ve elden kaçırıldı. Ne söylense yararsız.

Anzac-Arıburnu bölgesi gitmeden önce, Suvla'ya geçip General Stopford'dan harekâtın açıklamasını dinlemeyi istedim. General Hammersley ve Mahon neler yapmışlardı? General Mahon, Ejelmer Körfezi'nde düşmanı yenip, doğuya doğru ilerleyebildiyse, bu durumu biraz olsun düzeltecekti: Ejelmer Körfezi ya da Ağaliman'ı bir diğer hayatî merkezdi.

Kahvaltıdan sonra Yüzbaşı Broderick ile birlikte Gazibaba'da karaya çıktık. Orada yiyecek, giyecek maddeleri, cephane sandıkları, su varilleri yığılmış bulunuyordu. İstenilen herşey sağlanmıştı.

Kireçtepe eteklerinden yürüyerek ilerlerken Doğu Gazibaba bölgesinden 300-400 metre ötede General Stopford'u bulduk.

Türk topçusu

Mühendislere, kendisi ve danışman heyeti için mermi saçıntılarından zarar görmeyecek şekilde bir karargâh yaptırıyordu! Kendini tam anlamıyla o işe vermişti ve "Burada çok uzun zaman kalacağımızdan, böyle bir karargâha da gerek olacak" diye cevap verdi. Onun bu görüşüne karşılık alayla "Biraz şeytan işi, oysa bir ile iki güne kadar Anafarta'da emrinize verilecek evlerden en güzelini seçeceksiniz" dedim.

General Stopford, emrindeki General Mahon kuvvetleri konusunda bize bilgi vermeliydi. Fakat durumu kendim gidip görmeyi istedim ve tepeye doğru yola çıktık.

Yarım kilometre ilerlemiştik ki, İrlanda İstihkâm Alayı erlerini Çorak Çeşme'de bir kuyudan matralarına su doldururken bulduk. Bir kilometre kadar daha ilerledik ki, bir âfettir başladı. Türkler gökgürültüsünü andıran bir fırtına halinde ateş açıyorlar. Kum torbalarının arkasında siperlere sindik. Suvla'dan en az

İlerleyen Türk askerleri

4 kilometre uzaklaşmıştık. General Mahon'u bulamadık. Tugay karargâhında olduğunu öğrendik, sığındığımız kayalıkta gelip bizi buldu. Çok kızgın ve merak içindeydi. Çünkü General Hemmersley ile aralarında bir otorite anlaşmazlığı çıkmıştı. Neyse, konuşmalarımla onu yatıştırdım. Kendisine şanslar dileyerek ayrıldım.

Yeni mevziler arasında bir süre ilerledikten sonra General Birdwood, Godley'le birlikte, yine General Godley'in karargâhının üst kesimindeki ovaya bakan dağ burnu üzerinde oturduk. Bulunduğumuz yerden bütün Suvla Ovası ve karşıda Conkbayırı gözüküyordu. 13. Tümen Komutanı da bize katıldı. Generallerin moralleri yerindeydi ve sabahki bozgundan yılmamış gibiydiler. Generaller, Conkbayırı'nın güvenlikte olduğu ve yakın bir gelecekte elimize geçeceği kanısındalar. Yalnız, Kocaçimen ile Conkbayırı arasında Q ile işaretlenen tepe eteklerinde mevzilenmis General Baldwin kuvvetlerinin gecikme nedeni bilinmiyor. General Birdwood ağlayacak durumdaydı. Çünkü öğrendik ki, General Baldwin ve birliği ağır bombardımanla karşı karşıya kalmıştı. Dakikalar dakikaları kovaladı, aradan yirmi dakika kadar bir zaman geçti. Bombardıman cehennem haline dönen topraklar üzerinde susmuş, Türkler saldırıya geçmişlerdi... Tepe eteklerinde artık General Baldwin'le birliklerinden bir iz yoktu.

General Birdwood'a son yedek kuvvetimiz 54. Essex Eyâlet Taburunu ayırdım. Tepelerde, yamaçlarda hayat belirtileri görülmüyor. Kavaktepe'yi boşaltan ya da öyle sandığımız küçük bir Türk kuvvetinden başka hareket yok. Dağın doğu yamaçları ölü sessizliğinde.

Sonuç olarak General Godley'le General Stopford'a gönderilecek bir harekât mesajı hazırladık:

"General Birdwood ve General Godley ile yaptığımız danışmaya göre, taze kuvvetlerin İsmailoğlutepe'yi bir an önce ele geçirmeleri çok hayatî önem taşıyan bir nokta olarak yorumlanmaktadır."

İkindi üzeri Arıburnu-Anzac birliklerinden ayrıldım. Suvla bölgesine genel bir yerleşme sağlanıldığından ötürü, birliklerde sevinç belirtileri görülüyordu. Bolayır'a uzanan bu üçlü kıskacın başarılması nedeniyle moralleri yükseliyordu. Yeni krallığın toprakları biraz daha genişlemişti. Arno gemisine döndüm ve aklımda hep sabahki anlamsız durumdan ötürü beni bırakmayan sıkıntı var. General Stopford kuvvetlerinin hareketsiz kalmalarından düşmana Suvla cephesinde kesin saldırıya geçmemelerinden dolayı ne yapmalıydım? Onları kışkırtmak için Anzac ve 13. Tümen parlak bir harekâtı tamamlamıştı. Fakat Kavaktepe ve Sağır Anafarta'nın Ağalimanı'na bakan batı yamaçlarının işgal edilmesi gerekti. İkindi üzeri saat 18'de General Stopford'a şu mesajı yollattım:

"Yeni savaş tekniğinin bütün gereklerini öğrenmiş ve uygulayarak eğitilmiş, er, astsubay ve subaylarınızla, size, derin bir ilgi duymaktayım. 11. Tümenin düşmanı cesaretle püskürtmesi için düşüncelerimi tekrar açıklamazsam, kendimi suçlu sayacağım.

Dün karaya ayak bastığınız zaman Türklerin kuvvetleri önemsenmeyecek derecedeydi. Bugün, askerlerimizi cepheye sürmekte, sizin gibi parlamış komutanları önleyecek hiçbir engel yoktur. Lütfen, 11. Tümende beliren aksaklıkları bana açıklayınız. Uyumsuzluk tümen düzeyinde midir, tugay düzeyinde midir, yoksa iki tarafta mıdır?

Komutanları derhal değiştirebilirim. Hızla harekâta başlamalı ve plânın öngördüğü gibi Anafartalar Ağalimanı'ı bölgesini ele geçirmelisiniz."

İMROZ

10 Ağustos 1915

Karargâhta geçen günler içinde, bugün en sıkıntılı ve en karamsar olanıdır. Dün, Arıburnu cephesine yaptığım gezide General Godley'in ve Birdwood'un ümitli olmalarına karşılık, Suvla'da kaybettiğimiz toprakları derhal kazanmamız gerektiğine inandım ve daha çoğunu Conkbayırı merkez olmak üzere, bu bölgeyi işgal ettiğimiz takdirde Sarıbayır'ın bütün diğer bölgelerine egemen olacaktık.

Kesin bir zafere varmak için, tek yol budur. Şimdi Conkbayırı'nda amansız çarpışmalar devam ediyor. Yeni Zelanda ve Yeni Ordu birlikleri bir tepeyi ellerinde tutuyorlar, fakat Türkler Suvla'da General Stopford kuvvetlerinin değerini ölçülü ve önemsemez duruma geldiler. Şimdi var güçleriyle Anzac-Arıburnu bölgesine saldırıyorlar. Suvla'dan gelen haberler değişmiyor, kötü. General Stopford'un General Braithwaite'e yazdığı mektuba göre Suvla'da durum şöyle:

"9 Ağustos 1915
Suvla Körfezi
Saat 17.35

Sayın Braithwaite,
General Hammersley ile konuştum. Birliklerimizin çok çetin savaşlar verdiğini ve tamamen bitkin durumda olduklarını, manen ve fiziksel bakımdan çöktükleri gibi, ağır kayıplar verdiklerinden yeni bir harekâta başlamalarının olanaksızlığını bildirdi. Bu bakımdan yarın sabah Hammersley tugayının saldırısını tazelemeyi düşünmüyor."

Öğleye doğru 9. Kolordu Karargâhından bir telsiz mesajı aldık. General Stopford, Yılgınburnu'nun 1.5 kilometre kuzey doğusunda Sağır Anafarta yönünde 70 Numaralı tepeye General Lindley tümeninin saldırıya geçtiğini, girişimin başarısız kaldığını bildiriyordu. Yine, General Stopford, öğleden sonra aynı tümenle ikinci bir saldırı deneyecekti. General Braithwaite'e sabah hırpalanmış tek bir tümenle yeniden hücum denemesinin kuşkulu bir sonuç yaratacağı kanısında olduğumu General Stopford'a ileterek, harekâtını askerin dinlenmeye çekilmesi ve tekrar örgütlenmesine fırsat verilmesi bakımından ertelemesi kanısında olduğumu bildirmesini söyledim.

İkindi üzeri General Fred W. Stopford'un cevap olarak mesajı ulaştı:

"Sayın Sir Ian Hamilton,
Mesajınızı aldım. Hammersley'in 32. Tugayının bugün ileri

Çanakkale'de kum torbalarından yapılmış siperlerde iki Türk askeri
Biri gezde diğeri gözde düşman bekliyor

harekâta katılması olanaksız, buna karşılık Türkler karşı saldırılarını bütün gün aralıksız devam ettiriyorlar. General Hammersley bir taburunu geri çekilmeyi önlemek için zorunlu olarak ateş hattında bıraktı.

Suvla Körfezi'nin doğu yakasının yüksek kesimlerini işgal etmenin çok büyük önem taşıdığına inanıyor ve değerini takdir ediyorum. Ne yazık ki, Türk kuvvetleri Sağır Anafarta ve Büyük Anafarta bölgelerinden ve bütün yollardan ilerlerken Sağır Anafarta ile İsmailoğlutepe arasında, düşmanı durdurmaya yetecek kadar kuvvete gereksinim vardır. Bu başarılamadığı zaman, Sağır Anafarta ve Ağalimanı'nın egemen tepelerini ele geçirsek bile, Türkler Suvla Körfezi'ne akacak ve bizim kuvvetlerimiz tepeler üstünde, Türklerle çembere alınmış kalacaktır.

Saygılarımla

General Fred W. Stopford"

Conkbayırı tepelerine yaklaşmış ve düşmanla 30-40 metrelik mevzilerde iki gün, iki geceden beri karşı karşıya idik. Tutunmuştuk. Türkler bu ana kadar işgal ettiğimiz mevzileri geri alamamışlardı. Conkbayırı'nda Türkler çok iyi bir komutana sahipler, bunu eklemeliyim. Başlarındaki generaller bizi baskınla bastırmadıkça yenemeyeceklerini biliyorlar. Durmadan baskın taarruzu deniyorlar. Zararı yok, ölmeyeceğiz ve asla teslim olmayacağız.

İMROZ

11 Ağustos 1915

Telsizin başından ayrılmaya cesaret edemiyorum. İkindi üzeri 16.30'da General Stopford'dan 53. Tümenin yenilgisinden ötü-

Arıburnu Grubu Komutanı Esat Paşa, bataryaya hedef belirlerken

rü kaleme alınmış bir mesaj haberi geldi. Yazdıkları arasında 54. Tümen için daha fazla satırlar bulunuyordu. General diyordu ki: *"Askerler, birlikler savaşma ruhuna artık sahip değil. Ağır bombardıman ya da tüfek ateşi karşısında ilerlemiyorlar. Hücum için atılganlık göstermedikleri gibi, en basit bir düşman saldırısından da tersyüzü dönüp, uzun süre geri çekiliyorlar. Askerlerin çoğu da sağda, solda gizleniyor."*

Bu mektup benim için son tanık demekti. Hiçbir şey bu derece kötü olamazdı! Hiç kimse Yeni Ordu askerlerinden şikâyet etmemeliydi, şikâyet edilmesi gerekenler komutanların, generallerin kendileriydi. Derhal H.M.S. Imogene gemisine geçip, akşam üzeri saat 19'da Suvla'ya vardım General Braithwaite ve Freddie ile birlikte 9. Kolordu Genel Karargâhına yürüdüm. General Stopford ile tartışmamız bir saatten çok sürdü. Kaybedilecek zaman kalmamıştı. Türkler takviye kuvvetlerini Suvla cephesine yığmışlar, ağır çaplı topları mevzilendirmişlerdi. Bu gerçekti. Derin mevziler kazacaklar -gerçekte bu hatları hazırlamaktaydılar- ve destek birlikleri, yedek kuvvetleri Anafartalar'ın geri bölgelerine yerleştireceklerdi. Tahminlerimize göre, yirmi dört saat daha Anafartalar'la, Ağalimanı arasındaki yamaçların tahkimatını tamamlayamazlardı. Uçakla yapılan keşif de görüşümüzü doğruladı.

General Stopford Kavaktepe'ye saldırı için isteksiz görünmüşken, sonra aynı fikri benimsedik. Önce 54. Tümen ileri harekâta geçecekti. Ardından 9. Kolordu, şansı iyi giderse, bütün birlikleri ile saldırıya başlayacaktı. Ne var ki, karşısında Anafarta Ovası ile dağ yamaçları arasına sıkışmış bir ormanlık bölge vardı ki, General Stopford'un başlıca kâbusunu oluşturuyordu. Kendine Güney Afrika'da yaptığım gibi, Avustralya'nın ilkel Buşmenlerinden yüz kişi de Yeni Zelandalılarla Nepalli yerlilerden kurulu bir öncü birlik vereceğimi söyledim. Stopford bu düşüncemi çok uygun buldu ve 9. Kolordu Karargâhında bir toplantı yapılması için emir verdi. Yarın akşama kadar Kavaktepe'ye her türlü girişime başvurularak işgal sağlanacaktır. H.M.S. Imogene ile İmroz'a hareket ettim.

İMROZ

12 Ağustos 1915

Dün gece General Stopford son madde olarak, harekâtla ilgili gelişen durumları bana rapor edecekti. Kendisine bu konuyu hatırlatıcı bir mesaj gönderdim. Suvla'daki çarpışmalar konusunda beş dakika sonra General Stopford'dan bir telsiz haberi ulaştı. Sağ kanattaki 54. Tümenin baskı altında bulunması yüzünden, 53. Tümenin bölgeyi düşmandan temizleme işlemine geçemediğini ve genel saldırının yeniden 24 saat geciktirilmesi isteğinde olduğunu bildiriyordu.

Bizim "Canlandırma" harekâtımız böylece sonuçlandı. General Braithwaite ile birlikte hemen Suvla'ya gitmeliydim. Bu arada Kavaktepe harekâtı ve uygulanan plân beklemeliydi. Hemen telsiz çektirdim ve:

"Var olan koşullar içinde yarınki saldırı iptal edilmiştir. Kurmay Başkanı sizinle görüşmek üzere bölgenize gelmektedir" diye bildirdim.

İMROZ

13 Ağustos 1915

Öğleye kadar karargâhta çalıştıktan sonra H.M.S. Arno'ya geçerek yarına bırakılan genel harekât durumunu görmek üzere Suvla Körfezi'ne hareket ettim. Önce Amiral de Robeck ve Komodor Roger Keyes'le görüştüm. İkisi de sabırsız, neredeyse dans edecekler. Kuşkusuz, Kavaktepe'yi ele geçirdik mi, Sarıba-

Türk askerleri

yır'ın arka yamacından Çanakkale Boğazı'na kuşbakışı bakmak olanağımız olacak ya da en azından Anafarta yamacındaki toplarımız için güçlü bir yer kazanacağız. Oradan Marmara'ya ilerleyecek filomuz, düşmanın arkadan vuruşunu önleyeceğiz.

Stopford geri geldi. Tümen komutanlarıyla konuşmuş, Türklerin taarruz ve baskılarından ötürü hiçbir komutanın ümidi kalmamış. Kolordu Komutanının bana verdiği bilgi bu.

"Bu akşam ya da yarın için düşman karşısındaki durum ümitsizmiş!" Söyledikleri bu kadar!

Şöyle diyordu: *"Durum, çok tehlikeli. Önümüzdeki ya da ondan sonraki hafta ya da bir başka zamanda, ama bize çok yakında, yakınımızdadır."*

Bir tabur, Türk ileri kolları tarafından korkunç şekilde hırpalanmıştı, doğru. Fakat kuvvetlerimizin hepsi ayakta ve Kavaktepe alınacaktır. Ama olanaksızmış. General Stopford ve General Reed şöyle sıraladılar: 53. Tümen çökmüş durumda, 54. Tümen hücuma geçecek durumda değil ve 9. Kolordunun geri kalan bütün birlikleri Conkbayır'ı, Kocaçimen ve Anafarta savaşlarında aldığımız yaralardan, düşmanın korkunç saldırılarından dolayı kımıldayamaz durumda.

Hani kabul etsem, savaşı kaybetmiş olacağız. Başka kurtuluş yolu da yok. Görünüşte çok kuvvetli bir ordumuz var kanısı bulunsa bile, bir an Tanrı bilir ya, bundan kuşku duydum!

Stopford, Mahon ve Hammersley gibi komutanları hiç istememiştim. Birlikler ağır kayıplar verebilir, ama onları ayakta tutan komutanlarıdır.

Gece saat 21'de İmroz'a demirledik ve yatmadan önce Savunma Bakanlığına şu mesajı yolladım:

"9. Kolorduyla yaptığım ve beni çok acı hayal kırıklığına uğratan görüşmelerden yeni döndüm. General Stopford ve Tümen Komutanlarını genel bir saldırıya hazırladım ve zorladımsa da,

Türk komutanları düşmanı gözetlerken

hiçbiri Türklere karşı savaşmak istemiyorlar. Gerçekte, bu generaller, bu askerlere göre değillerdir. Zorunlu olarak birliklerini yeniden örgütlemeleri için dinlenmelerine izin verdim."

İMROZ

14 Ağustos 1915

Kahvaltıdan önce General Braitwaite, 9. Kolordu Komutanı General Stopford ile dün akşam olan konuşmalarını dikte ettirdi ve açıklamasını içeren bir raporla birlikte getirdi. Her kelimesine katıldım:

"Sir Fredrick Stopford, 9. Kolordu birliklerinin ileri harekâta uygun olmadığını bildirmiştir. Kendisine sorulduğunda, çok ağır kayıplar verdiklerini, asker arasındaki çözülmenin çok önemli derecede olduğunu bildirdi. Tümen komutanı generalle-

rin kendisiyle aynı fikirde olduklarını söyledi. Su ikmalleri düzenli yapıldığından, bu konuda güçlükleri kalmamıştı. Anafarta Ovası'nda kuvvetlerimize saldıran Türkler tam bir askerî düzen içindeydiler. Onları önemsiz birlikler olarak göremezdik. Durum böyle olunca, her çalılık arkasında bir Türk, her tepe arkasında bir tabur ve dağ arkasında bir tugay görülürken, tümen komutanlarına taarruz emri vermeye kalkışmak, yararsızdı."

Öğle yemeği sırasında Lord Kitchener'den bir mesaj aldım. Diyordu ki:

"General Stopford, Mahon ve Hammersley'i görevlerinden alıp yerlerine başkalarının atanması çok gerekliyse, onların görevlerini yürütecek komutanların isimlerini verebilir misiniz? Uygun olan generalleri emrinize yollayacağım."

Lord Kitchener'e yürekten şükranlarımı bildirerek, "General Byng, Kavangh ve Horne'un" isimlerini bildirdim.

İMROZ

15 Ağustos 1915

General de Lisle'ın, geçici olarak, General Stopford'un yerine 9. Kolordu Komutanlığını almasını emrettim ve atanmalarını yaptım. Lord Kitchener'den de bir mesaj aldım ve "General Byng, Maude ve Fanshawe'i atandırdığını ve hareket ettiklerini bildiriyordu. Üçü de parlak zekâlı, iyi askerdirler. Ne mükemmel bir üçlüydü bu generaller! Hele General Maude şahanedir!"

General de Lisle'i 9. Kolordu Komutanlığına verdiğim zaman, tümen komutanlarından General Mahon daha kıdemliydi. Bu amaçla "Sir Ian Hamilton, General de Lisle'i 9. Kolordu Komutanlığına atamış olup, general sizden kıdemsiz ise de, harekâtın bu aşamasında 10. Tümen Komutanı olarak göreve devam edeceğiniz kanısındadır" gibi bir mesaj gönderdim.

General Mahon şöyle bir cevap verdi:

"Ast rütbemde bir subaya karşı özveride bulunmama olanak yoktur. Tümen komutanlığımı kime teslim edeceğimi lütfen bildiriniz."

General F. F. Hill'i geçici olarak onun yerine atadım. General Stopford gibi emri beklemek üzere Limni adasına gitmesini bildirdim.

İMROZ

16 Ağustos 1915

Bir ay önce Türkleri alaşağı etmiştik. Şimdi ise nasıl da cesaretle dövüşüyorlar... Halen dört yeni tümenleriyle aynı ruha sahip ve birer robot gibi saldırıyorlar.

İMROZ

17 Ağustos 1915

Lord Kitchener'e bir hafta içinde olan çarpışmaların özetini içeren bir mesaj yolladım:

"... *Güvenilir kaynaklara göre, düşmanın Suvla Körfezi'ndeki kuvvetleri bir alay, bir müfreze ve bir jandarma birliğidir. Güney bölgede düşman sayısının 36.000, Anzac karşısında 27.000 kadar olduğuna, 37.000 kişilik bir yedek kuvvetine de sahip bulunduklarına inanılmaktadır. Keşan bölgesinde 45.000 kişilik bir diğer kuvvet belirlenmiştir.*

9. Kolordu birlikleri Kerte'den yapılan saldırı sırasında, düşman bazı mevzileri ele geçirmiş ve 6-7 Ağustos geceleri taarruz-

Başkomutan Vekili ve Harbiye Nazırı Enver Paşa, Mustafa Kemal'in emrindeki subaylardan birine madalya takıyor

larını tekrarlayarak, yeniden ilerlemişlerdir. Suvla bölgesinde 9. Kolordu kuvvetleri Sulacık, Yılgınburnu, Kazlarçayırı'nın bazı kısımlarını ele geçirmişlerse de, yapılan kanlı çarpışmalar sonucunda 11., 53. ve 54. Tümenlerin toplam kayıpları son derece ağırdır. Suvla'da böyle ağır kayıplar verilmesine neden, iyi eğitim görmemiş askerler ve başlarındaki komutanlardır. General Birdwood'un harekâtın başından beri kahramanca savaşan birlikleri iskelete dönmüştür."

Türkler en güçlü savaşlarını veriyorlar. Bununla birlikte kayıpları bizden çok. Türklerin maneviyatlarının yükseldiği de açıktır.

Çok iyi komuta edilen ve yiğitçe dövüşen Türk ordusuna karşı savaşıyoruz.

Bir kumarbaz ağzıyla doğruyu söylemek gerekirse, elimize çok iyi bir şans geçmişti ama Osmanlı Bankasını soyamadık.

İMROZ

18 Ağustos 1915

Dört gün önce H.M.S. Sunbeam gemisi ile bölgeye gelen Lord ve Lady Brassey, iki genç arkadaşlarıyla birlikte cepheyi gezmekteler. Lord Brassey bana bol bol övgülerde bulunduysa da ağır yenilgimiz konusunda söylediği sözler yüzünden beynimden vurulmuş gibi oldum. Askerlerden başarmaları olanaksız görevler istiyormuşum! Oysa İstanbul'u işgal etmek hedefimin dışında hiçbir istekte bulunmadım.

Yanıma General Fredrick Stopford ve General Braithwaite'i alıp bu sabah H.M.S. Arno gemisi ile önce Arıburnu kesimine, sonra Suvla'ya doğru yola çıktık. Karargâhta Savaş Konseyini toplayarak eksik kalan her konuyu ele aldık. Albay Dawnay, Albay Deedes ve Yarbay Beadon, General Sklen, General Hammersley ve Peyton ile 9. Kurmay Başkanı Albay Reed hazır bulundular. Toplantıda, önümüzdeki iki ya da üç gün içinde olacak plânlı olaylar tartışıldı ve bir buçuk saat kadar sürdü. Harekâtın her ayrı aşamasını incelemiş olan konuşmacılar, genel görünüşe uygun açıklamalar yaptılar. Saldırımız, Anafarta Ovası'nın yüksek kesimlerini ele geçirmek amacına dayanıyordu. Anzac kuvvetleri ortak olarak harekâta yardımcı olacaklardı. Generallere açıkladığım gibi, Türkler yeniden cephane ikmali yapıncaya kadar plânlı mevzileri cesaretle işgal edebileceğimiz inancındayız. Küçük bir tepeyi dahi Türklerden temizlersek, mermilerimizin nereye düştüğünü görmek olanağını kazanacağız. Topçularımız için hedef düzeltme görevi görüp, düşmanı susturacağız. Sonunda, 50.000'i yeni tertip olmak üzere, 95.000 Piyade askerine gereksinimimiz olduğunu, bunların 45.000 kişilik grubunun, bütün gücümüzün omurgasını oluşturacağını söyledim. Generaller

Türk askerlerinin tutsak aldığı İngiliz subayları

tatmin olmuş göründüler. Beklenilen saldırı, konferanstaki havaya göre ümit verici idi. Generaller, zayıf düşmüş olan askerlerinin, çok çetin bir düşman karşısında oldukları kanısındaydılar, ama eğer düşmanı bir kere geri çekilmeye zorlar ve bunu başarırlarsa, plânlarımız ya da hayallerimiz gerçekleşirdi.

Ne var ki, uygulamada durum değişmedi, General de Lisle, Suvla'nın her köşesini yeni dolaştığını ve yüksek komuta heyeti arasında egemen havanın kötümser olduğunu, oysa iki ile üç gün içinde ileri harekâta geçmemiz gerektiğini söyledi. General Skeen, askerlerin maneviyatı ve inançları konusunda tanık olduğu bazı olayları anlattı.

General, şöyle bir olayı, "Çok derin anlam taşımaktadır" diyerek tekrarladı; Türklerle çok yakın şekilde mevzilenmiş Avustralya birlikleri bu olayın kahramanlarıydılar. Türkler, bir büyük karton üzerine "Varşova düştü!" yazmışlar ve siperlerden yukarı kaldırıp, Avustralyalı düşmanlarına doğru çevirmişlerdi. Bu yaftayı gören Avustralyalı askerler en yürekten şekilde, üç kere "Hurrah! Hurrah! Hurrah!" diye bağırıp gösteri yaptılar. General Skeen askerlerin bu hareketini seyretmek zorunda kalmıştı.

Herkes, birliklerin iyi eğitilmemiş olduğu görüşünde. Her kafadan başka ses çıkıyor. Kıyıya dönerken, General Lindley ardımdan geldi. Tümeninin çözüldüğünü ve birliklerini tekrar bir savaş düzenine sokabileceğini sanmadığını içtenlikle belirtti. Kendisine, bana şimdi söylediklerini, General de Lisle'la aynen yazmasını, belirttiği konulara uyarak, görevini değiştireceğimi söyledim. Yeni görevi ile onuru korunacak, fakat rütbesine göre daha az sorumluluk taşıyan bir hizmet olacaktı.

İMROZ

19 Ağustos 1915

Sabahtan, nemli akşama kadar zaman öldürerek oturdum. General Altham, Mondros'tan geldi.

Bir uçağımızın çok yakın bir yerde düşmesi, şok yarattı. Genç ve zeki havacı subaylarımızdan Yüzbaşı Collet öldü, üç kişi de yaralandı.

Çarpışmaların başlangıcından beri, birliklerin azalan kadrolarının destek birlikleriyle takviye edilmesine rağmen, 11., 53. ve 54. Tümenlerin toplam kayıpları 30.000'e yaklaşmış.

İMROZ

20 Ağustos 1915

Çadırımda oturmuş, aklım hep yarında, bekliyorum... Amiral de Robeck randevu isteyerek ikindi üzeri geldi. İngiltere'de resmî makamlardaki genel kanıya dayanarak, filonun kara birlikleriyle aynı anda denizden saldırıya geçmesinin etkimizi artıracağı inancının doğduğunu söyledi.

Herkes, beni inandırmaya çalıştığı gibi, Amirali de zorluyorlar. Fakat biz, donanma olmadan da taarruz ederiz.

İMROZ

21 Ağustos 1915

Öğleden sonra 13'te General Braithwaite, Yarbay Aspinall, Yüzbaşı Dawney, Yüzbaşı Deedes, General Ellison, Yüzbaşı Maitland ve Yüzbaşı Pollen ile birlikte Suvla'ya hareket ettim. İlk kez bu derece geniş kadroda bir kurmay heyetini bir savaş amacıyla topladım.

Karakol dağa tırmanıp alana kuşbakışı baktım. Bugüne kadar hava ve bulutlar karşısında hiç böylesine talihsiz olmamıştık. Güneş ışıkları altında düşman mevzileri ve top bataryaları nokta nokta sayılabilirken, bir sis, Türk mevzilerini kapatmış ve seçilmez duruma getirmişti.

Sonunda beklenen zaman geldi, çattı: En sağ kanattan Anzaclar ve Hint Tugayı, Cemaliyelikbayır'dan 60 Numaralı Tepeye doğru saldırdılar. Onları, merkez sağ kanattan 11. Tümen izleyerek Hetman çayırı mevzilerine atıldı. Merkez sol kanatta 29. Tümen, çok iyi tahkim edilmiş 70 Numaralı Tepeye doğru hücuma geçti. O tepeyi işgal ettiğimiz an, iki Anafarta arasındaki İsmailoğlutepe yaylasına egemen olacaktık.

Bombardımana gece yarısından sonra 02.30'da başlandı ve yarım saat devam edildi. Yetersiz bir süreye rağmen, mermilerin çoğunun hedefe ulaştığı inancındayız. Hemen ardından Türkler buna şarapnel ateşi ile cevap verdiler. Yaklaşık bir buçuk kilometrelik bir hat boyunca Türk bataryaları ortak bombardımana geçmişlerdi.

Askerlerimizden bir grup Tuz Gölü'nün güneyinden yürüyüşle, açık arazide Hetman çayırına doğru ileri harekete başladılar. Düşman topçusu bu birliği hızla yakaladı ve askerlerimiz kaçacak yer olmadığından ağır kayıplar verdiler.

Bir süre sonra, General de Lisle'i danışman subaylarından biri ile karargâhında otururken buldum. Pipo içiyordu ve çok sakindi. Birlikte olduğumuz süre içinde -ki saat sabaha karşı 04.30 idi- 11. Tümenin Türklerin ileri mevzilerini ele geçirdikleri haberi geldi. Yeniden Karakoldağa tırmandım. Bu kez İsmailoğlutepe'yi hiçbir kuvvet elimizden alamazdı. Ama sabahın erken saatlerinde durumda umulmadık bir değişme başladı, gittikçe yoğunlaşan bir sis, çevreyi göz gözü görmez bir duruma getirmişti. Top, tüfek sesleri birer birer dindi ve cephe sustu. Doğa, Türkleri gizlemiş, Tanrı onları korumuştu.

22 Ağustos 1915

Suvla'da durum yine kötü. Genel Karargâhtan saat 11' de hareket ettik, General Braithwaite, Komodor Roger Keyes, Yüzbaşı Phillimore, Aspinall, Beadon, Freddy ve Albay Val'den kurulu bir heyetle Arıburnu kumsalına geldik. Buraya kadar bizi getiren H.M.S. Arno'dan kıyıya çıktığımızda General Birdwood karşıladı ve Anzac kısmı çarpışmaları konusunda açıklamada bulundu.

Hint Tugayı, Kabakkuyu'yu ele geçirmişti. General Russel'in birlikleri, Kayacık Ağalar'a tutunmuş, dişlerini, tırnaklarını toprağa geçirmişler ve düşmanın ağır baskısına karşı koyuyorlardı. Çok kanlı çarpışmaların devam ettiği bu bölgedeki duruma rağmen, General Russell ümitli ve emindi. Komutanların gelecekten umutlu oluşları ne kadar sevindirici idi. Yalnız Kayacık Ağalar'ı elimizde tutarsak, Anzac ile Suvla koyu arasındaki geçit, askerlerimiz için düşman mermilerinden korunmuş olacaktı.

70 Numaralı Tepe ile İsmailoğlutepe'de düşman, kuvvetlerimizi geri çekilmek zorunda bırakmıştı. Türk birlikleri ön hatlarda iyice tutunmuşlar; bu nedenle 7., 8., 9., ve 10. Tümenlerden çok topçu ateşimizden yardım beklemekteydik.

Çalılık arazi içinde olan karşılıklı ateş, korkunç bir şekilde etkisini sürdürdü. Sis ve topçu ateşi yönünden, Tanrı dün Türklerden yana idi.

Son günlerdeki çarpışmalarda çok ağır kayıplar vermiştik ama sanırım, Türk kayıpları bizden ağırdı. Bu duruma göre, Türklerin yakında, hiç olmazsa Suvla Körfezi'nde karşı taarruzlara kalkışmaları beklenemezdi. Ne var ki, General Cox ve General Russel düşmanın çok büyük kuvvetlerinin ilk çekilme hattı üzerinde toplanmakta olduklarını, Güney cephelerde ise hücuma geçtiklerini bildirdiler.

İMROZ

23 Ağustos 1915

Lord Kitchener'e bir mesaj yazmış, Gelibolu Yarımadası savaş alanı için 50.000 kişilik yeni bir kuvvete gereksinim bulunduğunu bildirmiştim. 20 Ağustos tarihi ile bir cevap vermiş; Batı sahnesinde geniş çapta ileri harekâtın devam ettiğini ve ana savaş alanı olan Fransa'dan, herhangi bir kuvvet çekip destek birliği niteliğinde Gelibolu'ya göndermenin ne derece yanlış olacağını ve bu kuvvetlerin Fransa cephesi için ne kadar önem taşıdığını takdir edeceğimi bildiriyordu. Belki, General Maxwell Mısır'daki kuvvetlerinden bir miktarını bize ayırabilirdi. Oysa savaş sahnesi karanlık bir durum gösteriyordu. Lord Kitchener'e bir mesaj gönderdim:

Emrinizdeki kuvvetlerle görevi en iyi şekilde başarmaya çalışacağız. Sizin bu cepheye asker kaydırmaktaki olanaksızlığınızı anlıyoruz, bunu çok açık bir şekilde belirtmiş olmanızdan dolayı teşekkür ederiz. 9. Kolordu yenilgisinden sonra, kuzey kanadı, Mısır'dan gelen 2. Bindirilmiş Tümen ile destekleyerek, gerekli önlemi en kısa zamanda ve öncelikle aldım. Bu hareketler ve çok gerekli olan, 9. Kolorduyu yeniden organize etmek zorunluluğu, çok karışık bir zamanda olduğundan, 21 Ağustosa kadar saldırıyı yenileme olanağı kalmamıştır.

O zamandan beri, düşman Ratilva vadisinde geniş ölçüde kuvvet birikimi yaparak, Küçük ve Büyük Anafarta bölgelerindeki yeni mevzilerimize, eski Anzac sağ kanadından, Suvla'nın kuzey doğusundaki yerden saldırmaktadır. Kuvvetlerimizin ağırlığını İsmailoğlutepe'ye vererek, vadiye egemen olmaya çalıştık. Büyük bir azimle yamaçlardan tepelere doğru atılmamıza rağmen, ne yazık ki düşman birliklerini yok edemediğimizi ve dün yine eski hatlarımıza çekilmek zorunda bırakıldığımızı söylemek zorundayım. Kayıplarımız henüz kesinlikle bilinmiyor, fakat korkarım, yalnız İsmailoğlutepe bölgesinde, son çarpışmalardaki ölü sayısı 6000 kadardır. Son on beş gün içinde hastalıklar hızla artmıştır ve yalnız savunma amacıyla yedek kuvvetlere aşırı gereksinim belirmiştir. Sizden aldığım mesajda belirttiğiniz üzere, yeniden destek birlikleri gönderemeyeceğinizi öğrenmiş bulunuyoruz. Doğal olarak, Türkleri yerel hücumlarla hırpalamaya ve böylece saldırı ruhunu korumaya çalışacağım.

6 Ağustostan beri toplam kayıplar, hastalıklar yüzünden ölenler de dahil, 40.000'e ulaşmıştır ve bugünkü savaş sayımız 85.000'dir. Bunların içinde, savaşçı asker sayısı 68.000 kadardır.

Mustafa Kemal Çanakkale Savaşında Arıburnu cephesinde

Fransız kuvvetleri 15.000'e düşmüştür. Çeşitli nedenlere dayanan hastalıklar yüzünden uğranılan kayıplar hergün artmaktadır.

Önemli bir siper çarpışmasında bile hastalık ve yaralanma sonucu ölüm oranı, bütün birlik kuvvetlerimizin net olarak %24'ü kadardır.

Anzac Kolordusu, 29. Tümen ve 27. Tümenler, Conkbayırı, Anafartalar ve Arıburnu savaşlarında korkunç şekilde hırpalandılar ve ağır kayıplar verdiler. Bu birlikler çok bitkindirler. Durum, önümüzdeki 15 gün içinde düşmana karşı çıkmamızın olanaksızlığını göstermektedir. Şu koşullar göz önünde tutularak, Suvla Körfezi ya da Anzac koyundan kuvvetlerimizi çekmek ve yakın bir gelecekte cepheyi daraltmak zorunda kalacağımız bilinmelidir."

İMROZ

24 Ağustos 1915

Dün Kitchener'e yolladığım mesajı düşünüyorum. Masasına ulaşmış ve generalleri çağırarak, 45.000 er noksanımız üzerinde konuşmaya başlamıştır.
Gelen telsiz haberlerine göre, Almanlar Baltık'ta yenilmişler ve İtalya, Türklere karşı savaş ilân etmiş. İyi, şimdi bize destek kuvveti gönderirler mi acaba?

İMROZ

25 Ağustos 1915

Albay Davies öğle üzeri Hellas'a doğru ayrıldı. Ben de gidecektim ama, General Bailloud ve Albay Tapruin benimle görüşmek istediklerinden kaldım. Lord Kitchener yeniden destek kuvveti göndermenin olanaksızlığını belirten bir mesajla cevap verdi.

İMROZ

26 Ağustos 1915

Öğle yemeğimi yedikten sonra H,M.S. Arno'ya geçerek Yüzbaşı Pollen, Freddie ve Albay Val ile Suvla'ya hareket ettim. Doğruca yeni tümen komutanı General Byng'ı görmeye gittim. İki gündür burada idi ve çok yoğun bir çalışma yapıyordu. Eski A Kumsalından geçerken, düşmanın ağır top ateşi ile karşılaştık. Genel Karargâha döndüğümüz zaman bile bombardıman devam ediyordu.

İMROZ

27 Ağustos 1915

Hükümetin dün geceki toplantısında destek kuvveti isteğime kesin bir cevap verilmiş olmalı. Lord Kitchener ile aramızda ince hesaplara dayanan yeni yazışmalar devam etti. İlk mesajı yolladığım zaman tarih 23 Ağustos idi ve 4 gün içinde daha yüzlerce asker öbür dünyaya göç ettiler.

İMROZ

28 Ağustos 1915

General Braithwaite ile birlikte dün akşamki mesajın içeriği üzerinde çok düşünmeliyiz. General Cox, Kayacık Ağalar'ın kuzeydoğusu yönünde saldırıya geçti. Çarpışmalar devam ediyor.

İMROZ

29 Ağustos 1915

Dün gece iki telsiz haberi ulaştı. Bunlardan biri destek kuvvetleri, ikincisi Malta ve İskenderiye'den geniş ölçüde cephane ve diğer savaş malzemesi hazırlandığına ilişkindi.

Arıburnu'nda düşmanın parçalanmış uzun deniz toplarının başında Esat Paşa, Müsteşar yardımcısı Fahrettin (Altay) Bey ve askerler

İMROZ

30 Ağustos 1915

Anzac bölgesinden iyi haberler geliyor. 60 Numaralı Tepeyi ele geçirdikten sonra, düşman Kayacık dere boyunca ateş açtı. General Birdwood, kayıplarının 5000 er ve subay olduğunu bildiriyor. Düşmandan obüs ve makineli tüfeklerle donanmış 50 asker ele geçirildi.

Sabah saat 10.30'da Rus subayları resmî bir ziyaret için karargâhıma geldiler. Kendilerine cephe konusunda bildiklerimi anlattım. Gelibolu Yarımadası'na çıkartma yapışımızla, Kafkaslarda daha az bir Türk kuvvetiyle dövüştüklerini ve Çar hazretlerinin ikmâl güçlükleri, Galiçya ve Polonya cepheleri nedeniyle bir yardımda bulunamadığını ve üzüntüsünü anlattılar.

Öğleden sonra cepheye giderek durumu yakından izledim.

İMROZ

31 Ağustos 1915

Öğleye doğru H.M.S. Arno ile Suvla'ya hareket ettim. Yine yanımda General Braithwaite, Manifold, Freddy ve Val vardı. Doğruca 9. Kolordu Karargâhına giderek General Byng ile görüştüm. Oradan da de Lisle'in bulunduğu yere giderek bilgi aldım.

İMROZ

1 Eylül 1915

Karargâhta kalarak, yazılar ve diğer plânlar üzerinde çalıştım. Lord Kitchener'e bir mesaj göndererek savunma düzenine girdiğimizi ve olan kuvvetlerle kendimizi savunmaya devam edeceğimizi bildirdim.

İMROZ

2 Eylül 1915

Dün gece çok korkunç bir rüya gördüm. Çadırım İmroz'da olduğu halde, Hellasburnu'nda boğuluyordum. Boğazımı sıkan elin baskısını hâlâ yaşıyorum. Sular başıma yaklaşıyor... Hiç böylesine korkunç bir rüya görmemiştim.

Rüyaların tersi çıkarmış. Fransızlar, Asya yakasında bizimle birlikte çarpışmalara katılmak üzere dört tümen veriyorlar. Bunlar gerçek Fransız tümenleri... Kendilerine bu tutumlarından dolayı memnuniyetimi bildirdim. Çanakkale sorununu çözümlemek yolundayız.

İstanbul konusunda karar verildi. Haliç'in camileri ve minareleri gözlerimiz önünde canlanıyor.

İMROZ

3 Eylül 1915

İki telsiz mesajı. Birinde Fransız tümenleri konusundaki haberlerin gizli tutulması, diğerinde ise Amiral de Robeck'in bir sorun üzerine, benimle görüşmek istemesi yazılı.

H.M.S. Arno ile Gazibaba yerine Lalababa kıyısında karaya çıktım ve durum konusunda generallerle görüştüm. Gazeteci Ashmett Bartlett, cephenin filmini çekmekteydi. İnanırım ki, Bartlett'in bu girişimiyle Gelibolu Yarımadası'nda olan savaşlar sinemaya geçerek ölümsüzleşecektir (Bk. Ek.).

Kıyıya döndüğümde H.M.S. Arno'nun bir şarapnel isabeti alarak hasara uğradığını öğrendim.

İMROZ

4 Eylül 1915

Sabah karargâhta çalıştıktan sonra, 11.30'da General Braithwaite ile birlikte Kefalo Kumsalına gittik, 88. Tugayı denetledim. Bu arada H.M.S. Arno komutanına haber göndererek öğleden sonra Anzac bölgesine gideceğimi ve hazır olmasını bildirdim. Fakat deniz o kadar kötüleşti ki, motorla gemiye geçmek bile olmadı. Gece saat 19.15'te Amiral de Robeck motorunu göndererek beni ve General Barithwaite'i aldırttı. H.M.S. Triad zırhlısına geçerek Limni adasına hareket ettik.

MONDROS LİMANI

5 Eylül 1915

Sabah saat 6'da Mondros limanında demirledik. Kahvaltıdan sonra General Altham, Albay McMunn ve Yüzbaşı Stephans ile karaya çıktım. Kıyıda General Lindley tarafından karşılandık. General, adadaki kuvvetlerin komutanlığını yapıyor. General Legge ise 2. Avustralya Tümeni Komutanı.

Geriye gönderilen Anzac yaralı ve hastaları

15. Merkez Hastanesini, 110. Hint Sahra Ambulans Birliğini ve 24 Numaralı İngiliz Hint Hastanesi "C" Kısmını gezdik. Öğleden sonra Binbaşı Tillard komutasındaki 1000 kişilik 4. Gurka Taburunu denetledikten sonra, tam akşam yemeği zamanı Triad zırhlısına döndük. Amiral Wemyss de yemekte bulundu.

H.M.S. TRIAD
MONDROS LİMANI

6 Eylül 1915

Kahvaltıdan sonra Mondros limanı batısına hareket edildi. General Lindley ve konuk olarak doktorlar da geziye katıldılar. 3 Numaralı Avustralya Hastanesini gezdik. 12.30'da Amiral Wemyss ile H.M.S. Europa'ya geçerek öğle yemeğini yedik ve karaya çıkıp atlarla 18 Numaralı Merkez Hastanesini dolaştık. Çay saatinde yaralılar, hastane personeli ve sekiz hemşire ile birlikteydik. 1 Numaralı Kanada Merkez Hastanesinde de dört hemşire hizmet görüyordu. Altı aydan beri ilk kez bir beyaz kadın görüyordum. Hemşirelerin sevimli yüzleri, gözlerimize, çevrelerindeki topluma canlılık veriyordu. Hatta hasta ve yaralılar, bu kızların karşısında daha mutlu görünüyorlardı.

Gece Triad zırhlısına döndük.

İMROZ

7 Eylül 1915

Sabah 9.30'da H.M.S. Triad'dan hareketle Gaulois zırhlısında Amiral de la Perriera ile görüştüm. H.M.S. Racoon muhribi ikindi üzeri beni İmroz'a getirdi.

İMROZ

8 Eylül 1915

Birlikler arasında salgın hastalıklardan dolayı kayıplar artıyor. General Birdwood'un verdiği rapora göre, bir tugayda görülen günlük hastalık sayısı şöyle:

28 Ağustos 59 hasta
29 Ağustos 64 hasta
30 Ağustos 58 hasta
31 Ağustos 17 hasta
1 Eylül   2 hasta
2 Eylül   6 hasta

Durumun son günlerde biraz düzeldiği anlaşılıyor, ama toplam kayıplar artmakta.

İMROZ

9 Eylül 1915

Amiral de la Perriera sabah saat 9.30'da ziyaretime geldi. Saat 11.50'de General Braithwaite ve Freddy ile birlikte Fransız savaş gemisi Gaulois'ya geçtik. Adaya döndüğümde 53. Tümen Komutanı General Marshall'ı beni bekler buldum.

İMROZ

10 Eylül 1915

Cephede bizden yana bir gelişme yok. General Marshall'ın Türkler karşısında cesaretini her an daha çok kaybettiğini görüyorum. Bence barış zamanı kesinlikle bir taburdan büyük birliğe komuta edemez. Genç subaylardan O'Sullivan'ın ölümü büyük üzüntü yarattı.

İMROZ

11 Eylül 1915

General Percival komutasındaki 86. Tugayı görmek üzere motorla hareket ettik. Bunlar, Binbaşı Guyon komutasında Kraliyet Piyade Taburu, Albay O'Dowda komutasında Dublin Piyade Taburu, Binbaşı Geddes komutasında Munsler Piyade Taburu ve Binbaşı Pearson komutasında Lhancashire Piyade Taburundan kuruluydu. 86. Tugayı oluşturan bu yedek kuvvetler topluluğu bir çeşit karışımdı.

İMROZ

12 Eylül 1915

Rüzgârlı bir gün, akşama doğru hava karardı ve gece hafif yağmur başladı. Birliklerimiz çarpışmaları savunma mevzilerinden yürütüyorlar.

İMROZ

13 Eylül 1915

Freddie Maitland ile birlikte 87. Sahra Ambulans Birliğini denetledim. Gece, General Altham'ın yemeğinde bulundum ve konuşmalarımız gece yarısına kadar devam etti.

İMROZ

14 Eylül 1915

İtalyan İrtibat Subayı Albay Vitali ve Albay Williams'in yemek davetlerine katıldım. Albay Vitali cephedeki durumdan tedirgin olduğunu söyledi. Onun varlığından hoşnutum. Fakat yemekten sonra, aynı şekilde konuşmaya devam etmedik. Şifresi çözülmüş bir mesajı getirdiler:

"630 Numaralı telgrafınızda sorduğunuz soruları çözümlemek için gittiğim Fransa'dan yeni döndüm. Millerand, Joffre ve Serrail ile yapılan toplantıda Fransa'daki saldırıcı cephe tam anlamıyla başarıya ulaşmadıkça, tasarlanan dört Fransız tümeninin Gelibolu Yarımadası'na gönderilemeyeceği açıklandı. Durumun ekim ayının ilk günlerinde açıklığa kavuşacağı umulmaktadır. Eğer o tarihe kadar kararsız kalınırsa, 10 Ekimde tümenlerden ikisi Marsilya limanından hareket edecek ve onları çok kısa bir süre sonra dört Fransız tümeni daha izleyecektir. Bu derece büyük bir kuvvetin gönderilmesinin bir ay alacağı açıktır, fakat bu konu tasarı aşamasında olup, belirttiğim gibi, tartışma sona ermemiştir.

General Sarrail, General Bailloud tarafından fikir değişikliği yapmaya ikna edilmiş olmalı. Fransızlar, Asya yakasında yalnız kendi kuvvetlerinin bulunmasını istiyorlar. General Joffre, Gelibolu Yarımadası'nda izlenen yoldan çok kuşku duymaktadır ve General Millerand, kişisel bilgisine sunulmak üzere sizden bu konudaki fikirlerinizi öğrenmek istiyor.

General Joffre, Asya yakasının çok geniş bir alan olduğunu, hızla başarı sağlanamadığı takdirde, önceden istenildiği gibi daha çok asker, cephane ve diğer silâh isteğinde bulunulacağı, oysa anavatan Fransası'nın güvenliği yönünden bunları koru-

Fransız askeri cephede

mak zorunluluğu bulunduğunu belirtmektedir.

İkinci olarak, General Sarrail'in komutanlığından pek emin değil ve özellikle generalin plânları onu iyice tedirgin etmiş görünüyor. Kendi kurmay heyeti tarafından hazırlanmakta olan plânlar ise daha tamamlanmamış. Fransızlara, Gelibolu Yarımadası'nda sınırlı bir alan ve görev verilmişti. Eğer biz Fransa cephesinde Almanları yenebilirsek, zafere ulaşmış olacağız. Daha çoğu, Batı cephesindeki mücadelemiz, Fransa topraklarında Almanların yenilgisi ile son bulursa, Doğu cephesini etkileyecek ve moralimiz hızla yükselecektir. Fakat bu noktada şu konuyu belirtmeliyim; General Millerand ve General Joffre aynı seçeneği: "Dev bir imparatorluğa karşı doğu cephesinde zafer sağlanırsa, bu başarı Batı cephesini de etkiliyecek midir?" şeklinde belirtmektedirler."

Lord Kitchener'in Fransız diplomatları ve komutanları ile

yaptığı konuşmaların özeti bunlardı. Savaş, yalnızca taktik üzerinde değerlendirilemez. Bu kaba bir yöntemdir. Batı cephesinde Alman hatlarını geriye atmak ya da birinci düşman mevzilerini, ikinciye, üçüncüye ya da yirminciye çekilmek zorunda bırakmak, stratejik ve ekonomik açıdan önemlidir.

Gelibolu Yarımadası'nda Tanrı bize büyük bir armağanda bulunmuştu. Gerçekte olanaksız olan bir işi başardık ve birliklerimizi karaya çıkarttık. Sonuç, kuşkulu, karanlık değil, fakat hesapça bellidir. İlk dünya savaşını başlatan kişi Napoleon idi. "Constantinople'a sahip olan, dünyaya sahip olur!" sözü de onundur.

Ortak strateji ilkeleri, bugün kıskançlıklar ve amatör istekler yüzünden engellendiği halde, askerî tarihçiler için durum açıktır. Bizi sonuca götürecek birinci, ikinci, üçüncü yollar bilindiği üzere şunlardır:

a. Denizde egemen ol,

b. Batı cephesinde egemen ol,

Batı cephesinde göğüs göğüse savaşan Alman ve Fransız askerleri

c. Türkleri çökert.

Gelibolu Yarımadası'nda kazandığımız birkaç kilometrelik düşman toprağıyla büyük başarılar sağladık. Bu başarımız bize Balkanlarda birkaç ülkenin dostluğunu ve güvenliğini sağladı. Kaybettiğimiz birkaç kilometrelik topraklar üzerinde Almanlar, bize Asya yakasında zedelenmiş bir saygınlık bırakıyor ve bu bütün dünya karşısında onların etkinliğini güçlendiriyor.

General Joffre için Fransa herşeyden önce gelebilir ve diğer cepheler, Gelibolu Yarımadası gibi, daha az önem taşıyabilir, bu çok doğaldır. Fakat bizim komuta heyetimiz Fransızlardan kurulu değildir.

İnsanlığın kurtarıcısı ve baskının temsilcisi, iyilik ve kötülük orduları, Çanakkale savaş alanlarında karşılaştılar, fakat İngiltere, Fransa'nın açısından davayı savundu! Bizler burada dizanteriden, koleradan kırılıyor, kış fırtınalarının yaklaşmasından tedirgin olurken, Batı cephesinde büyük saldırı yapılıncaya kadar, askerlerimizin beklemesi isteniyor? Batıda bütün Alman İmparatorluğu'na yüklenilmek ve Alman emperyalizminin doğuya uzanan demiryolu ümidi engellenmek isteniyor. Oysa, biz burada bu çok hayatî demiryoluna çok yakınız. İstanbul'a ve oradan dost Rusya'ya uzanabilir, Balkan devletlerine de destek olabiliriz. Batı cephesinden bize asker, cephane, silâh ödünç olarak verilmelidir. Zaferi sağladıktan sonra onları geri veririz. Ama, batıdaki ordularımız bir süre beklerlerse, biz doğuda Türkleri ezerek, dış dünyayla ekonomik olarak tek çıkar yolları kalmış dost devletleri, ekonomik çöküşten kurtarmış oluruz.

İstanbul'u ele geçirmek, General Joffre ve onun Fransız ordusunun Ren ırmağına ulaşmasından önemlidir. İlgililerimiz nasıl olur da, Ruslar konusunda bu kadar az bilgi sahibidirler.

Ben, Rus ordusunda en az sekiz ay hizmet gördüm ve onlarla çarpıştım. Rusya'yı ve Sibirya'yı gezdim ve konuk subay ola-

Birinci Dünya Savaşı yıllarında İstanbul (Eminönü)

rak, iki barış manevrasına katıldım. Rusya'ya yalnız üst rütbeli subay göndermek kıskançlık yaratır. Rusların beslenmeleri için yiyecek ikmali yapmak ise çok onur kırıcıdır. Fakat Ruslarla birlikte çarpışmak üzere 50.000 İngiliz askeri göndersek, en az 5 milyon Rus'un kalbini kazanmış oluruz.

İMROZ

15 Eylül 1915

General Altham'la Binbaşı Hood, Genel Karargâhtan ayrıldılar. Öğle yemeğinden sonra General Braithwaite, Albay Wells, Yüzbaşı Deedes ve Freddie Maitland ile birlikte Suvla'ya doğru H.M.S. Scourge gemisine geçip hareket ettik. Karaya çıktığımızda General Byng'ı tam bir kararlılık içinde çalışırken bulduk.

Halen Suvla'daki birlik sayısı, destek kuvvetleriyle 37.000'e ulaştı. Böyle yeni bir kuvvet, Türklere karşı kesin birtakım zaferler kazanmalı.

İMROZ

16 Eylül 1915

Çok hareketli bir sabah geçirdik. Saat 7.30'da bir düşman uçağı karargâhın bulunduğu kampın üzerine dört bomba bıraktı. Yirmi dakika sonra yeniden gelerek savaş çadırı yakınına yine bomba bıraktı. Beş kişi yaralanmış.

İMROZ

17 Eylül 1915

Arıburnu koyuna gidecek ve General Birdwood ile birlikte İmroz'a dönecektim. Fakat hava çok kötü, deniz gemiye ulaşmaya engel olacak kadar kabarık. General Maxwell'den Savaş Dairesine çekilmiş iki mesaj aldım. Birkaç gün önce 51. ve 53. Sikh Tümenlerinin yarısının Hintli Müslümanlardan kurulmuş olduklarını, diğer Hintli ve Nepalli ya da Senegallilere karşılık, Müslümanların Türklere karşı savaşmaktan kaçındıklarını bildirmiştim. General Cox ve Birdwood ile görüştükten sonra, onların, araç sağlanır sağlanmaz Müslüman olmayan birliklerle değiştirilmelerini istedim. Oysa 51. ve 53. Tümenler gemilere bindirilmiş ve hareket etmişlerdi. Bu durumda, karaya çıkartılmamalı, gemilerde tutulmalıdır deniyordu.

İMROZ

18 Eylül 1915

Fransız hükümetinden gönderilen bir telsiz haberine göre, üç tümeni besleyecek kapasitede iki ikmal üssü kurulması isteniyor. Bunlardan biri, Limni adasının Mondros limanında, diğeri Midilli adasında olsun deniliyordu. Dostlar alışverişte görsün! O kadar gecikmeden, bu derece şans yitirilmesinden sonra iş midir bu?

Öğle üzeri Hellas'tan hareket ettim ve yemeği Davies'le birlikte yedim. Oradan Doğu Lancashire Tümenini denetlemeye gittim. Türkler Kafkas cephesinden arta kalan birliklerini Gelibolu'ya getiriyorlar. Hellas'ta dolaşırken Türk bataryaları yeniden bombardımana başladılar ve Anzac'ın sağ kanadından, solda Suvla'ya kadar tam 12-13 kilometrelik bir hattı ateş altına aldılar, ardından piyadeler saldırıya geçtiler... Bizim ne subaylarımızda, ne de askerlerimizde görevini başarma inancı kalmamış. Fakat Türklerde her ikisinden de yeterince var. Kuşku yok.

İMROZ

19 Eylül 1915

Gelen haberlere göre, Türk subay sayısı iyice azalmış. Dünkü bombardımandan sonra taarruza kalkan Türk piyadesinin önünde yine subaylar kılıçlarını çekip, bizim siperlere atılmış ve kılıç sallamışlar. Ancak subayların sayısı, askerlerine göre çok azmış.

Gece saat 21'de bir düşman uçağı karargâhımı bombaladı.

Çanakkale cephesine gönderilen Türk birliği

İMROZ

20 Eylül 1915

Yapılacak bir iş yok. Suvla çarpışmaları hâlâ dikkatleri üzerine toplamakta. Cephane stoklarımızdaki azalma konusunda değişik cevaplar ulaşıyor. Akşam üzeri General Birdwood ve Anglesey, Anzac bölgesine döndüler.

İMROZ

21 Eylül 1915

Müslüman Sikh birlikleri konusundaki komedi devam ediyor. Yeniden General Maxwell ve Savunma Bakanlığı ile yazışmalarda bulundum.

Sofya'daki İngiliz Askerî Ataşesi Albay Napier yeni bir sevindirici fikrin doğuşunu müjdeledi. Albaya göre, Gelibolu bölgesindeki bütün kuvvetler, Sırplarla, Yunanlıları yüreklendirmek, onlara cesaret vermek ve Sofya'daki düşmanlarımızı korkutmak için Selânik'e kaydırılmalıdır. Albay bu düşüncesini Dışişleri Bakanlığına da açıklamış. Albay Napier, İngiliz hükümetinin de kendisinden yana olduğunu bildirdi.

Bir zamanlar Lord Kitchener yeni orduyu General Rundle'nin ya da benim komutamda olmak üzere Sırbistan'a göndermeyi tasarlamıştı. Fakat büyük bir tifüs salgını yüzünden bu projeden vazgeçilmişti.

Selânik tarihteki yerini aldı. Bu şehre karşı yapılan bütün seferler hep denizden olmuştur. Bunun bir nedeni olmalıdır. Nitekim, bunun şehrin coğrafî yapısından ileri geldiği açıktır. Büyük kuvvetler iki dar boğazdan ya da yolu olmayan bir dağ boğazından taşınamaz. Bu, Afganistan çıkmazının tekrarına benzer. Büyük bir ordu, Niş'te ve Tuna boylarında açlıktan acı çeker. Küçük bir orduyu ise, düşman yutar. Romanya ve Bulgaristan, ordularımızı ikmâl etmek üzere ikna edilmedikçe, bir İngiliz kolordusu Sırbistan'da kalıp dövüşemez. Ama Sırbistan'ın güvenliği isteniyorsa, İstanbul'un işgali gerektir. Bir başka çıkar yol yoktur. Bunları Albay Napier'e söyledim, yine de Selânik konusundaki düşüncesinden dönmedi.

Albay Napier, Selânik kanalı ile Gelibolu Yarımadası'nda başarmak istediğimiz her girişimin sağlanabileceği kanısında! Oysa, Selânik, Gelibolu Yarımadası'nın seçeneği değildir. Biz, Rusya'ya Selânik kanalından cephane ikmali yapamayız ve yine Selânik yolu ile Rus buğdayını geri getiremeyiz. Selânik, askerî alanda büyük ve önemli bir şey bulacağını sananları aldatacaktır.

İMROZ

22 Eylül 1915

Bulgaristan'dan kötü haberler geliyor. Ordusu harekâta hazırlanıyormuş... 1909 yılında Kral Ferdinand, Bizans İmparatoru giyiminde çekilmiş bir fotoğrafını bana göstererek, "İstanbul'a vardığınız zaman orada beni bulacaksınız" demişti...

Kralın bu büyük emellerine rağmen, Bulgarlar, Balkanlarda düşmanlarına bir tek tüfek bile atmadılar ve cephane, su ve yiyecek ikmali yönünden büyük güçlüklerle karşılaştılar.

Eğer, Marmara'ya iki ile üç savaş gemimizi sokabilseydik, İstanbul ile Gelibolu ve Gelibolu ile Asya yakaları arasındaki bütün deniz ulaştırması kesilirdi. Avrupa ile İstanbul'u ve Asya ile İstanbul'u birbirine bağlayan demiryolu da kapanırdı. On beş

Savaş yıllarında İstanbul Galata Köprüsü

güne kalmaz Gelibolu Yarımadası'ndaki Türkler tası tarağı toplar giderlerdi.

İMROZ

23 Eylül 1915

Fırtınalı bir hava. Lord Kitchener'e mesaj gönderdim ve kazasız ve başarısız bir gün daha geçtiğini bildirdim.

İMROZ

24 Eylül 1915

İnsanı öfkelendiren olaylarla bütün gün mücadele ettim. Lord Earl Kitchener, 8193 Numaralı şifre ile sonunda ağzındaki baklayı çıkarttı. Şöyle diyordu:

"Gelişen durum karşısında 51. ve 53. Tümenlerdeki Müslüman Sikhleri içeren taburların Mısır'da kalması konusunda General Maxwell'i uyardım.

Suvla cephesinde bugüne kadar elde edilen sonuçlara dayanarak, bu alanın bırakılması gerektiği kanısındayım."

Kendisine, Suvla'dan çekildiğimiz zaman Türklerin morallerinin yükseleceğini ve bu çekilmenin onlar için bir zafer olacağını bildirdim. Ayrıca bu cepheden alacakları birlikleri Türkler, Anadolu'da Ruslara karşı gönderebilirlerdi. Bir diğer mesajla, kayıpların vardığı sonucu rakamlarla şöylece açıkladım:

"21 Eylüldeki durum şöyledir: 29. Tümende 2645 subay ve er noksanı vardır. Yeni Ordu Tümenlerinin bütün kayıpları 17.166'dır ve dört Yerel Tümenin kayıpları 23.986, toplam kayıp sayısı 43.797'dir."

İMROZ

25 Eylül 1915

H.M.S. Arno ile Anzac'a çıktım. General Birdwood ile birlikte Avustralya birliklerinin aşağı mevzilerini, Yeni Zelanda mevzilerine ulaşıncaya kadar gezdim, orada General Godley ile karşılaştık. Öğle yemeğini General Inglefield ile yedikten sonra Hint Tugayını denetledim. Cephede ilk kez sessizlik hüküm sürüyordu.

İMROZ

26 Eylül 1915

Dün gece General Braithwaite, Lord Kitchener'den bir haber getirdi:

"Bulgar ordusunun savaş hazırlıklarına geçmesi dolayısıyla Yunanistan, Müttefiklerin Selânik'e kuvvet çıkartmalarını istemiştir. Sonra Sırbistan'ın Bulgaristan tarafından saldırıya uğrayacağına inanılmaktadır. Kuşkusuz Merkezî kuvvetler, Bulgarlarla dostluk kurdukları takdirde, Gelibolu ve İstanbul'a serbest bir yol sağlanmış olacaktır. Aynı zamanda bol cephane ya da askerî birlik göndermek olanağı kazanılacaktır. Bu koşullar altında, Gelibolu Yarımadası'ndan bir kısım kuvvetlerin Selânik'e taşınması gerekmektedir. Fakat bu hareket, Gelibolu Yarımadası'nı bırakmak anlamına gelmemelidir. Tersine Türkler yenilene kadar bu cephe tutulacaktır. Suvla'daki kuvvetlerinizi azaltıp, Kayacık Ağalara kadar çekilmenizde bir sakınca olmadığına karar verildi."

Âmin! Tanrı kralı korusun!..

Düşünceler ve girişimler hep çelişki içinde. Artık Gelibolu serüveni konusunda, bundan sonra kimseyle konuşmaya değmez. Sonuç olarak kuvvetlerimizi, istenildiği gibi, Suvla'dan geri çekerek yeni mevzilere yerleştirdim ve iki tümeni Selânik'e göndererek, son durumu ve tümenlerin hareketlerini Lord Kitchener'e bildirdim.

İMROZ

27 Eylül 1915

Sabah kahvaltı sırasında Çanakkale'den kalkan bir Alman uçağı karargâhımı bombaladı. Tanrı'ya şükür, hiçbir hasar yok. Basın temsilcileri Ross ve Nevinson çaya davet ettiler. Lord William Percy ve Sir Walter Barttelot ile akşam yemeğinde bulundum.

İMROZ

28 Eylül 1915

Gece yarısı düşman uçağı karargâhı yeniden bombaladı, fakat önemli bir hasar yok. Sabahki uçak saldırısında iki kişi yaralandı. Bugün Hellas bölgesinde Türkler bombardımana başladılar.

İMROZ

29 Eylül 1915

Bugün üç subayı "Askerî Haç" madalyası ile ödüllendirdim. Bu amaçla bir tören yapıldı. Akşam H.M.S. Cornwall ve Corn-

Çanakkale'yi geçemeyeceğini anlayan İngiliz askerleri geri çekiliyor

wallis gemileri komutanları ile birlikte yemek yedik.

İMROZ

30 Eylül 1915

Gelibolu Yarımadası'nda kötü hiçbir durum yok, ama Genel Karargâhta huzursuzluk var. 10. Tümen düşman tarafından zorlanmadan Suvla'dan ayrılıyor. Tek mermi bile atılmadı. Bazıları geri çekilmenin çok iyi bir şekilde başarıldığını söylüyor. Türklerin ise, düşmanlarının çekilişini zevkle seyrettikleri kesin.

10. Tümenin Suvla'dan ayrılması sırasında hava yağışlı ve sisli idi. Arada sırada duyulan top sesleri dışında, hiçbir silâh se-

si işitilmedi. Türkler ister uykuya yatsınlar, ister gözlerinden birini kapamış olsunlar, askerlerimiz herhangi bir saldırıyla karşı karşıya kalmadılar.

İMROZ

1 Ekim 1915

Lord Kitchener cephane konusundaki isteklerimizi dikkate aldığını, fakat ele gelen az çok her parti cephanenin Fransa'ya gönderildiğini bildiriyor. Lord Kitchener, Doğu Cephesinin önemine inanmakla birlikte, Batı Cephesine cephane göndermeye devam ediyor! Bana göre durum gün gibi açık ve ortada.

General Bailloud gönderdiği bir raporla, Gelibolu Yarımadası'ndaki Fransız mevzilerinin bir Fransız tümeni ile tutulabileceğini bildiriyor ve kendi kanılarıyla aynı düşüncedeysek, 53. Tümenin Fransa Cephesine gönderilmesini istiyor?

Not: Lord Kitchener bir kartal gibi çıkış yaparak, General Bailloud'a cevap verdi. Bu konuda aramızda çeşitli yazışmalar geçti. Lord Kitchener omuzlarındaki yük kalktığı zaman, bana, "Gelibolu Yarımadası'ndan kuvvetlerimizi çekmemiz İslâm dünyasından özellikle Mısır'da büyük yankılar yapacaktır. Kahire, İslâmiyetin ve bizim Müslüman milletleri koruyan imparatorluk tezimizin merkezidir" demişti.

İMROZ

2 Ekim 1915

Bütün işimiz Selânik'e gönderilen kuvvetler. Bütün Seferî Kuvvetler, 10. Tümenin gönderilmesi işiyle uğraşıyor. Yunanlılar da kesinlikle iyi bir ilk izlenim bırakmış olmalıyız. Gerçekte ikmal sistemi iflâs etmiş bir durumda.

Denizaltı avcısı Gümüş Bebek denilen uçak bütün gün uçuş yapıyor, ama şansı yok. Hava ağustos ayındaki gibi sıcak. Gascoigne ve Bertier ile akşam yemeği yedim.

İMROZ

3 Ekim 1915

Kilisede âyine katıldım. Howe ve Nelson Taburlarını denetleyip, 12. ve 26. Avustralya Piyade birlikleri ile gezimi tamamladım. Öğle üzeri, Fransız generalleri Bailloud, Brulard ve Girodon son konferans için Mondros'tan geldiler. Herşey hazır edildi. Konuşmadan sonra rıhtıma kadar inip kendilerini uğurladık, el salladık.

İMROZ

4 Ekim 1915

Asya yakasına yapılan çıkartmanın ardından Türkler uçaklarla Fransız ve İrlanda tümenleri üzerine bildiriler attılar. Bu bildirilerde Senegalli askerlere sesleniliyor ve beyaz komutanlarının kendilerini boğazları kesilmek üzere terkettiği bildiriliyordu. Bu durumu hemen Lord Kitchener'e bir mesajla ilettim. Düşman mevzileri boşaltmamız karşısında çok sakindi. Ama neden kumsalları bombardıman etmediler? Fransızlara göre, Türkler, çekilmemizden son derece memnundular ve cephane harcamamak için, belki de fikrimizi son anda değiştiririz diye çekindiklerinden harekete geçmemişlerdi.

İMROZ

5 Ekim 1915

Lord Kitchener'den gelen bir mesajda, "Sanırım sizi haberdar etmem gerek. Çanakkale Boğazı Komitesi sizin halen tam olarak savunma düzenine geçtiğinizi anlamış bulunmaktadır. Hasta ve yaralı askerlerinizin yerleri doldurulmadıkça, saldırgan bir hareket izlemenizi hayal etmeme bir neden bulunmamaktadır" denilmekteydi.

Ağustos ayından beri Gelibolu Yarımadası'ndayız ve hiçbir şey yapmak olanağı bulamadık. Tam bir fiyasko bu! Çanakkale savaş alanı sanatoryum değildir; son altı hafta içinde kolera, dizanteri ve diğer hastalıklardan kırılan askerlerle, Türkleri iki kere yenerdik.

Bir Alman Taube uçağı karargâh kampını bombaladı, fakat gemilerden açılan ateş üzerine hızla uzaklaştı. Öğleyin H.M.S. Savage Suvla'ya hareket ettim. Yemeği gemide yedik ve kıyıya çıkarken Türk topları bir ile iki mermi savurdular ve sustular.

Çanakkale'de Türklere tutsak düşen İngiliz subay ve erleri

Çay saatine kadar çeşitli birliklerin durumlarını izledim ve H.M.S. Savage ile dönmek üzere kıyıya geldim. Deniz ve hava sertleşmiş, fırtına durumunu almaktaydı. Türk toplarının etki alanı dışına çıkmak için açılmış gemiye varıncaya kadar korkulu dakikalar geçirdik.

İMROZ

6 Ekim 1915

Karargâhtan ayrılıp sabah saat 11'de Hellas'a hareket ettim. Yanımda Aspinall ve Freddie olduğu halde 8. Kolordu Karargâhına gittim. Oradan Kraliyet Tümeninin durumunu gözden geçirdim ve General Paris'le görüştüm.

Cephede dinlenen Türk askerleri

İMROZ

7 Ekim 1915

Emekler boşa gitti. Yüzbaşı Deedles, Rowan Hamilton gibi zeki subaylarla kafa kafaya verip dertleştim.

İMROZ

8 Ekim 1915

Sabah saat 11'de Ellison, Taylor, Gascoigne ve Freddie'yi alıp Anzac'a hareket ettim. Anzac mevzilerinin altı kilometrelik savaş hendek ve siperlerini dolaşarak Hint Tugayı mevzilerine geldik. Mevzileri gezerken birkaç yüz metre kadar ilerimizdeki Türk siperlerinden birdenbire ateş açıldı; fakat ateş çok kötü açıldığından, hemen daha derin siperlere koştuk ve kurtulduk. Yoksa İstanbul'un yüksek minarelerini gözlerimle görmeden iki, üç mermi merakımıza son verecekti!

Kıyıya vardığımızda hava bozmuş ve sert bir fırtına başlamıştı. Rüzgâr ve yağmur altında gece yarısına doğru adaya dönebildik.

İMROZ

9 Ekim 1915

Amiral de Robeck benimle görüşmek istemiş. Bununla birlikte, daha da şiddetlenen fırtına nedeniyle gemiden gemiye geçmek ya da karaya çıkmak çok zor. Dün gece, fırtına Anzac rıhtımında önemli hasar yapmış. Rıhtım iki yerden yıkılmış, iki su tankeri de batmış, Sulva'da üç motorlayter karaya sürüklenmiş. Amiral de Robeck, güneyden gelen fırtınalara karşı Anzac ve Sulva'nın ikmalinin Arıburnu'nun kuzey kesiminden sağlanması gerektiğini söyledi. Eski bir gemiyi batırmakla Arıburnu'nda böyle bir mendirek kurabiliriz.

İMROZ

10 Ekim 1915

H.M.S. Arno ile Hellas'a giderek günümü birliklerin durumlarını izleyerek geçirdim. Sağırdere'den geçerek Hellas'a döndüm. Pek çok eski silâh arkadaşı ile mevzilerde konuştuktan sonra H.M.S. Arno ile ikindi üzeri İmroz'a doğru hareket ettim. Hawke Tabur Komutanı Albay Leslie Wilson hastalandığından hastane gemisi Somali'ye kaldırılmış. Kendisine bir telsiz çektirerek sağlık diledim ve mevzilerini iyi durumda bulduğumu belirttim.

İMROZ

11 Ekim 1915

Amiral de Robeck sabah saat 11'de gelip Amirallik Dairesinin bir mesajını getirdi. Kendisinden, Gelibolu Yarımadası'nda kuvvet sağlayabilmek için ne kadar ek birliğe gereksinim bulunduğu soruluyormuş. Amiral benden sayının ne olabileceğini öğrenmek istedi. Olan kuvvetim, mevcudunun yarısına düşmüştü. Bu yarımın yarısı da hastaydı. Toplam 100.000 kişilik kuvvetimiz vardı ama, 50.000'i işe yaramaz durumdaydı. Eğer, bu sayı gerçek kuvvetimize eklenecek olursa, Gelibolu Yarımadası'nda ileri harekâta geçmeyi düşünebilirdim ve gerekli asker sayısı 200.000 idi.

Lord Kitchener'in hastalıkların artışı konusundaki sorusuna, "Çanakkale Boğazı seferine ayrılan ve Gelibolu Yarımadası'nda mevzilenen askerlerde, bazı tutumlardan ötürü ruhsal bunalımlar meydana gelmektedir" diye cevap verdim.

Askerler çöküyorlarsa buna pek şaşmamak gerek! Sulva mevzilerinden iki tümeni çekip, Selânik'e gönderirsen, düşman ateşine bu tümenlerin silâhları cevap vermezse, her birlik kendini eksiltilmiş sayılarından dolayı yarı güçte görürse, asker doğal olarak karamsarlık duyar.

İMROZ

12 Ekim 1915

Gelibolu Yarımadası'nda ileri harekâta girişme ümidi tamamen kayboldu. Sabah erkenden Lord Kitchener'in mevzileri boşaltmamızı isteyen mesajına cevap hazırladım. Kuvvetlerimiz ve düşman kuvvetleri, karşı karşıya bulunduğumuz sorunları oluşturuyor. Eğer dikkatle, sessizce, hızla yaparsak sonuçta başarı olur. İş ki Türkler ve hava durumu değişmesin. Ama bu iki etken de kararsız nesneler.

Türklerin hangi koşullar altında sessizliği korumaya devam edeceklerini kim söyleyebilir? Hava durumunu ise meteorologlar hava tahmin raporunda yazıyorlar; "Fırtına geliyor!"

General Gouraud ile yaptığımız durum değerlendirmesinde Hellasburnu bölgesinin uygun görünen üç bölgesinden yapacağımız boşaltma süresinde, altı tümenden ikisinin Türklerin saldırıları sonucu yok olacağı sonucuna vardık. Gelibolu Yarımadası'ndan çekilirken kuvvetlerimizin olduğu kadar, silâh, cephane ve diğer malzemenin yarısını kurtarmalı ve böylece en az kayıpla işi bitirmeliyiz. Boşaltma süresince saldırıyla karşı karşıya kalacağız ve ilk adımda üçte bir kayıp verileceği açık. Şansımız iyi giderse, belki tahminimden daha az kayıpla kurtulabiliriz. Aksi takdirde Sulva'daki dermeçatma kuvvetlerle, Hellasburnu'ndaki Senegalli birliklerin kayıpları gerçek felâket olacaktır.

Karaya çıkarak mevzileri teker teker dolaştım. General Birdwood ile görüştüm ve akşam üzeri 18.30'da bir muhriple adaya döndüm. Cephede durum tamamen durgundu. Arada bir Türk ya da Anzac bataryalarından tek tük top ateşi açılıyordu.

Kuzey Çin Piskoposu Charlie Burn ile akşam yemeğinde birlikteydim. Piskoposun mütevekkil oluşu dikkat çekiciydi.

İMROZ

13 Ekim 1915

Saat 10.40'a kadar masamdaki belgeleri toplamakla cevap hazırlamakla uğraştım. H.M.S. Lefroy muhribi ile V Kumsalına hareket ettim. Öğle yemeğini Brulard'ın karargâhında yedikten sonra mevzilerin durumunu görmek üzere siperleri dolaştım. İleri sağ kanattaki mevzilerden Kerevizdere görülüyordu. General Faukard olanak sağlanırsa Kerevizdere'nin iki yakasına egemen olabileceğinden ve filonun Çanakkale Boğazı'ndan bir mil daha içeri girme rahatlığı kazanacağından söz ediyordu... Bu mevzilerde gündüz kimse kıpırdayamaz, hareket edemez. Çünkü Asya yakasındaki ve Alçıtepe'deki Türk bataryaları her zaman büyük tehlike oluşturuyor. Çevrede iskeletleşmiş ölüler ve bir sürü cesetler görülmekte. Burada Fransızlar yaptıkları bir kazı sırasında M.Ö. 2500 yılına ait olduğu sanılan bir mezar bulmuşlar. Altın çağının insanları, ölülerini çiftler olarak büyük bir küpün içinde gömecek kadar duyguluymuşlar. Ne ilginçtir ki, bunca yüzyıl sonra ölülerimiz yuvarlandıkları çamur yığınları arasında, soğuk rüzgârlarda çürüyüp gidiyor.

İMROZ

14 Ekim 1915

Hava her zamankinden soğuk. Sivrisinekler kayboldu ve haşaratın ölmesiyle, sıtma hastalığı azalacak demektir. Akşam Lord Duncannan yemeğe geldi. Kendini Selânik'e giden Binbaşı de Putron yerine, General Bailloud'un bağlantı subaylığına atadım.

İMROZ

15 Ekim 1915

Isırır gibi korkunç bir soğuk var. Bütün karargâh altüst durumda ve herkes çadırları körfezin daha sakin ve rüzgârdan

Çanakkale'den ayrılan İngilizler

uzak bir kısmına taşımaya çalışıyor.

General Altham, Selânik'te idi, dönüp, olayları anlattı. Söylediğine göre, şehrin askerî merkez durumuna gelişi, bilinen yöntemlerin öykünmesidir. Gerçekte plân yok, yönetim yok, fakat şaşkınlık çok büyük. Emin olsunlar ki, hiçbir şey yapılamayacaktır. Küçük ya da büyük çapta bir başarı beklenemez ve süngülerimizin çoğu paslanmaya yüz tutmuştur.

General Sarrail, Sırplılar tarafından davet edilmiş ve birliklerimizin ileri harekâta geçmesi istenilmiş. Fakat general, isteği nazik bir şekilde geri çevirecek kadar akıllılık göstermiş! Kabul etse, askerlerini nasıl besler? Hepsinin üzerinde, Yunanlıları yönetmek biraz kuşkulu görünüyor. Bulgarlara gelince, maskelerini yüzlerinden çıkardılar. Selânik yıkıntıya dönerken General Sarrail için üzüntülerimi koruyabilirim.

İMROZ

16 Ekim 1915

Dün gece yeni yatmıştım ki. Lord Kitchener'den gelen bir mesaj nedeniyle yeniden kalktım. "Gizli ve kişiye özel" damgalı olan mesajı şifresini çözmeleri için ilgililere teslim ettim ve sabahleyin hazır edilmesini istedim, ardından hemen yatıp uyudum.

Mesaj şöyleydi :

"Savaş Konseyi dün gece yaptığı toplantıda, hükümetin yaptığınız hizmeti tam anlamıyla takdir ettiğini, kişiliğinizin önemi altında kahramanca bir şekilde düşmanla mücadelenin, büyük güçlüklere rağmen yürütüldüğünü, fakat aynı şekilde komuta makamında bir değişiklik yaparak, sizinle görüşmek fırsatının sağlanmak istendiğinin duyurulmasına karar verildiğini bildiririm."

General Charles Munroe yerime atanmış. Kurmay Başkanı olarak bir başkasını yanında getirmekte olduğundan General Braithwaite de devir teslim yapacak. Görevim böylece sona eriyor.

İngiltere'ye dönerken belki Selânik'e ve Mısır'a uğrayarak hükümete bu cephelerdeki son durumu açıklayacağım. General Munroe'nun varışından önce ayrılacağım için General Birdwood geçici bir süre "İstanbul Seferî Kuvvetler Komutanlığı"nı üzerine alacak.

Amiral de Robeck beni İngiltere'ye götürmek üzere bir kruvazör hazırlattı.

Kahvaltıdan sonra Lord Kitchener'in mektubunu tekrar birkaç kere okudum. Bu değişmeyi Savaş Konseyi kararlaştırmış görünüyordu... Peki, General Munroe'yu da Savaş Konseyi mi atamıştı?

Bir konuda emindim, vatana döndüğümde, kendini kaypak

Arıburnu Sırtları 1915

politikacıların elinden kurtarabilirse, Lord Kitchener'e pek çok gerçekleri açıklar ve inandırabilirdim. Constantinople şu anda büyük bir engel olarak harita üzerinde duruyor.

İkindi üzeri çayda General Ellison, General Braithwaite, Binbaşı Bertier, Albay Sykes ve Guest bulundular. Kendilerine, "Daha ölmedim, fakat hükümetteki önemim tükendi. Yeni komutan kutsal görevi taze bir güçle yürütecektir. Onunla ordu ilerleyecek, filo Çanakkale Boğazı'nı aşacaktır!" dedim.

H.M.S. CHATHAM KRUVAZÖRÜ

17 Ekim 1915
(Denizde)
İçten, dıştan insanı oldukça titreten bir gün. Bir yönden her çeşit vedanın yüreğimdeki sızısını duyarken, diğer taraftan buz gibi ayaz bir hava kemiklerimize işliyor.

Sabah İmroz'da idim ve saat 10.30'da General Brulard'la Kurmay Heyetini kabul ettim. Onları General Byng ve Davies ve Kurmay Heyetleri izledi. General Braithwaite ile atlarımıza binerek, Kefalos limanındaki yeni karargâh yerinde bulunan bütün subaylara veda ettim. Türkleri yeteri kadar geri püskürtüp Gelibolu Yarımadası'nda yaşayacak bir yer sağlamak çabamıza rağmen, bugün bir Rum köylünün yaptığı kulübemden ayrılmak zorunda kalıyordum. Hem de ters bir yönde...

Chatham kruvazörüne geçtim ve doğruca kamarama çekildim. Demir alındı ve dev gemi hareket etti. İmroz adası, Kefalos limanı, hayır, hayır çıkıp hiçbirine bakamazdım... Bir ara gemi komutanı, Amiral de Robeck'in beni güvertede görmek istediklerine ilişkin bir işaret çektiğini bildirdi. Hemen köprü üstüne koştum, Chatham demirli savaş gemileri arasından geçerken, güvertelerde dizilmiş erler bizi selâmlıyorlardı.

Hiçbir görev, Gelibolu seferindeki görevim kadar ağır bir sorumluluk taşımamıştır, bu derece kutsal bir ölüm de olamaz.

Seddülbahir'de Türklere tutsak askerler
İngiliz, Fransız, Senegalli silâhları arasında oturuyorlar

EKLER

SUNUŞ

Nurer UĞURLU

Birinci Dünya Savaşı'nda, Çanakkale Boğazı'nı geçmek isteyen İtilâf devletleri (İngiltere ve Fransa) kuvvetleriyle yurtlarını koruyan Türk kuvvetleri arasında yapılan Çanakkale Savaşları (3 Kasım 1914-9 Ocak 1916), Türk ve dünya tarihinin önemli savaşlarından biridir. Bu büyük savaş Türk ve dünya basınında büyük yankılar uyandırmıştır.

Bu bölümde, Çanakkale Savaşlarının dünya basınındaki yankılarına yer verilmiştir.

Birinci yazı, Çanakkale'ye savaş muhabiri olarak gelen *E. Ashmeat Bartlett* tarafından kaleme alınmış, Times gazetesinde yayınlanmıştır (1915).

Gazeteci Ashmeat, bu yazısında Çanakkale deniz ve kara savaşlarıyla ilgili bilgiler vermiş, savaşların İngiltere'deki kimi siyasetçilerin ve askerî yetkililerin söylediklerinin tam tersi bir yönde gittiğini, yerinde gözlemler yaparak, açıklamış; savaşın İngilizler için kötü gidişinin nedenlerini de belge ve kanıtlarla ortaya koymaya çalışmıştır.

İkinci yazı, Çanakkale Savaşları sırasında, Akdeniz Askerî Sefer Heyeti'nde resmî gazeteci olarak görev yapan *Sydney Mosley* tarafından kaleme alınmıştır. *Çanakkale Savaşı Gerçekleri* adıyla daha sonra kitap olarak yayınlanan bu araştırma, Çanakkale deniz ve kara savaşlarıyla ilgili, bir savaş muhabirinin gözüyle, olayları, gelişmeleri ve koşulları değerlendirmektedir. Ayrıca yazar, 18 Mart 1915 yenilgisiyle ortaya çıkan "suçlu kim" tartışmasına da açıklık getirmektedir. Mosley, İngiltere'de yayınlanan tartışma ve eleştirilerle ilgili görüşlerini açıklarken de, diğer savaş muhabirlerinin yazılarına ve savaşa katılan generallerin raporlarına da göndermeler yaparak değerlendirmelerde bulunmaktadır. Yazar, yenilginin suçunu, daha çok, İngiliz halkını yanıltan sorumlularda aramaktadır.

Üçüncü yazı, Çanakkale Savaşlarına ABD'li bir gözlemci olarak katılan Yüzbaşı *Granville Fortescus* tarafından kaleme alınmıştır. Yazar bu yazısında, Çanakkale Savaş muhabiri E. Ashmeat Bartlett'in değerlendirmelerinden geniş ölçüde yararlanmıştır. Fortescue, kendi açısından savaşın bir değerlendirmesini yapmakta, İtilâf devletleri kuvvetlerinin Çanakkale'den geri çekilmesinin nedenlerini araştırmaktadır.

Dördüncü yazı, Müttefik ordularının Gelibolu Yarımadası'nı boşaltmasıyla ilgili deniz harekâtını içeren Akdeniz Filosu Başkomutanı Amiral *de Robeck* ile Mondros Deniz Kuvvetleri Komutanı Koramiral *Rossely Wemyss* tarafından sunulan ve 12 Nisan 1917'de Times gazetesinde yayınlanan raporlardır.

Beşinci yazı, Gelibolu Yarımadası'nda bulunan İngiliz Sefer Heyeti'nin 28 Eylül 1915'ten 9 Ocak 1916'a kadar olan boşaltma harekâtını içeren ve İngiliz Savunma Bakanlığı tarafından yayınlanan General *Sir Charles Monro*'nun raporudur.

Bu yazılar ve raporlar, İngiltere'de *Lloyd George* hükümetinin düşmesine, *Wiston S. Churchill* gibi devlet adamlarının uzun zaman politikadan uzak kalmalarına neden olmuştur.

E. Ashmeat Bartlett

**ÇANAKKALE DENİZ SAVAŞIYLA
İLGİLİ AÇIKLAMALAR**

TIMES GAZETESİ MÜDÜRLÜĞÜNE

Efendim,

Çanakkale Sefer Kuvveti konusunda bu ana kadar yapılan açıklamaların artık sona erdiğinin sanıldığı bir zamanda tarafımdan da bazı düşüncelerimin belirtilmesine izin vermenizi rica ediyorum. Düşüncelerim, Churchill tarafından daha sonra söylenen sözlerin bazı kısımlarını, daha çok aydınlatacaktır.

Geçmişte bizi tehlike uçurumunun kıyısına kadar sürükleyen üzücü hataların, gelecekte tekrarlanmasını şiddetli bir şekilde engelleme isteğinde olduğunu hükümet, Avam Kamarasına bildirmiş olduğu için Başbakan Asquith'in, (*) Sir Edward Karsun'un ve Churchill'in ortaya koymuş oldukları noktaları ümit ettikten sonra Çanakkale'deki deniz harekâtından sonra Gelibolu Yarımadası üzerine çıkarılan ordu ile ilgili gerçeklerin gizlendiği sanısına kapılmamak gerekir.

Bu noktalardan çıkarılan sonuca göre, üç ana hata göze çarpmaktadır ki, bunlar bütün zorluklarımızın özünü oluşturuyor. Bu hatalardan birincisi, savaşın başlangıcından beri Savunma Bakanlığında bir Genelkurmay heyetinin asla oluşturulmamış olunmasıdır. Savaş başında birçok seçkin subayımız Savunma Bakanlığında önemli yerlerde iken, düşmanla sınır boylarında çarpışmayı ve savaş alanında olmayı büyük bir arzuyla istemiş-

---

(*) Herbert Henry Asquith (1852-1928). 1908-1916 yılları arasında başbakanlık yaptı. 1916 yılında görevi Lloyd George'a bırakmak zorunda kaldı.

Winston S. Churchill

lerdi. Bunu takdir ederiz.

İkinci hata, Savunma Bakanlığı işlerinin Lord Kitchener tarafından üslenildiği dönemde de yeni bir Genelkurmay heyetinin oluşturulması konusunda hiçbir çaba harcanılmaması ve gerekli önemin gösterilmemesiydi. Ayrıca, Savunma Bakanlığı görevlerinin Kitchener tarafından doğrudan doğruya yürütülmesine hükümet de, tam anlamıyla kendisini hazırlamıştı. Bu öylesine ağır ve sorumluluk gerektiren bir görevdi ki, askeri iktidar, hatta Napolyon'un daha üzerinde bulunan bir kişi bile buna çok güçlükle dayanır.

Üçüncüsü, "Ulusal Savunma Konseyi"nin daha fazla genişletilmiş bir şekli olan "Savaş Meclisi" tarafından savaşın stratejik aşamalarını, genel bir biçimde yönetme talihsizliğinin üstlenilmesidir. Bu savaştaki iktidar ve askeri özelliğe sahip kişilerden oluşan bir kurmay heyeti tarafından sevk ve idare edilecek pek çok yerde, ender olarak Lord Kitchener'in çalışma ve iktidarıyla yönetilmiş ve çoğunlukla ise, siyasilerin her türlü aşama ve manevralarında becerikli ve fakat savaş sanatının kuram ve uygulamasından tamamıyla habersiz mülkiye memurlarından oluşan bir grup tarafından sevk ve idare edilmiştir. Bu grubun üyelerinden her biri, kişisel düşünceleri kendisine sıcak gelen bir uzmanın ardından koşarak onun bakış açısını ne kadar uygulanamaz olursa olsun ve sonuçta ne kadar acı bir ders verirse versin onaylatma mücadelesiyle zaman harcarlar.

Amacım, yalnız Çanakkale harekâtı konusunda bir şeyler söylemek ise de, Churchill'in nutkunda yüzeysel bakışla görülemeyecek bir nokta vardır. Nutkun bu parçası, şimdiye değin olmuş olan bütün askeri harekâtı çok fazla aydınlatmaya yardım eder. Bu da Anvers seferiyle ilgilidir.

Churchill'in ağzından çıkan aşağıdaki sözlere göz atalım.

"Anvers'i (*) kurtarmak için bir ordu gönderme projesi, benden çıkmamıştır. Bu proje, Lord Kitchener ile Fransa hükümetinin ürünüdür. Kitchener, bu sorunla ilgili olan görüşmelerini bir süre sürdürdükten ve hatta geniş çapta bir askeri kuvveti hemen hemen gönderme noktasına geldiği zamana kadar, bu konuya ben, ne karıştım ne de benimle görüş alışverişinde bulunuldu. 2 Ekimde, gece yarısında, Kitchener'in evinde düzenlenen, Sir Edward Grey, Lord Kitchener ve daha başkalarının da bulunduğu bir toplantıya davet edildim."

Bu kısım, nutkun en can alıcı noktasıdır. Çünkü bu sözler Anvers ve Çanakkale sefer kuvvetleri konusunda kabinenin ortak sorumlu olduğuna ilişkin başbakanın 2 Ekim tarihli açıklamasını açıktan açığa yalanlamaktadır. Eğer, o zamanlar Savunma Bakanlığı koltuğunda oturan Churchill ile bu konu hakkında fikir alış verişinde bulunulmamış ise, kendisinden önemce daha alt

---

(*) Belçika'da bir liman şehri.

düzeyde bulunan diğer bakanların birçoğu, sefer kuvvetinin oluşturulması zorunluluk durumunu alıncaya kadar, doğal ki hiçbir şeyden haberdar edilmemişlerdi. Eğer Anvers sorunu, kabinenin genel heyetiyle danışılmadan yapılmış ise, Çanakkale Sefer Kuvvetinin ne dereceye kadar karşılaştırma ve inceleme sonucunda oluşturulmuş olduğunu sormaya hakkımız yok mudur?

Uzmanlar ve Suçsuz Kişiler

Çanakkale savaş alanında kara ordumuzun yerini almasından önce olan deniz harekâtına, İngiliz kamuoyunun hemen hemen büyük bir çoğunluğu ilgisizdi. Başbakan ile Churchill'in "Çanakkale deniz harekâtı, uzmanların tamamı tarafından meydana getirilmiştir" açıklamasını kabul etmek zorundayız. Uzmanların bilgi düzeylerini, şu an için olsun küçümsemek düşüncesinde değilsem de bütün uzmanların düşünceleri, yapılacak işte kullanılacak olan bilinen ögelere göre, dar bir önem taşıdığı fikrini ortaya koyabilirim. O halde elde bulunan bilinen ögeler nelerdi? Bunlar her ne kadar Deniz Bakanlığı Arşivinde saklı ise de, bunları, o zaman Çanakkale'de bulunan herkes biliyordu ki, saçma kabul edilmiş olan bilinen ögeler hiçtendi. Bilginin kısaltılmış ana noktaları şunlar olsa gerektir:

1. Savaşın ortaya çıkışından beri Türkler, Almanların gözetimi altında ne kadar istihkâm meydana getirmişlerdir ve ne kadar yeni top tabya edilmişti?

2. Torpil arama işinde kullanılan muhripler ile balıkçı gemilerine karşı kullanılmak üzere Türklerin, hareket özelliğine sahip ne kadar topu vardı?

3. Türk istihkâmlarına ne kadar Alman topçusu konulmuştu?

4. Çanakkale geçidinin torpil, mayın ve karadan ateş edebilir

torpil kovanları ile ne dereceye kadar savunması hazırlanmıştı?

5. Mayın tarlalarının asıl yerleri nerelerdi?

Bu ana noktalardan hiçbiri konusunda güvenilir bilgilere sahip değildik. Eğer donanma Narrows'dan geçipte Marmara'ya girer ve Türkler zora düşüp barış istemeyecek olursa, bu konuda ne yapılması gerekeceği en önemli sorun bile söz konusu edilmemiş ve tartışılmamıştı. Doğal olarak donanma, İstanbul önlerinde uzun süre duramayacağı için, şimdi de donanmanın yeniden Boğazdan dışarı çıkması sorunu ile karşı karşıya kalacaktık. Uzmanlardan çıkan düşünce ve bilgiler -ki bunlar sırtlarını hükümete dayamışlardı- savaş gemisi toplarından, istihkâmlara karşı açılan ateşin, tıpkı üniversitede olduğu gibi, olası etkilerini incelemek ve tartışmak olduğu gerçeği ortaya çıkmıştı. Uzmanların düşünce ve bilgilerinin bölünmelere uğramış olduğu ve ancak Amiral Sir Wilson, dış istihkâmların zorla da olsa

Birinci Dünya Savaşı Savaş Kabinesi

tahrip edilebileceği ve fakat bundan sonrası için bekleyiş sürecinin başlayacağı yolundaki açıklamalarının gerçeklerle ne kadar bağdaştığı ortaya çıkmıştı.

Türkleri ve Türk kuvvetlerinin kaynaklarını iyi bilen iki kişinin, bu konuda düşüncelerinin alınıp alınmadığının bilinmesi de çok fazla yararlıdır. Bu kişilerden birisi, savaştan önce Türk donanmasını yönetmiş olan Amiral Limpus, diğeri de Balkan Savaşı'nın bitiminde, İstanbul'da bulunmuş olan askeri ataşemiz Miralay Tairrol'dur. Türk ordusunun durumu ile bozulma nedenlerini çok yakından incelemiş olan Miralay Tairrol, iyice kanaat getirmiştir ki, Türklerin bozulma nedenleri, gafil avlayıcı bir saldırıya uğramalarından, ordularının dağınık bir durumda bulunmasından ve malzemece çok büyük noksanları olmasından ileri gelmiştir. Yoksa Türklerin atalarından eskiden beri miras almış oldukları savaşçı özelliklerinin yok olması değildi. Bu derece bilgisi olan Miralay Tairrol'un savaş harekâtının tamamen bir duraklama devresine uğradığı eylül ayı ortalarında istihbarat şubesi müdürü göreviyle Çanakkale'deki orduya gönderilmiş olması garipliğinden söz etmeden geçemeyeceğim.

Geleceği bilinmeyen ve bir çeşit serserice olan bu harekete, düşmanın savunma araçları konusunda hiçbir bilgiye ulaşamadan ancak 15 pusluk obüslerin Anvers'i yerle bir ettiği düşüncesine güvenerek, Queen Elizabeth'in de filoda bulunan diğer savaş gemilerine tabya edilmiş 12 pusluk topların arkasında Narrows istihkâmlarını yıkacağı düşüncesine tam bir bağlılık ile sarıldık. Şurası iyice bilinmelidir ki, belli bir platform üzerine tabya edilmiş olan bir obüs topundan düzenli ateşlenen mermilerin birbiri ardı sıra bir metrelik bir alan içine düşürülebildiği ve buraları yerle bir ettiği halde savaş gemisi toplarından ateş edilen yüksek, hızlı ve yatık hareketli mermilerin düştüğü yerde yapabileceği etki çok azdır. Eğer savaş gemisi toplarının zarar verdiğini sanıyorsak yanılıyoruz. Çünkü onlar, toprak içine nüfuz ile oralarda infilâk ederek toprak kütlelerini havaya kaldırırlar ya da top mazgallarından içeriye girerler. Bunların her ikisinde de sağlıklı atışa ulaşılamaz. Çünkü gemiler her zaman hareketli bir platform olduğundan, rüzgarın en ufak bir esintisinin ve denizin en küçük bir dalga ya da akıntısının etkisiyle gemilerin yerleri değişirdi.

İlk Dönem

Yukarıda sözü edilen deniz harekâtını sayfalarınızın izin verdiği ölçüde burada ayrıntılı olarak incelemek isterim. Churchill Avam Kamarasında "Çanakkale Boğazı'na yönelik hücumun ilk devresi, beklentilerimizin üzerinde başarılıydı" diye bir açıklamada bulundu. Ben, bu çeşit bir bakış açısını ilk kez duyuyorum. Çünkü, Çanakkale'nin ilk bombardımanına katılmış olan denizci bütün kişilerle yaptığım söyleşilerde, dış istihkâmları tahrip etmekte karşılaştıkları zorlukları, Narrows istihkâmlarına hücum etmek gerektiğinde ne denli korkunç bir görevle karşı karşıya kalacaklarını anlamış olduklarına ilişkin açık bir fikir elde edemediklerini, bana birçok kere söylediler.

İlk bombardıman, 19 Şubat 1915'te başladı ve Hellas, Seddülbahir ve Kumkale'nin dış istihkâmlarına yönelik yapıldı. Bu istihkâmlar tamamıyla açıkta bulundukları için kısmen yan ateşine de alınmıştı. Bunların içlerine 9,5 cm'lik ve bazen de daha büyük toplar tabya edilmiş ise de, menzilleri 10.000 yardayı geçmiyordu. Bu topların ana tabyaları, Boğaza girecek olanları ateş altında tutmak ve açık denizden uzun menzilli toplar ile yapılan ateşe karşılık vermekti. Toplar, dış duvarları ve üstü toprakla örtülmüş ve iç duvarları beton olarak oluşturulmuş istihkâmlar içine tabya edilmiş olup mazgallardan ateş açarlar. İstihkamların içi açık, cephane ise topların yanlarına açık bir alanda yığılmış olduğundan, içeride patlayacak olan bir mermi büyük bir tehlikeyi yaratmaya yeterliydi. Bu bombardımanın etkisi konusunda, bir savaş gemisinin resmî haberlerinde aşağıdaki satırları okudum.

"Özellikle 3 ve 6 numaralı istihkâmlara karşı elde edilen sonuç, genel olarak sevindiricidir. Fakat geniş olarak işi inceleyecek olursak umduğumuz derecede önemli hasar verilememiştir. Sadece 6 numaralı istihkâm çok fazla tahribe uğramıştır."

Havaların bozuk olmasından dolayı, bombardımana devam etmek mümkün olamadı ve donanma ancak 25 Şubat 1915'te hücumu yenileyebildi. Savaşa sabah 10.00'da başlandı ve Kumkale'nin arkasında bulunan bir batarya 14.45'de son topu attı. Dış istihkâmları uzun menzilden Queen Elizabeth, Agamemnon, Lord Nelson, Irresistible, Goliath zırhlıları bombardımana tutar-

Türk subayı 38 cm'lik bir İngiliz top mermisiyle

ken Vengeance, Cornwallis, Suffren, Charlemagne gemilerine de, 3.000 yarda mesafeye ikişerli olarak sokulup ikinci bataryalarıyla direk ateş açarak, topların tahrip edilmesi emri verildi. Triumph ile Albion zırhlıları da bu bombardımana katılmışlardı. Bu bombardımanın amacı, Hellas, Seddülbahir ve Kumkale'deki bütün Türk istihkâmlarının saf dışı bırakılmasıydı. Fakat bombardımanın ertesi günü Seddülbahir'e çıkarılan silâhlı deniz askerleri maddî hasarın çok az olduğunu gördüler. İstihkâmların içi hemen hemen hiç yıkıma uğramamış olduğundan, topların pamuk barutuyla tahrip edilmesi zorunluluğu duyulmuştur. Aynı amaç için Kumkale'ye 4 Mart 1915'te çıkarılmak istenilen müfreze düşman tarafından püskürtüldü. İç istihkâmlara yönelik yapılmış olan deniz harekâtından elde edilen bütün sonuç, şunlardı: Bu toprak istihkâmlar, donanmadan atılan mermiler ile boğulabilir ve topçular da çok uygun koşullar altında güvenli yerlere sokulabilir ise de doğrudan doğruya toplara karşı tahribat ayrı tutulursa, maddî hasar çok azdır.

Buraya kadar verilen ayrıntılardan gelecek için ümitli olma konusunda bir anlam çıkmaz ve bu konuda kimse gerekli olan cesareti asla bulamaz.

Çanakkale Boğazı'nda Yapılan Deniz Harekâtı

Bu başlık altında, dış istihkâmların susma tarihi olan 25 Şubat 1915 ile 18 Mart 1915'te yaşanan ve yenilgimizle sonuçlanan deniz savaşları arasında saklı kalmış olan çok önemli zaman dilimlerini inceleyeceğiz. Bu zaman içinde yaşanmış olan olayların açıklanması çok değerli sayfaları işgal edeceğinden, bu bölümde yalnızca en gerekli olanlarından söz edeceğim.

Dış istihkâmların saf dışı bırakılması ve tahrip edilmesi, torpil tarama görevinde kullanılan gemilerimize, Çanakkale Boğazı'ndan içeri girip Boğazın aşağılarında bulunan torpillerin ortadan kaldırılmasına yardımcı oldu.

27 Şubat 1915'te savaş gemilerimiz Boğazdan içeri girip Dardanos istihkâmlarına hücum ettiler. Ayrıca 1 ve 2 Martta Dardanos istihkâmı saldırıyla karşı karşıya kalarak tahrip edildi ve torpil tarama gemilerimiz de Kepezburnu istihkâmına 3.000 yarda kadar sokularak ateş altında torpilleri taradılar. Aynı gün, bir deniz uçağı da Dardanos istihkâmından kuzeybatı yönüne, yani Narrows'un az aşağısına kadar uzayıp giden bir mayın tarlasının yerini belirledi. 4 Mart 1915'de Anadolu yakasında bulunan, gizlenmiş bataryalar ilk kez olmak üzere ateş açtı. 7 Martta ise Agamemnon ve Lord Nelson zırhlıları, Çanakkale Boğazı'ndan içeri girip Narrows'taki istihkâmlara yönelik ateş açtı. Bu gemilere Suffren, Charlemagne, Goulois Fransız savaş gemisi destekte bulundu. Burada oldukça şiddetli ve kanlı çarpışmalar yapıl-

Çanakkale'de Türk topçusu ve Alman denizaltısı

dı ve bütün gemiler Narrows'taki istihkâmlar ile Kepezburnu'ndaki istihkâmlardan açılan müthiş bir ateşin altında kaldılarsa da, nişancıların beceriksizliği nedeniyle filomuz hiçbir önemli hasar ve kayba uğramadı. Agememnon ile Lord Nelson'a birçok kere mermi isabet etmişti. Hatta Agememnon'un kıç bölgesinde 14 pusluk bir mermi patlamıştı. Bütün bu deniz harekâtlarının amacı torpil tarama ve temizleme gemilerinin, Boğazdaki torpilleri tarayıp temizlemekten ve Narrows'taki istihkâmlara Queen Elizabeth, Inflexible, Agamemnon, Lord Nelson zırhlılarındaki uzun menzilli topların korumasında kısa menzilden ateş edecek olan eski savaş gemilerine bir yol açmaktı. Fakat bu işten beklenildiği kadar yararlanılamadı, yani mayın tarama işlemi bir türlü ilerlemiyordu.

Anadolu yakasıyla Gelibolu Yarımadası üzerine tabya edilmiş olan gizli bataryaların yağdırdığı ateş yağmurundan dolayı gündüzleri muhripler ile balıkçı gemilerinin, torpil tarama işlerini yapmaları olanaksızlaşıyordu. Torpil tarama ve temizleme işleri görevinde bulunan gemilerin mürettebatları çıkarılarak, yerlerine 7 Martta donanmadan gönüllü olarak ayrılan gemiciler kondu. Fakat ateşin şiddetinden işler yine iptal edildi. Bazı yerlerde 4 mil kadar bir hızla hareket eden akıntı da ayrıca zorluğa neden oluyordu. En sonunda, bütün torpil muhripleriyle balıkçı gemilerini, gece mayın tarlalarına yollamak ve tarama işlemini akıntının etkisiyle yapmak gibi oldukça zorlu bir işe girişildi. 11, 12, 13 Mart geceleri bu önemli işlem ile geçti. Muhripler ile balıkçı gemileri, düşman tarama fenerleri alanına girdiğinde yoğun bir ateşe yakalandılar. Bu gemiler görevlerinden asla ayrılmadılarsa da elde edilen sonuç, ya hiç ya da birkaç torpilin infilâk ettirilmesinden ya da taranıp alınması olarak kaldı. 14 Mart gecesi Türkler, mayın temizleme gemisinin, tam mayın tarlalarının merkezine kadar ilerlemesine izin verdi. Tam o sırada elektrikli tarama fenerini yakarak o derece şiddetli bir ateş açtılar ki, tarama işlemi bırakılmak zorunda kalındı ve herkes canını kurtarmanın telâşına düştü.

Karanlık Hayaller

Şimdi de Churchill'in "Martın ilk haftasının sonunda deniz harekâtının üzerinden, karanlık hayaller geçmeye başladı" şeklindeki açıklamasını gözden geçireceğim. Bunu Churchill'in ağzından olduğu gibi aşağıya alıyorum.

"Mayın tarlalarını Boğazın aşağısından yukarısına doğru tarayıp kaldırmak zorluğu artmış ve her ne kadar istihkâmları saf dışı bırakmak konusunda savaş gemileri tarafından büyük bir başarı kazanılmışsa da, kesin ve kalıcı bir hasarın verilme-

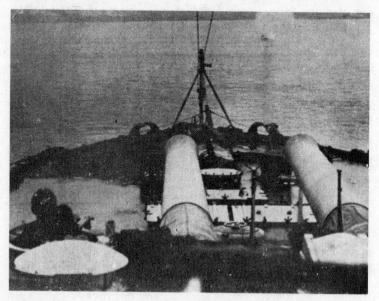

İngiliz savaş gemilerinin bombardırmanına karşılık veren Türk topu

sinde başarılı olunamamıştır. Düşmanın hareket özelliğine sahip silâhları, başlamış ve bunalımı arttırmıştır."

Donanma tarafından Çanakkale Boğazı'na gerçek bir hücumun yapılmasından önce, Narrows'un altında, üç hat üzerine dizilmiş olan mayın tarlalarının taranarak donanma için bir geçit açılmasının mümkün olmadığı açıktır. Çünkü büyük çapta olan yüzlerce topun ateşi altında üç mayın hattından bu ülkenin ya da herhangi bir başka ülkenin deniz tarihinde yaşanmış olan deniz yenilgisi ve bozgunlarının en büyüğüne uğramaksızın donanmayı alıp geçirecek bir amiral, günümüzde var değildir.

Fakat geleceği bilinmeyen, tamamıyla maceraperest bir hareket üzerine derin bir şekilde etki eden karanlık hayallere rağmen, Churchill yukarıdaki açıklamasına şu şekilde devam edip duruyordu:

"Bununla birlikte aşamalı bir şekilde ileri harekâta devam edecek yerde daha çok önlemler alınması kararlaştırılarak bu konuda Amiral Carden'e telkinlerde bulunulmuş ve mümkün olduğunca kayıplardan kaçınması da ayrıca önerilmişti."

Bu açıklamalardan anlaşıldığına göre, uzmanlar, bu noktada fikirlerini ya değiştirmişlerdi ya da Churchill uzmanlar üzerinde etkisini kullanarak onların fikirlerini değiştirmeyi başarmıştı. Çünkü Churchill, bu açıklamalarının başlarında Amiral Carden'e göndermiş olduğu telgrafa ilişkin açıklamasında şu sözleri söylemişti:

"Amiral Carden'e, Çanakkale'yi yalnız savaş gemileri ile zorlamayı uygulanabilir bir deniz harekâtı olarak görür müsünüz? diye bir telgraf çektim. Amiral, telgrafıma cevap olarak 'Çanakkale kısa ve basit bir hücum ile zorlanamaz, fakat düzenli ve sürekli denizden bombardımanla düşürülebilir' dedi. Aynı soruyu aynı anda bugün birinci deniz lordluğu makamında bulunan Sir Henri Jackson'a da sordum. Henri Jackson'dan

da aynı yönde cevap aldım. Biri doğu sularındaki deniz harekâtımızı yöneten, diğeri Deniz Bakanlığında uzman unvanıyla bir makamı olan doğu harekât alanı olayını Genelkurmay heyeti ile inceleyen bu iki tanınmış kişinin görüşlerinin birbiyle örtüşmesi düşüncelerim üzerinde derin bir etki yarattı."

Fransız deniz kurmay heyeti de bu sıralarda fikirlerinden dönmüş ya da bunlar ile asla bilgi alış verişinde bulunulmuş olmasa gerektir. Çünkü ana plânın bu heyetin onaylarına sunulduğuna ilişkin, Churchill şu şekilde açıklamada bulunuyor:

"Plânın ana hatları Fransız deniz kurmay heyeti üzerinde de iyi bir etki yaratmış, bu konuda onaylarını bildirmekle birlikte bunu 'uzak görüşlülük ve ihtiyat' diye kabul etmiş ve plânın uygulanmasına başlangıçta topçuluk bakış açısından umulan derecede bir sonuç elde edilemediği zaman Çanakkale harekâtından vazgeçilmesi de bu heyete ayrıca bildirilmişti."

Bundan da anlaşılıyor ki "uzak görüşlülük ve ihtiyat" diye değerlendirilmiş olan plân ile Amiral Garden ve Sir Henri Jackson'un da Çanakkale kısa ve basit bir hücum ile zorlanamaz, fakat düzenli ve sürekli deniz bombardımanı ile düşürülebilirden olan derin değerlendirmesi hemen bir tarafa atılmak üzereydi. Plân, onaylanmak için Fransız hükümetine sunulduğu ve Fransızlar bu konu hakkındaki onaylarını bildirdikleri zaman, Çanakkale deniz harekâtından vazgeçilmesi için en uygun zaman olduğunu da belirtmişlerdi. Çünkü Churchill'e göre savaş gemileri her ne kadar istihkâmları geçici bir şekilde saf dışı edebilirse de, kesin ve kalıcı bir hasar yaratacak bir durumda değildir.

Şimdi, Asquith'in 2 Kasım 1915 tarihli açıklamasıyla, Churchill'in 15 Kasımdaki açıklaması arasındaki çok açık çelişkiyi inceleyelim.

Asquith 2 Kasım 1915'teki açıklamasında şunları söylüyordu: *"Akdeniz'deki donanmamızın komutanı da dahil olmak üze-*

re bu konu birçok uzman tarafından geniş ve derin bir şekilde incelendi ve o zamanki deniz danışmanımız olan Lord Fisher'in düşüncesinde, bazı kuşku ve tereddüt işaretleri görülmesine dayanarak hükümet, denizden bir hücum yapma kararı aldı. Bu açıklamayı yapmakla gizli olan bir konuyu açığa vurmuş olmam".

Churchill'cie aynı konuda 15 Kasımdaki açıklamasında şunları söylüyordu:

"Lord Fisher, plânın özüne karşıydı ve bu konuda endişeliydi. Fakat bilimsel özelliklerle ilgili kısımlarında Lord Fisher, sert değerlendirmeler ve eleştiriler içeren hiçbir açıklamada bulunmadı."

Churchill ile Lord Fisher arasındaki fikir ayrılıkları ne zaman oluşmuştu? Kuşkusuzdur ki, martın ilk yarısında çıkmıştı ve bunu da Churchill kendi sözleri ile "Deniz harekâtının üzerinden karanlık hayaller geçmeye başladı" şeklinde açıklıyordu. Anlaşıldığı kadarıyla Lord Fisher, donanmanın düşman tarafından yapılmış olan mayın tarlalarını tarayıp kaldırmaktaki ya da deniz altında oluşturulmuş olan daha birtakım engellerin yerlerini belirlemekteki iktidarsızlığını, uzun menzilli direk atışlarla Narrows istihkâmlarının saf dışı bırakılmasındaki zorluğu ve Boğazın her iki yakasında bulunan hareketli ve taşınabilir bataryaları tahribe gücü olmadığını önceden bilinmiş olacak ki, bütünüyle maceraperest bir halde olan bu harekâta temelden karşı çıkmıştı. Lord Fisher, Narrows'u başarılı bir şekilde zorlamak için gereken hazırlıklardan hiçbiri yapılmamış olduğundan bu eksik durum ve koşullar altında filo büyük bir zarar ve giderilmesi mümkün olmayan bir tehlikeyle karşı karşıya kalabileceğine iyice kanaat getirmişti.

Churchill'in Kesin Kararı

Daha bir tekinin bile çözümlenmediği bütün bu engeller, Churchill üzerinde olumsuz etki yapmış gibi görünüyor. Ortadan hâlâ taranıp kalkmayan mayın tarlalarının, henüz saf dışı edilememiş istihkâmlar ile hareket ettirilebilir bataryaların varlığına ve bu zamanda olmaması gereken her türlü tahrip araçlarının halen yerlerinde durmasına rağmen Churchill son derece sinirlenerek alelacele bir saldırı yapılmasına karar vermiştir. Churchill, uzmanlar ile Fransız askerî yöneticilerinin fikir ve görüşlerinin, alelacele bir saldırıya açıktan açığa ne dereceye kadar ters düştüğü ve bu konuda Churchill ile nereye kadar fikir ayrılığında bulunduklarına ilişkin bilgimiz henüz eksik ise de, Çanakkale ile ilgili gerçekler karşısında son derece büyük zorluklara bir kez daha uğramış olduğumuz kesindir.

Churchill'in açıklamalarına devam edelim:

"Bununla birlikte aşamalı bir şekilde ileri harekâta devam edecek yerde, daha çok kesin önlemler alınması karar altına alınarak bu konuda Amiral Carden'e baskı yapılmış ve mümkün olduğu kadar kayıptan kaçınması da ayrıca tavsiye edilmişti. Deniz Bakanlığı tarafından çekilmiş olan bu telgraflar, deniz birinci lordu ile aramızda yaşanmış olan uzun bir görüşmeden elde edilen fikre dayanmaktadır. Zaten gerek barış zamanında ve gerekse savaş zamanında Deniz Bakanlığında bulunmuş olduğu hizmet süresi içinde verilmiş olan önemli emirlerde birinci deniz lordunun yetki ve yazılı onayı her zaman alınmıştır. Bu noktayı tamamıyla açıklamak isterim. Deniz Bakanlığında bulunmuş olduğu zaman içinde hazırlanmış olan hiçbir önemli evrak, filonun dağıtımına ilişkin hiçbir proje ya da gemi harekâtına ait hiçbir emir ya da hiçbir savaş plânı yoktur ki, bunlarda deniz birinci lordunun yazılı onayı alınmamış olsun."

Açıklamaların bu bölümünden, kötü sonuçlanan 18 Mart 1915 saldırısı hakkında Lord Fisher'in yazılı onayı bulunduğu anlaşılıyor. Oysa Churchill açıklamanın aşağılarında bakınız ne diyor:

"Bu gün daha fazla söylemek istemesem de şu noktayı parlâmentoya açıklamak isterim ki, ne 18 Mart deniz harekâtına, ortaya çıkışından önce rehber olabilecek bir görüşü ve ne de bu harekâtı daha sonra destekleyecek kesin bir fikri deniz birinci lordundan aldım. Oysa ben, bunu kendisinden bekliyordum. Madem ki, Lord Fisher bu harekâtı onaylamıyordu, bunu savaş meclisinde açıktan açığa bildirmesi gerekirdi."

Bir nutkun içinde bulunan ve bir diğerine bu derece zıt iki nokta, gözden asla kaçmaz ve bu kadar açık bir zıtlık da asla olamaz.

Oysa bundan daha açık olanı, 18 Mart deniz olayına aittir. Churchill 18 Marttaki deniz harekâtının Narrows'tan bir geçit açmak üzere Boğazı zorlayıp sonunda İstanbul önlerine ulaşmak olduğunu sandı ve hatta kamuoyu da bu düşünceyi beslemeye yöneltildi. Gerçekte ise iş böyle değildi. Olay yerinde bulunarak çalışan subaylar hiçbir zaman böyle bir fikir belirtmediler. Bu savaştaki temel bakış açısı, filonun bir kısmı tarafından Narrows'un alt tarafında bulunan üç hattan oluşan mayın tarlasını tarayıp temizlemekti. (*) Donanmanın giriştiği bu savaş sırasında kendilerine uygun bir fırsat ortaya çıkması durumunda, bundan yararlanarak Boğazdan hızla geçmek konusunda gereken hazırlıklar yapılmıştı. Fakat bugünün projesinde, Boğazdan hızla geçmek asla yer almıyordu. Bu sefer, deniz için düzenlen-

---

(*) Bu savaşta Müttefikler Bouvet, Ocean, Irresistible gibi iyi ve en güzel üç savaş gemisini batarak kayıp ettiler. Golva zırhlısı batmaktan kurtulmak üzere Tavşan adalarında karaya oturtuldu. Inflexible kruvazörü ise öldürücü hasara uğradı ki, herkes bunun batmış olduğuna karar verdi.

miş olan plân, filonun Narrows, Kepezburnu, Dardanos istihkâmlarını saf dışı bırakmak ve şimdiye değin mayın tarlalarını taramada başarılı olamayan torpido muhriplerine ve balıkçı gemilerine tarama işini yaptırmaktı.

Felâketle Biten Bir Deniz Saldırısı

18 Mart deniz savaşını iyice inceleyecek olursak bu söylediklerimin doğruluğu kuşku götürmez bir gerçek olarak ortaya çıkar. Queen Elizabeth, Agamemnon, Lord Nelson, Inflexible savaş gemilerinden oluşan birinci bölüm sabah 11.00'de Boğaza yönelip seyre başlayarak, Erenköy önlerinde, Narrows, Kepezburnu ve Dardanos istihkâmlarına karşı mevki aldılar. 11.20'de Agamemnon ilk topu attı. Çanakkale ve Kilidbahir istihkâmları 14.000 yarda bir menzilden tam bir ihtiyatla bombardımana başladı. Kıyı bataryalarından şiddetli ateş açıldı ve kendisine her halde 12'den az mermi isabet etmeyen Agamemnon zırhlısı yerini değiştirmek zorunda kaldı. Aynı zamanda, öğleden hemen sonra Amiral Gupereat'ın komutası altında Bouvet, Golva, Suffren, Charlemagne zırhlılarından oluşan üçüncü bölüm Boğazdan içeri girip birinci bölümün önüne geçerek Narrows istihkâmlarından 9.000 yarda mesafede yer alarak istihkâmlara ateş açtılar. Bu ateşe istihkâmlar da çok şiddetli bir ateşle karşılık verdi. Golva zırhlısı baş tarafına isabet eden mermilerden çok kötü bir şekilde hasara uğradığı için batmak noktasındayken Boğazdan çıktı. İstihkâmlar hiçbir şekilde saf dışı bırakılamamıştı ve 13.30'da Fransız gemileri tam hızla Boğazdan aşağıya doğru kaçıyorlardı. Anadolu kıyısını izleyerek kaçmakta olan Bouvet zırhlısı 13:51'de grandi direği üzerinde ve zerre kuşağının yukarısında büyük bir mermi ile patlamayla karşı karşıya kaldı. Fakat her ne olursa olsun cephanelik patlayarak koca zırhlı 95 sa-

niyede hemen hemen bütün mürettebatı ile birlikte battı ve perişan olup gitti.

Narrows'dan 14.000 yarda açıkta bulunan Inflexible kruvazörünün pruva savaş çanaklığına 13,15'de isabet eden bir mermi, orada bulunanlardan bir kişinin dışındakileri öldürdü ya da yaraladı. Aynı zamanda pruva köprüsünde yangın çıktı ve savaş alanı son derece büyük hasarla terkedildi. Kalyon kaptanı Hayes Sedler'in komutasında bulunan ikinci bölüm bu zamanda içeri girip Kepezburnu'na kadar ilerleyerek Fransız savaş gemilerinin yerini aldı. Birinci bölüm ile ikinci bölümdeki gemiler ortak atışları Çanakkale ve Kilidbahir istihkâmlarının ateşini hemen hemen tamamen saf dışı edebildiyse de istihkâmlar tamamıyla tahrip edilememiş ve topçular daha korunaklı yerlere sığınmışlardı.

Bu deniz savaşları konusunda Türk kaynaklarından yazılan resmî açıklamayı, daha sonra Roma'da gördüm. Raporda savaş gemimiz toplarından açılan oldukça şiddetli ve yoğun bir ateşin karşısında, Türklerin son derece de bunalmış olduklarını ve sa-

Bouvet'nin batışı, 18 Mart

Bouvet zırhlısını batıran top ve batarya komutanı
Hilmi ve Mülâzım Fahri Efendiler

yıca kayıplarının çok az ve yapılan hasarın bir çeşit hiç olmasından dolayı Allah'a şükrettiklerini raporda okudum. Türk istihkâmları ateşinin saf dışı bırakılması nedeniyle torpil temizleme görevinde bulunan gemi tarafından Kepezburnu'na kadar bir geçit açılmaya uğraşıldı. Bir torpil patlatıldı ve ikisi de çıkarıldı. İşte yapılan iş bu kadardı. Durum bu merkezde iken birçok kaza olmaya başladı ki, sonuç olarak deniz harekâtını durdurmak zorunda kalındı.

Öğleden sonra saat 14.00'te, Inflexible kruvazörü pruva tarafından bir torpile çarptı. Deniz düzeyinden aşağıda kalan kısımlarını tamamen su ile dolduğu için, Inflexible Boğazdan çıkmak zorunda kaldı. 14.15'te Irresistible da aynı şekilde torpile çarptığı için sancak tarafına yattı ve kıç tarafından su itmeye başladı. Akıntının etkisiyle Kepezkoyu'na doğru sürüklenmeye başladı. Torpido muhripleri, hasarlı olan bu gemiye yardım etmek için koştular. Kazanın olduğunu anlayan, düşman bataryalarının açmış olduğu ölümcül ateş altında, mürettebatını kurtarmaya koştular. Ocean zırhlısı, Irresistible'ın yardımına gönderildi, ama bu da bir torpile çarptı. Her iki gemide tamamen tahliye edildiler ve hemen oldukları yerde battılar.

Bütün umutlar boşa gitmiş ve filo Çanakkale'yi terketmişti. Bu torpillerin nereden gelmiş olduğunu kimse bilmiyordu. Bunlar, Türkler tarafından salıverilmiş yüzer torpillerdi. Ocean ile Irresistible gemilerini batıran torpillerin ortaya çıkarılamayan Kepezkoyu'ndaki torpillerden ya da Kepez açıklarında torpil tarayan teknelerden kurtulmuş torpillerden olması kesin gibidir. Bugünkü deniz harekâtından elde edilen sonuç, Çanakkale istihkâmlarmdaki toplardan ikisinin direk ateşle tahribinden ve 35 Türk'ün öldürülmesi olduğu Roma'daki Türk elçiliğinin yayınlamış olduğu resmî açıklamada yer almaktadır.

Genellikle ileri sürülmektedir ki, Boğaz o gün öğleden sonra zorlanabilirdi. Fakat o gün içinde Bouvet, Ocean, Irresistible zırhlılarının kaybı ve bir çoklarının da büyük oranda hasara uğradığı göz önünde tutulacak olursa, bu görüşün tamamıyla geçersiz olduğu hemen ortaya çıkar. Birinci bölümün, bombardımanına 11.30'a kadar başlanmamıştı. Çünkü bu zamana kadar çevre, tamamıyla görülebilecek bir durumda değildi.

İkinci bölüm, Fransız savaş gemisini değiştirmek üzere Boğazdan içeri öğleden sonra 14.00'te girebilmiş ve düşmanın Narrows istihkâmlarından açılmakta olan ateşini, en iyi olasılıkla ancak öğleden sonra 15.00'te susturulabilmişti. Ancak öğleden sonra saatler 15.10'u gösterdiğinde, torpil temizleme teknesi içeriye doğru sokulmaya ve Kepezburnu'na kadar küçük bir geçit açmaya başlamıştı. İkinci bölüm tarafından Irresistible bir torpile çarptığı zamana yani 15.10'a kadar daha çok sokulmak ve ilerlemek üzere hiçbir girişimde bulunmadı ve saat 17.00'de ise top atışına ya da Narrows'u geçmek üzere girişimde bulunmaya uygun olmayacak derecede ortalık kararmıştı. Aynı zamanda, düş-

Çanakkale Boğazı'na torpil döşeyen Türk gemilerinden biri

man ana mayın tarlasına daha hiç dokunulmamıştı. Donanma, mümkün olan her şeyi yapmıştı.

Durumu Kurtarmaya Yönelik Bir Değişiklik

Şimdi de Churchill'in hayret verici sözlerini yine kendi açıklamalarından birlikte okuyalım.

"Amiral, 18 Mart hücumundan sonra, ortaya çıkacak ilk fırsatta yeni bir hücuma karar verdiğini telgrafla bildirdi. Fakat general ile yapmış olduğu fikir alış verişinden sonra tek başına deniz harekâtı yerine deniz ve kara harekâtında bulunma düşüncesi kendisi tarafından kesinlik kazandı. Ben bu karara son derece üzülmekle birlikte deniz hücumunun yenilenmesi için telgrafla gerekli emirleri vermesi konusunda Lord Fisher'e uyarı ve önerilerde bulundum. Fakat, Fisher ile bir fikir ayrılığı göremedim. Bunun üzerine, mademki savaşta bulunan deniz ve kara askeri komutanları arasında bu konuda tam bir fikir birliği sağ-

lanmıştır, o halde ben de -fakat heyecan ve asabiyetle- onların vermiş olduğu kararı onayladım."

18 Mart deniz olayı yaşandıktan sonra bu yönde açıklamada bulunmak gerçekten ilginç bir gelişmeydi. İnsanın, Churchill ya önceki açıklamalarını tamamıyla unutmuş ya da savaş alanında bulunan kara ve deniz askeri komutanlarından yanlış bilgi aldığına inanacağı geliyor. Bu ülke ile donanmasını, deniz tarihinde bir örneği daha görülmeyen bir felâket ve rezaletten kurtardığı için Lord Fisher ile Çanakkale harekât alanında bulunan deniz ve kara askeri komutanlarına şükran borçlu olmamız gerekir. Yapabileceğimiz işlerin iyisi, daha az uygun koşullar altında mayın tarlalarını tarayıp kaldırmak üzere önceki harekâtı tekrardı. İstihkâmlar hâlâ yerli yerindeydi ve mayın tarlalarına ise daha hiç dokunulmamıştı. Birisi kruvazör olmak üzere beş gemi filomuzdan çıkmıştır. Üstelik Türkler bu deniz seferimize ilişkin plândan amaçladıklarımızı anlamışlardı. Donanmanın konsantre ateşi başlangıçta ne kadar müthiş ve yoğun olursa olsun maddî zararların çok az ve önemsiz olduğunu, Narrows'a karşı yapmış olduğumuz hücumun iflasa mahkûm olmasından değil, sonradan deniz toplarının siperlerinde bulunan Türk piyade askerlerini sürüp çıkaramamasından anlamışlardı. Bütün bunları Osmanlı hükümetinin Roma elçiliğinde okuduklarımdan anladım. Hiçbir savaş gemisi, Narrows'a 9.000 yardadan daha yakına yaklaşamamışlardı.

Churchill, düşünce ve yorumlarını Amiral de'Robeck'in göndermiş olduğu rapora dayandırdığını hiç kuşkusuz ki iddia edip durur.

Fakat bu cesur ve savaşçı amiralin, 18 Martta uğradığı yenilgiden sonraki duygularını göz önünde bulundurmak gerekir. Amiral kendi hükümetinin savaş harekâtını, daha sonra uygulanması konusundaki bakış açısını tamamıyla biliyordu. Uğranılan kayıplardan doğan intikamın alınmasının doğal bir istek olduğunu da hakkıyla anlıyordu. İdareten yapılmış olan geri çekilmenin bir hezimet olmadığını da düşmana kanıtlamak istiyordu. Bütün durumu bilip ona göre konuşması gereken Churchill, Amiral de Robeck'in (*) bütün amaçlarını, ancak çevreyi kargaşalığa vermek üzere, kendi açıklamalarında, "Amiral 18 Mart hücumundan sonra, ilk ortaya çıkacak fırsatta yeni bir hücuma karar verdiğini telgrafla bildirdi" cümlesiyle belirtti ve yukarıda da bildirmiş olduğu gibi, "Tek başına bir deniz harekâtı yerine deniz ve kara harekâtında bulunmak kendisince haklılık kazandı. Ben bu karara son derece üzülmekle birlikte denizden hücumun yenilenmesi konusunda, telgrafla gerekli emirleri vermesi konusunda Lord Fisher'e uyarı ve önerilerde bulundum. Fakat Fisher ile fikir ayrılığı göremedim. Bunun üzerine, mademki savaşta bulunan deniz ve kara askeri komutanları arasında bu konuda fikir birliği sağlanmıştır, o halde ben de -fakat heyecan ve asabiyetle- onların vermiş olduğu kararı onayladım" açıklamasına devam etti.

Bu açıklamadan anlaşılıyor ki, Churchill, Amiral de Robeck tarafından ilk deniz savaşından sonra çekilmiş olan telgrafın anlamını tamamıyla anlamamıştır ya da amiral birçok araştırmalardan elde edilen bilgilerden sonra fikir değiştirerek, Çanakkale'de uygulanması mümkün olabilecek bir harekâtın, ortaklaşa

---

(*) Ocak 1915'te Akdeniz Seferi Kuvvetler Komutanı Carden'in yardımcısı olarak atandı. O zamana kadar çeşitli görevlerde bulunmuş bir subaydı, ancak Şubat 1915'te Çanakkale dışındaki tabyaların bombalanmasında başarıya ulaştı. Amiral Carden'in sağlığının bozulması nedeniyle 17 Mart 1915 günü onun yerine geçti. Ertesi gün 18 Mart Müttefik saldırısına komuta etti ve büyük bir yenilgiye uğradı. Daha sonra yapılan kara harekatlarına deniz desteği sağladı ve ilk çıkarmaları yönetti. 1916'da Müttefik yenilgisinden sonra de' Robeck, Ingiltere'de 3. Savaş Filosu komutanı olarak görevine devam etti. 1928 yılında öldü.

deniz ve kara harekâtı olacağını anlamıştır.

Çanakkale faciasının sorumluluğunun her iki taraftan hangisine ait olduğu henüz ortaya çıkmadıysa da, deniz hücumunun altında saklı olan gerçekler o kadar basittir ki, bu konuda en acemi olanlar bile bunu anlarlar. Biz zorlu bir harekâta giriştik. Ana noktalara ilişkin sağlıklı bilgi elde etmeden, alışkanlığımız olduğu üzere, düşmanı küçük görerek böyle büyük bir işe kalkıştık. Sonuçta herkesin itiraf ve kabul edeceği bir hezimete, yenilgiye uğradık ki, bunun için hiçte şikâyet etme hakkımız yoktur.

18 Martta yenildik. Bu konuda başka anlamlar aramaya gerek yoktur.

Sydney Moseley

ÇANAKKALE SAVAŞI GERÇEKLERİ

SAVAŞ MUHABİRİ

Batı cephesi savaşlarında görev yapan savaş muhabirlerinden birisi, günlük işlerini anlatırken gönül rahatlığı ve can güvenliği içinde, hoş bir ortamda işlerini yaptığını anlattığı için, ben de ilk önce, buradaki çalışma koşullarımızı ve günlük hayatımızı, Batı cephesindekiler ile bir karşılaştırma yapmaya kendimi izinli sayabilirim.

Batı cephesi savaşlarında, savaş muhabirlerinin kendilerine görev yeri olarak iyi bir otel seçtikleri ve sabah cepheye gidip, akşam kaldıkları otele geldikleri ve böylece, aslında cephe ile otel arasında adeta işyerinden bir şehre gidip gelme gibi bir konumda oldukları anlaşılmaktadır.

Fransa'nın günün modasına uygun dekore edilmiş bir otelinden kalkarak asfalt döşenmiş bir zemin üzerinde güvenli ve rahat bir otomobil ile 20-30 mil ileride bulunan cepheye gitmek, orada akşama kadar yaşanan olayları ve savaş manzaralarını gözlemledikten sonra zamanında otele dönmek, hazırlanmış yemekleri, parlak elektrik ışıkları altında temiz ve güzel giyinmiş erkek ve kadınların bulunduğu salonda yemek, soğuk ve buzlu içkileri içmek, doğal olarak sevimli ve çekici bir hayattır. Ben batı cephesinde bu şekilde hayat yaşayan muhabirlere imreniyorum. Biz bu hayat tarzının tam tersini yaşıyoruz.

Gökçeada'ya çıkarma yapıldıktan hemen sonra uygar dünya ile olan haberleşmeden soyutlandık. Yunan adasına ulaştığımız günün akşamını asla unutamam. Son gezimizi Marsilya'dan

Seylan adı verilen oldukça küçük bir gemiyle gerçekleştirmek zorunda kaldık. Geminin süvarisi olan kişi gelişimizi ümit etmemekle birlikte, bahriyelilere özgü bir çeşit saygınlıkla bizi çok iyi karşıladı. Gökçeada'ya günbatımında ulaştık. Yanımızda, krallık emir ve yetkilerine sahip olan Miralay Boron bulunuyordu. Fransız, İtalyan ve Yunan kıyılarını geçerken Miralay Boron'nun buralarla ilgili özel bilgilerinden oldukça yararlandık.

Gökçeada'da kıyıya ulaşmak, içinde bulunduğumuz zorlukların en önemlisiydi. Kraliyet özel memuru ve yanındaki raporlarını kıyıya ulaştırmak için bir sandalın gönderilmesi için bir çok kez işaret verdik. Fakat bu girişimimiz sürekli olarak cevapsız kaldı. Sonunda bir savaş gemisi istimbotu yardımımıza yetişerek, hava tamamen karardıktan sonra kıyıya ulaşma fırsatına erişebildik. Ancak, içinde bulunduğumuz zorluklar hiçbir şekilde son bulmuyordu. İstirahat edecek ve dinlenecek bir ortam henüz hazırlanmamıştı. Sanki oraya varış günümüzden bir hafta önce gelmiş bir durumla karşılaştık. Yalnız nezaketen de olsa kurmay subayları tarafından zoraki yemeğe davet edildik.

Genel karargâhın yemek salonunun görünümü çok büyüleyici ve çekiciydi. Uzun bir sofranın iki ucuna sönük birer lamba konulmuş, karanlık çadırın içini yarı aydınlık bir durumda aydınlatmaktaydı. Salondakiler zorlu bir mücadele ve savaştan yeni çıkmış gibi yorgun ve bitkin, kırtasiye işlemlerinin ve kayıtların miktarı da oldukça çok görünüyordu. Daha sonra anladığımız kadarıyla, burada görev yapan kurmay heyeti subaylarının sayısı, Fransa cephesinde görev yapan kurmay heyetinden çok daha az bir durumdaydı.

Ertesi sabah kurmay karargâhının karşısında bulunan kumsal üzerindeki basın karargâhına gittik. Burası genel karargâh subaylarıyla çok yakından ilişki kurmak konusunda zorluklar gösterdiği gibi, adanın en serin bir noktasını da oluşturmaktaydı. Basın karargâhının bu kadar uzak bir yere yerleştirmesinin nedeni ve amacı bize açıklanmamakla birlikte bence bazı nedenler görünüyorsa da bu konuyu kamuoyu karşısında açıklamak istemem.

Bizim son moda ve zarif otelimiz güneş battıktan sonra belirlendi. Gece yarısından önce çevremizde bulunan çok sayıdaki büyük taş mümkün olduğu kadar temizlenebildi. Ama yine de gece yatağımın altında birkaç büyük taşın kaldığını farkettim. Sinekler ve diğer haşarat bizi taşlardan daha çok rahatsız etmeyi başarıyorlardı. İçecek likör vb. yoktu. Bununla birlikte yemeğin zamanında gelmesi ve gündelik elbisemizin olmasından dolayı Tanrı'ya şükrediyorduk.

General, gerekli olan bazı malzemeleri bize göndermekle bizi düşündüğünü gösterdi. Genel karargâha gönül rahatlığıyla gitmek konusunda da önemli bir fırsata sahip olabilmiştim. Ancak ulaşım için sandallar güvenilir olmadığı gibi Yunan katarları bulma olanağı da yoktu. Bununla birlikte bataklık kumsalda sıcaklığın şiddet ve dehşeti altında ölümle pençeleşir bir şekilde yolculuk etmekten başka bir çaremiz de yoktu. Savaş alanına parke ve asfalt döşenmiş yollardan kuvvetli ve rahat otomobiller ile gitmek henüz söz konusu değildi. Sabah erken kalkarak balıkçı gemilerinden birine yetişmek zorunluluğu vardı. Bununla birlikte savaş cephesine ulaştıktan sonra topçu ve şarapnel ateşinin kesildiği zamanlardan yararlanarak gelecek olan diğer bir balıkçı vapuruyla dönme olanağını beklemek zorunda kalacağımızdan, bizim için gerekli olan malzemeleri mümkün olduğu kadar yanımızda getirme gereksinimi duyuyorduk.

Hiçbir yerde erzak ve malzeme satın almak için araç ve yer bulmak olası değildi. Yalnız Yunanlıların Gökçeada'da açtıkları küçük bir pazarda biraz kuru yiyecek sağlanabiliyordu. Bununla birlikte daha fazlasını burada bile bulmak mümkün değildi.

Başkomutan karargâhına gitmek bile bütün gün aç kalmak demekti. Birkaç kez genel karargâhın bulunduğu kumsallıklardaki iskele üzerinde akşamlara kadar gelmeyen bir sandalı beklerken ağzıma bir lokma yemek koymadığım genellikle olmuştu. İşte Çanakkale askerî harekatına gönderilen savaş muhabirlerinin durumu. Benimle birlikte bu işle görevlendirilen üç arkadaşımdan biri yaralı, diğer ikisi sakat olarak Londra'ya dönmüşlerdi.

BAŞKOMUTAN

Seferle ilgili bazı kişiler konusunda uzun uzadıya ya da basit bir şekilde bilgi vermek istesem de henüz zaman tartışma zamanı olmadığı için bunu şimdilik göz ardı ediyorum. Bunlar hakkında topladığım özel bilgileri zamanı geldiğinde kamuoyuna aktaracağım. Ulaştığım bilgileri okuyucuya aktardığım zaman bu bölümün önem ve içeriği o zaman ortaya daha açık olarak çıkacaktır. Şimdilik yalnızca başkomutan görevinde bulunan *Sir Ian Hamilton* ile ilgili bilgi verebilirim. Hamilton insancıl duyarlılıkların en iyilerine sahipti. Kendisini savaş muhabirleri karargâhından iki mil uzaklıkta bulunmaya zorlayan bazı koşullarla karşı karşıya kalmıştı. Bununla birlikte kendisiyle yaptığım görüşmelerde, büyük girişimi başarmak için yüklendiği zorluklar, görevi yönetecek olan böyle bir adam ve onun kişiliği konusunda yakından fikir sahibi olmayı başarabildim.

Başkomutan, karargâhında, kendisi için hazırlanmış, iki kişiyi ancak alabilecek derecede küçük bir çadırda yaşamaktaydı. Kendisiyle yaptığım söyleşiler, küçük bir çocuğun ilk çalışmasının ürünü olan iskambil kağıtlarından yapılmış küçük bir odayı andıran, ahşaptan dar bir kulübede gerçekleşmişti. Ada üzerinde İngiliz inşaatı adına bir yerin yalnız burası olduğunu söylemek gerekir. Ayrıcalıklı ve olağanüstü koşullar altında Hamilton ile yaptığım söyleşiler, onun kişiliği konusunda bende çok seçkin bir derecede etkiler uyandırdı.

Kendisi ile daha önce bir kez konuşmuştum. Fakat o zaman bir otelde rahat bir ortamda söyleşi yapmıştık. Fakat, şimdi Gökçeada'nın ıssız ve sessiz yerlerinde donanmanın gözetleme hareketini izleyecek bir uzaklık ve alanda, akıllarda kalan mücadelelere sahne olacak yol üzerinde General Hamilton kendisinin geçmişte ve Afrika Savaşı sırasında kazandığı savaş deneyimlerini daha çok uygulama şansına sahip olmuştu.

General Hamilton tam bir özgürlük içinde çalışmamızı sağlayacak emirler verdi. İstediğimiz bölgelere gidebilmek, istediğimiz kişilerle görüşebilmek, istediğimiz şeyleri doğru olması koşuluyla yazabilmek konularında tam bir özgürlük içindeydik.

General Hamilton'ın komutasındaki Müttefik orduları
1915 Nisanı sonunda Anzac körfezine çıkarmada

Bu şekilde bize, zor ve bir o kadar da parlak bir görev verilmişti. Artık endişe edecek tek şey, askerimizin cesaret ve üstünlük sorunu oluyordu. Yönetimleri ve düzenleri bozuk ve çürük olan Osmanlı İmparatorluğu'na karşı, Yeni Zelanda ve Avustralyalıların yardımlarına sahip olan İngiltere Krallığı, artık uzun bir zafer dizisi kazanmaya karar vermişti. Asker sayısı olarak Türklere karşı üstündük. Her ne kadar konu, İstanbul'un ele geçirilmesi ise de, Türkler doğal ki, uzun bir direniş gösterecek kuvvete sahipti. Bu görüşleri ileri sürerken, her şeyin ve her durumun düşmanın isteklerine ulaşacak bir olasılığı da göz önünde bulunduruyoruz. Ama Türkiye'yi İngiliz ölçeğiyle ölçmemeliyiz. Hatta muntazam ve mükemmel bir Osmanlı İmparatorluğu'na karşı kesin zaferin elde edilmesi ve başarılması açık olmakla birlikte, kötü bir şanssızlık, beklenmedik ani bir yenilginin karşısında çaresiz kalma tehlikesi belirebilirdi. Mühimmat yokluğu, su sıkıntısı, tehlike saçan denizaltıların varlığı, müthiş hastalıklar gibi endişe verici etkenler arasında bile askeri personelimiz tersi bir durum ortaya çıkmasıyla her şeyin alt üst olabileceğini düşünmek ve kabul etmeyi doğru bir hareket olarak anlıyordu.

İstanbul'da herhangi bir zamanda patlayacak bir revolver, isyan ve ihtilâllere neden olabileceği için, durumun ve koşulların tamamıyla değişerek, bütün işlemlerimizin gerçekleşebilir olmasını sağlayacaktı. En önemli nokta, Türkler üzerinde gerekli olan yoğun baskıyı korumak ve asla yılgınlık belirtisi göstermemekti.

Bizim tek tehlikemiz arkamızda kötü bir şekilde yanıltılmış bir milletin bulunmasıydı. Eğer biz gazeteci görevini yapacaksak, Fransızların olumsuz bakış ve inancını değiştirmeye, İngilizlerin bilgisizliğini gidermeye yardım etmeliyiz. İşte o zaman donanmanın Çanakkale Boğazı'ndan geçmesi için gereken yükümlülükleri yerine getirmiş oluruz.

İşte General Hamilton'un, çok önemli ve can alıcı konuşmalarının hatırımda kalabilen ayrıntılarını kelimesi kelimesine yeniden kafamda canlandırıyorum. Hamilton basının etki derecesi ile ilgili doğru bilgilere sahip olmakla birlikte, ümitlerle dolu resmî bir görevin kötü bir san ile karışık genelde çok güzel yankılar doğuracağına da inanmaktadır. Ben başkomutanın düzenlediği plânların, komutanlar tarafından layık olduğu derecede sağlıklı bir şekilde uygulanmadığını göstermek zorundayım.

Gelibolu olayını inceledikçe insan, General Hamilton'un kendisine yardım etmek üzere gönderilen kişilerin bakış açılarından ne kadar şanssız olduğunu bütün gerçekliğiyle anlayabilir. İnceleme derinleştirildikçe bu gerçek, insaflı bir bakış açısından bütün perişanlığı ile görülür. Bu kişiler Hamilton'a yardım edecekleri yerde onun hareketine engel olmak konusunda başarılı olmuşlardır.

Batı cephesinde İngiliz askerleri

ÇANAKKALE GÜNLÜĞÜMDEN (1)

Teritoryal Günü

Gelibolu Yarımadası'nda...
 Çanakkale Yarımadası'nda mahşerdeki insanlar gibi toplandığımızı sanmakla birlikte bazı konularda kendimizi Batı cephesi savaşında bulunanlardan daha mutlu saymaktayız. Burada sıcaklık, açlık, yoksulluk ve iğrenç sinekler çok. Bununla birlikte "geçilmez, izninizle" gibi kayda bağlı olmaksızın rüzgar kadar özgür bir durumdayız. Var olan tek zorluk bütün iç ulaşım yollarından her rütbedeki askerin yan yana geçmek zorunda kalmasıydı. Böyle olmakla birlikte General Hamilton'un sağladığı kolaylıklar sonucunda, başımızın üzerinden kurşunların sürekli serin sesleri ile geçtiğini işittiğim bir siperin içinde hayatını şansa bırakmış bir mecnun gibi durmaktayım.

 Ben buraya geldiğimde kum fırtınaları arasında müthiş ve büyük bir savaş ilerlemiş ve daha da gelişmekteydi. Yerlerden kalkan kum bulutları, arazinin manzarasını zaman zaman kapatmakta ve rüzgar yüz yarda bir alan içinde topların dehşet verici ve korkutucu seslerini boğmaktaydı.

 Kum fırtınası dinmeye başladığı zaman Kirte ile Alçıtepe'nin hayranlık uyandıran manzarası görünmeye başladı. Artık durmak bilmeyen bombardımanımızın müthiş ve tahrip edici etkilerini açık bir şekilde görebiliyordum. Kirte yüzüncü kez olmak üzere alevler içinde yanmakta ve havaya yükselen yoğun kara duman sütunları 75 mm'lik Fransız toplarının yarattığı korkunç zararları açık bir şekilde göstermekteydi.

---

 (1) Raporlar ile günlüklerin hepsi top ateşi altında yazıldığından dolayı düzgün özellikler aramak doğru olamaz. Bunlar yazıldıkları yerlerdeki olayları içerirler.

Bu korkunç mücadele, on beş gün önce Türk sağ tarafını Kirte'nin kuzeyinden geri süren bir çatışmanın ortaya çıkardığı sonuçların ilk önemli başlangıç hareketini oluşturuyordu. Bugün yapılan savaşın amacı, Kirte yolu üzerinde güneyde bulunan ve Kerevizdere'den kıyıyı izleyerek Seddülbahir'in bir mil ötesine kadar giden ilk Türk savunma hatlarının kalan kısımlarını ele geçirmekti. Hücum sağ tarafta müttefik Fransız askerlerinden 52. Lolond Tümeni tarafından yapılacaktı. Bu bombardıman sabah 07.30'a kadar devam etti. Bu anda büyük bir değişiklik ortaya çıktı. Verilen işareti bir bütünlük içinde izleyen Fransız askerleri ile birlikte siperlerinden fırlayan İskoç Teritoryal askerleri karşılarında bulunan Türklerin düzensiz siperlerine hücum ederek kendilerine direnmek isteyen düşman askerlerini süngülediler. Birinci hat kolayca ele geçirildi ve daha sonra ikinci hat da işgal edildi.

Elde ettikleri başarıyla ve kazandıkları moralle İskoçyalılar bir siper daha ele geçirdiler. Daha doğrusu Alçıtepe'yi ele geçirmek ve işgal etmek konusunda uygun bir duruma geldiler. Ben daha sonra bu cesur ve muzaffer askerlerden birine hücumlarına neden devam etmediklerini sorduğum zaman "... Biz işin tamamını çok iyi ve güzel bir şekilde bitireceğimizi anladık" cevabını verdi. Evet bu hızlı ve şiddetli hareket çok pahalıya mal olacaktı. Çünkü askeri birliklerimiz tepenin çevresine ve hatta üstlerine kadar yaklaştıklarında Fransız topçusunun yoğun ateşi altında kalmak gibi bir durumla karşılaşmak zorunda kaldılar. Bunun sonucunda çok az bir kayıpla ele geçirdikleri ve işgal ettikleri Türklerin ikinci siperlerine girerek oraya yerleştiler.

155. ve 157. Tugaylar, Kraliyet Deniz Tümeninden üç tabur ve kendilerine rehberlik görevi yapan Nelson Taburu ile gerçekten hayranlık uyandırıcı ve gurur verici hareketlerde bulundular. Yukarıda belirtilen nedenlerden dolayı Portesmuj Taburu çok

ağır kayıplara uğradı. Fakat bunlar da, 4. Kings Own Scotish Border'in yaptığı gibi kendilerinden beklenilen görevin çok daha fazlasını yerine getirdiler.

Karargâh, doğal olarak bu avutucu zafer sonucunda neşelendi. Bugün, gerçekten her yerde başarılarla dolu bir Teritoryal günüydü. Geniş ve kapsamlı bir savaş noksansız ve ayrıntısız olarak tamamlanmıştı. Kayıplarımız kazanılan zafere oranla iyi olmakla birlikte tamamen ve çok fazla mükemmel olarak kabul edilemez.

Fransız askeri birliğinden I. Tümen kendi iyi ve değerli hücumları ile diğer tümenlerin genel takdirlerini kazandı. Bizim askeri birliklerimizin bir kısmı Fransız askerleriyle ortaklaşa düşmanın iki siperini ele geçirdiği ve oraya yerleştiği zamanda, Kerevizdere'nin alçak kısmındaki siperleri de geride kalan Fransız askerleri ele geçirdi. Bugün, Çanakkale'ye ilişkin olabilecek bir gerçek, genel durumun hızla değişmesi ve ümit edildiği derecede olmasıdır.

Oysa geçiş harekâtımıza yönelik aşılması çok zor ve hatta olanaksız birçok engel bulunduğu için, bunların üstesinden başarılı bir şekilde gelinmesi gereği ve zorunluluğu vardı. Şimdi burada henüz İstanbul'a gitme sorunu söz konusu olamazdı. Zor ve zahmetli bir durumda çalışmakla birlikte askerlerimiz çok harika ve hayranlık uyandıran işler yapmıştı. Aslında bunların genelinin, mükemmelliğinin anlaşılması ve takdir edilmesi, zamana bağlıydı."

Alçıtepe Bombardımanı

Çanakkale'de...
Dün gece Türkler, Fransızlar üzerine hafif ve zayıf bir taarruz girişiminde bulundularsa da, Fransızlar düşmanı ağır bir kayıp-

la geri çekilmeye zorladılar. Düşman taarruz harekâtını dört saat sonra sabah 02.00'de yeniden zaferle sonuçlandırmak isteğiyle tekrar ettiyse de, yine geriye çekilmek zorunda bırakıldı. Düşman tarafından yapılan bu saldırıların yararlı olmadığı düşüncesiyle Türkler bu hücumlarını yeniden yapmak hevesinde görünmekteydi. Düşman, savunma konusunda inatçı ve sabırlı ise de hücum için bu günlerde tamamıyla başka bir ruh hali göstermekte ve asla askerlerimize yaklaşmaya cesaret edememekteydi.

Bu nedenle, Enver Paşa'nın adı geçen cephede bu zaman kadar kullanılmamış yüz bin kadar bir askeri kuvvetle, işgalcileri Gelibolu Yarımadası'ndan sürmek ve atmayı kararlaştırdığı söylentileri, İngiliz savaş hatlarında bulunan askerlerimize çok büyük neşelenme ve sevinme fırsatını verdi. Herkes hazır ve istekliydi.

Ben bu müthiş mücadeleyi izlemek için sömürge askerlerimizin sağlam bir şekilde yerleştikleri Anzac bölgesine gittim. Fakat, sabah erkenden sergilenen bazı araç gereç gösterisinin dışında hayati önem taşıyan bir olay olmadı.

Hellas'tan Anzackoyu'na kadar olan kıyı bölgesini gözetlemek fırsatına sahip oldum ve Türkler ile Avustralyalılar arasındaki ayrım bölgesinin küçük bir ırmak yatağı olduğunu gördüğüm zaman hayretler içinde kaldım.

Artık kraliyet gemisinden (...) (2) gemisine binmiş olduğumuz için öldürücü bir bölgeye girmiş olduğumuzu, üzerimizde uçuşan şarapnel bulutlarından anladık.

Şarapnel bulutlarını seyretmek gerçekten çekici oluyordu. Açık ve sakin gökyüzüne göz gezdirirken ansızın ve ağır bir şekilde bulut gökyüzünden düşüyor ve her zaman kısıtlı bir durumda kalıyordu. Bu seyir anlık ve devamlı bir şekilde yapıldı-

---

(2) Buradaki gemi adı boş bırakılmıştır.

Başkomutan Vekili Enver Paşa

ğı halde, aynı şaşkın bulutların değişik noktalarda oluştuğu görülüyordu.

Alçıtepe bugün her zamankinden daha fazla çekici ve zafere daha yakın bir durum gösteriyor.

Korkunç ve müthiş Fransız zırhlısının bu bölgeye ilerlediğini gördüm. Çevresinde iki torpido muhribin dans ettiği bu müthiş gemi, Alçıtepe'nin uzaklığını taramaya başladı ve attığı ilk mermi ile hedefini buldu. Bu manzarayı seyretmek insanı gerçekten sevinçten titretmekteydi. Zırhlının topçusu çok becerikliydi. Her mermi korkunç bir etki ile hedefini buluyor ve tepenin üzerinden kaldırdığı yoğun duman bulutlarıyla bir volkan meydana getiriyordu. Kimi zaman iki mermi birbiri ardı sıra ve hızla isabet ediyor ve isabet ettiği hedeften kaldırdığı duman kütleleri birkaç yüz yardalık bir alana yayılıyordu.

Bu şekildeki korkunç bombardımanın yok edici etkisi altında hedefin çevresinde canlı bir şeyin barınıp barınmadığını düşündüğünüz bir anda, küçük bir kara bataryamız ortak ateşe başlıyor ve Fransız zırhlısının hedef üzerinde patlayan cansız mermileri çevresinde küçük mermilerini savuruyordu. En sonunda 75'lik top kendisine özgü sesi ile Alçıtepe'yi dumanlar ve alevler içinde bırakıncaya kadar çalışmasına devam ediyordu.

İşte artık kara toplarımız ateşine tekrar başladı. Anzac'a karşı harekâta engel olacak ögelerin temizlenmesine devam ettik. Denizden oldukça büyük ve güzel görünen alan, Kilidbahir ovasıydı. Alçıtepe alındıktan sonra çalışma alanımıza girecek olan yer Kilitbahir olacaktı.

Son dönem savaşlarının bile bazı ürpertiler ortaya çıkaracak olayları bulunduğuna şüphe edilemez. Biz de bunlardan küçük, fakat acıklı bir tanesine rastladık.

Bize ayrılan bölgelere geldiğimiz zaman çevremizde patlayan mermilerden biri, uzun bir süre siperlerde hayat geçiren ve yeni istirahat etmek üzere ayrılmış olan bir Avustralyalının siperliği üzerinde patladı. Avustralyalı kötü bir şekilde yaralanmadıysa da dinlenme yerinde istirahat ettirmek mümkün olamayacağı için hastaneye kaldırılma gereği ortaya çıktı. Asyatik Anı, (3) bugün bizi hiç iyi selâmlamadı. Anzac'ta bizi rahatsız etmek için görevlendirilen bataryalar bu son günlerde suskun bir duruma gelmişti. Fakat bu sessizliğin yalnız tasarruf amacıyla yapıldığı da olasılık içindeydi.

Çanakkale Boğazı çevresinde düzenli bir şekilde yerlerini almış olan savaş gemilerimizin görüntüsü, bütün İngilizlerin göğsünü kabartıyordu. Bırakınız Almanlar bu sularda denizaltılarının bulunduğunu söyleyerek övünsünler. Gemilerimiz her zaman burada ve gizli ya da açık öldürücülüğüne rağmen günlük verilen işlerini hakkıyla yerine getirmektedir. Fakat gemilerimiz

---

(3) Anadolu yakasındaki Osmanlı Bataryası için kullanılan bir deyim.

düşmanın toplarına karşı münasebetsiz bir hedef oluşturmayı istememekle birlikte, kendilerinden beklenilen iyi hizmetleri büyük bir kayba uğramak riskini göze alarak yerine getirmekte oldukları için şikayet etmemeliyiz ve edemeyiz.

Gelişimiz sırasında yanımıza Sihler ile Gorgaslar'dan oluşan bir alay aldık. Bunların istekli görünen manzaraları imparatorluğun bugün tanığı olduğumuz değişik kuvvetlerinin eşsiz birer örneği görüntüsündeydi.

Görünmeyen Savaş

Bu görünmez bir savaştı. Savaşın harekât alanları arasında en yüksek gözetleme yerlerinden birinde bulunmama rağmen savaş göremiyorum. Fakat görüş alanım içindeki alanda çok sayıda top ve insan bulunduğunu görüyorum. İnsanlar düşünülemeyecek kadar korkunç bir manzara ortasında ve derin siperler arasında saklanmış duruyorlar. Çevremizde dere ve tepe, deniz ve yosun, üzerimizde mavi bir gökyüzü var. Bir iki mil ileride bulunan ümitsizlik ve soyutlanmış bölgenin tersine, doğanın eşsiz güzellikleri yoğun bir şekilde görülüyor. Ufkun değişik yerlerinde İngiliz savaş gemileri süslenmişçesine deniz üzerinde dolaşıyorlar.

Fakat, ara sıra denizin dans edercesine çıkardığı sesler rahatsız edici gürlemeler ile bölünüyor. Bir dakikalık bir zaman için korku ve heyecan içinde kalırsınız. Sonra, tekrar gülümseyen güneşin ışıldayan yüzüne göz atarak rahatlamış ve avunmuş olursunuz. Bu hiçbir şey değildir. Yalnız, ara sıra gök gürültüsünü andıran ve gürleyen müthiş bir gümbürtü hızla geçer ve gider. Fakat güneş sıcaklığını arttırdıkça gümbürtünün öfkesi daha da şiddetlenir. İşte küçük bir duraklama. Bu duraklama sırasında denizin üzgün sesi işitiliyor. Ancak, kısa bir süre sonra şiddetli gümbürtü korkunç bir şekilde, yeniden korkulu yankılar yaratmaya başlar. Bir şiddetlenmenin yaşanacağını bildiren ardışık yankımalar size çatışmanın başladığını haber verir ve Alçıtepe için ikinci bir hücumun yapılmaya başlandığını bildirir. Yarım saat kadar bir süre devam eden yoğun ve müthiş bir bombardıman düşmana neler yaşanabileceğini çok açık bir şekilde anlatır. Bizim görünmeyen askerlerimiz dişleri kilitli ve tüfekleri ellerinde çaresiz bir sonuç beklentisi içindeler. Zaman gelince haki bir renk içinde bulunan savaş hatlarımızdaki askerler bulundukları yerlerden fırlayarak birkaç yardalık uzaklıkta, karşılarında bulunan düşman siperlerine hücum ederler, kendilerine hedef seçtikleri yerlere ulaşırlar ve kısa bir süre içinde gözden kaybolurlar. Askerlerimiz çok basit bir şekilde, hızla bir delikten diğerine girip çıkar. Bunların bir siperi ele geçirmelerini izleyen kısa bir süre içinde subay size bunu söyler. Topları, etki alanını genişletir ve Türklerin destek birliklerini durdurur. Daha sonra iki siperi daha aynı şekilde ele geçirilir. Bu zaman içinde siz hiçbir Türk görmemişsinizdir.

*
* *

Durumun bu genel tanımı size hiçbir şey söylemez. Neler yapıldığını görüp anlamak için yarımadanın üzerindeki değişik çadırların içinde yaşayan askerler arasında bulunmanız gerekir. İstediğim herhangi bir noktaya gidebilme konusunda izne sahip olmam, yapılan işlerin ne kadar harika olduğunu, bu seferin ne kadar eziyetli bulunduğunu ve zorluklar içerdiğini takdir ve idrak etmek konusunda bana büyük olanak sağlamıştı. Burada ana harekât alanı olarak belirlenen yerde dinlenmek gibi bir lüks yoktu. Kıyıya yeni çıkmıştık ki, bize hemen altı pusluk bir mermi hoş geldiniz dedi. Osmanlı Asya bataryası genel bir karşılama töreni yapıyor ve konukseverlik gösteriyor. Askerler uzun bir süre siperlerde kaldıktan sonra geriye çekilir ve bu şekilde tüfek ateşinden canlarını kurtarırlar. Ancak bu sefer de şarapnel ateşiyle karşı karşıya kalırlar. Asya kıyısında olduğu gibi Alçıtepe'de de değişik çapta toplar eğitimlerini üzerimizde tamamlamaya çalışıyorlar. İkinci mermi, çalışmadan yeni dönmüş olan Rumları endişe, korku ve heyecan içinde bırakır. Fakat, yirmi dakika sonra bunların hepsi firar ettikleri ve geri döndükleri için yapılması gereken işlerin hepsi Kovuk dik'in (4) varlığı ve çalışmalarından dolayı unutulur.

Türklerin bu şeri ateşli toplarının her zaman düzenli bir şekilde limana giren ve limandan çıkan gemiler üzerinde patlamak üzere mesafe ayarlaması yapılmış ise de, kumsallıklar arasında çalışan vapurlarımız, bir çeşit Viktorya ya da London Bridge'de çalışan trenlerin zaman cetvelleri gereğince olan saat hareketleri kadar düzenli bir şekilde görevlerini yerine getirirler.

Gerçekte, Çanakkale'de bulunan askerler düzen, dayanıklılık, sabır ve tahammül bakımlarından hayret edilecek işler yapmaktaydılar. Bu askerlerin kızgın güneş altında siperlerin iğrenç kokuları arasında gösterdikleri sevinç ve neşe buradaki işlerimiz konusunda önceleri kötümser olanları bir an durup düşünmeye yöneltir.

Donanma ile ortaklaşa hareket devam ediyor. Her gün bir savaş gemisi kara harekatıyla ortak çalışarak etkili ve güzel işler yerine getiriyor.

Dün Erenköy'ü tahrip eden bir savaş gemisiydi. Bu gün kruvazör, Kirte'nin kuzeybatısında bulunan topları saf dışı bıraktı. Bu gibi destek hareketlerinin kara kuvvetine güç kattığını söylemeye gerek yoktur. Bu şimdi doğal olarak bir kara harekâtıdır. Fakat, gereken ivedi durumlarda donanma her zaman hazırdır.

---

(4) Osmanlı Asya bataryaları için kullanılan bir deyim.

İngiltere'de bulunanlara askerî harekât, çok ağır bir şekilde ilerliyormuş gibi görünmektedir.

Siz ancak, Gelibolu Yarımada'sına geldikten ve buradaki durumun genel yapısı konusunda bilgi sahibi olduktan sonra ne kadar kısa bir zamanda ne kadar çok işlerin başarıldığını anlayacak ve takdir edeceksiniz.

*
* *

Devamlı bir sefer için gerekli araç ve gereçler ile dolu depolar, gece oluşturulmaktaydı. Mühimmat merkezleri, telefon ve ulaştırma, evler arasındaki sokaklar, ahırlar, su sarnıçları, yer altında açılan kuyular, kazmacı askerler aracılığıyla kum torbalarıyla yapılan iskeleler, gemilerin batırılmasıyla oluşturulan dalga kıranlar ve bunların meydana getirdiği limanlar, yüzlerce çalışma yerleri, kısaca askeri ve bahri çok büyük bir şehir görünümünü andıran bütün yapılar askeri kuvvetlerimiz ileriye ve hedefe doğru gitmek için mücadele ederken yapılmıştı. Hatta Avustralyalıların adını yücelten çıkarma yerlerinde ve çok tehlikeli yârlar üzerinde yapılan teşkilât -ki daha sonra gelenlerin hayret ve takdirini toplamıştı- bu ateşli mücadele içinde tamamlanmış ve meydana getirilmişti.

Böyle bir hareket üssünün etki derecesi doğal olarak savaş cephesinde çalışanlarda çok büyük bir manevî güç doğurur. Şu andaki şiddetli siper savaşları, eğer sözü edilen teşkilât tamamlanmaz ve yerine getirilmezse bu savaşan askerler üzerinde manevî kırılma yaratacak derecede etki yaratır. Ben siperlerin durumunu ve koşullarını gördüm. Buralarda Türklerin yararlanabileceği hiçbir durum bırakılmamış. Bununla birlikte Flander'deki kar, kalenin büyüklüğüyle, Flander'deki acı soğuk da Çanakkale'nin güneş çarpmasıyla kıyaslanamaz. Bütün kuvvetlerin çalışmalarını işlemez duruma getiren aşırı sıcaklar insanı güçsüz bir duruma sokmakta ve bu parlak savaşın başlamasından önce insancıl duyguları yok eder. Buranın yaz ayları, tropikal yazlarını andırır.

Ayın 12. ve 13. günü devam eden korkunç bir çatışmalardan sonra ele geçirilen Türk tutsaklarını gördüm.

Hepsi endişeli ve kaygılıydı. Birçok zorluk ve eziyetle karşı karşıya kalmış görünmekteydiler. Türk askerlerini İstanbul'da görmüş olduğum için bu durum çok iyi ve ümit dolu bir işaret olabilir. Son savaşlarda düşman savaş hatları karadan ve denizden yoğun bir bombardımana tutlmuştu. Eğer biz ülkenin çıkarlarına çok sıkı bir şekilde bağlı kalırsak, sonunda zafer kazanılmış olur.

Batı cephesinde savaşan İngiliz askerleri

İki Büyük Zorluk

Bu büyük savaşta bizimle ilgili iki önemli ve büyük zorluk vardı. Bunlar ne şarapnel ne de su idi ki, bunların her ikisi de bizde çok fazla vardı. Bunlardan birincisi ara sıra sorun olmakta ise de, ikincisi çok iyi bir şekilde sağlanıyordu. Su sorunu yalnız Anzac'ta ara sıra endişeye neden olmaktaydı. Askerlerimizin içine düşmüş olduğu zorlukların en önemlisi sıcaklık ve sineklerdir. Askerlerimizi bunlardan başka rahatsız eden ve zorlukta bırakan başka hiçbir şey yoktu. Aşırı soğuklara karşı göğüs gerecek elbise ve giyeceklerimiz vardı. Fakat hiçbir şey şiddetli ve yoğun bir sıcaklığın etkisini gideremiyordu. Çok zeki ve çalışkan olan Tomilerimiz, (5) doğanın bu müthiş ve öldürücü silâhına karşı önlem almakta güçsüz kalıyorlardı... Askerlerin, siperlerden dönerek fırsat bulduğu zaman dinleneceği çadırlar korkunç bir sıcaklık derecesi altında kaynıyor. Burada insanlar her türlü kayıttan, ağır ve kaba elbiselerden yoksun. Ancak, güneşin sıcaklığı altında yanmaya mahkûmlar. Askerlerimizin pek çoğu güneşin kızgın ışıkları altında o derece yanmıştık ki, siyah bir Türk'ü andırmaktaydı. Bazıları da giydikleri elbiselerin derecelerine göre yarı siyah yarı beyaz bir durumdaydı. Bir İngiliz askeri tarafından yakalanıp karargâha getirilen ve getirildiğinden dolayı şikâyetlerde bulunan bir Fransız askeri, ancak konuştuğu dilden dolayı bir Türk'ten ayrılabilmişti.

Yarımadada en fazla usandırıcı ve baş belâsı olan şeyler sineklerdi. Bazılarımız sivrisinekten korunmak için bazı araçlar ile donatılmış olarak geldik. Ancak, sivrisinek bulma olanağı yoktu. Fakat milyonlarca adi sinek vardı. Güneşin doğuşundan batışına kadar bunlar sizin hayatınızı azap ve ızdırap içersinde bırakır. Tugayları andıran bir yoğunlukla tabağınızdaki eti yok

---

(5) İngiliz kara askerleri için kullanılan bir deyimdir.

edinceye kadar tabaklarınızın üzerine konar. Bir elinizle yemeklerinizi yemeye, diğer elinizle sinekleri kovmaya çalışmak zorunda kalıyorsunuz. Fakat, bezdirici ve yeteneksiz sinek çelik gibidir. Kesinlikle ürkmez. Bir gün hizmetçim kazara üzerime bir çay döktü. Kısa bir süre içinde çayın döküldüğü yer sineklerin toplanma yeri durumuna geldi.

Askerlerin kendilerini sineklerden ne şekilde koruduklarını anlamakta oldukça zorlanıyordum. Çünkü benim sinirlerimin durumu doğrudan doğruya sineklere bağlıydı. Bu usandırıcı haşarat bugün güneş altında aç ve susuz dolaştıktan sonra yemek yiyeceğim örtüyü istilâ etti. Eti yememe bir türlü izin vermediler. Sonunda yemek tabağımı onlara bırakıp biramı alıp oradan kaçtım. Tabak ben oradan ayrılır ayrılmaz sineklerle doldu. Tabakta yer bulamayanlar da biramı elimden almak istercesine ardımdan geliyorlardı.

Ateş hattında ölenler geceden önce taşınamıyordu. Çünkü gökyüzü bu kötü haşarat bulutlarıyla kaplıydı.

20 Temmuz

Savaş yok edici ve çok karmaşık bir iştir. Özellikle son zamanlarda buradaki durum, bu konuda deneyimli olan bir çok subayın ortaya koyduğu gibi, mühimmatın yokluğundan doğmuş gibi görünüyordu. Yalnız karargâh subayları plân yapmak ve yaptığı plânları sonuca ulaştırmaya, askerler de her gün düzenli bir yöntem içinde olan durumu izlemek zorundadır. Biz de yiyerek, içerek ve uyuyarak yarının getireceği endişe ve heyecan için dua okumakla zaman geçiriyoruz.

Dün Türklerin yeni ve büyük bir hücum için önemli bir hazırlık içinde olduğuna ilişkin haberler ve söylentiler dolanıyordu. Bu hücumlar ve karşı saldırılar Türklere biraz daha üzüntü vererek daha fazla geleceği düşünen bir duruma girmelerine neden olacaktı. Türkler kendi ustalıklarının, savunmaya ve gizli saklı yerlere sığınmak olduğunu ve kendisini düşmana göstermenin kurtulmaz bir felâkete atmak olduğunu anlayabilmek için daha çok deneyimlere gereksinim vardır.

İleri harekâtı için gerekli olan hazırlıklarımız daha tamamıyla yerine getirilmedi. Biz yavaş fakat güvenli bir şekilde gideriz. İleri harekâta başladığımız zaman harekâtımızın kesin ve kalıcı olduğuna ilişkin kesin bir kanı ve duygu vardır.

*
* *

28 Temmuz

Belli olmayan bir durumun karışıklığı arasında genel durum konusunda bilgi verebilmek mümkün olabiliyor. 12-13 Temmuz savaşlarından sonra önemli bir savaşın olmadığı hatırlanmalıdır. Fakat biz, sakin durmuyor ve hiçbir şeyi rastlantıya bırakmamak gibi bir gelişim içinde plânlarımızın geliştirilmesiyle uğraşıyoruz. Bu satırları yazdığım dakikalarda çok ümitli bir duygu ile Çanakkale Boğazı'nı zorlamak olan zafer amacımıza ulaşmak için deniz hazırlıklarımıza tam bir cömertlik ile devam ediyoruz.

Biz, her neye mal olursa olsun İstanbul'a gideceğiz. Bu konuda hazırlıkların dikkatle yapıldığını bilerek, harekât alanını bütün gerçekleriyle görüyor ve bu konudaki izlenimlerimizi olduğu gibi yazıyoruz. Aynı zamanda üstlenilen girişimin çok tehlikeli olduğunu ve bunun için harcanacak en az önemin çok yüksek olmakla birlikte, elde edilecek zaferin de o derecede önem taşıdığını söylemeye cesaretli olabiliyoruz.

İşte askerlerimizi cesaret ve yeni gelenleri içtenlikle geleceğe koşturan duygu. Bu duygu savaş gemilerimizin ve özellikle monitörlerimizin yok edici ateşiyle yeniden oluşturuldu. Birkaç günlük bir suskunluktan sonra, Asya kıyılarında toplar tekrar çalışmaya başladı. Sömürge askerlerimiz etkili bir şekilde ateş altında kaldıkları için aynısıyla karşılık verebilme zorunluğu ortaya çıktı ve bütün gün yarımada üzerinde topçu savaşları oldu.

Yeni Bir Ay
Yeni Bir Tarihin Başlangıcı

Gelibolu-Ağustos

Yeni bir ay ve yeni bir tarihin başlangıcını açıyoruz. Hava güzel ve hoş bir durumda. Her yerde olduğu gibi Anzac'ta da bir sessizlik var. Avustralyalılar ile Yeni Zelandalılar bulundukları yere çakılı kalmaktan oldukça bıkmışlardı. Bunlara, harekete geçme isteklerinin nedenini sorduğunuz zaman, "yıldıza bakın onlarda yazılı olan felâket işaretlerini okuyun" cevabını alırsınız.

Ben Türklerden yirmi yarda uzaklıkta bulunan bir siperde bir gece geçirdim. Daha sonra, bana anlatıldığına göre, bu uzun geceyi geçirdiğim yer, yarımada üzerinde en az güvenli ve en az sessiz bir yermiş. Bomba ve lağım gürültüleri tüfek seslerini izlemekteydi. Fakat biz düşman ateşine oranla daha üstün olduğumuz için Türkler siperlerini güvenli olması bakımından geceleri kullanabilmek zorunda kalmıştı.

Bir lağımımız düşmanın siperlerine kadar nüfuz etmiş ve infilâk ettiren askerlerimize yarı yolda yetişmişti. Bu durum çok ender olarak görülürdü. Siperlerimiz tam bir bomba eğitim alanıydı. Kendimize özgü olarak üretilmiş olan periskoplu tüfeklerimiz siperden saçlarımızın bile görünmesini gerektirmiyordu.

Burada tehlike gerçekten en az derecedeydi. Düşmanın şarapnel ve tüfek kurşunları yalnız kumsal üzerinde etkili oluyordu. Bu böyle olmakla birlikte bir şarapnelin canlı bir hedefe rastlaması çok enderdi. Bununla birlikte insan çok haracayabilmek için pek çok para ile önemli ve ağır mühimmatın sağlanması ve hazırlanmasının gerçek bir değerinin olup olmadığını düşünmek zorunda kalıyordu. Bu özel değil, belki genel bir sorun.

Ansızın bir Türk köyünü bombardıman etmek üzere hareket eden bir savaş gemisinde bulundum. Köyün mesafesini başlangıçta altı fontluk bir top ile taramaya başladık. İlk mermiyi attığımız zaman iki yüz yarada kısa cevabını aldık. İkinci mermi yüz yarda sağa nişan alınız haberini getirdi. Üçüncü mermi hedef üzerinde seksen yarda ileriye düştü. Geminin komutanı yeter ve güzel dedi. Bunun üzerine seri ve etkili altı mermi köyün içinde müthiş patlamalar meydana getirdi.

20.000 yarda bir uzaklıktan hedefi bu kadar kısa bir süre içinde hızlı bir şekilde bulmak var olan bilimsel yöntemlerle mümkün olmaz. Bununla birlikte topçularımızın tahmin yetenekleri övgüye değerdir.

Bir Yeni Zelandalının neden olduğu tarihi bir olay gelecek kuşaklarımızda sonsuza kadar yaşayacaktır. Sanırım gerçek bir yiğitlik örneğini sergileyen bu hatırayı anımsatacak başka bir olay yaşanmamıştır. Ne yazık ki, bu kahraman sömürge askerinin kimliğini belirlemek mümkün olamamıştı. Derinlemesine yapılan araştırmalar sonucunda bile yaşanan olayın kahramanın bağlı olduğu alayın adını da öğrenmek mümkün olamamıştı. Olay bana Yeni Zelandalıların bir subayı tarafından aktarılmıştı. İleri harekât sırasında askeri birliklerimizden birine bağlı bir asker dik bir yar üzerinde kalmış, Türkler bu asker üzerine hücum etmekte oldukları için ölmekten başka çaresi kalmadığına karar verilmiş. Bu uzak noktada kalan askerin yeri ve durumu bakımından yaralı olduğu ve unutulduğu ortaya çıkmış. İlerleyen düşman kuvvetinin ne kadar olduğu bilinmediği için keşif subayı düşmana ilişkin nasıl bilgi edinebileceğini düşünürken birden bire herkesi hayrete düşüren bir olay yaşanmış. Çünkü yüksek bir noktada, düşmanın durumunu ve harekâtının gözlemlenebilecek bir yerde bırakılmış olan yaralı asker hemen işaretlerle haberler yağdırmaya başlamış. Yaralı askerin verdiği işaretler daha tam olarak anlaşılmadan, Türkler bu askerin üzerine ateş etmeye başlamışlar. Yaralı asker kısa bir süre için yere düştüyse de tekrar ayağa kalkarak işaretlerini kısa olarak da olsa ulaştırabilmiş. Ancak tekrar yere düşüp tekrar ayağa kalmış ve işaretler vermeye devam etmiş. Ta ki altıncı merminin hedefini tam olarak bulmasıyla yaralının bir kolu vücudundan kopmuş. Bununla birlikte artık ölüme mahkûm olan bu asker son kez ayağa kalkarak işaretinin tamamlandığını belirterek kendisini bekleyen ölüme kavuşmuş. Bana keşif subayı, "böyle yiğitlik ve kahramanlıkla dolu yüzlerce olay ve hatıra var. Fakat bu onların hepsinden daha çok öneme sahiptir" diyerek takdirlerini gösterdi.

Anzac'ta yaşanan garip olaylardan birisi de bir keçinin, kendisine siperliği bir hayat sığınağı olarak seçmesidir. Müthiş bir mermi sesini duyan keçi, kendine göre uygun bulduğu siperliğe doğru yönelmiş. Keçinin mermi sesinden korktuğunu anlayan askerler ağızlarıyla mermi sesi çıkararak keçiye endişe içinde kötü zamanlar geçirtmişler. Tehlike geçtikten sonra zavallı hayvan sığınmak zorunda kaldığı siperlikten çıkmış ve bu şekilde herkesin neşelenmesine neden olmuş. Eğer hayvan tehlikenin tamamen geçtiğine inanmış olmasaydı siperliği asla bırakmazdı.

Avcılık ve Avcı Askerler

Bu seferde avcı askerlerinin çalışmalarının ve alınan sonuçlarının ulaştığı noktaya hiçbir savaşta ulaşılamamıştır. Askeri harekâta bir saat bile katılanlar, yarı hayret ve yarı takdir eder bir şekilde düşmanın tahmin edilmeyen noktalardan askerlerimize yönelik uyguladıkları plânlara ve araçlara göz atmasın. Avcı savaşları savaşın akılcı ve çok iyi yararlanma araçlarından birisiydi. Ancak bu tür savaşın yalnız bir harekât alanı üzerinde uygulanması konusunda fikir sahibi olmuş olanlara karşı acı bir alay oluşturur. Bu günlerde avcı savaşları, savaşın küçük hilelerini içermekle birlikte Türkler bunu özümsemeye ve uygulamaya daha yetenekli görünmektedir. Gelibolu Yarımadası kendisine özgü doğa yapısına sahip olduğu için, Türkler bu doğa koşullarından yararlanma konusunda ilgisiz davranmadılar. Ağaç, çalı, kaya, kum Türkler tarafından kendilerine özgü aldatma aracı olarak kullanılmıştı. Türklerin aldatma biçimine katılan kişilerin fedakârlıkları ve içtenlikleri öyle bir duruma geldi ki, bunlarla mücadele edebilmek için özel bölükler oluşturulma zorunluluğu doğdu.

Son savaşta bu avcı askerleri garip bir olayın ortaya çıkmasına neden oldu. Olay feci bir nitelikteydi ve okuyanlar üzerinde de aynı etkiyi yaratır. London Teritoryal Tugayına bağlı bir yüzbaşı, kendi askerlerinin hareket alanı çevresinde bulunan tek bir ağacı geçtikten sonra geriye dönüp bakma gereğini duydu ve o anda ağacın üzerinde bir cismin hareket ettiğini gördü. Bu cisim açık yeşil renkli bir kuşa benziyordu. Yüzbaşı kuşun üzerine silâhını çevirip ateş ettiği zaman yeşil cisim tüfeği ile birlikte yere düştü. Yere düşen cismin elleri, yüzü, tüfeği yeşile, elbisesi de biraz daha koyu bir renge boyanmış bir Türk askeri olduğunu anladı. Bu anda burada bulunan bütün İngiliz askerleri kendilerine büyük korku ve endişe yaşatmış olan avcı askerin öldürülmesinden dolayı alkışlarla mutluluklarını gösterdiler.

Savaş alanının kuzey bölümlerinde körfez yönünde kadın kılığına bürünmüş bir avcı bin bir zorluktan sonra yakalanarak İngiliz savaş hatlarına kadar getirildi. Avcı asker feryat figan içinde yakalandığı çalılığın bir tarafını gösteriyor ve oraya götürülmesini rica ediyordu. Sonunda birkaç askerin gözetiminde yakalandığı yere götürüldü. Orada kapalı bir siperliğin bir köşesinde kendi çocuğu olduğunu iddia ettiği birini buldu ve aldı. Siperliğin bir kıyısında askerlerimizin üzerinden alınmış çok sayıda eşya ve mühimmat bulunmaktaydı.

Kendisini düşmandan korumak için kullandığı yaşmağını da almasına izin verildi.

Avcılık konusunda daha garip ve daha ilginç bir olay da bugün öğleden sonra yaşandı.

Savaş hatlarımızın biraz gerisinde bölüğün doktoru olan binbaşı yakın bir mesafeden öldürülmüştü. Olayın nedeni olan kişiyi yakalamak için çok özenle çaba harcanmasına rağmen başarılı olunamadı. Ancak kısa bir süre sonra ikinci kez bir askerin öldürülmesi, konuyu bütün yönleriyle ortaya çıkardı. Askerlerimizi birer birer avlayan bir avcı asker, karargâhımızın hemen ya-

Türk askeri siperde

kınında derin bir çukur içersinde görevini yapmaktaydı. Bu avcı burada çok açık bir şekilde ve uzun bir süreden beri durmaktaydı. Çünkü yanında çok miktarda malzeme ve yiyecek bulunduğu gibi gelmesi olası olan diğer avcılar için de yeterli mühimmat da vardı. Aynı zamanda hazır pek çok malzemesi de yanıda bulunmaktaydı.

Seferin sonlarına doğru gerçekten büyük bir ataklık örneği olmasıyla dikkati çeken bir olay daha yaşandı.

Avustralyalı askerlerden oluşan bir bölük, genellikle Türk avcılarının çalışmada bulundukları ve çok sayıda subay ve erimizin ölümüne sahne olan yerleri araştırmak zorunda kalmıştı. Araştırmalar başarılı olmadı. Ancak cesur avcı özel çalışmalarına devam etmekteydi.

Avustralyalının tuttuğu bir çalı elinde kalınca, burası Avustralyalının dikkati çekti. Yapılan kısa bir incelemeden sonra çalının kapı görevini yaptığı bir sığmak bulundu. Cesur Türk avcısı on gün önce Avustralyalılar tarafından işgal edilen bu alan üzerinde korkusuzca çalışma göstermekteydi. Artık yanında savaş malzemesi kendisinin hazırladığı birkaç fişek kalmıştı.

*
* *

Geçen akşam dumansız bir ateşten sonra savaş hatlarımız arasında dolanıyordum. Hava sert ve kızgın bir savaşın yapılmasına uygun olmayacak derecede sıcaktı. "Bugün savaş yok" söylentileri askerlerimizin dilinde dolaşmakta ve bu söylentiler doğal olarak size bir yarının olduğunu hatırlatmak amacıyla harcanmakta olmakla birlikte askerlerimiz yarının gün ışıklarının doğmasını kesinlikle istemiyorlardı.

Manchester'in genç ve mavi gözlü bir evlâdının, henüz hayatının baharını yaşayan bir gencin, siperinin önüne geldiğim zaman hafif bir sesle aşk şarkıları söylediğini işittim.

Sakin ve sessiz geri dönerek genci Türklerden son günlerde alınan dar bir siperin dibinde dudaklarından kendiliğinden aşk ve sevgi hatıralarının dökülmekte olduğunu gördüm. Kendisine "ne yapıyorsunuz?" diye sorduğum zaman cevap vermeyerek, sonsuza dek ölmez sevgi nağmelerini dilinden düşürmüyordu.

Başlangıçta bana çok dikkatli bir şekilde baktığı için kesik bir sesle "iyi değilsiniz sanırım" dedim. Çünkü onun çevresindeki üzgün hava ve söylediği şarkı da beni oldukça duygulandırmıştı.

Manchesterli genç bana karşı isteksiz bir tebessüm ettikten sonra "biliniz ki çok iyiyim. Fakat bugün bahtsız, sefil ve kalbi kırık biriyim" dedi ve "hücum emri verildiği zaman ben büsbütün başka bir adam kesiliyorum. Benden önce diğer askerler siperlerinden atlamaya başladığı zaman ben de diğerleri gibi hırslanır ve etkilenirim" sözlerinin ekledi.

Kendisinden bu garip ve aynı zamanda gönül avutucu olayı anlatmasını rica ettim. Biraz engel çıkarmasına rağmen sonunda anlatmaya karar verdi.

"Üniversiteyi bitirdikten sonra memur olmuştum. Bir hafta içinde savaş ilân edilmiş olduğu için ben de orduya katıldım. Sevgilimin kardeşine gösterdiği sevgi ve bağlılığı hiçbir zaman bana göstereceğini sanmam. Ayrılacağımız zaman 'Heri, ona iyi bak, onu sana emanet ediyorum' dedi.

Sevgilimle vedalaşmam sırasında öpüşürken kulağıma eğilerek, 'kardeşim yanında olmadan kesinlikle gelme' dedi. Ben de ona, yemin ederek onsuz gelmeyeceğimin sözünü verdim.

İki saat önce serseri bir kurşun sevgilimin kardeşini buldu ve sevgilimin kardeşi Sam'i aramızdan aldı götürdü. İşte benim için yapılacak hücumlar dilediğim sonucun gerçekleşmesi için oldukça önemlidir. Hücum için her emir geldiğinde Sam'in hayali gözümün önünde canlanarak beni çıldırtıyor. Tam bu sıralarda siz 'ne haber?' diye sordunuz" dedi.

Zavallı gencin başından geçen olay onu çok etkilediği için dinlenme bölgesine çekilmiş. Fakat bundan sonraki hayatı üzgün ve acı bir cinnet ile geçmişti. İşte bugün onun asla ölmeyen aşk ve sevgi nağmelerinin bitiminde dilediği son, kendisine ulaşmıştı.

SUVLA VE SONRASI

Büyük Savaştan Önce
Gelibolu Yarımadası

Savaşın burada ortaya çıkardığı garipliklerden birisi de, savaş ile ilgili olanların güzel bir zevk ile duygulanmış olmasıydı. Bu konuda her şeyi ayrılmaz bir şekil durumuna sokan amacın, ölümün her zaman var ve yakın olmasından ortaya çıktığım düşünüyorum.

Uygar dünyada oldukça ilerlemiş olan Fransızlara savaştan önce göz atan herkes, Fransızlarda aynı hareketli ruh durumunu göremez ve takdir edemez.

Fransızlar, kendilerinin oldukça tanınmış olan yetmiş beşlikleri ile düşmana zarar vermeye uğraşırken aynı şekil ve tarzda, belki daha da iyi kullanmasını bilen Türklerin tufan mermileriyle karşı karşıya kalıyorlardı.

Böyle önemli günlerde siz gizli ve hareketli bir tabyanın ortaya çıkarılmasını bizden her zaman beklemektesiniz. Başınızı çevirir çevirmez görür ve sorarsınız: Nereden geldi? Duman devam ediyor. Hatta atlar bile aynı sakat ruh içinde. İki mermi birbiri ardı sıra patlıyor. Biri yüksek ateşli, diğeri şarapnel. Askerin birisi bir mermi parçası alarak bana verdi ve "oldukça büyük değil mi?" dedi. Diğer bir mermi kendine özgü sesi ile siperliğin bir tarafını kopararak gitti. Siperliğe gizlenmiş olanlar hayret uyandıran bir korku ile dışarıya çıkmak zorunda kaldı. Asya'nın bu önemli mermileri emin olunuz ki, bir büyük mücadelenin giriş hareketiydi.

River Clyde Gemisinin Bordosundaki İskele Üzerinde...

Üç gün süren korkunç ve müthiş bir mücadele sona ermiş oldu. Savaş hatlarının ucunda bulunan yerler, bu seferde bizi İstanbul'da bulunmamak ümitsizliği ve endişesiyle mutsuz ediyor.

Hücum iki buçukta, ani ve bağımsız bir şekilde başladı. Ben Fransızların Kerevizdere'yi bombardıman edişlerini izlemeye gittim. Savaş gemimiz düşman siperlerini batıdan, seri toplar ile donatılmış Fransız gemileri ise doğudan ateş altına alarak, hücuma yardım etmekte ve monitörlerimiz ise büyük ve etkili toplarıyla Türk bataryalarından bazılarını başarılı bir şekilde taramaktaydı.

Fransız toplarının çevresinden savaş alanını izleyip ve inceleyince, İtilâf kuvvetlerinin toplarının Kerevizdere çevresini adım adım yalamakta olduğu çok açık görünmekteydi.

Bugün sabahla birlikte savaş gemilerimizin her an savaşa hazır bir durumda Türk tabya ve istihkâmlarına karşı ilerlemekte olduğunu görmek ümidiyle, Navros'a dikkatli bir şekilde göz atıyordum. Fakat, ne yazık ki savaş gemilerimizden hiçbiri yoktu ve görünmüyordu. Başarı ve başarısızlık söylentileri sol tarafımızdan her yere yayılmaktaydı. Başlangıçta cephenin bütün bölümlerinde çok büyük bir başarının elde edildiğine ilişkin söylentiler hoş bir etki ile yankılanıyordu. Ancak görebildiğim şey yalnız Fransızların müthiş ve büyük ateşi karşısında hiçbir şeyin ayakta kalamayacağı doğal olan bir alanda arazi kazanmakta olduğumuzdu. Üç saat kadar bir zaman süresince devam eden korkunç bir savaş sonunda bir dakikalık sessizlik bile olmamıştı. Bombardıman sona erdiğinde Fransızların bakış açıları ve hedefleri tamamıyla ortaya çıktı. Fransızlar son derece iyi düzenlenmiş bir savaş aldatması olan hareketlerini başarıyla uygulayarak, sol taraflarında bulunan Teritoryal askerlerinin serbest bir askerleri harekâtta bulunmalarını sağlamış ve bu şekilde Teritoryal askerleri cesur ve parlak bir hücumdan sonra dört Türk savaş hattını ele geçirmeyi başarmışlardı.

*
* *

Bu sabah, dün işgal ettiğimiz araziyi boşaltma gereği ortaya çıkmış olduğundan son hafta içinde beklediğimiz amaca varmak için yapılan hazırlıklar yararsız bir sonuca ulaşmıştı. Bulunduğumuz arazide iyi bir şekilde yerleşmekle birlikte henüz sonuçlanabilir olan müthiş mücadeleden beklediğimiz başarıya ulaşma olanağımız olmamıştı.

Savaşın ilk gününde yaralanmış olan Fransız yaralılar, Essakis ve Hamshire askerlerinin sergiledikleri metanet ve fedakârlıkları takdir ve saygı ile anılmaktadır.

Heyecan Yaratan Olaylar

Üç gün süren yoğun savaşın yaralılarını taşıyan
Newmarket adındaki balıkçı gemisinde...

Geminin bordosuna gelen askerler, Türklerin şarapnel ateşinden korunaklı bir durumda bulunduklarına inandıkları için, artık tam bir rahatlık ve can güvenliği içinde dinlenebiliyorlardı.

İstimbotun yaralıları taşımak ve götürmek için yanaşmak zorunda kalacağı yarısı denize batmış iskelenin çevresinde Türk mermileri kıvılcım saçarak dehşet yaratmaya devam ediyordu.

Hatta bu satırları yazarken bir iki mermi de geminin yakınlarına düştü.

Fakat askerler her zamankinden daha fazla neşeli görünmekte ve mangalar olarak ayrılarak bu korkunç savaşın ortaya çıkardığı heyecanlı olayları hatırlayarak kahve ve çay içiyorlardı.

Midesinden yaralanmış olan Royal Fusiliers'den bir süvari onbaşısı "sizin bulunduğunuz mevzi en iyi fundalıktı" diyordu. Diğeri, "askerlerimiz Fransızların istediği gibi hareket ediyor, durmak yok, devam devam diye hepimiz bağırdık. Bazılarımız devam etti ve vurularak öldü. Çünkü böylesine etkili bir mücadelede bir insan kendi payına düşeni almaksızın kurtulamaz. Fakat sanırım, en az kayba uğrayan bizim alayımızdı. Bazıları şarapnelin yağmur gibi yağmasından dolayı büyük korku belirtileri göstermekteydi" sözlerini heyecanlı bir şekilde harcıyordu.

*
* *

"Siz, Dublin Fusuliers ile Mounster askerlerinin yaptıkları fedakârlığı kesinlikle öğrenmelisiniz." Bu heyecanlı olayı anlatan kişi kılığından yedek subay olduğu anlaşılan, Royal Army Medical Cure'e bağlı bir yüzbaşıydı.

"Körfeze öğleden sonra ulaştık. Bir tepenin üzerinde beklemekte olan Türkler, bizi çok kolay bir şekilde görmüşlerdi. Fakat savaş gemimizin savurduğu birkaç mermi bunları kaçmaya zorladı. Gemicilerin bizi çok içten bir şekilde alkışlamaları, buraların başlangıçta çok korkunç manzaralara sahne olduğunu unutturmuştu. Ancak, bulunduğumuz yerden aşağıya ve ileriye doğru baktığımızda, gruplar halinde çok sayıda Türkün kaçmakta olduklarını gördük. Bunların ardından hemen parlak süngüler tepeye doğru saldırmaya başladı. Bu anda ileri harekâtı yapan kolların önündeki askerler yaşa nidalarıyla bağırarak Türkleri yarın diğer tarafına sürme başarısını gösterdi. Yapay engellerin önünde Mounster askerlerinin karşı karşıya kaldıkları saldırıları püskürtmeyi başardılar. Türk sol tarafından boylu boyunca uzanan bir dere yatağı bulunuyordu. Burada hücum eden gruplar bombardımanla karşı karşıya kaldılar. Süngü hücumları, tüfek ateşi ve korkunç bombalar askerimizi bulunduğu yerden atmayı başaramadı. Fakat, ertesi gün şarapnellerin öldürücü etkisi, yorgun düşmüş askerlerimizi kötü bir şekilde hırpalamaya başladığı için ele geçirilen mevziler gece boşaltılmak zorunda kalındı. Boşaltma işlemi öyle bir sessizlik içinde yapıldı ki, önemli ölçüde destek kuvvet almış olan Türk askerî birlikleri pazartesi günü sabah saatlerinde yaptıkları baskınlarda yakalamak istedikleri kuşların yuvadan uçmuş olduğunu anladılar."

Bu subay avcılara özel bir önem veriyor ve "Türkler bu konuda oldukça iyi bir oyun oynamıştır. Örneğin, askerlerimizden bir kısmı suya gittikleri zaman genellikle vuruluyorlar. Fakat bu yerlerdeki sağlık memurları korkusuzca gezebiliyor ve bazıları siperlerde yaralıları tedavi edebiliyorlar. Fakat kendisini göstermeye cesaret eden diğer askerler anında vuruluyor. Bir aptal askerimiz kalbinden, diğer biri de omzundan yaralandı. Bununla birlikte bu avcıyı yok etmek gereği artık ortaya çıktı ve görevi yerine getirmeyi bir doktor üstlendi. Doktor hareket etmeye girişir girişmez vurulup yaralandı. Fakat yaralının doktor olduğunu anlayan avcı ikinci kez ateş etmedi ve böylelikle görevini hakkıyla yaptı" diyordu.

*
* *

Bir Yeni Zelandalı yüzbaşı, Anzac'ta garip bir olayın yaşanmasını şöyle anlatıyordu. "Saldırı için yapılan plân, askerî kuvvetlerimizin komutanı tarafından hücum edeceğimiz yerler hakkında bazı yanlışlıklar olduğu sanılarak tam hücum edeceğimiz zamanda iptal edildi. Bu iptal sonucu sol tarafta yirmi yarda daha ileride bulunan mevzilere hücum etmek kararlaştırıldı. Hücum çok iyi bir şekilde tamamlandı. Ancak kısa bir süre sonra, önceleri hücum etmekten kaçındığımız mevziler üzerinde şiddetli gümbürtü ile kara lağımları patladı."

*

* *

Gözlüklü, uzun boylu ve geniş omuzlu bir subay anlatıyor: "Deniz gözetleme yerinden görev yapma sorumluluğu bana verildi. Doğal olarak heyecanlı bir görev. Fakat doğrusunu söylemek gerekirse, ilk gün ben biraz zorlukla karşı karşıya kaldım. Görevim Anzac'ın içinde bulunan bir gözetleme yerinden gemi toplarının atışlarını kontrol etmekti.

Kimi zaman bir ses görevimizi önemli bir şekilde zorlaştırıyorsa da genellikle gündüz görevimizi yerine getirme olanağı bulunuyordu. Akşam olunca ortalık kararmaya başladığı zaman karmakarışık bir ruh havasına bürünüyordum.

Bunlarla birlikte kendi adıma bir gözetleme yapmayı düşündüm ve bize çok fazla zarar veriren bir Türk makineli topunu aramaya giriştim. Birçok kez bu topun yerini belirlemek konusunda çaba harcadıysak da, çabalarımız tamamıyla başarısız oluyordu. Çünkü makineli Türk topu yaklaşık on ikiden sonra değişik zamanlarda harekete geçmekteydi. Sonunda bu topu bulmak konusundan vazgeçmek zorunda kaldık. Fakat en sonunda gece karanlığında yaklaşık bir mil uzaklıkta bir kıvılcımın parladığını gördüm ve izleme aynamı oraya çevirdim. Kısa bir süre sonra buradaki makineli top takımının mevzisini tamamıyla açık bir şekilde belirlemeyi başardım. Böylelikle teleskopu bu noktaya kilitledim. Sabah olunca teleskoptan tekrar gözlem yaptığım zaman, topun bulunduğu yerde makineli top takımının orada olduğunu gördüm. Hemen durumu telsiz telgrafla savaş gemilerimize bildirdim.

İyi bir şekilde hedefe yönlendirilmiş bir deniz mermisi, topçu askerlerinin üzerine, gökyüzünden bir yıldırım şeklinde düştü. Bu şekilde bizi zorlayan ve usandıran makineli topun çapkınlıklarına son verildi."

BAZI ELEŞTİRİLERİN ELEŞTİRİSİ

Çanakkale faciasının derin etkisini açıklarken yarımadanın boşaltılmasında doğrudan doğruya etkili olan bazı eleştirilere cevap vermek isteğindeyim.

Savaş muhabirlerinin görevi, olayı bütünüyle görmek, gördükleri manzarayı ve gerçekleri anlatmaktı. Oysa, Çanakkale seferinde ise askeri kuvvetler başkomutanına karşı kendilerini akıl verici bir konumda ve durumda görmek istek ve amacını güden bazı savaş muhabirlerine rastlanmaktadır.

Bu konuda suçlama altında kalanlardan biri de Ashmeat Bartlett'tir (Bk. Ek. 2). Bartlett, kendi bakış açısından savaşın ne şekilde gelişeceğini değerlendirmekte olduğu için, doğal olarak savaş harekâtından sorumlu olanların plânları ile başarılacak düşünce ve değerlendirmelere sahip olamıyordu. Bununla birlikte, askerî harekâtın değişik evrelerinde her zaman kötümser bir durum alma konumunu da kendisine uygun buldu.

Londra basınının Bartlett'in yapmış olduğu değerlendirmelerden gizli anlamlar çıkarmaları bence üzüntü verici bir durumdu.

Ashmeat Bartlett, kurmay heyetini küçümseyen bir gözle süzdükten sonra "siyasal strateji ve taktikte becerikli, fakat, gerek pratik ve gerekse kuramsal açısından savaş ile tamamıyla bütünleşmemiş bir sivil grubudur. Her biri askerî uzmanların başarısını sağlamak konusunda açıkça güçlü görünmektedir" diyor. İşte bu sözler Bartlett'in eleştirel yapısını tamamıyla göstermektedir.

Bartlett, çok başarılı bir gazeteci ve yazar olabilir. Fakat sonuçta o, yalnız bir sivil, bir teoriysen ve bunlara ek olarak amatör bir stratejisyendir.

Temmuz 1915'de, Çanakkale'ye geldiği zaman kurmay heyetine karşı önemli derecede etki yaratabilecek bazı değerlendirmelerin, genel düşünce açısından adı sayılabilecek kişiler arasında var olduğu tamamıyla ortaya çıktı. Çok küçük bir sefer için bile yetkiye sahip olan kişiler arasında çok iyi ve muntazam bir çoğunluk kesinlikle var değildi. Bununla birlikte Çanakkale seferi gibi içerik olarak çok fazla karışık olan bir sorunda geniş bir anlaşmazlığın var olacağı zaten umulmaktaydı.

Çanakkale'de hastalanmam, verilen bu yargıların gelişmesini sağlamak için bana çok az bir fırsat vermişti. Fakat diğerlerinin bu konuda daha fazla şanslı olduklarını inceleyecek kadar zamanım olmuştu. Biz Gelibolu'da sivil insanların barış döneminde gerek siyasal, gerekse sosyal ve malî yönden sahip oldukları durum ve koşullar gibi ufak tefek olmakla birlikte bazı ayrıcalıklara sahip olduk.

Bu büyük ayrıcalıkların ne gibi koşullar altında çalışılmakta olunan ortamı incelemek için sisli bir fikir ortaya çıkarttığı kanısındayım. Birçok kişi savaş alanında bir panik ortaya çıkacağını ümit etmekteydi. Bunlar, her şeyi sisli bir kötümserlik gözlüğüyle izlemek ve ülkedeki ayrıcalıklı durumlardan yararlanarak, ülke içinde kötü bir havanın ortaya çıkması için seçkin bir derecede kolaylığa sahip olma fırsatına eriştiler.

Bu nokta üzerine hiçbir endişe ve kuşku örtüsü örtülemez. Bu yanlış ve sağlıksız eleştiriler başkomutandan başlayıp aşağılara kadar etki ederek ulaşırdı.

Eğer düşüncedeki amaç bu olursa, bir savaş muhabiri savaş cephesindeki askerler arasında bozgunculuk tohumu saçmak, ülkedeki kamuoyunu zehirlemek için kendisini tamamıyla hazır

Savaşın üç önemli adamı bir arada:
Sir D. Haig, Joffre ve Lloyd George

ve donatılmış bir durumda bulur. Kötümserlik kadar kötü bir şey yoktur ve olamaz. Yalnız bazı ayrıcalıklı durumlarda -ki bir kere de Çanakkale'de olmuştur- alttaki subaylar kimi zaman savaşan askerler arasında endişe ve heyecan ortaya çıkarmayı isteyen savaş muhabirlerini resmen yalanlayacak derecede karakter ve öz güven ile hareket eder.

Gelibolu Yarımadası'na ilk kez yaptığım gezide kurmay heyetinin iki önemli subayına rastladım. Bunların her ikisi de üstlendikleri zor bir işin karşılanması için devamlı bir emekle çalıştıklarından dolayı haklı olarak bezgin ve dağınık görünmekteydiler. Bunların bakış açıları, doğal olarak diğerlerinin düşüncelerinin ve değerlendirmelerinin yansımasıydı.

Bu subaylardan biri bana, "Yarımada, üzerinde çalışacak güzel bir yer değildir. Ancak sivillerin, dışarıdan yöneltecekleri bakışlara nasıl etki yapacağı anlaşılır. Eğer bu siviller başka bir yere giderek bizi kendi işlerimizde yalnız başına bırakma mutluluğunda bulunursa bize daha büyük bir şans ve ümit vermiş olurlar" dedi.

Ben General Hamilton'un bu nokta üzerinde ne şekilde değerlendirme yapacağını öğrenmeyi istedim. Hamilton bu konuda değerlendirme yapmaktan çok uzak gibi görünüyor. Fakat şunu söylemek isterim ki, Gelibolu Yarımadası'na geldiğim zaman başkomutanın bu bakış açısını korumakta olduğunu, ancak görünen bu duruma karşı hareket edemez göründüğünü verir bir şekilde öğrendim. Bu sorun, inanılır görünen bazı demeçlerin yansıdığı dünyanın en büyük gazetelerinden daha çok ve tamamıyla General Hamilton ile hükümete aittir.

Çanakkale sorununa ilişkin büyük bir gerçek, askerî olmaktan çok uygar insanlara ait olmak üzere ortalıkta durmaktadır. Askerî ve bahrî olan bütün eksiklikler bu gerçek karşısında çok sönük kalır. Bu gibi hatalar, birlik içinde ve bağımsız bir millet tarafından yapılmış olursa büyük bir savaş içinde bile adi bir olay konumundaymış gibi olur. Fakat eğer hatalar siyasîler tarafından abartılıyor ve çalı gibi dikenli dimağlar tarafından sağlamlaştırılıyorsa bu ahlâkın yozlaşmasına dayanan açık sonuçları gösterir.

Bu insancıl öz, bu uygar insanı Gelibolu Yarımadası'nda kötü bir şekilde sıkıntısını açığa vurmak ve bunları ülkenin her tarafına tantanalı bir şekilde yansıtmakla açık bir şekilde görülmüştür.

Bu işlere çözüm olacak etkili bir çarenin uygulanma olanağı için çok fazla fikir ürettim. Fakat itiraf edeyim ki, incelemeler ve araştırmalarımın sonucunda her zaman kaçındığım bir mesleğe, bir siyasete bağlı kalma gereğini duydum. Bu meslek, askerî haber alma idi.

Madem ki millet savaşıyor. Bununla birlikte bizim için bu savaşı namuslu sonuçlandırmak için çalışmak gerekir. Bunun araştırılmasıyla uğraştığız zamanda anlayışlı ve namuslu bir tutum takınmalıyız. Gelibolu askerî harekâtındaki başarısızlığı doğuran durumu incelemek üzere bir komisyon oluşturulduğu zaman, doğunun bu kötümser yazarı, doğunun durumuna ilişkin her zaman yargılar veren bu savaş muhabiri, hemen Batı cephesi savaş muhabirlerine katılmak için buradan ayrıldı.

*
* *

Şimdi "bize böyle söylediler" diyenlere karşı birkaç söz söylemek gerekmektedir. Türkiye'ye savaş ilân edildiği zaman milletin duyduğu ürperti ve değerlendirmeyi çok iyi hatırlıyorum. Çanakkale Boğazı'nın dış istihkâmlarına yönelik bir saldırının yapıldığını doğrulayan resmî açıklamanın ortaya çıkardığı titrek sevinç sesleri hâlâ kulaklarımdadır. İnsan, büyük bir kararlılıkla Marsların savaş adına yaptıkları feryatlardan daha çok çinguistler ile peykadelli önünde gösterilerde bulunan ve daha sonra savaşın bütün tepki ve etkilerini duyunca suçlu olanların durumlarına karşı ne derece sabır ve dayanma gösterir. Böyle insanların düşüncelerinde tutarlılık ve mertlik bulunmaz.

Bu gibi kişilikler, kutsal ve cesurca bir girişimde başarı ümidi alevlenmeye başladığı zaman kötü düşüncelerinin doğruluğu konusunda gazetede kendilerine övgüler yağdırırlar. Bu atak girişimin sonucu başarılı olmadığı zaman da küfürler içeren sözler kullanmaya başlarlar.

Bu konuda hatalı bir adım atmadığıma inanmak için, Şubat ve Mart 1915'te yayımlanmış gazete sütunlarına göz atarak inceledim. Bu incelemem kasıtlı bir amaca yönelik olamaz. Amacım, bu gazetelere o zaman almış oldukları durumları ve ümit ettikleri isteklerin gerçekleşmediği zaman yaptıkları acı saldırıları göstermektir.

Çanakkale seferinin başlamasından birkaç gün önce Churchill, Güneydoğu Avrupa'daki siyasal durumun cansız ve uyuşuk bir durumda olduğu zamanlar aşağıdaki düşünceleri ortaya koymuştu:

"İtilâf devletlerinin emel ve amaçlarına uygun olan bütün yaygın fikirler yavaş yavaş değişmekte ve hatta değişmişti. İtalya'da görüşmelerimiz çok yavaş ilerlemekteydi. Aynı zamanda Rusya hükümeti Kafkas cephesine yapılmakta olan baskının hafifletilme olanağının olup olmadığını Dışişleri Bakanlığına sordu." Bu aralıksız başvuruların ve Deniz ve Savaş Bakanlıkları arasında yapılan haberleşmenin sonucu olarak Churchill, Türkiye sularında bir savaş harekâtının olanak ve olasılıklarını birinci deniz lordu ile diğer deniz kurmaylarının dikkatlerine sundu ve kendi fikirlerinde de Çanakkale üzerinde kesin savaş harekâtının yapılması tam bu zamanda ortaya çıktı."

Bundan sonra neler olduğuna bir bakalım.

Churchill 30 Ekimde, Osmanlı İmparatorluğu tarafından Doğu Akdeniz'de sözü edilen bir saldırı için Mısır'da bulundurulmakta olan 30.000 kadar bir askeri kuvvetin taşınması konusunda kullanılmak üzere gerekli olan nakliye gemilerinin hazırlanmasını önerdi.

Bu zamanda bu amacı sağlayacak askeri kuvvetin varlığı olası değildi. Ancak, Doğu Akdeniz'de bir savaşın yapılması gereği pek çok kişi tarafından ortaya konulmakla baskı altına alınmaktaydık."

O zaman bu konu ile ilgili görünen iki nokta çok açık bir şekilde ortada durmaktaydı.

1. Her ne şekilde olursa olsun bir emri vaki yapılmasının ge-

reği. Fakat bunun için yeterince asker yoktu.

2. Bir savaş harekâtı yapılmasının acele ve önemli bir konu olması.

Amiral Garden (6) Çanakkale Boğazı üzerinde yapılacak bir saldırıya ilişkin cevap verirken Çanakkale Boğazı'nın zorlanmayacağını ve fakat ağır ve büyük bir bombardımanla saf dışı edileceğini ortaya koydu. Bu iki fikrin uyuşması ise Churchill'in üzerinde "derin bir etki" yaptı.

Churchill ile Lord Fisher arasında sözlü olan anlaşmazlıklar bizimle ilgili bir sorun değildir. Bu sözlü tartışmalar tam anlamıyla kişisel bir tartışma olmakla birlikte önemli ve mağrur fikirlerin ilgisiz bir zamanda millet ve milletin sorunları üzerine etki yapması ilgi çekici olabilir.

Çanakkale savaş harekâtının öncesinde olumlu ve ılımlı bir fikrin yansımaları olarak 22 Şubat tarihli Times Gazetesi'nin baş yazısından bazı alıntıları aşağıda verilmiştir.

"Çanakkale Boğazı dışındaki istihkâmların cuma günü İngiliz-Fransız deniz kuvvetleri tarafından ağır bir şekilde bombardıman edilmiş olması, çok büyük ve elverişli fırsatların başlangıcına işaret gibi görünüyor.

Gerçekte, Çanakkale Boğazı'na yapılacak başarılı bir hücum, birinci derecede öneme sahip bir sorun olacak ve elde edi-

---

(6) İngiliz amirali Garden, İrlandalı deniz albayı Andrew Carden'in oğlu olarak 1857 yılında doğdu. 1882 Mısır savaşına katıldı. 1894'te Suakim harekâtında ve Doğu Sudan'da görev yaptı. 1897'de Sir Harry Rason'ın yanında Benin seferine katıldı ve 1908'de amirallik rütbesine yükseldi. 1914'te Malta Deniz Komutanlığına atanan Garden, Sir Berkeley Milne ayrıldıktan sonra Akdeniz Filosu Başkomutanlığına getirildi. Çanakkale seferinin başında, 18 Mart deniz harekâtının plânlarını yaptı ve başarısızlıkla sonuçlanan bu harekata komuta etti. Hastalığı nedeniyle bu görvden ayrılan Garden görevini Sir John de Robeck'e devretti. 1916'da şövalyelik (Sir) ile onurlandırıldı ve 1917'de büyükamiralliğe getirildi.

len sonucun büyük etkileri hızla doğu ve batı ana cephelerinde görülecektir. Bir an için Rusya'nın durumunu ve yerini göz önüne alınız. Geniş bir imparatorluk, fazla ürün, ancak her bir amaç için dış dünya ile Almanya'dan daha çok soyutlanmış bir güç.

Karadeniz'e çıkan yol, Çanakkale ve İstanbul Boğazları ile çevrili. Rusya zincirler içersinde. Bununla birlikte bu zincirleri kırmaya gücü olacak olan İtilaf devletleri, Rusya'ya bu konuda yardım etmek zorundadır ve görevlidir. Ancak serbest bir yol sağlandığı takdirde geniş ve ölçülemeyecek derecede büyük çıkarlar Odese'ya doğru akacaktır. Buğday ile dolu gemiler dışarı gidecek ve Rusya'nın gerek duyduğu malzemeyi taşıyan ticaret gemileri Karadeniz'i rahatça geçecektir. Tereddütlü bir durumda olan Balkanlar ile diğer tarafsızlar üzerindeki etkiler hemen sonuçlarını gösterecek ve son zamanlarda Ruslara karşı yapılan Alman askerî harekâtının ortaya çıkardığı etkiler ters tepecektir.

Mümkün olduğu takdirde, İstanbul'un düşürülmesi, Türk saldırı ve hücumunun bundan sonra kımıldayamaz bir duruma düşmesini sağlayacaktır. Türkler yüreklerine indirilecek büyük bir darbeden sonra kesinlikle yaşayamaz. Bundan dolayı Çanakkale'nin bombalanması, -eğer İtilâf kuvvetleri bunu mantıklı bir şekilde sonuçlandırırsa- bu yakınlarda çok açık olan savaştaki yoksunlukların şimdiden hayalini içermektedir.

Ancak bu harekât, son derece yok edici ve müthiş olmakla birlikte yalnız deniz kuvvetlen ile başarılamaz. Bu konuda kullanılacak askeri kuvvetlerin miktarı deniz kuvvetleri ile eşit derecede olmalıdır. Değişik savaş gemilerine sahip olmak yeterli gelmediği için önemli bir askeri kuvvete gereksinim vardır.

Donanma kendisine verilen görevi iyi bir şekilde yerine getirebilirse de, kara zaferine de gereksinim olduğu açıktır. Bundan ayrı olarak, bu girişime bağlı olan plânlar son noktasına kadar *hazırlanmış ve düzenlenmiş olmalıdır.*

Böyle bir görevi üstlendikten sonra elde edilecek başarı, değişik durumlar dolayısıyla savaşın bütün aşamalarını değiştirebilir. Elde edilebilecek sonuçlar değişik ve yaşamsal bir önem taşımaktadır.

Yalnız bir şey vardır; İtilâf kuvvetleri, başarısızlıkla karşı karşıya kalacak ısrarlı bir hücum içinde tehlikeye atılmaya cesaret edemez. Çanakkale'de doğunun kapısı üzerindeyiz. Bununla birlikte buradan geri dönmek ve başarısızlıkla karşı karşıya kalmak olmamalıdır. Bunlar doğal olarak bilinen konulardır.

Bu konuların tamamıyla ve ayrıntılı olarak düşünüldüğüne ve bundan sonra yapılacak şeylerin yetersiz olmayacağına inanmaktayız.

Burada belirtilmesi ve yazılması gereken bir nokta daha var-

Batı cephesinde siper kazan Alman askerleri

dır. *Rusya'ya giden yolun temizlenerek korunacağını söyledik. Bu tamamıyla doğrudur. Eğer Gelibolu Yarımadası ele geçirilir ve sağlam bir şekilde korunursa, kötü bir dönemin bitmiş olduğu unutulmamalıdır. Diğer kısımların izlenmesi için uygun bir zamanı beklemek olanağı ortaya çıkabilir.*

Bununla birlikte, Türkiye sularında askerî harekâtın yapılmasına taraftar bir çoğunluğun bulunduğu açıktır. O halde, daha sonra askeri harekâtı eleştirmek isteyenlerin resmî dayanakları olan belgeler bulunmaz. Yalnız çok açık olarak göz önünde duran anlaşmazlık, ortak bir askerî harekâtın yapılması sorundur."

Churchill, Lord Fisher projesinin tarafsızların ortak hareket etmesini içerdiğini söyledi. Ancak bu değerlendirme ve tahminin yalnız Lord Fisher'e ait olduğunu da ekledi.

Yunanistan'ın da bu hesaba katılması için göz önünde bulundurulacak derecede önemli bir ortam göründü mü? Bu konuda Yunanistan'ın bizi başarısızlığa iten, nedenlerini yalnız arşiv ve belgeler söyleyebilir. Doğal olarak bugün gizli belgelerin dikkate alınması da doğru değildir. Bu konuyu Bartlett bile göz önünde bulundurarak bu şekildeki resmî gizli belgelerin varlığını kabul ediyor. Fakat bu gibi yapay engelleri de gülerek küçümsüyor.

Bartlett, "Bu gibi uzmanları bir an için bile olsa küçük görmek istemem. Fakat bütün uzmanların değerlendirmeleri uzmanlık alanı içinde olan çalışma alanıyla ilgilidir. Bugün sağlam çalışma ve araştırma ortamı var mıdır? Bunların hepsi Deniz Bakanlığının arşivlerinde bulunmakta ve korunmaktadır. Ancak, gerçekte Çanakkale'de bulunan herkes, zamanı gelince bunların hepsini ister istemez öğreneceklerdir" diyor.

Çanakkale'ye ilişkin bilginin tamamını normal bir dürüstlük ile öğrenmekten çekinen Lord Ribesley'in yararsız değerlendirmeleri ve gevezeliği bu çeşittendir.

Hükümet arşivinde saklı olan bilgilere girmeksizin ve daha sonra ortaya çıkan gerçeklere dikkat etmeksizin var olan olayları göz önünde bulundurmak gereğini duyuyoruz.

Şubat ayının ortalarında donanma Çanakkale'nin dış istihkâmlarını oluşturan Hellas, Kumkale ve Seddülbahir tabyalarına karşı etkili bir ateş açtı.

Churchill, savaş harekâtının ilk aşamasında umulandan daha çok başarılı olduğunu söylüyor. Ashmeat Bartlett, savaş harekâtına ilişkin belgelerin hükümet arşivlerinde saklı olmasından dolayı, doğal olarak, Churhill'in belirttiği umudun neyi içerdiğini bilmiyor ve buna rağmen Churchill'in değerlendirmesini yalanlama ve çürütme amacını güdüyor. Bartlett ilk kez bu bakış açısının ortaya konulduğunu işittiğini söylüyor ve her zaman görüşmeler yaptığı askerlerin tamamının "İlk etkili hücumun üstlenilen tehlikeli görevin, Narrows'a hücum etmek gibi bir işin gerçek niteliğinin ne olduğu konusunda gözlerimizin açılmasını sağladığını" söylediklerini belirtiyor. Ne olursa olsun işte gerçek bir itiraf.

Durumun zorluk derecesine ve tehlikesine, bu görevi yerine getirmekle ilgili olan deniz subaylarının bile Çanakkale'yi zorlama sorununu üstlenmezden önce bilmemeleri ve bu harekâttaki tehlikenin tamamıyla belirmemesi acı ve gerçek bir itiraftır.

Bundan başka kolaylıkların yokluğundan yakınmaya bir neden olmadığını kabul eden ve böyle görünen Ashmeat Bartlett belli bir savaş gemisi günlük rapor kayıtlarından alıntı yaptığı satırlarında: "Elde edilen sonuç, genel çerçevesi dolayısıyla güven verici görünmekteydi. Özellikle de 3 ve 6 numaralı istihkâmlara karşı kazanılan başarı. Ancak 6 numaralı istihkâma verilen tahribat ayrı olduğu zaman kalanlara yapılan zarar ve hasar çok büyük ve önemli değil gibi görünüyordu" diyordu.

Yukarıdaki değerlendirme, harekatı bir belirsizlik altında bırakmakla birlikte, savaşın ilk aşamasının bütünüyle bilgi verici bir sonuç doğurduğunu gösteriyor. 25 Şubatta hücum, uygun görülüp yapıldığı zaman çok kötü bir havanın etkili olmasına rağmen Kumkale ve Hellas'ta bulunan Türk kaleleri saf dışı edildi.

Bartlett bunu kabul ediyor. Ancak, Churchill'in ilk saldırının başarılı bir biçimde gerçekleştiğini ve ümit ettiğini içeren açıklamalarını değerlendirmeye değer buluyor.

Bombardımanın ertesi günü deniz askerlerinin karaya çıkmaya ve karada bulunan Türk toplarını pamuk barutu ile tahrip etmeye kararlı olması, büyük toplarımızın gösterdiği tahrip edici etkilerinin bir tanığı ve örneği olarak durmaktadır.

Bartlett, İngiltere Deniz Heyeti'nin Çanakkale girişinin torpil ile savunulduğundan ve torpil tarlalarının yeri ve durumundan haberdar olmadığından şikayet edercesine söz ediyor.

Bu taarruza rağmen deniz kuvvetimiz Boğaz ağızına girerek Narrows'daki istihkâmları başarıyla bombardıman etti.

*
* *

Bu zamana kadar durum neydi? Elde ettiğimiz sonuç gelecek için büyük bir ümit vermekten uzak olmakla birlikte artan bir hız ile Balkanlarda etki yaratan bir başarının başlangıcı sağlanmış mıydı? Churchill, "bu başlangıç olan başarının etkili yansımaları İtalya'da ilk hareketlerin ortaya çıkmasıyla belirdi" diyordu.

Bu harekât, 1915'de Dünya Savaşı'nın büyük ve önemli merkezlerinin sinirlerine dokundu ve Yunanistan Başbakanını lehimize hareket etme kararını alma ve bu şekilde Türkleri Edirne'deki ana savunma mevkilerine çekilme zorunda bıraktı.

İtalya'da oluşan etki çok açıktı. Aynı zamanda İstanbul'da

çok önemli ve heyecanlı bir endişenin ortaya çıktığını gösteren önemli belirtiler vardı. Beyoğlu'ndan İstanbul'a kadar başkentin bütün sokaklarında heyecanlı bir kalabalık dalgası oluştu. Bu endişe, Türk hükümdarlarından sokaklarda çıplak ayaklarıyla dolaşan çocuklara kadar geçti. Heyecanlı bir hayat ile derbeder olan halka Galata'nın yeni köprüsü üzerinde para toplayanlar tarafından durdurularak "sonrası ne olacak" sorusunu endişe ile soranlara, İngiliz denizaltılarının etkili torpillerinin minare yüksekliğine kadar kaldırdığı su sütunları arasında parça parça olan sandallar bir cevap oluşturmaktaydı.

Bu günlerde, Asya'nın şirin sularında bulunan Prens adaları bir taraftan İngilizlerin, diğer taraftan Bulgarların ve kendi aralarında da Almanların tehdit endişesi ile heyecanlı olan sarsılmış Türkler tarafından işgal ve eski İngiliz hatırasıyla yaşamış olan Üsküdar mıntıkasında telâş ve endişe yaratıldı.

Rusların Karadeniz'den fırlattıkları büyük ve güçlü topların korkunç sesleri Türkler ile öğretmenleri olan Almanların yüreğinde yeni yeni korkular doğurmaya başladı.

Churchill'in ikinci açıklaması oldukça önemlidir. Eğer ikinci açıklamaya gerektiği gibi dikkatlice bakılırsa, savaş harekâtının sonlarına doğru karşı karşıya kalınan engeller ve zorluklar ortaya çıkıyor. Churchill:

"Herkes bu harekâtın başarıya doğru gittiğini sanıyor. Ben her gün Deniz Bakanlığı'nda toplantılar yapıyor ve bu toplantılarda, bu harekâtın uygun bir ortamda gelişmekte olduğuna ilişkin genellikle görüş bildiren memurların değerlendirmelerini göz önüne alıyorum. Hatta bu konuda çok büyük zorlukların ortaya çıkacağını tamamıyla bilmekle birlikte, bu gelişme ve ilerleme beklentimizin üzerindeydi. Doğal olarak artık geri dönmek ya da başka bir konuya yönelme görüşü hiç kimse tarafından istenemezdi. Bütün insanlığın bakışları tamamıyla Çanakkale'ye

yönelmişti; siyasî, askerî, iktisadî bütün olumsuzluk Çanakkale sorununun biran önce bitirilmesine bağlıydı" şeklinde görüş belirtmişti.

İşte, Savunma Bakanlığı'nın belgeleri bu açıklamaları doğrular. Doğal olarak Churchill'in bu kadar belge karşısında görüş ayrılığına düştüğü güçlükle gizli kalabiliyordu. Deniz birinci lordunun kötümser düşüncelerine yerel basınımızın ne derecede katıldığına bir bakalım.

6 Mart tarihli Daily Telegraph gazetesi bu konudan söz ederken, *"İtilaf Devletleri Deniz Kuvvetlerindeki dehşetli silâhların çok geçmeden Osmanlı İmparatorluğu'nun başkentine egemen olacağını ümit edebiliyoruz.*

Avrupa, dünya tarihinin henüz yazmadığı bir olay ile karşı karşıya kalacaktır. Donanmamızın taarruz harekâtı o kadar hızlı ve uygun bir alanda yapıldı ki, dünya bu büyük girişimin önem derecesini takdir etmeden, sonucun görülen bir sahne içine girdiğini hayretle görecek ve bu şekilde donanmamız, Napolyon'un dünyanın anahtarı diye belirttiği bu ünlü ve tarihi şehrin üçüncü dönemini kapayacaktır" diye yazıyordu.

Standart gazetesi ise, *"Çanakkale girişini zorlamak konusunda gösterilen ilerleme çok iyi düzenlenmiş olan bu korkunç darbenin sonucu konusunda kuşku duymaya kesinlikle yer bırakmıyor ve çok hızlı ve çok iyi bir şekilde yapılmış olan bu iş, İngiliz-Fransız filosu komutanları ile er ve subaylarına çok büyük bir neşe ve güven aşılıyor.*

Tehlikesi çok olmayacağı gün gibi açık olan bir girişim başarısızlığında karşı karşıya kalınan kayıpların sağlanacak yararlara oranla çok daha azdır. Karşı havanın doğurduğu bazı ertelemeler sayılmadığı zaman her şey istediğimiz şekilde gelişmiştir. İç kaleler de dış istihkâmların karşı karşıya kaldığı sonuçtan payını almaktadır. Boğaz torpillerden temizlenmeye baş-

landığı için Fransız-İngiliz filosu çok geçmeden Marmara bölgesine ulaşacaktır.

Donanmanın ileri harekâtı ile birlikte karadan bir askerî harekâtın yapılması gereği ortaya çıkabilir. Fakat iyi donatılmış bir kuvvet, Almanların yardımına sahip olmuş Türk askeri kuvvetleriyle çarpışmaya tamamıyla hazır bir askeri kuvveti bile, bugün Yakındoğuda toplanmış olan güçlü bir donanmanın saldırısına boyun eğecektir. Yaşananlar, uğranılan kayıplar ve fedakârlıklar er geç sonuca ulaşacaktı. Bu, Türklerin karanlığa ve felâkete yuvarlanmasından başka hiçbir şeye aracılık etmez ve Alman strateji ve uzmanlarının tam bir güvenle korudukları abartılı işler ve önlemlerin yararsız bir duruma getirildiğini gösterir" diyordu.

22 Şubat tarihli Globe Gazetesi de, "Türk istihkâmların saf dışı bırakılmasından dolayı hayret etmeye gereksinim duymuyoruz. Böyle büyük bir girişimde Türk kuvvetini herkes için kıracak nitelikte bir adımın atılması, Rusya'nın buğdayla dolu olan ambarlarını başarılı olduğu şekilde Yakındoğuda bütün durumun değişiklikle karşı karşıya kalacağını söz veriyor. Artık iş başlamış olduğu için bunu bir sonuca ulaştırmalıyız. Fakat biz bütün ümitlerin önceden hesap edilmiş olduğunu ve hesapların güven verici bir sonuca ulaşacağına inanıyoruz" şeklinde değerlendirmeler yapıyordu.

Artık bu günlerde yayınlanmış olan günlük gazetelerden alıntılar yapma gereği duymuyorum. Ancak bunlara aşağıdaki noktaları belirtmek ve doğrulamak için yeteri derecede başvuruda bulunduğumu sanıyorum.

1. Savaş harekâtının bu aşamasına kadar her şeyin yolunda gittiği,

2. Siyasî ve meslekî bazı nedenlerden dolayı yapılan girişimlerin doğru olduğu,

İngiliz savaş gemisi ve askerleri Çanakkale Boğazı'nda

3. Seferin başlangıcının başarılı olması ile sonucuna kadar devamının kesin olması ve bütün ülke basınının tarafsız olarak kamuoyuna ters etki ve nüfuz edecek bir durum alması.

*

* * *

Zorluklar tamamıyla işe giriştikten sonra, yani mart ayı içinde ortaya çıkmaya başladı. Ancak herkes metin olmakla her şeyin üstesinden gelineceği düşüncesindeydi. Artık torpil tarama işi cehennemi bir ateş altında ve çok zor koşullar altında yapılmaktaydı. Zaten doğal olarak yeterli olan savunmalar ile tamamıyla ilerlemiş olan Türkler son sistem olan düzeneklerini de artan bir başarı ile kullanmaya başlamışlardı.

Tam bu zamanlarda sefer ile ilgili olarak üzüntülü ve üzücü kararlar alındı ve yayınlandı.

Çanakkale seferindeki gerileyen bir mücadelenin işte bu yayınlardan ileri geldiği ortaya çıkar. Bununla birlikte resmî durum ile bunu izleyen resmî olmayan eleştirilerin karşılaştırılması önemlidir.

Aşamalı olarak ilerlemek sorununun daha şiddetli önlemler ile düzenlenmesi göz önüne alındığı zaman Amiral Garden, bir sonuca ulaşmak için ağır ve yavaş bir baskı uygulamaya ve bu konuda çaresiz olan kayıplardan kaçınılmaya çağrıldı.

Burada önemli bir soruna kısaca değinmek isterim. Bizim, Almanlar kadar, komutanlarımızın kişiliğine gerekli önemi verip vermediğimiz bilinmemektedir. Almanların topladıkları geniş bilgiler içeren dosyalar arasında, yalnız kendi deniz subaylarının değil, belki bizim deniz subaylarımızın da durum, hareket ve güç düzeyini içeren dosyalar bulunmaktadır. Doğal olarak Amiral Carden'in gerçek yeteneği bu dosyalar arasında tamamıyla var ve belirgindir. Ancak, kesin bir yargı elde etmek, kesin bir sonuca ulaşmak için çaresiz olarak büyük kayıplara katlanmak üzere ağır ve sert bir baskının uygulanmasına kadar dayanabilecek bir kişinin seçilip seçilmediği henüz belirsizdir. Fakat, şu anda karşı karşıya kaldığımız duyarlı sorunu çözümlemesi için sivil görevlilerin seçtikleri komutanın üstün nitelikleri bu ağırlığa cevap veremedi.

Churchill, *"Deniz Bakanlığı'nın çektiği telgraflar, bu makamda bulunan kişiye yapacağını düşünerek yöneldiği şiddetli harekât ve önlemlerin uygulanış karışıklığında başarılı olacağı duygusunu vermek amacını içeriyordu. Bu telgraflar birinci deniz lordu ile çok yakından yapılan düşünce alışverişlerinin ürünüydü. Ayrıca gerek savaş sırasında gerekse barış zamanında bakanlığım döneminden beri aldığım kararlar da birinci deniz lordunun imza ve başarı yazılarını içerir. Bu görev ile görevlendirilen Amiral Garden, Deniz Bakanlığı'nın verdiği telgraflara* özel başarılarını ve kararlaştırılan ana çizgiler içinde Boğazı zorlamak konusundaki amacını bildirdi.

Hava uygun bir durum aldığı zaman saldırının martın yedinci günü yapılması kararlaştırıldı. Martın on altıncı günü Amiral Garden hastalandığı için, adanın resmî yazının dağıtılması ile dinlenmeye gereksinimi olduğu bildirildi. Bunun üzerine birinci deniz lordunun önerisi üzerine birçok kez deniz harekâtına katılmış olan donanmanın ikinci komutanı Amiral de Robeck'i atadım. Ben savaş harekâtının yapılacağı günden önceki akşamda emir komutayı üstlenen bir amiralin değerlendirmelerini almak için de Robeck'e bir telgraf gönderdim. Telgrafın bir bölümünü de aşağıya alıyorum.

Kişisel ve Birinci Deniz Lordundan gizli
Size seçkin bir Akdeniz filosunun komutanı kimliğiyle güvenerek başvuruyorum. Deniz Bakanlığı'nın 101 ve 109 numaralı telgrafları ve Amiral Carden'in cevaplarına tamamıyla uygun olduğunuzu ve hemen savaş harekâtının başlamasının akıllıca ve yapılabilir bir şey olup olmadığını kişisel ve ortak bir düşünce ve değerlendirmeden sonra, göz önünde bulunduracağınızı sanıyorum. Eğer Çanakkale'ye karşı yapılacak deniz harekâtı yapılabilir ve akıllıca bir hareket değilse bu noktayı bildirmek konusunda tereddüt etmeyiniz. Eğer yararsız bir harekât ise ilk fırsatta, fazla ısrar etmeksizin ve ertelemeksizin vazgeçme yoluna gidiniz."

Amiral de'Robeck verdiği cevapta bahriyenin görüşleriyle aynı düşüncede olduğunu ve bununla birlikte 18 Martta hücum edeceğini bildirdi.

Bu hücumun sonucu Fransız zırhlı kruvazörü Bouvet mürettebatının tamamı ile birlikte battı. Bizim uğradığımız kayıplar yüzün üzerine çıkmamak üzere, bugün donanmamızda yirmi ka-

Bouvet batıyor

dar hem sınıfı bulunan Irresistible ile Ocean'ın batması olarak kaldı. Eğer bu iki savaş gemimiz Çanakkale'de deniz harekatına katılmasalardı İngiltere'nin güney limanlarından birinde işe yaramaz ve atıl bir durumda duracaklardı" diyor.

Ben önceki değerlendirmelere katılırım. Churchill saldırının bu derecede ilgili olduğunu ve -başarılı bir şekilde sonuçlandığı sürece- erişilmez bir sonuca dayanan hayatî bir oyunun kayıp olduğunu ya da tehlikeyle karşı karşıya kaldığını düşünmediğini söylemekte haklıdır.

Bu saldırının kuramı Bartlett tarafından kesinlikle beğenilmemektedir. Bartlett'in tartışırcasına yaptığı mücadelesi, kayba uğrayan savaş gemilerini temel kabul etme üzerine kuruludur. Fakat Churchill'in söylediği gibi herkes doğal olarak, bu büyük girişim sırasında kayba uğramaya hazır olduğumuzu da biliyordu.

Bartlett, 18 Mart saldırısının donanmanın Boğazın girişinde

ve Narrows'un altında bulunan üçüncü torpil tarlasının temizlenmesini sona erdiren bir girişim olduğunu ileri sürüyor.

Ancak Bartlett donanmanın mümkün olduğu kadar İstanbul'da sona erecek bir saldırının yapılmasını kolaylaştıracak ve sağlayacak uygun koşullardan yararlanmak koşuluyla hazırlandığını da söylemeye devam ediyor. O halde Bartlett Times'a yazdığı mektupta bu gibi tartışmalı ve çelişkili fikirleri niçin ortaya koyuyor?

En sonunda ortaya koyduğu gibi eğer Boğazları zorlayarak Marmara'ya girmek konusunda uygun koşullar ortaya çıkmayacak olursa, Boğazı zorlama konusunun erteleneceği çok açıktı. Nitekim de böyle oldu. Bu şekilde Boğazı zorlama sorunu, açık bir hata mıydı? Önce uzmanların fikirlerini bir tarafa bırakarak -bunların bazıları başarılı bazıları kuşkuluydu- bu projenin ne şekilde ortaya çıktığını inceleyelim:

Queen Elizabeth, Agememnon, Lord Nelson, Inflexible'dan oluşan birinci filo Boğaza doğru hareket ederek Kale ve Narrows'u 14.000 yarda uzaklıktan bombalamaya başladı. Bir saat sonra Gaulo, Bouvet, Suffern Charlemagne'dan oluşan Fransız bahriye 9.000 yardaya kadar sokularak cesur bir seyirden sonra sert karşı koyuşla karşı kaldığı kale ve istihkâmların üzerine ateş açtı. Bu durumda birinci saldırıda Bartlett'in tehlikeli bölge olarak ileri sürdüğü ve ortaya koyduğu torpil tarlası rahatça geçilmişti. Bu kaderin çok ender olarak verdiği bir başarıydı. Fransa donanması geri dönerken Bouvet'in bir torpile çarpması büyük bir hayal kırıklığına neden oldu. Çünkü tam bu zamanda Çanakkale ve Kilidbahir istihkâmlar saf dışı bırakılmıştı.

Bartlett, saldırıyı kendi bakış açısında incelerken düşman tarafına daha fazla kayıyor. Çünkü Bartlett'in Türklerin Roma'da yayınlanmış olan resmî raporlarına çok fazla güvendiğini sanıyorum.

Bartlett bu konuyu açıklarken, *"Bu deniz harekâtının yadsınması mümkün olmayan tek kesin sonucu Çanakkale'de bulunan Türk toplarından iki tanesinin direkt atışlarla hasara uğratılması ve Roma'da okuduğum Türk resmî açıklamasında da açık olduğu gibi otuz beş Türk'ün kötü bir şekilde öldürülmesidir"* diyor. Bartlett'in dayandığı bilgi kaynağına tekrar dikkatlice göz atınız!

Birinci derecede yüksek eğitim görmüş bir kişi, Bartlett'in iddia ettiği gibi, Bouvet, Irresistible ve Ocean'ın batmasından sonra Boğazı aynı gün öğleden sonra tekrardan zorlanacağını ileri süremez. Fakat bu tartışmayı yapmayı benimseyenlerden daha fazla bir saf ve iyi niyetle iddia edilebilir ki, eğer donanmanın karşı karşıya kalacağı zararın neye mal olacağına bakmaksızın başladığı taarruz girişimine devam etseydi çok geçmeden İstanbul önünde kuvvet ve büyüklüğünü gösterebilirdi.

Gerçekte başka bir saldırının hazırlanmasına yönelik düzenlemeler yapıldıysa da, aranın açılmış olması bu konuda üstün geldi. Yani biz konunun özünü kaybederek tam bir cesaretle hareket ettik. Aynı zamanda daha fazla gemi feda etmeye hazırdık. Fakat kaderin acı bir cilvesi, şanssızlıklarla karşı karşıya kaldığımız için başlangıçta ilân ettiğimiz şekilde bir emele erişemedik. Bartlett bu noktayı "açık bir yenilgi" olarak belirtmekle, İngiltere Deniz Kuvvetlerinin değil belki kendi düşüncesinin değerlendirmesinin ölçüsünü gösteriyor.

Tanrı'ya şükür olsun ki, bu ruh, bu durum geçmişin ve şimdinin büyük kitlelerine karşı başarılı mücadele eden ve etmekte olan askerlerimizin karakter ve manevî özelliklerini göstermiyor. Bu askerlerimiz, " açık bir yenilgiyi" açık bir zafere dönüştürmek için ne gerekiyorsa yaptılar.

*
* *

Bu büyük harekât, deniz saldırısı ile nisan ayı boyunca yapılan karaya asker çıkarma anına kadar çok uzun ve çok önemli zaman kaybetti. Bu ölümcül hataları savunmak üzere ardı ardına sıralanacak değişik kanıtlar vardır. Bunlardan özellikle bir tanesini daha belirtilmiş görmüyorum. O da ticaret gemilerini ülke çapında yükleme şekline ilişkindir. Bu yükleme hareketinin Gelibolu Yarımadası üzerindeki koşulların göz önünde bulundurulmaksızın yapılmasıdır. Ayrıcalıklı durumların alışılmışın tersine ve görülmemiş önlemlere gereksinim göstereceği doğaldır. Bununla birlikte bu nokta göz önüne alınarak gemilerin birbirlerine, taşıdıkları eşyalarla ilgili ve bağlı bulunması, daha doğrusu bir ticaret gemisinin günlerce uzayıp giden bir sefer sırasında taşıdığı eşyalara ilişkin her şeyi birlikte bulundurması ve yüklenen askeri kuvvetleri beslemeye yeterli olabilmesi gerekliydi.

*
* *

Bu yükleme konusundaki kötü yönetimin ve harekâtın acı veren sonucu uzun bir ertelemeye neden oldu ve bütün gemiler yeniden yüklenmek üzere İskenderiye'ye gitmek zorunda kaldılar.

Türkler, yeterli sayıya kavuşmuş olmakla birlikte, tam bir aylık bir zaman diliminin verililmesinden gerektiği gibi yararlanarak savunma düzenlemelerini tamamlamada ve önemli sayıda destek birliğini toplama ve hazırlamada başarılı oldular. Bu şekilde İtilâf kuvvetlerinin üstlendiği iş daha da zor bir devreye girdi.

Enver Paşa zafer sonucunun verdiği övünçlü açıklamasında kazanılan bir aylık zamanı açık olarak belirtti. Enver Paşa bu övünçlü görevi açıkladıktan sonra, "Eğer İngilizler başlangıçta yalnız daha çok gemi ile Çanakkale'ye hücum etmek cesaretini gösterebilselerdi İstanbul'a gelmeyi başarabilirlerdi" diyor ve İngilizlerin boşuna ve gereksiz bir şekilde kaybettiği zamandan, Türklerin ne derece akıllıca yararlandıklarını gösteriyor. Enver açıklamasına devam ederek, "İngilizlerin ertelemek zorunda kalması bize yarımadayı çok iyi ve düzenli bir şekilde tahkim edebilme konusunda olanak tanıdı. Altı haftalık bir zaman içinde yarımada üzerine iki yüzden fazla Avusturya'nın Skoda toplarından getirmeyi ve yerleştirmeyi başardık" övüncünü bütün dünyaya ilân ediyor. Bu dönemde gerek düşman tarafının ve gerekse tarafsız eleştirmenlerin ve yorumcuların yarımada üzerine askeri çıkarmaların olanaksız olduğunu kabul ettiklerine hayret edilmemelidir. Von der Golch Paşa, Enver Paşa ve Alman askeri müfettişleri Çanakkale'ye askeri çıkarmanın mümkün olmadığına kendilerini inandırmışlardı. Fakat biz, 25 Nisanda General Hamilton'un askerlerinin, hayret verici harekât ve uygulamalarıyla İngiliz cesaret ve atılganlığının nasıl ve nelere kadar uzanmış olduğunu gördük.

Bu tarihi yere giderek Boğazın girişine doğru dikkatli bir gözle bakınız. Orada hâlâ daha River Clyde'ın kumsal üzerinde büyüklüğünü gösteren bir şekilde durduğunu gösterecek, askeri savaş tarihinde en yüksek ve en övünçlü bir sayfasında yer alan askerlerimizin hatırası önünde saygıyla eğilmek zorunda kalacaksınız: Ben bu hayret dolu, parlak, gösterişli ve eşsiz askeri harekât konusunda doğal oluşumundan daha fazla ayrıntıya girmek isteğinde değilim (Eşsiz, çünkü bir topa bir gün için bir mermi atmak onuru verilmekteydi. Parlak, çünkü gelen mühimmat her zaman az ve eksik bir durumda bulunmaktaydı).

Bu konu başka bir zamana bırakılıyordu. Bense yalnız çok açık bir şekilde bilinmeyen ve belirgin olmayan gerçek bir konu ile ilgili olan bir şeyden sözetmek isterim.

Kahraman askerî birliklerimiz harekât alanının herhangi bir

Mareşal von der Goltz, Mustafa Kemal
ve öteki Türk subaylarla birlikte

noktasından denize sürülmek tehlikesiyle karşı karşıya bulunmaktaydı. Bu felâketten kurtularak Gelibolu Yarımadası'nın bir kıyısında tutunmayı başaran birliklerimizin yarımada üzerinde geçirdiği hayat, uykusuz ve yemeksiz her zaman ve her zaman siperliklerde geçmiştir.

Türkler, bir karşı taarruz için asker topladıkları zaman hemen gizli belgelerin yok edilmesi konusunda emirler verilir ve hızla emirlere uygun hareket edilirdi. Her şeyin yok edildiği anlaşıldıktan sonra bütün askerler ateş hattına gönderilirdi.

Bu hat, yalnız bir kere sarsıldı ve inceldi. Daha sonra askeri birliklerimiz ileri harekâtta başlayarak büyük Türk birliklerini geri çekilmeye zorladı. Fakat bu korkunç savaşa katılanlar çok kötü ve bunalımlı dakikalar geçirmekte olduklarından habersizdiler. Çünkü bütün İtilâf kuvvetleri denize dökülmek ya da kırılmak tehlikesiyle karşı karşıya bulunmaktaydı.

Bu ve bunu izleyen askeri harekâtların yavaş yapılması bir san ve tahmin sonucu mudur?

Bu işe giriştiğimiz zaman çok büyük zorluklar ve endişelerle karşı karşıya kaldığımıza kuşku yoktur. Fakat Churchill'in söylediği gibi uygulanması hıza bağlı olan bir karar, Gelibolu Yarımadası'na karşı yapılacak etkinin özünü ve esasını içermektedir.

İtilâf kuvvetleri Türklerin karadan getirecekleri destek birliklerden daha hızlı bir şekilde denizden destek birliği getirme avantajına sahipti. Bununla birlikte bu yolla zaferi elde edinceye kadar saldırılarımıza devam edebilirdik. Fakat bu konu, bu saldırılara devam edebilmek görüşü ülkenin dört yanında bulunan sorumlu memurlarla haberleşmenin zorlukları Gelibolu sorununun Savunma Bakanlığı'nın fikirlerini uğraştıran pek çok olaylardan biri olarak dikkate alınmadı.

Yavaş hareket etmek ve böylelikle Türkleri geniş imparatorluklarının değişik noktalarından yedek kuvvetleri ve mühimmat toplamaya ve sağlamaya uygun bulundurmakla amacımıza giden yolu karanlıklara bırakmamak zorundaydık. Bu nedenle üstlendiğimiz başarıyı sağlamak için en iyi şeyin ani saldırı olduğuna kesinlikle kuşku duyulamaz. Hükümet ordumuzun kesin zaferinden birkaç mil uzakta olduğunu kamuoyuna bildirdiğinden dolayı gülünç duruma düşmelerinin nedenlerini tahmin edemiyor ve belirleyemiyorum. Bu açıklama tamamıyla doğrudur.

Bütün yaz boyunca ordumuz Narrows'tan ya da zaferden ancak birkaç mil uzaklıkta bulunmuştur. Batı cephesi savaşlarıyla karşılaştırılacak olursa, Batı cephesi savaşlarında zafer kazanmanın daha az masraf ve daha az zorluklara neden olduğu ortaya çıkar. Batı cephesi savaşlarında büyük toplara verilecek bol miktarda cephane ve askeri kuvvet ile bir iki millik cephe üzerinde zafer elde edileceğini herkes anlar. Orada, bu şekilde sağlanacak bir zaferin insan ve mühimmat olarak yapılan fedakârlıklarla aynı derecede olup olmadığını belirlemek konusu başkomutanla ilgili bir sorundur. Doğal ve çok açıktır ki, Fransa toprağında ya da Flander'de bir iki millik bir zafer önemli bir değerde bir şey değildir. Ancak, Gelibolu Yarımadası üzerinde bulunanların gözünde bir iki milin "Doğu İmparatorluğu" yönelik büyük başarı olduğu da açıktır.

Ülkenin dört bir yanına gönderdiğim raporlarda bu noktayı tekrar tekrar doğruladım. Flander ve Fransa'daki ileri harekâtımıza verdiğimiz değer ile karşılaştırıldığı gibi, bugün Gelibolu Yarımadası üzerinde tanığı olduğumuz olaylar, kendine özgü ve yapılabilir bir ileri harekâtının ilerlemiş olduğunu ortaya çıkartır.

Batı cephesinde yaralıları taşıyan İngiliz askerleri

Önceden söylediğim gibi kendisini savunmak konusunda Churchill'e kesinlikle katılmıyorum. Lord Fisher, Lord Kicthner ve Churchill'ın bu derece güvene sahip bir güçte ya da askeri değerde bir öneme sahip olmadıkları kanısını beslemek kimseyi ilgilendirmeyen bir konudur.

Ancak yine de, Churchill'in savunmasındaki temel, çok sağlam ve doğrudur. Churchill, batıda düşmandan çok İngiltere'ye felâket getirecek bir askeri harekâtın yapılmamasını hükümete üstü kapalı bir şekilde duyurdu ve bunun yerine gerek savaş gemileri gerekse askeri kuvvet ile her neye mal olursa olsun İstanbul'un ele geçirilmesini sağlamanın daha akıllıca ve kârlı olacağını anlattı.

Geçen kasımda, daha boşaltma harekâtına başlanmadan önce kaybedilen arazi ve şöhretin yeniden geri alınması ve yeniden diriltilmesinin kararlı bir hücumla mümkün olabileceğini yazdım. Fakat çok geçmeden belirsiz ve karışık bir mesleğin doğal sonucunu gördük. Suvla ve Anzac'ın boşaltılmasından sonra yarımada üzerinde bulunan kuvvetlerimizin tamamını geri çektik ve bu şekilde eleştirilere fırsat vermiş olduk. Askerlerimizin ilgi uyandıran fedakârlıkları yararsız ve acı bir sonuca ulaştı. Bu cesur ve yiğit evlâtlarımızı örten topraklar üzerindeki mezarlarının yazıtı olmak üzere aşağıdaki satırları yazmalıyız.

"Tam bir cesaret ve inançla öldü. Ne var ki, politika, cesaret ve kahramanlığı yararsız ve boş bir şekle dönüştürdü."

Ben bu aşağılayıcı ve acı veren son konusunda inceleme ve tartışmada bulunmadan önce değişik kaynaklardan yapılan genel eleştirileri incelemeye ve değerlendirmeye alacağım. Bu eleştirmenler arasında içtenliği ve deneyimleriyle sözü edilebilecek bir yer ve önem kazanmış olanların en tanınmışı Yüzbaşı Fortescue'dur.

Yanlış hatırlamıyorsam Yüzbaşı Fortescue, çok yoğun ve yaygın etki yaratan bir makaleyi Daily Telegraph gazetesinde yayınladı. Fortescue kitabında çok şiddetli eleştiriler ve açıklamalarda bulunuyor ve abartılı raporların, kin dolu haberlerin yayınlanmasına ve ilânına taraftar oluyor. Yine, bir gazetecinin yetki ve özel ayrıcalığının yalnız bir tarafın haberlerine göz atmamak olduğunu unutuyor.

Evet, "Atina, Roma ve Amsterdam'dan dış dünyaya yayınlanan telgraflar ile düşman ülkesinde ihtilâller olduğunu haber yapmak ve boş ümitler canlandırmak büyük zafer dönemleri bulunan güvenilir ve iyi yetişmiş bir milletin zekasına ve becerilerine bir saldırı" olarak kabul edilebilir. Fakat söylenen haber kaynakları Londra'yı tatmin ettiği gibi New York'u da yeterince aydınlatıyordu. Paris'e telgrafla haber verdiği gibi Berlin'e de olayları bildiriyordu. Yüzbaşı Fortescue'nün sözü edilen raporların bu özel amacı gerçekleştirmek isteğiyle uydurulmuş olduğunu söyleyemeyeceğini ümit ediyorum. Yarımada üzerinde elde ettiğimiz zaferlerin hepsi gerçek ve doğrudur. Eğer Yüzbaşı Fortescue Türk karargâhıyla kurduğu bağlantıyı Çanakkale yarımadasındaki askeri karargâhımızla yakından devam ettirseydi bakış açımızı kabul edenler arasında bulunanların birincisi olurdu.

Yarımada üzerinde tam bir özveri içindeki çalışmalarımıza göz atan Amerikalı eleştirmenin eleştirilerinin arkasında dayanak olabilecek bir gerçek bulunmamaktadır. Çünkü Çanakkale Boğazı daha önce bir kez daha zorlanmıştı. Eğer tahkimat ve istihkâmların çok ve güçlü olduğu ortaya konulacak olursa, toplarımızın çaplarının da buna paralel olarak arttığını söyleyebiliriz.

Yüzbaşı Fortescue, Çanakkale Boğazı'nı zorlama isteğini besleyecek bir gemi savaşında ümit edilen başarının hiç olduğu konusuna inanmış olabilir. Fortescue'nün bilgi kaynakları kara ve deniz durumu hakkında çalışan iki tarafsız subay olabilir. Fakat bu iki tarafsız subay durum konusunda çalışmış birer uzman olamaz. Yüzbaşı Fortescue, Çanakkale Boğazı'nın her zaman var olduğuna ve fakat iki kıyının tamamıyla ve çok iyi bir şekilde tahkim edildiğine savaşın ilânından sonra öğrendiğimizi sürekli bir şekilde yaymaktadır.

"Bu şekilde Çanakkale'ye yalnız denizden bir saldırı yapılması için gerekli olan plânın düzenlenmesi ile uğraşan aklın, bu konuya ilişkin profesyonelce çaba harcamış kişilerden gizli olarak toplanmış bilgiler üzerine değerlendirmeler yaptığı anlaşılıyor. Eğer gerçek durum böyleyse bu akıl çok yanlış bilgilerle yanıltılmıştır. Bundan sonrası ise İngiliz halkının kötü bir şekilde yanıltıldığına kanıttır."

Bu yorumu ortaya atmak tamamıyla akılsızlık ve uzak görüşsüzlüktür. Biz İngilizler Çanakkale Boğazı'nı zorlamaktan doğacak tehlikelerin hepsini biliyorduk. Biz İtilâf kuvvetlerinin hücum edecek bir düşmana karşı kendi mevzilerinin ne derece üstün olduğunu bilmiyor idiysek, Türklerin de kendi savunma mevkilerini aşılması mümkün olmayan bir duruma getireceklerini biliyorduk. Zafer, en sonunda azimli bir çalışmanın desteklediği özgüven ve düşünce ile ilgili bir ögedir. Durum konusunda incelemelerde bulunan iki tarafsız subayın düşüncelerinden daha çok, Anvers'in düşürülmesi İngiliz kamuoyunu yatıştırdı. Biz tam bir içtenlikle bu kalelerden birkaçının ele geçirilmesinin zor ve bir çeşit olanaksız olduğunu başlangıçta bildirmiştik. Sanırım bazı ılımlı Almanlar da bizimle birlikte aynı değerlendirmelerde bulundular. Fakat Almanya'da kötümser ve endişeli olanlar için bir çıkar yoktur. Bununla birlikte biz de bu konuda Almanları örnek alarak bu yönlerine sarılır ve düşüncelerini de uzmanların doğru bir değerlendirmesi olarak kabul ederiz.

Suvla ve Sonrası

Türklerin savaş harekâtıyla ilgili olarak yayınlayacağı belgeler bir araya getirilmedikçe sefere ilşkin gerçekleri ve söylentileri hakkıyla öğrenme olanağı olmadığı bir gerçektir. Bu durumda bile kamuoyu, savaşın sona ermesinin ardından başkomutan ile daha alt düzeydeki komutanların savaşın aşamalarını içeren raporları yayımlanmadıkça bu harekâtın gerçeklerini güçlükle anlayabilecektir.

Fakat bugün, kesin bir karar verebilmek için gerekli olan belge ve maddî dayanakların sayısı çok azdır. Bunlar da General Hamilton'un bilinen raporu ile Sir Charles Monro'nun boşaltma harekâtını içeren raporudur. Bu raporların her ikisi de savaş harekâtı konusundaki sis perdesini kaldırarak bence bilinen ve belirli olan eski Çanakkale seferine katılanlara tartışma nedeni olmuş ve bana da bir başlangıç açıklaması yapma gereğini duyurmuştu. Bu son savaş sahnesinden edindiğim bilgilerin çoğu yayımlanamayacak kadar acıdır. Ancak şimdiye kadar etkin ve geçerli olan yalancı ve gerçek dışı etkileri, doğru ve açık bir duruma çevirmek için gerekli olan girişim gerçeklere ters düşecek derecededir. Bu anlaşmazlık tamamıyla değilse bile, başlıca şimdiye kadar ortaya konan ve açıklanan savaş hareketi raporlarının tamamlanmasından doğmuştur.

General Hamilton ile General Stopford, savaş harekâtı emirleri ile alt düzeydeki generaller askeri harekât raporlarının basılıp yayınlanarak kamuoyuna sunulacağı konusuna kararlı ve hazır görünmekteydi. Hükümet ise, bugün bunların yayınlanmasına izin vermemeyi kararlaştırdı. Tam bu zamanda savaş alanlarından ülkeye dönen subayların kafalarına kazınmış olan hatıra ve savaş deneyimlerinden parça parça söz etmeye, bu biçimde de, gerçeğin gizli saklı kalmış olan bazı önemli ayrıntıları savaşın karanlığı arasından sızmaya başladı.

General Hamilton, raporunda, yaşamsal önem taşıyan bir sorun üzerinde kendini kurtarmak konusunda başarı elde edememiştir. Hamilton "boş vermişlik ve tembellik"ten söz ediyor. Bu kelimelerin varlığı etkili bir cümle arasında hemen moda kimliği kazanıyor. Fakat yazarın böyle bir öykünmeden kazandığı kanı, kendisini dikkat çekici olabilecek derecede gevşekliğe itti. Çünkü Times'ın baş makalesini izleyen bütün askeri eleştirmenler, General Hamilton'un atıl komutanları canlandırmak için askeri gücünü ve etkisini duyurması konusunda başarısızlık gösterdiğini ve bununla birlikte en can alıcı bir anda alçak gönüllülük eseri teslimiyet ve acizlik sergilediğini ortaya koyar. Hamilton kendi eliyle ortaya koyduğu ateşi, eleştirileriyle körüklemeyi başarmıştır.

General Hamilton, düşman konusunda elde ettiği bilgiler ışığında Suvla'ya gönderdiği kurmay subaylarının "düşmanın top ateşinin olduğu, çok az tüfeğin ateşi ile faaliyet göstermekte bulunduğu ve bununla birlikte düşman kuvvetlerinin görünen kayıplarının açık olduğu" konusunda kendisine bilgi verdiğini kabul ediyor. Generalin dikkatleri, askerlerimizin yararsız bir durumda kalarak altın kadar değerli fırsatların kaçırıldığı ve kaybedildiği konusunda toplanıyor.

O halde General Hamilton niçin ileri harekât için kesin bir emir vermedi? Madem ki, alt düzeydeki komutanlar kendisine karşı itaatsizlik gösterdi, niçin sorumluluğu kendisi alarak doğrudan tümen komutanlığına komuta etmedi? Madem ki, tümen komutanları da kendisine itaatsizlik etti, niçin büyük bir savaşın ortasında bile olsa, bunların yerlerine başkalarını görevlendirmedi ya da atamadı? Diyebilirim ki, bu nokta benim aklıma daha o zaman gelmişti.

Ben, Şubat 1916 tarihli "Fort Nightly Review" adlı makalede

bu nokta üzerinde durdum. Fakat o zamandan beri akıllı ve yerel koşulları bilen birçok kişi, İngiltere'ye döndüğü için bu kişilerden toplayabildiğim bilgilerden edindiğim sonuçlar, General Hamilton'un değerli komutasına karşı bende olmuş olan kuşku ve endişeyi gidermekten başka bir şekilde sonuçlanmadı.

General Hamilton'un yalnız belge üzerine kesin emirler yazmakla kalmamış bunları yerlerinde doğrulatmak için tekrar etmiştir. Alt düzeydeki komutanların hiçbiri General Hamilton'un komutadan yoksun olduğuna, güçsüzlük ve tembellik gösterdiğine ilişkin hiçbir şekilde şikâyette bulunmamışlardır. Bunların temel amaçları hızla ileri gitmek ve hücum etmektir. Fakat ne yazık ki, asker çok fazla yorulmuş ve özellikle çok fazla harcanmıştı.

General Hamilton raporunda, müdahale konusunda gösterilen hücuma ve daha çok da kendisine dayanan güçsüzlük ve sessiz kalma suçlamalarına karşı savunmada bulunuyor.

Suvla askeri harekâtını bu şekilde kötü bir sonuca ulaştıran bu iki hatanın hangisi olduğu henüz bir tahmin ve zan olmaktadır. Fakat yavaşlık, gevşeklik ve uzakta bulunmakla suçlanılmak istenen başkomutanın mahkûmiyetini gerektirecek derecede suçlanılmasına yeterli kanıyı gerektirecek kanıtlar elde edilinceye kadar Hamilton suçsuz bir kişi olarak duracağı doğal ve kesindir.

Ben General Hamilton'un raporunu dikkatli bir şekilde incelemedikçe, bu konuda hiçbir şekilde kuşku besleyemem. Maçurya, Elandes Salagata ve Vagontepe kahramanı olan komutanı, bir şey yapmak için hücum etmeyi, doğal olarak sakin durmaktaki zorluktan daha iyi anlamaktaydı. Fakat en çok dikkat çekici olan konu -ben bu konuda genel duruma ait olan kişisel düşüncemden vazgeçiyorum- 8 Ağustosta öğleden sonra Türklerin destek birlikleri toplanıp toplanmadığı, düşman kuvvetlerinin büyük kitleler ile tepeleri işgale başlayıp başlamadığı ve 9 Ağustos sabahının erken saatlerinde yeterli derecede taze bir kuvvet toplayarak ileri harekât için zaman olup olmadığıydı. Kanımca kasıtlı olan bu sorulara cevap verirken her şeyden önce bende birikmiş olan kanıtlar ve belgelerin henüz düzenlenmediğini ya da başvuruya değer olmadığını kabul ediyorum. Okuyucular, bu konudaki değerlendirmemin savaş sahnesinden dönerek konuşmaya yetkin olan pek çok subay ile yaptığım söyleşilerden olduğunu anlayacaklardır.

Duyduklarımı, genellikle savaş sahnesinde tanık olduğum gerçek savaş hatıraları ile harmanlayarak, arkamda bütün sefer kuvvetinin değerlendirmelerinin ve düşüncelerinin açık olarak durduğuna güvenerek söylüyorum ki, başkomutanın verdiği emirlerin gereğince yerine getirilmesi ve plân içinde hareket edilmesi halinde, alınmak istenilen tepelerin ele geçirilmesi için, hücum etmeye uygun iki zaman dilimi vardı.

Birinci hücum devresi 6/7 Ağustos gecesi ile 7 Ağustos günü, ikinci devre ise 8 Ağustos gecesiydi.

Eğer bütün taburlar eşit bir güçle savaşsaydı, askerlerimiz 7

Suvla 7 Ağustos - İngiliz birlikleri Karafatmalar'dan karaya çıkıyor

Ağustos günü güneş doğmadan kısa bir süre önce ileri mevzileri işgal ederek yerleşmiş olur ve en sonunda o gün öğleden sonraya kadar düşman kuvvetlerinin direnişi kırılarak tamamıyla sürülür ve mevzilerden atılırdı.

O zaman var olan en iyi tümenler kendilerine düşen görevi, hakkıyla yerine getirselerdi 7 Ağustosta İsmailoğlutepesi ile çevresindeki yerleri tutmak ve buradan Küçük Anafarta'ya sarkmak için akşama kadar çok zaman vardı.

Bu hücuma katılan askerler öğleden önce hazırlanmışlardı. Bu konudaki ertelemenin yalnız emirler ve emirleri iptal eden diğer emirlerin yerine getirilmesinden ileri geldiği söyleniyor. Böyle olmakla birlikte Çikolatatepesi ele geçirilmişti. Fakat her nedense General Hill komutasındaki İrlandalıların dışındaki bütün askerlerin geri çekilmesi emredildi.

8 Ağustos günü için askerlerin önemli bir şekilde harcandığı görüşü ortaya atılıyor. Bununla birlikte alaya bağlı subaylardan yaptığım derinlemesine inceleme, çatışmaya katılmış olan bölümler arasında savaşmaya yönelik hareketlenmeler oluyor. Susuzluğa, yorgunluğa, kayıplara rağmen dayanıklılık göstermek için bir sınır ve bir alan vardır. Ortak bir saldırı yapılmamakla birlikte, bazı harekâtların direnişle karşılaşmaksızın en önemli noktaları işgal edebilme gücünde bulundukları herkes tarafından biliniyordu.

Ancak, her ne olursa olsun bu yöresel olan kişisel girişimin hiç kimse tarafından başlatılmadığı sanılıyor. 8 Ağustosta askerlerimiz dinlenmiş ve yeniden takviye ve ikmal edilmiştir. Bununla birlikte, 8 Ağustos gecesinde tekrar hücum etseydik bugün herkesçe itiraf ve kabul edildiği gibi 9 Ağustos sabahı yapılan top ateşinden büyük kayba uğrayarak geri çekilen Türk destek birliklerinden önce görevi yerine getirecektik ve Türk mevzilerine yerleşecektik.

Başkomutan 8 Ağustosta saat 17.00'de bir harekât yapılmasına çalıştıysa da, böyle kötü bir harekâtın başarıyla sonuçlanacağı, yanıltıcı eleştirmenlerin ve düşünürlerin hayret etmelerine neden oldu. 7 Aralık tarihli Times gazetesine yalnız General Hamilton'u savunmak amacıyla yazdığı bir makalede, Lord Saydanhaym'ın ortaya koyduğu, "Napolyon gibi acele etmek ve harekete ilişkin parlak birkaç kelimeyle yüreklendirmelerde bulunmak" düşüncesi eleştirmenlerin akıllarından hızlı bir şekilde geçti.

General Hamilton'un savaş harekâtının destekleyicisi olan General French, Elandes savaşından sonra Hamilton'un Victoria Cruise ile ödüllendirilmesini önermişti. Fakat Çanakkale ile Güney Afrika tamamen birbirinden farklı özellikler gösterir. Doğal olarak verdiğiniz emirler toprak üzerinde kaybolur. Eğer altınızda bir at olmadıkça gücünüzden fazla bir hızla koşamazsınız. Ayrıca, 7 Ağustos günü Suvla'yı kurtarmış olan kişisel yönetim de -bu zaman içinde her tarafta olan önemli savaşlar başkomutanı genel karargâhtaki telefon başından ayırmamıştır- doğal olarak, 8 Ağustos günü daha uzun bir süre için geçerli olamazdı. Askerler belirli bir ileri hatta girmiş olduğu gibi ertesi sabah yapılacak hücum için emirler verilerek askeri kuvvet sayısı arttırılmıştı. Bazı yerlerde taraftar bulan kimi düşüncelerin ortaya koyduğu gibi, generallerin görevden alınmasıyla yapılan her şey altüst oldu. General Hamilton her şeyi kendi yönetimi altına alarak bütün olaylara ve savaş sonrası ortaya koyduğu zorlu düzenlemelere karşı seçkin ve saygın bir ilgisizlik göstermekle aleyhinde yapılan bu karalama propagandalarını lehine çevirdi.

Savaşın en ateşli ve kararsız bir anında bir ordu komutanını görevden almak genellikle ve ancak delice bir hareketin sonucu olarak yorumlanabilir. Tamamıyla ve layıkıyla uygulamaya konulan bir plân, öğrendiğimize göre yarım bir yürek ve duyguyla uygulanan bir plândan elbette daha iyidir.

Eğer bu sorun doğru ise sizin üstteki generalin yerine getireceğiniz general daha zeki ve bilgili olabilirse de, önceden düzenlenmiş olan programın uygulamaya konulmasında zorluklarla karşılaşacağı için kendi yönetimi içinde yapacağı hücumun sona ermesine kadar önceki generalle devam etmek elbette daha iyidir.

Suvla Körfezi'ne asker çıkarmak konusundaki plânın kabulüne ve Türkleri buradan atarak, Türk ulaşım hatlarına egemen olmaya, bu konuda yapılan düzenlemeler ile emirlere ve bu emirlerin uygulanma şekline ilişkin tartışmaların gücümün dışında olduğunu duyuyorum. Kendimde bazı yazarların yaptığı gibi eleştiri kurallarını feda edecek kadar cesaret göremiyorum ve korkuyorum.

Bununla birlikte ordugâhın talihsiz açıklamaları olan bazı sözler üzerine aşağıdaki değerlendirmeleri yapabiliyorum.

Alaya bağlı subayların çoğunluğu kendisini strateji konusuyla ilgili görmezler ve büyük bir kısmı ortak askeri özelliklere sahip değillerdir.

Bu konuyu açıklarken subaylar, 9. Kolordunun çıkarılacağı mıntıka konusunda konferans salonlarında ya da askeri gazetelerin sütunlarında yer verilen tartışmalara üstün körü bir bakışla önem vermeye görünür. Değişik üç harekât bölgesi, üç değişik çıkarma yeri, üç değişik yerle haberleşme araçları her zaman bir yönde ve doğru düşünmek isteyen subayın kafasında farklı çağrışımlar yaratır. Bu nedenledir ki, Anzac'ta kuzeye doğru ilerlemek, özellikle iyi bir liman ve deniz harekât üssüne sahip olmak görüşü, düşüncede galip ve güçlü gelir.

Kuşkusuz hazırlanan plân çok ataktı. Ataklık belki bir suç olabilir. Fakat ataklık, pek çok tehlikeyi birlikte getirse bile yalnız gençlere özgü bir özelliktir.

Ancak bu atakça harekâtta var olan tehlike, Türklerin dikkatli olabilmesi ve askerlerimizi karaya ayak basmadan önce felâkete yuvarlaması olasılığıydı.

O halde niçin o zaman başkomutanın, gücü ve değeri uygun bir eleştiri dili ile yerileceği yerde, kişiliği ve cesareti, neden yüksek bir sesle alkışlandı?

Açık söylenmek gerekirse, o zaman düzenlenmiş olan plânın iyi olduğu düşüncesi çok yaygındı. Bu konuda verilmiş olan resmî emirler ve çıkarmaların sessiz ve düzenli bir şekilde yerine getirilmesi, savaş harekâtının iyi bir yöntem ile uygulandığını gösterir.

Suvla'ya yönelik çıkarma harekâtının daha zayıf bir kuvvete karşı daha az kayıpla yerine getirildiği gerçeğini hiçbir kuvvet ve tartışma değiştiremez. Bazı düzenlemelerin kötü bir şekilde yapıldığı kuşkusuzdur. Örneğin verilen emir ve yapılan düzenlemeler gereğince ilk olarak çıkarılan askeri kuvvet ile birlikte

Çanakkale'de İngiliz askerleri

birkaç yüz katır da çıkarılacaktı. Ama bu yapılmadı. Ancak, katırlar limanda bulunduğu halde, bunları çıkarmamak konusunda kimin sorumlu olması gerektiğini henüz hiç kimse takdir edemez. Bunun gibi sorunlarda da pek çok zorluklar ortaya çıkmıştı.

Ancak önceden söylediğim gibi askeri çıkarma, piyadenin çıkarılması sona erinceye kadar ümit edilen harekâttan daha korkunç ve yok edici bir sonla karşı karşıya kalmaksızın yapıldı. Bundan sonra hareket sırası ise, bilinmeyen bir öge olan düşmana ilişkin bir sorundu.

Burada tekrar bir alay subayının değerlendirmelerine dönüyor ve harekâtın başarısızlıklarına tanık olduğunu sanıyorum.

Elbette geçen sekiz aylık zaman içinde yeni bölümlerin fedakârlığını gösterme konusunda, kolorduların ve tümenlerin, bu kolorduya ya da tümene özgü bir güçten daha zayıf ve bilinmezlik altında yönetildiğine ilişkin pek çok kanıtlar toplanmıştır. Böyle bir ortam üzerinde gerekli açıklamalarda bulunmak ise benim amacımın dışındadır.

Fakat örneğin, ele geçirilmesi için binlerce kayıp vermek zorunda kaldığımız stratejik ve hayati öneme sahip olan bir noktayı, 70 Rakımlı Tepeyi ayın sekizinci günü tamamıyla işgal ettikten sonra sonuç olarak Türklerin elinde bırakmak eğer doğru ise, bu hayret edilecek bir sorundur. Burası neden bırakıldı? Evet niçin? Evet burasının bazı askeri nedenlerin zorlamasıyla bırakıldığı ve boşaltıldığı olasılığı dışta olmak üzere bir tehlikeye, bir saldırıyla karşı karşıya kalınıp kalınmadığı hiç kimse tarafından bilinmemektedir. Buranın bırakılması ve boşaltılması yalnız bir kişinin kararı sonucunda yapıldığı açıktır. Ayın dokuzuncu günü sabahla birlikte askerler tam bir hayretle, karşı karşıya kaldıkları kayıplara rağmen, başarının anahtarı durumunda olan bir tepede bu zamana kadar askeri birliklerimizin bulunduğu yerlerde düşman askerlerinin oturmakta olduğunu gördü.

Ayın onuncu günü yeni bir tümen çıkartıldı ve bunların katılımıyla 70 Rakımlı Tepeye yeni bir hücum yapıldı. Topçumuz Türkleri geri attıysa da, piyade hücumunda bir gecikme meydana geldi ve böylece yapılan hücum da duraklamak zorunda kaldı. Bütün bu harekâta tanık olanlarda, yapılan harekâtla ilgili olarak "bu harekât, bu mevsime alışkın olan askerlerle yapılması durumunda başarılı olurdu" kanısını doğurmuştu.

O halde niçin iklime alışkın askerler kullanılmadı? İşte en önemli nokta! Neden bu yeni askerler görevlerine alışmaları için siperlere bırakılmadı ve önceden çıkarılmış yedekler ile Teritoryal birlikleri Suvla Körfezi'ne gönderilerek Suvla'daki birlikler arttırılmadı?

Sanırım, bu konuda aranacak kanıtlar o kadar da uzakta değildir. Bu konu, o zaman için en önemli bilgi kaynağı olan raporlardan çıkartılabilir. Bu kaynaklar aynı zamanda, çıkarmanın neden tamamıyla mehtaptan önce yapıldığını araştırmak konusuna da ışık tutacaktır.

Alman askeri birliklerini doğudan batıya, batıdan doğuya hızla taşıyan ve götüren demiryolu düzeneğinden başka hiçbir şey, Suvla ile Hellas arasında ulaşımı iyi bir şekilde sağlayamaz.

Ancak, buradaki ulaşım araçları yalnız donanma gemileriydi. İşte yalnız bu ulaşım olanağı, askerlerin nakil, yükleme, sevk ve çıkarmasını sağlamak ve ayrıca onların araç gereçlerini götürmek zorunda kalmaktaydı. Bu sorun koltuklarında oturup da eleştiride bulunanlara kolay gelirse de, görevde bulunanları çok fazla ümitsizliğe ve endişeye düşürüyordu.

Ağustosun yirmi birinci gününe kadar 29. Tümen ile 5.000 kadar Yeomanry askerlerini Mısır'dan getirebilmek için yeterince zaman vardı. Savaşın aşamaları da gerekli olan incelemeleri yapmak ve eksiklikleri gidermek için tamamıyla uygundu.

70 Rakımlı Tepe ile İsmailoğlutepesi'ne yönelik yapılan saldırının başlangıçta duraklamaya mahkûm olduğu ve hatta bu saldırının yapılmasının mümkün olmadığı ortaya atılmaktaydı. Buna vereceğim cevap "hiçbir fikir, bu konuda, bu askeri harekâta katılanların fikrinden daha fazla yardımcı olamaz"dır.

Gerçekte, bunlar bu şekil hareketin yanlış olduğunu biliyorlardı. Şans kötü gittiği zaman şansın tekrar dönmesini beklemek ve döndüğü zaman tekrar çaba harcamak gerekir. Sabır konusu göz önüne alınacak olursa, bu konudaki sağlamlık Gelibolu Yarımadası üzerinde değil belki İngiltere'de sekteye uğradı.

Savaş cephesinde bulunan askerlerin savaşmak için gösterdiği istek ve heyecan, tembellik ve hareketsizlikle boşu boşuna harcandı. Yedek olarak ne takviye birlikleri ne de mühimmat bulundurulmadı. Böyle olmakla birlikte General Monro gelinceye kadar Türkleri İngilizlerin, ne Suvla ne de Anzac'tan sürme sorunu söz konusu bile olmadı.

Her taraftan bütün yayınlar toplanarak incelendiği zaman, Suvla askerî harekâtının yapılan plân içinde başarı ile tamamlandığını görmek ve anlamak çok kolay olur. Fakat alınmak istenilen tepeler ile bunlara dahil olan mesafenin kazanılması amacını sağlayacak olan, üç gece ve iki gün içinde gösterilen tereddütler, bu ümidi kötü bir şekilde tehlikeye attı.

Bu zaman içinde bu arazi üzerinde yapılacak sıkı bir ileri harekâtını durdurabilecek hiçbir Türk askeri bulunmamaktaydı. Fakat üç gün sonra durum ve koşullar tamamıyla değişti. Bununla birlikte artık bundan sonra Suvla savaş alanında ana strateji noktalarını sağlayacak bir askeri kuvvetin, General Hamilton'un askeri yapısında bulunduğu ümit edilemezdi.

21 Ağustosta ve bugüne kadar yapılan bütün savaşlar, vatanın dört bir tarafından, yeniden düzenlenecek bir plânın uygulamaya konulmasına yardım edecek olan askeri kuvvetin gelişi-

ne kadar güvenli bir yer kazanmak amacıyla yapılıyordu.

Eğer bu yardım kuvveti gönderilmiş olsaydı, erler ve subaylar olarak çok büyük kayıplara uğramakla birlikte savaş yine de kazanılmış olurdu.

General Monro'ya Cevap

Nisan 1917'de yayımlanmış olan General Monro'nun raporu, savaş sırasında Gelibolu olayına ilişkin olan resmî belgelerin tamamını içerir.

Rapor, Gelibolu girişiminin boşaltılması konusunda isteklerle çevrilmiş olan genel sorumluluk üzerine örtülmüş olan perdeyi kaldırmanın dışında, Monro'nun Gelibolu Yarımadası'na gelişindeki genel askerî duruma etki eden ne gibi gelişmelerin var olduğunu anlatmaktadır.

Türk birlikleri cepheye gidiyor

Gelibolu Yarımada'sı üzerindeki duruma tamamıyla yabancı ve onun içerdiği bütün olasılıklara ilişkin bilgiden yoksun olan General Monro, yarımadadan çıkmak için en iyi yolu buldu.

Deneyimli ve saygın bir general değil, hatta en acemi bir adam bile askeri birliklerimizin Gelibolu'da işgal ettiği durumun alışılmışın dışında olduğunu ve askeri tarih sayfalarında yeni bir yer taşıdığını kolaylıkla anlar.

İşte tehlikeli zafere yönelten nokta! Bütün evreni şaşkınlığa düşüren, eşi olmayan ve bütün bakışları gıpta ile üzerine çekmiş olan askeri harekât buydu.

Gerçekten bu garip durum, geçmiş dönemlerle ilgili olduğu kadar aynı zamanda bugünle de ilgiliydi. Askeri kuvvetimiz her ne kadar kıyı hattını işgal etmekle kaldıysa da, bütün milletlerin hayretlerini kazanmış ve bu şekilde unutulmayacak bir kelime yaratmıştı: Anzac!

Askeri kitapların hiçbirinde Anzac ya da Hellas örneğine benzer bir örnek yoktur. Hatta Batı cephesi savaşlarında görev alan generaller bile bu savaş sahnesine hırslı bir bakış atmaktadır.

Bu konuda yalnız Gelibolu savaş alanında başından beri bulunmakta olanlar yargı vermeye yetkili olabilirler. Ancak ben General Monro'nun Çanakkale'yi boşaltma konusundaki düşüncesinin kendi kişisel değerlendirmeleriyle ilgili olup olmadığını ya da Gelibolu kumsallarına geçici bir ziyaret ve denetlemede bulunan bir askeri kişiliğin Lord Kitchener'in ortaya koyduğu değerlendirmelerinden esinlenip esinlenmediğini bilmiyorum.

Ben Gelibolu'ya yeni gelmiş olan General Monro'nun boşaltma konusundaki görüşünde, General Berdott ile Amiral de Robeck'in yardımlarının alınıp alınmadığına ilişkin olan endişeli görüşleri kabul etmiyorum.

Eğer, seferin içerdiği engellerin ve zorlukların tamamıyla farkında olan bu komutanların değerlendirmeleri üstün geldiyse, o zaman Gelibolu boşaltılmasının kamuoyu karşısında tamamıyla incelenmeksizin kapanmasına izin verilmemelidir.

Bununla birlikte bu soruna ilişkin Suvla Körfezi konusunda olduğu gibi var olanlardan daha çok bilgi bekleriz.

Charles Monro'nun da anladığı en can alıcı tehlike, bu tehlikeyi üstlenen İngiliz Akdeniz Heyeti'nin, Osmanlı ordusunun en güçlü ve seçkin askeri birlikleri karşısında tuttuğu bu önemli resmi belgelerinin her satırında ortaya çıkar. O halde askeri kuvvetlerimizin hayret verici maneviyatını takdir etmekte neden başarı umdu?

General Monro, er ve subayların eksikliklerini kabul eder görünüyor. General Monro, subayların genellikle endişe verici bir zorlukla karşı karşıya kaldıklarını ve askerlerin azlığının, cepheyi tutmak zorunda kalan askerlere ve Teritoryal birliğine Yeomanry ve Mavuntid (?) askerlerinin eklenmesiyle arttırıldığını ortaya koyma yoluna gidiyor.

Bu değerlendirme, ivedi bir şekilde gereksinim duyulan destek birliklerinin gönderilmesi konusunda merkezi hükümete yönelik yapılan acı ve açık bir suçlamayı tamamıyla gösterir. General Monro'nun belirttiği ikinci nokta da, bizi inandıracak bir durumda değildir. General Monro, "Türkler, bizi çok az bir kuvvetle Çanakkale'de durdurarak, Bağdat ve Mısır üzerinde yapılmasını kararlaştırdıkları plânların gerçekleştirilmesine çaba göstermektedir" diyor.

Fakat Çanakkale'de Türk ordusunun en zinde kuvvetlerinden oluşturulmuş ve en az 21 tümen olan bir askeri sefer kuvvetinin karşımızda hareketsiz bir durumda durdurulduğu gerçeği hâlâ ortadadır. Yarımada üzerine İngiliz askeri kuvvetinin saldırısının başladığı andan sonra Türk başkentinin tehdit altında bulunduğu zamanlarda Türkler kendi kuvvetlerinden yararlanarak başka bir yer için sefer heyeti oluşumunda doğal olarak başarılı olamayacaklardı ve olamadılar.

Türklerin bu konuda yaşadıkları korku ve endişe doğal olarak haklı olmakla birlikte, General Monro'nun duygu ve düşüncelerine tamamıyla karşıydı. General Monro tersine, "tuttuğumuz mevkilerden ileri harekâtını yapılması ümit edilecek, kanıtlaması mümkün olan bir askeri harekât gibi algılanamaz" diyor.

Charles Monro bu konuda "örgüt ve düzenimiz de yetersiz güçte" demek istiyor. Eğer Monro'nun amacı bu ise, doğal olarak değerlendirmelerine bu noktayı doğru bir şekilde eklemelidir. Fakat kullandığı dilden Türklerin işgali altında bulundurduğu mevzilerin çok kuvvetli bir hücuma uygun olmadığı anlaşılıyor. Ancak bu doğru değildir.

Raporda ortaya konulan ikinci nokta oldukça çok hayret konusu olmaktadır. Monro "yarımada üzerinde bir ileri harekâtı yapmayı başarsak bile, mevkilerimiz göz önüne alınacak bir şekilde iyileştirilemeyecektir. Bununla birlikte İstanbul üzerine yürümek ise söz konusu harekâttan kesinlikle beklenemeyecekti" diyor.

Her şeyden önce General Monro önemli bir gerçeği gözden kaçırıyor. Çünkü General Hamilton'un amacı İstanbul'u ele geçirmek değil, Boğazları tutarak donanmaya güvenli ve rahat bir yol açmaktı. Doğal olarak Boğazlar tutulduktan sonra yol açma olanağı çok kolay bir iş olacaktı.

Bir ileri harekâtın durumumuzu iyileştiremeyeceği görüşüne karşı bazı olayları söylemek gerekir.

General Monro'nun yapılmasını olanaksız olarak tanımladığı ileri harekât, bir emri vaki durumundaydı. Hedefimiz olan ve Narrows'a egemen bulunan Çanakbayırı, kırk sekiz saat kadar işgalimiz altında kaldı. Buranın önemi ve konumu dolayısıyla birçok kere kazanılıp kaybedildi. Askerlerimiz Türklere üstün gelerek tepenin zirvesini işgal etti.

Bunlara gönderilmesi gereken destek birliklerimiz, gecenin karanlık boşluğu içinde yollarını kaybetti. Bundan dolayı destek birliği almış olan Türkler bizi tekrar sürmeyi başardılar.

Şanssız bir şekilde birçok kez kazanıp kaybettiğimiz bir yeri tekrar ele geçirmek yerinde bir hareket olamaz mı ve bunun olanağı bulunamaz mı? Hiçbir görüş, hatta uzmanlar tarafından ortaya atılan hiçbir değerlendirme bu gerçeği değiştiremez.

General Monro, Gelibolu Yarımadası'na yaptığı kısa bir geziden sonra, ne gibi büyük zorlukların geçiş harekâtına engel olduğunun farkına varmış ve sanırız ki, bu konuda Monro o zaman General Hamilton'un değerlendirmelerine paralel bir fikre sahip olmuştu.

Gelibolu sefer heyetini oluşturan askerlerin hemen hemen hepsi gönüllü ve şehirli halktan oluşmaktaydı. General Hamilton ile bu insanlar tarihin kahraman kuşağına yakışır biçimde büyük bir mücadeleye girişti. Şimdi, bunların artık Türk askeri kuvvetlerini yenecek derecede olmadıkları ve İstanbul'un ele geçirilmesi için kimin emeliyle felâket ve perişanlığa sürüklenmekte oldukları söylenerek küçük düşürülüyorlar.

Artık bunların hayatının kısa bir süreye bağlı bulunduğu, yerlerin çok hatalı olduğu, iskelelerin kötü hazırlandığı, müstahkem mevzilerin çok zayıf ve bununla birlikte gelecek 17 pusluk topların saldırı mermilerine açık olduğu ileri sürülerek direnişin ümitsiz olduğu açıklanıyordu.

Bunun üzerine askerler heyecanlı bir uykudan uyanır gibi birden bire yerlerinin felâketini hemen anladılar.

Bununla birlikte zafer yerine tahliye sesleri yükseldi. Bu şekilde Gelibolu Yarımadası'nı yarı yenik savunmalarına ve orada kalmış olan cesur savaşçılarımızın mezarlarına bırakmak zorunda kaldık.

Gelibolu Yarımadası Niçin Boşaltıldı?

Suvla askerî harekâtının duraklamasındaki gerçek nedenler ve bütün anlamlar tamamıyla yerli yerine oturacak olursa, Gelibolu Yarımadası'nı boşaltma nedenlerini aramak için çok fazla uzağa gitmeye gerek kalmaz.

General Hamilton'un şikayet ettiği tembellik, tepki doğurdu. Buradaki cesur subaylar ile bunların komuta ettiği gayretli ve saygı değer askerler, manevî gücünü kesinlikle kaybetmediler. Bunlar, emir aldıkları zaman hızla ileri atılmaya hazır olduğu halde, destek birliklerle mühimmatın yokluğu nedeniyle bu emir verilememişti. Evet, mühimmat ve asker endişe verici bir şekilde eksilmişti.

Gelibolu Yarımadası üzerindeki herkes Lord Kitchener'in (*) bütün işleri bitirmek üzere Çanakkale'ye geldiği genellikle ve ta-

---

(*) Hartum ve Aspell kontu, İngiliz feldmareşali. Askeri Akademiyi bitirdi. FransızAlman savaşlarında, Fransızlar safında gönüllü olarak savaştı. Ocak 1871'de devlet memuru olarak çalışmaya başladı. 1874-1882 arasında Filistin, Anadolu ve Kıbrıs'ta gizli serviste çalıştı. 1883 başlarında Kahire'de bir Mısır süvari birliğinde görevlendirildi. Kızıldeniz kıyısındaki Suakin'de genel vali olarak bulundu. Başbakan Lord Salisbury'in önerisi üzerine Mısır ordusu başkomutanı oldu. Kitchener'e 1898 Kasımında soyluluk unvanı, 1899 Haziranında parlâmentonun teşekkürleriyle büyük bir para verildi. Kitchener'in bir başka başarısı da, Faşoda (Kodok)'da bulunan bir Fransız birliğinin Sudan'ın bazı kısımları üstünde hak iddia etmesiyle ortaya çıkan durumu ustalıkla çözümlemesi oldu. Kitchener Sudan'da bir yıl genel vali olarak kaldı. Bu arada Güney Afrika'da savaş çıkmıştı. Kitchener kötüye giden durumu düzeltmek üzere 1899 Aralığında Lord Roberts ile Güney Afrika'ya gönderildi, orada Roberts'in yerine başkomutan oldu, iki yıl süren gerilla direnişini kırdı. 1902 Temmuzunda İngiltere'ye dönünce

mamıyla kabul edilmişti. Fakat Lord Kitchener ilk önce yarımadayı gideceği yerde Yunanistan ve Mısır'da manevî kuvveti kırılmış olan merkezleri dolaştı.

Hilekâr Alman ve Avusturyalıların yayımladığı ve Ajans Wolf'un bütün dünyaya bildirdiği hikaye, Türklerin üç yüz bin kişilik bir askeri kuvvetle Mısır'a hücum etmek için hazırlıkta bulunduğunu içermekteydi.

Bu söylenti Mısır memur ve askeri heyetinin zaten karma karışık olan kafalarını kötü bir şekilde daha da karıştırdı.

Bunun dışında, Almanların bizi denize dökmek için hazırla-

---

onur madalyaları aldı, ayrıca viskontluğa yükseltildi. Savunma Bakanlığında çalışmayı kabul etmeyince başkomutan olarak Hindistan'a gönderildi. 1909 Eylülüne kadar orada kalan Kitchener aynı yıl savunma siyaseti konusunda önerilerde bulunmak üzere Avustralya ve Yeni Zelanda'ya gitti. Hayatının en büyük hayal kırıklığı belki de Asquith'in liberal hükümetinin kendisini Hindistan genel valisi yapmaya yanaşmaması oldu, fakat Mısır valiliği önerilince teselli buldu. 1911-1914 arasında Kahire'de bulundu, Mısır ve Sudan'ı yönetti. 1914 Temmuzunda Başbakan Asquith'in verdiği bir görevi hiç istemeyerek kabul etti. Buna göre mareşal olarak kabineye girecek ve tarafsız bir Savunma Bakanı olacaktı. Kitchener İngiliz ordusunu küçük buluyor, savaşın üç haftada biteceğine inanan meslektaşlarına 'savaş en az üç yıl sürecek' diyordu. Kitchener'a göre İngiltere'nin savaşı kazanabilmesi için daha bir milyon kişilik bir ordu gerekirdi. Kitchener savaşın ilk aylarında tam bir önderdi, halkın zafer tutkusunu temsil ediyordu. Yeni birlikler kurdu bu birliklere bazı ayrıcalıklar tanıdı ve ülke sanayisinin savaş sanayisine dönüşmesini sağladı. Mayıs 1915'te sanayi ile ilgili yetkileri elinden alındı. Kitchener'in kasımda boşaltma için önerilerde bulunmak üzere Gelibolu'ya gitmek istemesi bütün iş arkadaşlarına rahat bir soluk aldırdı. Yokluğu sırasında strateji konusundaki bütün yetkileri elinden alındı. 1915 sonlarında Kitchener kura ile askere almanın sırası geldiğine inanmıştı, ama Asquith, siyasal açıdan bunun henüz olanaksız olduğu görüşünü savunuyordu, Kitchener bu durumda susmak zorunda kaldı. Haziran 1916'da bir görevle Rusya'ya gitti. 5 Haziran 1916'da Hampshire kruvazörü Orkney Adası açıklarında bir Alman mayınına çarparak battı. Kitchener boğularak öldü.

dıkları 17 pusluk topların gönderilmekte olduğu kurnazca yayılmakta ve ilân edilmekteydi. Bu endişe yaratan söylentilerle dolmuş kafalar, Çanakkale'de bizi denize dökecek 17 pusluk topların Fransa ve Flander'deki askeri kuvvetlerimizi neden yok edemediğini düşünmüyorlardı. Aynı zamanda Türkiye'de bulunan demiryolu köprülerinin bu kadar ağır ve müthiş topları taşıyabilecek bir biçimde yapılmadığını ve eğer, bu konu bazı araçlar ile sağlandığı göz önüne alınsa bile bu kadar ağır topun, bütün mühimmatı ile birlikte Gelibolu savaş alanına ne şekilde gönderileceğini düşünmüyorlardı.

Birçok deneyimli asker böyle heyecanlı raporların doğruluğuna karşı daha o zaman kuşku ve endişe duymaktaydı. İşte onların o zaman sahip oldukları kuşkular bugün tamamıyla ortaya çıktı.

Bundan başka, askeri kuvvetlerimizi yok edici bir felâkete sürükleyecek olan 17 pusluk toplar bu görevini Selânik'te neden yerine getirmedi?

O zaman Çanakkale'de bir kış endişesi ve korkusu vardı ki, bu da üzüntü verici bir kabus şeklindeydi. Bende Doğu Akdeniz'de kışın geçme şekline ilişkin pek çok ilginç ve gülünç söylentiler duymuştum. Ancak bu çalışma alanında geçirdiğim bir kış hayatıyla hepsini yalanlamak isterim.

Gelibolu Yarımadası'nın boşaltılması, büyük bir heyecana neden oldu. Standard Gazetesi bu konuda yazdığı bir makalede, "Gelibolu'nun tahliyesi Türklerden çok başkalarının hayretlerine neden oldu" diyor. Kuşkusuz çoğumuzca da Gelibolu boşaltılmasının bir ders gibi etki ettiği anlayışı doğmuştur. Fakat psikolojik olarak yenilmiş bir düşman üzerinde yarattığı sonsuz bir şükran ile karşılaştırıldığı zaman boşaltmanın önem derecesi hemen ortaya çıkar.

Gelibolu artık garip bir facia şeklini almıştı. Yarımadadan çe-

Arıburnu'nda, Haintepe gerisinde İngiliz ve Anzac kolordusu tarafından kullanılan karargâh

kilmede değil belki bu başarısızlığı doğuran nedenlerde ümitsizlik vardı, önceleri de açıkladığım gibi Gelibolu Yarımadası'nda bizi yenen Türkler değil, aramızdaki manevî isyan ve bozgunculuktu. Bu bozgunculuk aramızda duran sivil memurlar tarafından yaratılmış ve ülkenin her tarafına giden abartılı haberlerin etkisi kabine üzerinde bir sivil komitenin nüfuz sahibi olmasını sağlamıştı.

Savaş daha bitmemişti. Bununla birlikte birkaç acı Gelibolu facialarına uğramaktan kaçınmalıyız. Gelibolu Yarımadası'nın başlangıçta incelememize bıraktığı ve bize verdiği derslerden gerektiği gibi yararlanmalıyız.

İşte size Gelibolu boşaltmasına ilişkin olan tebliğ ile ilgili garip bir nokta! Bu nokta düşmanın plânlarımızı öğrenmek konusundaki düzenimize karşı genellikle sergilenen hayret ve şaşkınlığı olduğu gibi gösterir. Fakat bu konuda sızmanın ne şekilde olduğunu söylemek ve belirlemek çok zor bir iştir.

General Monro'nun kabineye sunduğu gizli ve özel rapora kamuoyunun bilmesi konusunu belirlemeye hiç kimse yetkili değildir. Yarımadanın boşaltılmasının kararlaştırıldığı günden tam bir hafta önce kabinenin böyle bir şeye karar verdiğini bir dostum bana söyledi. Bana bunu söyleyen dostum, böyle acı veren bir kararın alınması için kabinenin özel bir toplantı yaptığını ve bu konuya ilişkin bilgi ve düzenlemeler tamamlanarak gerekli olan emirlerin verildiğini de ekledi.

Acaba niçin düşmanımızdan ve Almanlardan bu şekilde bir bilgi sızmıyor ve duymuyoruz? Çünkü İstanbul'da ve Berlin'de askeri konularla yalnız askeri yöneticiler ilgileniyordu. Londra'da ise, askeri konular sivil memurların görüşleriyle biçimleniyordu.

15 Mart 1917

Granville Fortescue

ÇANAKKALE SAVAŞI

GİRİŞ

"İngiltere'de Çanakkale'ye ilişkin bütün gerçekleri bilen tek kişi yalnız sizsiniz." İngiltere'deki en büyük gazete sendikasının başkanı (*) tarafından söylenen bu söz, bende bir anlık duraklamaya ve düşünceye neden oldu. Acaba, İngiliz kamuoyunun, Çanakkale ordusunun üstesinden gelmeye çalıştığı zorluklar konusunda sahip olduğu bilginin çok az olduğu doğru muydu? İngiliz halkı, sarp ve çetin arazi yapısını, su sorununu, günün teknolojisine uygun hazırlanmış düşman savunma araçlarını kendi zaferleri için inkâr mı ediyordu? Bunların hepsinin ötesinde ekimde başlayacak olan lodos fırtınalarından ve bu fırtınaların doğuracağı felâketlerden habersiz miydiler? İngiliz halkı kış gelmeden önce Ispartalıların ordusuyla eşit olan düşman ordusunu kesin bir şekilde tepeleyemeyecek olursa dağ başlarında her türlü yardımdan yoksun kalacaklarını biliyorlar mıydı? Kışın gelişiyle birlikte yoğun fırtınalar, malzeme ve savaş araç-gereçlerinin merkezleriyle olan ulaşımının hem zor hem de tehlikeli olacağından haberdar değiller miydi? Askerlerin ve hatta savaş içinde bulunanların bile yiyeceksiz ve mühimmatsız savaşamayacaklarını bilmiyorlar mıydı? Eğer şimdi başarı elde edemeyecek olursa, Akdeniz Sefer Kuvvetinin sonu ne olur? Bu ve buna benzer sorular kafamda rahatsız edici bir şekilde dolaşıp duruyordu.

(*) Times, Daily Mail gibi gazetelerden oluşan sendikanın başkanı Lord Mors Kalif.

Bu savaşta alınan önlemlerin tamamı yeteri kadar incelenecek olursa, İngiltere'nin en büyük ve zorlu rakibinin, sansür olduğu görülür.

İngilizler gerçeği bilmek istemiyorlar mı? Gerçek bu kadar acı mıdır? Hiçbir millet kötü haberleri iyi bir ruh içinde sindiremez. Durumun gerçeklerini İngiliz halkından saklamak bu yüzyılın ruhsal yapısını yanlış anlamaya neden olur.

Atina, Amsterdam ve Roma'dan çevreye yayılan uydurma zafer haberleri, düşman toprağında ihtilâl müjdesi ve yalandan ümitler yaratıcı heyecanlı açıklamalarla, gelişmiş ve kendine güveni olan bir milleti aldatmaya uğraşmak, o milletin zekâsına ve kültürüne de büyük bir hakarettir. Oysa şu andaki durum ve koşulların gerçekliğine ilişkin şimdiye kadar karanlıkta bırakılan ve aynı zamanda ümit verici düzme haberlerle de tıka basa doldurulan İngilizler, şimdi de birdenbire çok büyük fedakârlıklar yapmaya çağrılıyordu. Bu durumda İngiliz halkının şaşkınlıktan sersemlemiş olması garip karşılanabilir mi? İngiliz halkının, kendi ordusuna karşı takındığı garip ve yanlış tavır ve tutumlarından kim sorumludur?

Savaşa giden askerler futbol şampiyonasına gidiyormuş gibi gösterildi. Milletin büyük bir kısmı seyirci konumunda bulunduğu bir dönemde bu ordu, İngiliz bayrağını dalgalandırmak ve İngiliz emellerini gerçekleştirmek için savaşa girdi. Sokakta kollarını sallayıp gezenler, yalnız savaş vergisi verip başka hiçbir şeyi düşünmeyenler, orduyu farklı bir kurum gibi gördüler. Bugünkü savaşta bu, gam ve keder yaratacak önemli bir hataydı. Fakat halk, bu düşüncelerinden dolayı asla ve asla eleştirilemez. Eğer İngiliz halkına kendi sorumluluğunun derecesini takdir etme izni verilmezse, doğal olarak bundan doğan hata da millete mal edilmez. Bu kötü sonuç, İngiliz sansürünün baskısından doğmuştur ve dolayısıyla sorumluluk da İngiliz sansürünündür.

Her şeyi halktan gizlemeyi siyasal bir amaç olarak kullanmak çok tehlikelidir. Gizlilik, yanlış yönetim ve beceriksizlik kalkanı olarak kullanılabilir mi? Bu konudan çok fazla söz etmek istesem de, şu an için etmemek daha yararlıdır.

Dostum Ellis Ashmeat Bartlett'in basılan raporlarını asıllarıyla karşılaştırmak oldukça yararlıdır. Bu tanınmış gazeteci ve deneyimli yazar, savaşın yalnız bir yüzünü görmüş olmasına rağmen, savaşın askerî sonuçlarını tahmin etmekte yanılmamıştı.

Bartlett'le Port Arthur savaşlarında, Fas'ta ve Daily Telegraph gazetesinin araştırma grubunda birlikte çalıştığımdan dolayı, onun yazdıkları dünya basınında yer aldığı zaman o satırlara başka bir kaleminin dokunup dokunmadığını hemen anlarım. Bartlett'in yazmış olduğu "Çanakkale Deniz Savaşıyla İlgili Açıklamalar" adındaki eserin birçok yerinde başka bir kalemin müdahalesinin olduğuna eminim.

Bartlett, İngiliz ordusunun ne denli zorluklar içinde savaşmakta olduğunu ortaya koyduğu hâlde, bu zorlukların üstesinden gelinmesinin neye mal olacağı konusunda okuyucuyu aydınlatıcı açıklamalarda bulunmaktan kaçınıyor.

Bartlett'in açıklamalarını içeren yazıları, bazı yerlerde bir çeşit giriş biçiminde olduğu halde, çıkardığı sonuçlar ve harekâtın hazırlıkları konusundaki açıklamaları kimi zaman çok belirsiz, kimi zaman da çok eksikti. Bu yazılar gerçekten, bir savaş muhabiri olan Bartlett'in yazı biçimi ve üslubu değildi. Bartlett tarafından Çanakkale seferine ilişkin yazılmış olan raporlar, sansür edilmemiş olsaydı kamuoyunu daha çok aydınlatacak bir nitelikte olurdu.

İngiliz ordusunun Gelibolu Yarımadası'nda dünyayı hayrete düşürecek bir zaferin öncesinde bulunduğunu, o ünlü açıklamalarıyla dünyaya duyuran Winston Churchill, acaba neyi amaçlamıştı? Bu açıklamanın yapıldığı tarihi, Çanakkale'de bulunduğumdan dolayı tam olarak bilemiyorsam da, sanırım haziran ayında yapılmış olsa gerek. Oysa, bugün ekim ayındayız. Churchill'in kehaneti hâlâ kimseyi tatmin edemeden öylece duruyor. Şu andaki durumda böyle bir görüşte bulunmak gerçekten şaşılacak bir konuydu. Eğer bu açıklama düşmanı şaşırtmak amacıyla yapılmışsa o başka. Ne var ki, bu açıklama üzerine, Türk komutanları da savaş hatlarında hiçbir zayıf nokta bırakmadılar. Deniz eski bakanı elbette bir gün yaptığı bu açıklama konusunda gerekli değerlendirmelerde bulunacaktır.

Buraya kadar değinmiş olduğum noktaların tamamı giriş olup, amacım durumun gerçeklerine ilişkin her bir İngiliz'in kafasında yer etmiş olan düşüncelerden kısa birer örnek vermekti. Bu makale, İngiliz kamuoyundaki kara bulutları kaldırmak amacıyla yazılmıştır.

Çanakkale'ye ilgili sahip olduğum bilgiler değişik kaynaklardan alınmıştı. Bu kaynakların birincisi, Varşova'da birlikte bulunduğum bir askerî yazardı. Bu kişi, barış zamanında Çanakkale'den birçok kez geçmiş, her keresinde de Boğazın ve yarımadanın savunma araçlarını, bir yabancıya sağlanan olanaklar ölçüsünde incelemişti. Yazar, daha sonra ortaya çıkan iki Balkan Savaşı'nda da muhabir olarak bulunmuştu. Kişisel deneyimlerim bana, bu yazarın yargı ve görüşlerinde yanılmadığını gösterdi.

İkincisi, Boğazın ilk kez zorlama girişiminde bulunulduğuna tanık olan ve bombardıman sırasında karada bulunup, olup biten konusunda bilgi edinmiş olan dostları İstanbul'da bulma fırsatı ve şansıydı.

Sonuncusu ise, benim Çanakkale'de bulunmamdı.

Gelibolu Yarımadası ile Anadolu yakasındaki askerî bölgelerin her ikisini de gezdim. Kilitahir ve Kale-i Sultaniye istihkâmlarını çok yakından görerek incelemelerde bulundum. Atla kıyı

(*) Yazar tarihte hataya düşmüş. Çıkarma 25 Nisanda başlamıştır.

boyunca Kumkale'ye kadar gittim. 25 Mayıs'ta (*) İngilizlerin karaya çıkışlarını, Majestic zırhlısının sonunu, River Clyde gemisini, savaşa katılan Türk havanlarını, savaş gemisinin bombardımanını, Fransız ve İngiliz savaş hatlarını ve Seddülbahir'deki Türk siperlerini tamamıyla gördüm. Kısaca dünyanın bu ana kadar görmediği en büyük savaşı gördüm ve bütün gördüklerimin hemen yayımlanması için büyük çaba harcadım.

Satranç oyununu dışarıdan izleyenlerin, iki rakibin karşılıklı hamlelerinden sonuç konusunda görüş sahibi oldukları gibi, ben de olası sonuç hakkında doğru bir bilgi edinmiş oldum. Bu makaledeki yorumlar gördüklerimin özetidir.

Ekim 1915

TEMEL HATA

18 Mart 1915'te, birkaç İngiliz müfrezesi Kirte köyünden meyve satın aldılar. Sonra, yıkılmış harap olmuş Türk evleri ile dolu bu köyü terkederek, köyün kuzey ve doğusundaki vadiden sonra dikleşen yokuşa tırmanarak kule şeklindeki tepeye doğru yürüdüler. Hava sıcaktı. Birkaç aydır hareket etmeyen bu adamlar hemen mataralarını sonuna kadar içerek boşalttılar. Susuzluk, çok geçmeden belirtilerini göstermeye ve tırmanmayı zorlaştırmaya başladı. Köydeki evlerin çevresindeki kuyularda su aramaya koyuldular. Ancak kuyuların içinde görmüş oldukları ölü hayvanlar, su mataralarını doldurmaktan vazgeçirdi. Gırtlakları kurumuş bir durumda çetrefilli yollardan bin bir zahmetle bir dereye ulaşmaya çalıştılar. Burası, bir dereden daha çok sel sularından oluşmuş, yan tarafları dik bir çukur olan, girenleri bütün dünyadan gizleyen ve yalnız mavi gökyüzünü gösteren çok garip bir şekle sahipti. Derenin yan taraflarını kaplayan kesme kayaların içinden ümitsiz bir durumda ve her biri savaş faciasının türlü aşamalarından doğan akıbetlerine kavuşmak düşüncesiyle yürümeye başladılar. Sonunda tam bir rahatlık içinde Haricot tabyasını geçtiler.

Biraz ileride yolları üzerinde güzel bir görünümle şarıldayan bir çay vardı. Çok dar olan bu çay, yaz güneşinin artan şiddeti altında hızla kuruyacaktı. Askerler tam bir şükranla bir taraftan mataralarını doldurup bir taraftan da serinlemek için ellerini ve yüzlerini yıkıyorlardı. Hiç birisi bu derenin nereye doğru aktığını düşünmüyordu. Oldukça serinlemiş ve rahatlamış bir durumda yollarına devam ederek derenin kayalıkları arasından büyük bir vadiye çıktılar. Bu, bir tünelden dışarı çıkmak gibi bir şeydi. Güneşin ışıkları, ilkbahara özgü açıklığıyla askerlerin üzerine saçılıyordu.

Vadi, kuzeye doğru giderek hafif meyiller ile yükselip alçalıyordu. Arazi sağda solda toprak örtülü tepeler ile bezenmiş olup, bu tepelerin şekli doğal oluşumdan daha çok, insan eliyle yapılmış gibi bir görünüm sergiliyordu. Sağa sola dağılmış çınar ağaçlarıyla Türk meşeleri, güzel gölgeler oluşturmuşlardı. Yeni biten çimenler ile sık yoncalar toprak üzerine halı gibi döşenmişti. Tepeye dönük olan tarafta bodur çalılar çevreyi sımsıkı kaplamıştı. Askerlerden biri bu çalıların katır tırnağı olduğunu söyledi. Fakat, Gelibolu Yarımadası üzerindeki katır tırnaklarının dalları hem daha çok ve yüksek hem de İngiltere'dekilerden daha fazla birbirine geçmiş bir durumdaydı.

Çanakkale'de siperler arasında, arkadaşlarına
su dolduran bir Türk askeri su içerken

Yürürken serinlik duymaya başlayan askerler, bulundukları yerin yüksekliğini anlamışlardı. Sanki bir yayla üzerinde geziniyorlardı. Deniz, altmış ya da yetmiş metre aşağıda, saydam bir zemin üzerinde parıldayıp duruyordu. Müfreze önlerine çıkan büyük bir çukur ile çepeçevre sarıldı. Burası büyük bir dere olup vadiye zıt geçer ve uzaktan hiçbir şekilde belli olmazdı. Sapa bir yol müfrezeyi derenin yakınlarına götürdü. Fakat, sarp ve zorlu arazi yapısı nedeniyle daha fazla ilerlemenin mümkün olamayacağı anlaşıldı. Daha sonra bu yürüyüşü yazan bir teğmenin not defterinde buranın son derece de engebeli bir yer olduğunu gördüm.

Bu yürüyüşün asıl ve tek amacı olan kule şeklindeki tepe, bütün araziye egemendi. Merkezdeki en yüksek tepeden uzanan, her iki yönde iki küçük tepe bulunuyordu. Bu tepeler son derece doğal bir yapı görünümü veriyordu. Yapma arazi yapısı nerede çok acayip ve garip bir görünüm yaratmışsa, ona bakanlarda da aynı şekilde garip duygular doğurmuştur. Müfrezedekilerden biri garip bir karşılaştırma yaptı ve "bu uğursuz tepe Yakohoma'nın dışında görmüş olduğum Buda'ya benziyor, keşke şunun zirvesine çıkmış olabilsek" dedi. Müfreze tam zamanında tepeye ulaştı. Bu garip tepe haritalarda Achi Baba (*) olarak işaretlenmişti.

Bu müfreze, İngiliz ve Fransız savaş gemilerinin kötü bir öneriye uyarak ve Çanakkale'yi tam bir cesaretle zorlamaya başladıkları gün keşif için karaya çıkarılmış bir avuç denizci askerdi. Eğer, Boğazın zorlandığı gün karaya da asker çıkarılmış olsaydı, Gelibolu Yarımadası seferi baştan başa değişmiş olacaktı düşüncesindeyim.

Savaşın ilânından beri, Türk ordusuyla birlikte bulunmuş

(*) Buranın adı, Alçıtepe'dir. Fakat Elçitepe diyenlerde vardır. Hatta burada bir de mezar varmış.

olan tarafsız bir subay bana, "o uğursuz Martta üç tümenlik bir askerî güç yarımada üzerine çıkarılmış olsaydı bu ordu, Gelibolu Yarımadası'nı baştan başa, Bolayır'a kadar tam bir onur ve şan ile yürür ve buraları ele geçirirdi" dedi. Bu açıklama o zaman, yarımada üzerinde bulunmakta olan askerlerin sayıca miktarlarına ve hazırlıklarının durumuna dayanılarak yapılmıştı. Bir Alman subayı da bu açıklamayı doğruladı. Alman subayı, "Bu fırsat ışığı, İngiliz Genelkurmayını ya da Türklere indirilecek bu darbenin plânını hazırlamış olanları dibekte ezip perişan etti. Çünkü yüzeysel bir askerî bilgiye sahip olan bir kişi bile bu büyük hatayı üstlenmezdi" diyordu. Doğal olarak Alman subayının söylemiş olduğu bu dolambaçlı sözlere çok fazla değer verilemez. Fakat, başkomutanlıkça düzenlenmiş olan plânın oldukça başlangıç durumunda olduğu söylenebilir.

Çanakkale'ye yönelik deniz saldırısı düzenlendiği zaman, niçin karadan da ortak bir harekât yapılmadı? Bu deniz savaşının yapılmasını ortaya atan kişi, yalnız donanma ile bir geçit açılabileceğini ve aynı manevra ile karadaki istihkâmları ele geçirebileceğini mi ümit ediyordu? Bu yanlış hesabı yapan kişinin sansür perdesi arkasında gizlenmesine hiç gerek yoktu. Deniz savaşlarına ilişkin bütün konular, daha sonra çözümlenecektir. Burada söz konusu edeceğimiz tek şey, tamamen değilse bile kısmen yapılabilecek kara harekâtını yapmamaktan doğan büyük hatanın tartışması ve eleştirisidir. Deniz saldırısı yapıldığında, gereği kadar kara kuvveti acaba var değil miydi? Eğer kara kuvveti var değildiyse bu durumda denizden yapılan saldırının da başka bir zamana bırakılması gerekmez miydi?

Seferi inceleyenler tarafından, İngiliz komutanının karşısına çıkacak olan engeller ve zorluklar konusunda yanlış bir bilgilenme ile bu sefere başlamış olduğu gerçeği çok açık bir şekilde ortaya konulmaktadır.

Martın ortalarında Seddülbahir ile Kumkale çevresinde bulundurulacak olan az sayıdaki asker, büyük bir azimle daha sonra ulaşan tümenlerin yerini fazlasıyla tutardı. Eğer, Çanakkale'yi zorlama konusunda ya da Narrows'a egemen olan kale istihkâmlarını ele geçirme ya da tahrip etme düşüncesinde, başarı konusunda önceden kuşkuya düşülmüş ise, daha sonra yapılmış olan harekâtın bu kuşkuyu ortadan kaldırmış olması gerekirdi. Ortalığı kırıp dökerek Karadeniz'e bir yol açmak için bu plânı yapan kişinin ufkunun dar olmasından kaynaklanan hata, çok acı ve korkunç sonuçlar doğurmuştu. Bu kişi, ya eksik bilgilendirilmesinden dolayı çok gafil ve bilgisizce hareket etti ya da kara ve deniz harekâtı olarak ortak bir girişimin tarihteki örneklerini hiç düşünmeden hareket etti. Bu durumda bilgisizce hareket etmiş olma olasılığı daha yüksektir.

Aptallık derecesini aşan bu hata, henüz daha arkası alınmamış olan kan yönüyle İngiltere'ye ve daha doğrusu Britanya İmparatorluğu'na neye mal oldu? Kara ve denizdeki bütün savaşlardan alınan derslerle bezenmiş birçok seçkin subay ve erler ile birlikte İngiliz ve Fransız deniz komutanları, hakaretle karşılanıp çürüyüp gittiler.

Eğer, 18 Martta elde yeterli bir kuvvet yoktuysa, zarar ve kayıplar açısından durum ve koşulların ertelenmesi gerekirdi. Bu ertelemeden ise, çok az bir zarar gelebilirdi. Kara ve denizden ortaklaşa harekât yapılması için gerekli kuvvet elde hazır bulundurulmuş olsaydı düşmanı gafil avlayacak olan ümitleri, yine İngilizlerin elinde bulunurdu. Üç haftalık bir süre, bunu gerçekleştirecek olan sefer kuvveti ordusunu düzenlemek ve örgütlemek için fazlasıyla yeterli bir zamandı. Bu süre içinde Türklerin Gelibolu Yarımadası'nın güney bölgesini ele geçirmeyi olanaksız bir duruma sokacaklarını -bu zaten yapıldı- söz konusu etmeye gerek yoktur. Türkler, bu zamanda yarımadanın güneyine yönelik önemli bir harekât yapılacağını beklemiyorlardı. Zaten İngiliz donanması da 18 Mart saldırısına gönderilmeyerek çekildi. Türkler de kara tarafından bir darbe yiyeceğini ancak o zaman anladı. Doğal olarak, o da büyük çalışma ile eksikliklerini gidermeye girişti. Bunun ne dereceye kadar iyi yapılmış olduğunu daha sonra anlatacağım.

Göze açıkça çarpacak derecede olan bu askerî hatanın bir diğer yönü daha vardı. Bu konu deneyimli bir İngiliz savaş subayı tarafından bana yapılan aşağıdaki açıklamada saklıydı.

"Eğer bu zamanda -haziran- Yunanlılar bizi yanıltmamış olsaydı bütün yarımadayı baştan başa ele geçirmiş olacaktık."

İngilizlerle Yunanlıların, Çanakkale'ye yönelik ortak harekâtını çok duydum. Var olan bütün duygularını kaybetmiş bir milleti kurtarmak için böyle bir ortak harekâta girişmeye hiçbir neden göremiyorum. Homer'in hayalinin bugünkü Yunanlıları savaşa sürükleyeceği beklenmemelidir. İşin garibi İngilizlerin, Yunanlıların kapısından boş dönmelerinin olağan dışılığını bu subayın görememesiydi. İngiltere, -savaşa dolaylı katılmış ve bundan ancak dolaylı etkilenmiş olan Fransa, Rusya ve Belçika dışında- kendi kanından olan İngiliz evlâtlarının savaşın yükünü sırtlarında taşımakta olduklarını ne zaman anlayacaktır? Suçu Yunanlılara yüklemek, sağlıklı bir düşünce değildir. Müttefik devletler donanmasının manevrasına 20.000 Yunan askeriyle yardım edilmesi sözü verilmiş olduğu kabul edilse bile, bu yalnız savaş gemisi ile Boğazı zorlamaya girişme hatasını uzatmaktan başka neye yarardı? Bundan da anlaşılıyor ki başkomutanlık, karadan ve denizden yapılan ortak harekâtın önemini biliyordu, fakat ihmal etti. Yunanlılara güvenilmeyeceğinin anlaşılması üzerine, İngiliz nakliye gemisinin de, askerlerle dolu bir durumda derhal Gelibolu'ya hareket ermesi gerekirdi. Plânın bu şekilde değiştirilmesi, büyük bir zorluğa neden olmazdı. Fakat bu da yapılmadı.

Çanakkale'de yaşanmış olan olayları, yakından ve çok ciddî bir şekilde inceledikten sonra bence, Müttefik donanmasının ilk anda Marmara Denizi'ne giremeyişi, Çanakkale Boğazı'nın yalnız savaş gemileriyle zorlanmasına uğraşılmasından doğan ilk ve ana hata olduğu ortaya çıkmıştı.

Akdeniz Sefer Kuvvetinin, Londra gazetelerinde yayınlanan kayıp listeleri işte bu ilk hatanın acı bir sonucuydu. Bu, nedeni ve sonucu değişmez bir yasanın çok basit bir şekilde bir kez daha tekrarlanmasıydı. Bu iki hatanın, Türkiye'ye yönelik ilk İngiliz seferinde daha ne şekilde devam edip gideceğini kimse şimdiden kestiremez. Komutanlar, artık kendi istediklerini yapamayacaklar ve buna izin verilmeyecektir.

Yaşanan birçok olay, her iki düşman tarafının da savaşını zincirle bağlayacak ve bütün işlerini engelleyecekti. Zaferle sonuçlanacak kısa ve övünçlü bir savaş yerine, facia ve övünç ile dolu ve İngiliz cesaretini ve karakterini kanıtlayan, fakat imparatorluğun en uç köşelerine kadar gam ve keder yayan uzun ve yorucu fakat, zafer anıtı bir savaşa tutuşmakla galip geleceğiz.

İKİNCİ HATA

Çanakkale'yi zorlamak, son derece önemli bir askerî konudur. Daha doğrusu stratejik ve can alıcı bir sorundur. Bu konuda bütün savaş görüşlerinin dayanmış olduğu ögelerin tamamı, ayrılmaz bir durumda bulunur. Bununla birlikte sonuç neye varırsa varsın bu çarpışma sona erdiği zaman, Avrupa ve Asya haritalarının yeniden çizilmesi gerekir. Savaşın siyasal nedenleri burada, İskender'in, Sezar'ın ve Napolyon'un hayallerinden çok daha önemli bir sonuç ile gözlerimizin önünde boy gösteriyor. Türkler gibi uygar olmayan bir milletin elinde bulunan Avrupa'nın bu son kalesine Hıristiyanlar tarafından hücum ediliyor.

Eğer İngilizler ile müttefikleri bunu başarırlarsa bu fethedilmiş bir ülkenin ardından koşan fatihler gibi burayı elde tutmak için değil, belki ilk kıvılcımı 1792'de Fransa'da parıldayan uygarlık ışıklarını Asya'nın karanlık köşelerine sokmak içindir. Hayalimizin ufkunda gözden uzak Bağdat'ın sisler içinde gizlenmiş göz alıcı manzarası canlanıyordu. Britanya'nın en tanınmış devlet adamlarının kafalarından yüz yıl önce doğmuş olan bu siyaset, bugün Çanakkale'de yaşanmakta olan savaş ile de ilgiliydi. Temel koşul ise, İngiltere'nin bu savaşta galip gelmesidir. Bunun ne kadar temel bir koşul olduğunu, vazgeçilmez olduğunu, bugünkü kuşak gerektiği gibi değerlendiremez. Eğer İngiltere'nin askerleri, Gelibolu Yarımadası'nda başarısızlığa uğrayacak olursa, İngiliz güneşi Türkiye'de, Mısır'da, Hindistan'da, kısaca bütün Doğuda ışıklarını önceki kadar vuramayacak ve aydınlatamayacaktır. Bu düşünce, Narrows'un ele geçirilmesini savaşın en büyük amacı durumuna gelmesinde hızlandırıcı bir rol oynayabilir. Bozgunluk ve perişanlık, korkunç bir trajedinin son perdesini indirmeye yetecektir.

Gelibolu Yarımadası'ndaki savaşın siyasal yönüyle, siyasetçilerin kafaları uğraşadursun, askerî yönü askerleri ilgilendirir. Asker dar bir alan içinde, askerliğin günün gelişmelerine uygun olarak denizde ve karada her türlü hareketini görüp deniyor. Büyük dretnotların bir denizaltı ile cehennemi bir ortama yuvarlanıp gittiğini, savaş gemisinin istihkâmlar ile mücadele ettiğini, orantısız büyüklükte ve büyük şiddet ve kuvvette olan mermilerin tavşan deliklerine nasıl düştüğünü, savaş kuşlarının başı üstünde dolaşan sucuk şeklindeki balonların deniz ile gökyüzü arasında salındığını ve ağızlarından bir ton ağırlığında yoğun ateşli mermiler kusan 15 pusluk toptan tutun da parıldayan süngülere kadar her şeyi görüyor. Savaş için yapılmış ve hilekârlığın her çeşidine göre düzenlenmiş olan tahrip aletlerinden her birini, uygar ya da uygarlık dışı düşman tadarak acı çekiyor. Çanakkale'de denizde ve karada yaşanmakta olan, istihkâm ile gemiler arasındaki, kara kuvvetleri ile kara kuvvetleri arasındaki savaşlar fazlasıyla tarihten yararlanmayı içeriyordu. Truva'nın yıkık duvarları, River Clyde nakliye gemisinin paslı bordosuna bakıp duruyordu. E 15 denizaltısının teknesi Hellaspoint'de yatıyordu.

Stratejisyenin biri tarafından bir dergide yayınlanan, Çanakkale ile ilgili yazılmış bir makalede, bütün İngilizler yanıltılıyordu. Bu makale Şubat 1915'te yayımlanmıştı, ben ise bu kitabı Ekim 1915'te yazıyorum. "Çanakkale taarruzu, dolaylı bir kara harekâtıdır. Bu taarruz esasen, deniz harekâtı olup deniz kuvvetleri ile başarılacaktır" sözlerinin sahibi bu stratejisyenin, bu savaş kahininin düşüncesine göre, Gelibolu Yarımadası deniz egemenliğini elinde bulunduran herhangi bir kişinin girişimi ile alt üst edilebilecekti. Bir kere bu yapıldıktan sonra da istihkâmların saf dışı bırakılması yalnız an sorunu olacaktı. Yine onun düşüncesine göre kuşatma bataryaları ve yüksek ateşli infilâk maddeleriyle, kısa bir zaman içinde istihkâmlar tahrip edilip saf dışı bırakılacaktı.

Bu stratejisyenin, Deniz Bakanlığının güvendiği ya da eski deniz bakanının -Churchill'in- çok yakın dostu olduğunu bilmiyorsam da bu kişinin, Çanakkale sorununa ilişkin yanlış bilgi ve değerlendirmelerinin 18 Mart 1915'te Narrows'ta yaşanmış olan olayla tamamen örtüştüğü kuşku götürmez bir şekilde ortaya çıkmıştı.

Çanakkale'yi zamansız ve harap edici bir şekilde zorlamaktan dolayı kimin sorumlu olduğunu öğrenmek oldukça yararlıdır. Sansür perdesi arkasında gizlenmiş olan bu kişiyi, tarihin pençesi yakasından tutup kesin olarak ortaya çıkaracaktır.

Hangi ortamlar üzerinde başarı ümit edildiğini bilmek de

çok önemlidir. Bu adam kimdi ki, bilgi ve deneyim olarak en seçkin deniz subaylarını, geçmişten alınan bütün dersleri ve bunca deneyimleri bir tarafa bıraktırıp sonucu bu denli felâketle son bulan korkunçluğa sürüklemeye yöneltti ve günümüzün en yetkin ve en ünlü stratejisyeni olan Amiral Mahon'un bilinen düşüncelerini bir kenara atıverdi? Acaba bu kişi, Quenn Elizabeth zırhlısının toplarının çapını bir pus daha büyütmekle gemi ile istihkâmlar arasındaki statükoyu değiştirebileceğini mi sandı? Yükseltilen bir pus hiçbir zarara uğramaksızın gemiye istihkâmlara yönelik saldırıya kalkışabilecek bir üstünlük mü sağladığını sandı? Sonuç bu ümitleri onaylamaktan çok uzaktı.

Uygulamaya konulan plân konusunda sağlam nedenler bulmak gerekçesiyle ne kadar araştırma yapılırsa yapılsın hiçbir şey elde edilemez. Bir savaş gemisinin Narrows istihkâmlarının çelik bileğinden yakasını tam bir başarı ile sıyırma şansını inceleme konusunda olağanüstü fırsatlar ele geçirdiğim için, bu çelik kapandan bir savaş gemisinin kurtulma olanağının sıfır olduğunu kesin ve açık bir şekilde söyleyebilirim. Ben bunu, Çanakkale'yi görmeden önce de söylemiştim. Türkiye'nin kara ve deniz askerî durumunu incelemek göreviyle görevlendirilmiş olan iki tarafsız subay ile de uzun uzun yapmış olduğumuz tartışmalarda yine bu sonuca vardık. Çanakkale'ye yalnız denizden saldırı plânını hazırlamış olan anlayışın, bu işle ilgilenmiş olan kişilerce gizlenmiş bilgi ile hareket etmiş olduğunu çıkardık. Eğer sorunun gerçekleri buysa, bu anlayış yanlış bilgi ile ne yazık ki yanıltılmıştı.

İşin daha da ilginci, İngilizlerin çok acı bir şekilde aptal yerine konulmuş olmasıydı. Martta Londra'da iken "Çanakkale'nin zorlanıp geçilebileceği düşüncesinde olup olmadığımı" sordukları zaman, verdiğim "altı ayda değil ebediyen" cevabı karşında, İngiliz dostlarım bana kahkahalar ile gülmüşlerdi. Bu fikrimi

İstanbul'dan Çanakkale'ye gönderilen Türk askerleri

uyarı biçiminde bildirmiştim. Askerî deneyimlerim bana, savaş kadar değişken başka bir şey daha öğretmemişti. Ben savaş kahini değilim. Biri de diğeri kadar bir işi takdir edebilir fakat eşyanın doğasına dayanılarak yapılmış olan bir değerlendirme kimi zaman sonuca çok daha yakın olabilir.

Ne var ki, basın tarafından bu zamanda yapılmış olan kehanetler, aklın ötesine geçmişti. Bütün İngiltere'nin dört bir yanına duyurulan bu güzelim İngiliz donanması, zafer anıtının kapısında beklemekteydi. Basının yazdıklarına göre, İstanbul'daki heyecan, çöl sıcakları gibi her tarafı kavurup yok ediyordu. Bütün bu heyecanları gören basın, yanıltıcı yayınları durdurmaya yönelik davetlerde bulunuyordu.

İngiltere, keşif harekâtı başlarında kaybettiği savaş gemilerine çok da aldırış etmedi. Bunlar eski ve bugünün savaş gemisi listelerinden çıkarılmışlardı. Bu fedakârlığı, izleyecek olan parlak zaferler için bunların kayıplarında pek o kadar önem yoktu. Fakat, İngiliz halkı kötülükler vadisinde yuvarlanıp gitti ve umduğunu bulamadı.

Bir diğer olayı daha açıklayayım. Çanakkale istihkâmlarındaki gözetleme yerlerinin birinde, iki tarafsız muhabirle bir Alman subayı birlikte Fransız savaş gemilerinden Bouvet'in batışına tanık olmuşlardı. Kontrol yerlerinin bulunduğu tepe, Çanakkale girişini tamamen görüyordu. Savaş muhabirleri gözlerinde Zayis dürbünü ile soluk almaksızın denizin üzerinden yükselen kara dumanlar arasında siyah bir nokta gibi görünen ve Boğaza doğru ilerleyen bu gemiyi izliyorlardı.

Denizci ceketini giymiş ve başında fes bulunan yakışıklı bir genç de aynı noktadan gözlemde bulunuyordu. Önündeki masanın üzerinde yayılmış bir harita vardı. Haritanın üzeri dama tahtası gibi bölümlere ayrılmış ve haritacılık simgeleriyle işaretlenmişti. Haritanın Boğazın girişini gösteren kısmı üzerinde yuvarlak kırmızı renkli ufacık markalar vardı. Bu kırmızı renkteki yuvarlak markalar, deniz altındaki lağımları ve bulundukları yerlerdeki lağım tarlasını gösteriyordu. Muhabirler ile Alman deniz subayı bacalarından kara duman çıkaran geminin lağım tarlasına girmesini bekliyorlardı.

İstihkâmlardan açılan top ateşinin müthiş gümbürtüleri kulaklarının zarlarını patlatacak bir durumda olmasına rağmen, bunlar bu sese aldırış bile etmemişlerdi. Türk mermilerinin savaş gemisinin yakınlarına düştüğünü ve bir tanesinin ateş kontrol çanaklığına isabet ettiğini görmüşlerdi. Fakat, bunların bütün dikkatli bakışları yok olmaya ve ölüme mahkûm olarak girilen Boğazın mavi sularına yönelmiş bulunuyordu.

Gemi yakınlaştıkça top ateşinin gürültüsü daha da arttı. Bu üç kişi hâlâ bekliyordu. Durumun vermiş olduğu ağırlık ve baskı nedeniyle muhabirlerden birinin yüzünün damarları büzülmeye, sinirleri bozulmaya başladı. Subay kurumuş olan dudaklarını ıslatmak için hiç durmadan dilini dışarı çıkartıyordu. Dürbünler durmadan gelmekte olan gemilere yönelmiş bulunuyordu. Subay harita üzerinde pergel ile bir şeyi ölçtü. Eli felç olmuş gibi donup kaldı. Savaş gemisinden birinin pruvasının alt kısmından bir su sütununun yükseldiğini ve daha sonra bunu bir dumanın izlediğini gördü. Gemi hemen bir tarafa yatmış ve seyir yönü üzerinde daire çizmeye başlamıştı.

Muhabirlerden biri, "Gemi torpile çarptı!" diye bağırdı

Alman subayın gözlerinde bir gülümseme belirdi. Ardından da "uğursuz İngiliz gemileri lağıma çarptı. Onlar lağım tarlalarımızdan geçemezler" diye bağırdı.

Daha sonra tarafsız muhabirler, Almanlara özgü bir hareketle Alman subayını kutlama yağmuruna tuttular.

Lağım tarlaları, Çanakkale Boğazı'nı geçilmesi olanaksız bir duruma getirmişti. Bu sularda, Akdeniz'e doğru dört mil hızla hareket eden akıntının şiddetine rağmen torpiller bilimsel bir şekilde denize yerleştirilmiş ve aynı tarzda sağlam bir şekilde demirlenmişti. Bu lağımların en güçlü torpil temizleme gemilerine bile meydan okuyacaklarına herhalde inanılmalıdır.

Yirmi altı torpil ile Boğazın en dar geçidi tamamıyla kapatılmıştı. Torpil hatları birbirine paralel olarak dökülmüş olup ikinci hatta bulunan torpiller, birinci hattaki torpillerin aralarındaki boşluklara denk gelecek şekilde konulmuştu. Torpil tarlasının genişliği yer yer değişkendi. Bir torpil tarlasına karşı hücum edebilmenin tek yolu, içlerine macuna konulmuş ve ateşleme yüzer şamandıralarını kaldırmak için düzenlenen güçlü ve buharla çalışan torpil temizleme dubaları kullanmaktır.

Çanakkale'deki lağım tarlaları, torpil tarama ve temizleme gemilerinin hareketini önlemeye yönelik olarak yalnız Boğazın her iki yakasındaki tepelerin üzerinde bulunan bataryalar ve istihkâmlar ile değil aynı zamanda kıyı boyunca tam bir gizlilikle yapılmış olan tabyalar ve silâhlandırılmış mevziler tarafından da savunulmaktaydı. Buralar, lağım tarlasının bulunduğu alanı menzili içine alacak bir mesafeye egemen bulunmaktaydı. Lağım tarlalarının bulunduğu yerde torpil temizleme gemilerinin çalışmaları da bu açıdan olanaksızdı.

Müttefik donanması Boğazın savunma araçlarından bir tanesi göz önüne alındığı durumda bile, sonucu felâketle bitecek bu serseri harekâta neden girişti? Çanakkale saldırısının yalnız deniz gösteri olduğunu ve bunda önemli bir harekette bulunulmadığını işittim. O durumda bu, İngiliz ve Fransız deniz kuvvetlerinden Ocean, Irresistible ve Bouvet'in kaybına neden olmak gerekçesi olabilir mi? Bu gerekçe saçmadır ve yersizdir. Bu deniz saldırısında bir gösteri yapılmışsa, o da Türk savunma araçlarının kuvvet ve gücünün dünyaya karşı gösterilmesiydi.

Saldırıdan ortaya çıkan sonuç, savunma araçlarını oluşturan Alman komutanları ile Türk subaylarında bir inanç ve güven doğurduğuydu. O zamandan beri de bu inancı sarsacak henüz hiçbir şey ortaya çıkmadı. Bütün deniz harekâtı akla ve hayale gelmeyecek bir derecede kötü yapılmıştı.

İngiliz Başkomutanlığını kendi gemilerini tehlikeye atmasına ne gibi nedenler itmişti? Bütün olasılıklar gözden geçirilecek olursa bu soruya verilecek en doğru yanıtın, donanma tarafından 19 Şubatta başlamış olan harekâttan doğmuş olduğu anlaşılır. Seddülbahir ve Kumkale bataryalarındaki topların menzillerinin dışında bulunan gemiler sağlıklı ve isabetli atışlar ile bu bataryalara karşı bir çeşit atış eğitimi yaparcasına biribirini izleyen salvo ateşi açıldı. İstihkâmların beton kısımları parça parça olmuştu. Seddülbahir istihkâmı merkez olmak üzere yarım daire üzerinde yer almış olan bütün gemilerden buraya mermi yağdırıldı. Bu sırada Türk istihkâmlarından atılan mermiler ge-

Turquase adlı denizaltıyı vurarak mürettebatını tutsak eden
Müstecip Onbaşı topun başında

minin 14-15 metre önüne düşüyordu. Bunun doğal sonucu olarak, Türkler eşit olmayan böyle bir top düellosu ve önceden bir örneği daha yaşanmamış olan bombardıman karşısında yerlerini terkettiler.

Bununla birlikte, saf dışı bırakılmış olan istihkâmları kontrol etmek üzere gemilerden karaya keşif müfrezeleri gönderildiği zaman hasarın derecesi karşısında bu müfrezeler sessizlik ve hayret içinde kaldılar. İstihkâmların hasara uğrayan tek bölümleri beton ve taş kısımlardı. Hatta Quenn Elizabeth'in yok edici mermileri istihkâmların topraktan olan kalın dış kısımlarında infilâk ettiği halde hiçbir etki yapamamıştı. Keşif müfrezesi ilk bakışta görülebilen bu istihkâmları tamamen tahrip etmek konusunda fazlasıyla zorluklarla karşı karşıya kalmışlardı.

Bu bombardıman karşısında Türk muhafız kuvvetlerinin psikolojilerinin oldukça sarsılmış olduğu kuşkusuzdu. Durum çok ümitsiz bir durumdaydı. Mermilerinizin erişemediği düşman ile savaşmaya uğraşmanın ne yararı vardı? Muhafızlar, istihkâmları terkettiler ve topların menzilleri dışında bulunan yerlere çekildiler.

Kolayca kazanılmış bu zafer, deniz komutanlarına değerlendirme güçlerini kaybettirdi. Gerçek şuydu ki, Türkler müttefik amirallerinin savurduğu mermilerin çevreye saçtığı parçalardan uzaklara çekilmişlerdi. Amiraller, bundan cesaret alarak Boğaz girişi içinde bulunan istihkâmlara da hücum ederlerse aynı sonucu elde edeceklerini ümit ettiler. Eğer amiraller böyle düşünmüşlerse, düşmanı hiç hesaba katmamışlardır.

Çanakkale'den geçip Gelibolu ile bu boğazın Anadolu ve Rumeli kıyılarında bir süre kalmış olmam nedeniyle, buraların savunma araçları ve tahkimatı konusunda bilgi verebilme cesaretini kendimde bulabiliyorum.

Nağra tabyasından sonra kıyı boyunca Kumkale'ye kadar gittim. Kilidbahir'deki istihkâm ve bataryaları inceledim. Dardanos tabyasının egemen olduğu yerler konusunda incelemelerde bulundum. Türk havanları tarafından güvertelerine karşı ateş edilen torpil temizleme gemilerinin nasıl çalıştığını açık olarak gördüm. Müttefik donanmasını yok etmek olan Alman-Türk plânı bütün ayrıntılarıyla önüme açılıp dökülmüştü. Şimdi bu plânı açıklıyorum.

Şubat ayındaki deniz saldırısından sonra Çanakkale'nin Rumeli ve Anadolu kıyıları, iki büyük istihkâm olarak düzenlenmişti. Her iki kıyıda bulunan yerleri Mecidiye, Çimenlik, Kilidbahir, Dardanos ve Kumkale adlarıyla anılacak ya da amirallik tarafından yapılan resmî bildirimlerdeki gibi harflerle gösterilecek yerleri Boğazın, savaş gemileri tarafından geçilmesine girişilen en dar yerinde, birbirine bağlantılı iki savunma mevzisi olarak düşünmek daha yerinde olacaktır. Uygun bir ateş alanı gösteren yerlerin her birine, bir batarya yerleştirilmişti. Bunlar bir savaş gemisinin taretlerinden dışarıya doğru uzanan topları gibi tepelerden dışarıya doğru kendilerini asla göstermezler. Tabyalar ve top mevzileri büyük bir dikkatle gizlenmişti. En becerikli nişancılar bile ancak kısa mesafeden bu gizlenmiş topların yerlerini alevleri aracılığıyla belirleyebiliyorlardı. Uçaklar da bu konuda çaresiz kalmışlardı. Hareket ettirilebilir olan havan bataryaları dışta tutulacak olunursa ikinci derecede olan bu savunma araçları arasında büyük çaplı toplar yoktu. Burada sınırsız sayıda sahra topu ile makineli top vardı. Makineli toplar savunma konularında çok büyük rol oynamaktaydı. Bunların nasıl bu kadar büyük rol oynadıklarını anlatacağım.

Ortaya koymaya çalıştığım şey, Türk-Alman hazırlıklarının çok iyi olmasıydı. Olası her olay göz önüne alınmış ve buna yönelik olarak hazırlıklar yapılmıştı. Boğaz sularının her karışı birçok topun ateşi altına alınmıştı.

Yalnız top mevzileri düzenlenip yenilenmemiş aynı zamanda bunlar için askerî inşaatlar bile yapılmıştı. Yeni yollar, daha uygun ve daha iyi gözetleme yerleri yapılmış, sevkıyat ve nakliye yöntemleri baştan başa yenilenmişti. Gerçekten Almanlar ile ilişki içine girildiğinin etkileri her tarafta görülüyordu.

Bu hazırlıklardan bir çoğu, buralardan geçenlerin bile gözlerine çarpar. Bütün bu saydıklarım istihkâm duvarlarının arkalarında bulunanlarca düşünülür ve takdir edilebilir bir konudur. Doğal ki, bu hazırlıklar herkesin incelemesine açık değildir. Narrows bölgesinde bulunmakta olan her bir ayrı istihkâmın buradan geçmeye uğraşan gemiler için günden güne ne kadar müthiş bir tehlike oluşturduğu göze çarpmaktaydı. Muhafız askerleri arasında her gün yeni yüzler gözükmekteydi. Bunlar öyle yüzlerdi ki, başlarındaki ne fes ne de sarık Toton ırkından olduklarını gizleyemez.

Alman topçu askerlerini taşıyan nakliye gemilerinin ambarları mühimmat ile doluydu. Büyük ve ağır cephane sandıkları mavnalar ile kıyıya çıkarılıp istihkâmların kapılarına kadar yuvarlana yuvarlana götürülürdü. Eğer cephane sandıklarını önceden görüp bunlar ile bir şekilde ilişki kurduğunuz zaman içindekilerin ne olduğunu derhal anlarsınız.

Bu teknolojik hazırlıklar, başkomutanlığın dikkatinden ya kaçmış gibi görünüyor ya da kasten bunlar ihmal edilmiş sanılıyor. Bunlar Çanakkale'nin savunmasındaki araçlarında kullanılan malzemelerin cinsi, miktarı ve nakilleri ile ilgili, doğal olarak doğru bilgiye sahiptiler. Fakat Almanların genç askerler ve birçok topla doldurulmuş gemilerini Boğazdan geçirdiklerini de mi düşünmediler?

Nağra ve Kilye'den Kilitbahir ve Kale-i Sultaniye'ye kadar Narrows'u gözlem altında tutan istihkâmlar, tam anlamıyla günün koşullarına uygun değildi. Bu gerçek, bunların kuvvetini belirlemeye ve anlamaya neden olur. Yapının ana ögesini beton değil, toprak oluşturuyordu. Çok iyi bir şekilde oluşturulmuş toprak istihkâmlara karşı büyük bir temizleme harekâtına sahip mermilerin çok az bir şekilde etki yapabildiği, burada açıkça ortaya çıkmıştı. Narrows istihkâmlarına karşı Queen Elizabeth, Agamemon, Lord Nelson ve benzerleri tarafından yapılan bombardımanda 15 ve 8 pusluk mermiler değişik istihkâmların dış duvarları üzerinde infilâk edip durmuşlardı. İstihkâmların tamamı aynı biçimde yapılmıştı. Bunların toprakla kaplanmış duvarları, ana temelden yukarıya 9 metre kadar yükseklikte olup, bunun iki katı kadar da derindi. İstihkâmların tamamı, bilimsel bir şekilde oluşturulmuştu. Genel olarak her bir cephede sekiz mazgal ve her bir mazgalda bir kıta 6 pusluk top bulunuyordu. Bu toplar da günün teknolojisine sahip değildi. Bu topların, istihkâmlara tabya edilmiş bu devrin son sistem topları gibi hızlı ateş etmeleri beklenemez. Fakat Boğazın dar geçidinde dolaşan gemilere egemen olması nedeniyle, iki dakikada bir yapılan ateş

18 Mart Çanakkale savunmasında Mehmetoğlu Seyit 125 okkalık mermiyi taşıyor

fazlasıyla amacına ulaşırdı. Bununla birlikte Alman topçularından eğitim alan Türk askerleri, bu ateşi daha fazla yenileme gücüne de sahiptiler.

Doğal olarak bu topların savaş gemisine konulanlar düzeyinde menzilleri yoktu. Bundan sağlanmış olan yarar ise hiç derecesindeydi. Çünkü savaş gemisi Çanakkale'nin çok dar olan bir geçidinde savaşmak zorundaydı. Boğazın en dar noktasında, kıyının birinden diğerine olan uzaklık, üç dört milden fazla değildir ki, bu da hemen hemen Kale-i Sultaniye ile Kilitbahir arasındaki uzaklıktı. Kepez istihkâmından lağım tarlasının bulunduğu Baykuş bataryasına olan deniz uzaklığı iki buçuk mildi. Bu dört noktanın birleştirilmesiyle bir alan meydana getirecek olursanız ölüm alanını oluşturmuş olursunuz.

Bu bölgeye giren gemi üç taraflı bir tehlike ile karşı karşıya kalır. Omurgasının altında amansız torpiller bulunduğu durumda, bordaları Boğazın her iki kıyısına tabya edilmiş olan sınırsız sayıdaki topların ateşine karşı iyi bir hedef oluşturur. Bu bölgede bulunan gemi, havadan da saldırıya açık kalır. Çünkü Türk uçakları birçok kere savaş gemisinin güvertelerini bombalamaya girişmişlerdi. Bir düşman savaş gemisinin bu şekilde yapılacak bir ateş karşısında bu bölgede hayatta kalabileceği nasıl ümit edilebilir?

Quenn Elizabeth'in bu bölgeye karşı açmış olduğu aşırma ateşinden çok şey amaçlandı. Bunun devasa bataryaları Kilidbahir ve Çanakkale istihkâmlarına yönlendirildi. Uçaklar, geminin topçularına yoklama görevi yapıyorlardı. Bu yardımla birlikte sonuç, yine yalnız sefer olarak kaldı. Boğazın Rumeli kıyısında bulunan tabyalar ile istihkâmlar, Gelibolu Yarımadası yarlarının altında bir yükseklikteydi. Atılan binlerce mermiden yalnız ikisi istihkâmların top mazgallarına isabet ederek patlamıştı.

Savaş gemisinin Çanakkale Boğazı'ndaki istihkâmlara yönelik hücumunu söz konusu ederken bir noktaya daha değinmek istiyorum. Ateş kontrol merkezi, bir geminin gözüdür. Kontrol yeri genellikle pruva direği çanaklığında bulunup, buradan göz ile görülen şeyler boru sesleriyle zırhlı kule içinde bulunan süvariye haber verilerek geminin yönetimine yardım edilir. Kayıtları ve hesapları yapmak için deniz düzeyinden otuz metre kadar yükseklikte bulunan bu kafes kadar dar ve küçük yere küçük subaylar konulur. Bundan da şu sonuç çıkar ki, ilk anda geminin gözünü çıkartabilirseniz gemiyi de işe yaramaz bir duruma sokabilirsiniz. İşte bu amaca yöneliktir ki, Boğazın kapılarında bir çok küçük bataryalar oluşturulmuştur. Denizciler sahra toplarına ve çalılar arasına gizlice tabya edilmiş 1 fontluk küçük toplara karşı alaylı bir şekilde gülebilirler ve bu küçük araçlar ile geminin üst bordalarına karşı atılan mermileri sivri sinek sokması gibi adlandırılabilirse de, ilk bakışta bile görülen bu mermiler hedeflerine isabet ettiklerinde ateş kontrolü yerini tamamen tahrip edebilirler. Geminin gözü, Türk topçularının ana hedefidir.

İyasburnu ile Seddülbahir'deki istihkâmların tahribatından sonra Çanakkale savunma araçları ve tahkimatının desteklenmesi için yapılmış olan hazırlıklardan daha fazla söz etmeyeceğim. Karadan torpil atışı yapılabilecek yerlerin varlığı konusunda kesin bir fikre sahip değilim. Bu gibi istasyonları oluşturmak için görevlendirilen subayın bana verdiği bilgiye göre bunlar daha hazır değildi. Ayrıca sabah torpillere ilişkin hiçbir bilgi ve açıklamada da bulunmadı. Bununla birlikte bu gibi çare ve gerekli önlemlerin burada kullanılması mümkünse bunların kullanım şekillerini, Alman öğretmelerinin her durumda Türklere öğretmiş olmasını kabul etmek gerekir.

Bir istihkâmın etki alanı içinde bulunan diğer bir istihkâma yönelik normal havalarda bile bir savaş gemisinin karşılık veremediğini bildiğimiz durumda nasıl oldu da İngiltere'nin gemileri Boğazın bu istihkâm tarlasına karşı gönderildi? Bu işte birisinin sorumlu olduğu bir hata yüklenilmemiş miydi? İngiliz gemilerine Boğazdan geçerek cehennemin kapılarına kadar giderlerse de, acaba elde edilen sonuçlar gemilere bu emri veren deniz bakanını memnun edecek bir nitelikte olabilir mi?

ÇANAKKALE'NİN KARADAN SAVUNMA ARAÇLARI

İngiltere tarihinde Çanakkale savaşları olayından daha seçkin ve daha renkli hiçbir aşama yoktur. Binlerce insan Gelibolu Yarımadası'nın yarları ve yamaçları üzerinde yaşanan savaşlarda yiğitliğin en yüksek ve en yüce derecelerine ulaşmışlardı. Yiğitliğin ve cesurluğun her türünden örnekleri burada gösterilmişti. Hayatı hiçe saymak, burada herkesin isteyerek can attığı cesur bir hareketti. Çanakkale'deki Müttefik askerlerinin göstermiş oldukları yüksek cesareti, görevlerine olan bağlılıkları, eziyet ve zorluklara karşı dayanma derecelerini yazarken insanın heyecana gelmemesi olası değildir.

Sefer heyetinin en ufak bir düzensizliğe bile meydan vermemesi, hayrete değerdir. Bu noktada, İngiliz donanması bunun çok olgun bir örneğini göstermiştir.

Görevin kapsamı ve önemi, azim ve kararında zayıf olanları dehşete düşürmeye yeterliydi. Oysa, Britanya'nın çıkarlarını yedi denizin her bir köşesinde korumakla görevli olan donanma, bu ana kadar görülmemiş ve duyulmamış olan bu davaya gündelik bir işmiş gibi yapıştı kaldı. İmparatorluğun her bir köşe ve bucağından askerler ile dolu gemiler geldi. İngiltere'den, Hindistan'dan, kısaca imparatorluğun her köşesinden binlerce insanı toplayan nakliye gemileri, denizaltı tehlikesine rağmen korkusuzca buraya koşuştular.

Mondros limanında toplanan bu korku salan donanma, İngiltere'nin görkemini gösteriyordu. Bu filo tarafından taşınıp buralara kadar getirilen değişik ırktan insan kümeleri, imparatorluğun ne sarsılmaz bir dirençte olduğunu fazlasıyla kanıtlıyordu. Bütün bunlara rağmen, sefer heyeti içinde, güvenlik yönünden zayıf olanı yine de donanmaydı.

Donanma, ordunun gereksinimlerini en uzun ve en güvensiz bir ulaşım hattı üzerinden gidermek zorundaydı. Malta, İskenderiye ve Limni'de ileri harekât üsleri kurulmuştu, ama Gelibolu Yarımadası üzerindeki istihkâmlara yönelik yapılan savaş harekâtında kullanılan her bir asker, her bir mermi, her bir fişek ya İngiltere'den getirtiliyordu ya da İngiltere'nin dışında bulunan diğer yerlerden ulaştırılıyordu.

Çanakkale'yi karadan zorlama cesaretini gösterenleri, takdir ve övgüler ile boğarken, bunun bir başarı sağlayıp sağlamayacağını sağlıklı bir kafa ile değerlendirmek ve incelemek için bir an duraklayalım. Bu plânın fikir babaları, İstanbul'un hemen teslim oluvereceğini ümit ettiler. Müttefik devletleri gemilerinin saldırıları, bugün ortaya çıkmış bir fiyaskoydu. Çanakkale geçidinin açılması için tek fırsat ve tek yol, istihkâmların karadan ele geçirilmesidir. Bunun için ya karadan bir saldırı yapılmalı ya da bu seferden vazgeçilmeliydi.

Askerî harekâtta başarının en büyük ögelerinden biri olan düşmanı habersiz yakalama fırsatı kaybedilmişti. Yarımada üzerinde tutunacak bir yer ele geçirmek kararlaştırıldığı zaman, İngiliz komutanı, Boğaz savunmasının Almanlar tarafından yenilenmiş ve değiştirilmiş olduğu dersini unutmuştu. Kuşkusuz, İngiliz komutanı bütün saldırılarında karşısına bugünün gelişmelerine göre oluşturulmuş savunma araçlarının çıkacağını beklemiyordu. Bu alanda yapılacak olan en küçük ve önemsiz askerî harekâtın bile zorluklar ile kuşatılacağını komutan ya bilmiyordu ya da iyice değerlendiremiyordu. Türk taburları yarımadanın her tarafına çadırlarını kurmuş, İngilizleri bekliyorlardı. Üstelik Türkler araziyi de hazırlamışlardı.

Gelibolu Yarımadası seferine ilişkin plân, genişleyip geliştikçe ortaya çıkan sorunların en başlıcası, savunma bakımından bütün avantajların Türklerin yararına bulunmasıydı. Türkler her bir karışını bildikleri bir toprak üzerinde savaşıyorlardı. Ulaşım hattı ve haberleşme, güvendeydi. Eğer içeriye sürülecek olurlarsa her bir saldırı ve hücum tutmuş oldukları yerlerin tahkim ve düzenlenmesiyle sonuçlanacaktı. Bunların hepsinin ötesinde yarımada, zaten doğal bir kaleydi.

Buradaki arazinin yapısı konusunda yazılı bir fikir vermek oldukça zordur. Arazinin Türklere sağlamış olduğu yarar ve avantajı anlamak için yarımadanın batı bölgesindeki yapısını kısaca anlatmak yararlı olacaktır.

Deniz yönünden bakılacak olursa arazinin göze çarpan yerleri, yarlardır. Bunlar, deniz düzeyinden sonra dikleşerek altmış ya da yetmiş metre yüksekliğe kadar çıkarlar. Bu yarların yüzeyleri küfeği taşı ile kildi. Yarlar son derece düzensiz ve birçok yeri aşılmaz yükseklikteydi. Yan tarafları sık ve bodur çalılıklar ile örtülmüş olup, bunlar savunma için son derece iyi birer sığınma yeri oluşturduğu gibi aynı zamanda doğal birer engel de yapıyorlardı.

Uzun kıyı boyunca yarların oluşumu, karaya asker çıkarılmasına kesinlikle uygun değildi. Ötede beride yarların dibinde küçük düzlük alanlar vardı. Bu kumsallıklar üzerinde işgal kuvvetlerinin değişik bölümleri karaya çıkartılmıştı. Kısa bir süre içinde bu kuvvet mermi ve kurşun ateşine yakalanarak yok oldu. Sırtlarında çantaları, yarlara tırmanmaya uğraşan bu askerlerin, gücünüz varsa resimlerini yapın.

Kıyı hattının arkasında girintili çıkıntılı tepeler, sel baskınlarından kaynaklanan derin ve bozuk hendekler, oyuklar, düzlükler, vadiler ve dağlar ile karma karışık bir durumdaydı. Sanki doğa, bütün gariplikleri ve dünyanın diğer yerlerindeki bütün zıtlıkları getirip burada toplamıştı. Tepeler, hiçbir sisteme uyarak oluşmuş değildi ve dereler ise garip bir şekilde girintili çıkıntılı bir durumdaydı. Tepelerin eğimli yüzeyleri, olağanüstü bir ateş alanı yaratır. Yarımadanın genel yapısı sanki doğal bir istihkâm olması için oluşturulmuştu. Her bir tepe, her bir oyuk, yadsınamayacak kadar büyüleyiciydi. Kısaca doğa Türkiye'nin en önemli müttefikiydi.

Doğal olarak tahkimi yapılmış olan bu yerler, bir gün geçmemiştir ki, insan eliyle de daha fazla tahkimi yapılmamış olsun. Büyük bir ustalık ve alışkanlık ürünü olan olağanüstü bir zeka ile Alman askerî mühendisleri her bir sırtı kaleye ve her bir vadiyi de engellerle dolu bir alana dönüştürmüşlerdi. Bütün bu işlere Müttefik donanmasının Boğazı zorlamaya girişmesine sonradan başlanmış olunmasına dikkat ediniz. Marttan sonra bugüne kadar geceli gündüzlü, en verimli bir şekilde bu işe devam edilmişti.

Sir Ian Hamilton, kendi plânına ilişkin ayrıntılar ile uğraştığı sıralarda keşif haftaları sırasında ve ondan sonra da, önceleri verilmiş olan kararı değiştirmeye uğraştı. Çünkü Hamilton, yarımadanın dış görünümünün geceden geceye değişiklik gösterdiğini görüyordu. Şöyle ki, saldırı edecekleri koruyacak bir durumda bulunan bir dağın tepesi, gece karanlığı içinde ortadan kaybolup gidiyordu. İstilâ askerlerinin işine yarayabilecek olan derbentler, bir hafta içinde dolduruluyordu. Meydana getirilen

Türk askerleri siperde

bu değişimi ve arazi değişikliğini ancak "hayret verici" sözüyle betimlenebilir ve anlatılabilirdi.

Türkler arazinin yüzünü değiştirip başka bir şekle sokmaktan vazgeçmediler. Bir yandan siper kazma işlemleri korumalı bir çalışmayla devam edip durmaktayken, diğer yerlerdeki ateş alanları onarılıp yenilenmekteyken, bir yandan da yapay engeller meydana getirmek için büyük kuvvet ve güç harcanmaya devam ediliyordu. Bu konuda ana güven malzemesi dikenli teldi. Beni İstanbul'dan Çanakkale'ye getiren nakliye gemisinin ambarları ekmek ve dikenli tel ile doluydu. Türk savaş yönteminin zembereği bunlardı. Türkler mart ayı içinde Gelibolu Yarımadası'nın çevresine telden bir hat döşemişlerdi ve bu işlem, ilk İngiliz askerinin karaya ayak basmasından önce kesin bir şekilde tamamlanmıştı.

Dikenli teller çok dayanaklı ve kuvvetliydi. Keskin bir alete bile dayanabilecek bir şekilde yapılmıştı. Arazinin kendine özgü yapısı, yalnız top ateşinden korunmak için değil, saldırı ve hücuma kalkan düşman askerlerine görünmeden tel engelleri döşemek için de çok uygundu. Tel engeller, Çanakkale savaş harekâtındaki kayıp sayılarının artmasına neden olan en önemli etkenlerden birisiydi. Açıktan hücuma kalkışan askerlerin henüz hiç bozulmamış ve dokunulmamış tel örgülerine karşı yönlendirilmemesi, askerliğin temel kurallarından birisidir. Tel engeller ile her tarafı yoğun bir şekilde kaplanmış olan bir arazide, süngü hücumu yapma gereksinimi dolayısıyla İngiliz askerlerinin akıllara şaşkınlık verici bir derecede uğramış oldukları kayıpları canlı bir şekilde görmek isteyenler, Sir Ian Hamilton'ın raporlarını ve hatıralarını dikkatli bir şekilde okusunlar.

Olası hücumlara karşı yapılmış olan diğer engelleri saymaya gerek yoktur. Askerî sahra mühendisleri tarafından bilinen savunma araçlarının her biri burada oluşturulmuştu. Benim özellikle anlatmak istediğim nokta, birçok emek harcanan tahkimatın, 18 Mart deniz hücumundan sonra oluşturulması. Başkomutanlığın yapmış olduğu hata, bu bölgede karadan yapılacak olan askerî harekâtın karşı karşıya kalacağı birçok zorluğu değerlendirememek olmayıp, belki savunma askerlerinin karakterini de çok yüksek bir düzeyde tahmin ve takdir etmemesidir.

Türklerin Balkan Savaşı'nda kötü bir şekilde yönetilmelerinden doğan felâket, onların çok alt düzeyde birer asker oldukları kanısını doğurmuştu. Oysa eğitimi Almanların yönetimleri altına almalarından beri bu kanı gerçeklik derecesinden çıkmış bulunuyordu. Almanlar tarafından Türk ordusunun eğitilmesinden doğan sonuçları gözümle gördüm. Bu, bu kadar olur. Türk karakterine ise diyecek bir şey yoktur. Bu karakteri en üst düzeye çıkaran öge ise, Türkiye'nin istilâ edilmesi gerçeğiydi.

Gelibolu Yarımadası üzerinde oluşturulmuş olan siper hatlarını dolduran yüz binlerce Türk, yurdu ve dini için savaşmakta olduğunu biliyordu. Türk askerlerinin savaştan kaçtığına ve Alman subaylarının zoruyla savaşa sürüklendiğine ilişkin hiç durmadan ortalıkta dolaşan raporlara işte bu nedenden dolayıdır ki, kimse inanmamaktadır. İngilizlerin şiddetli saldırıları arasında kimi zaman bozulan hatları yeniden düzenlemek ve bunlar arasındaki heyecanı gidermek için doğaldır ki, bazı önlemler alınmaktadır; Fakat Çanakkale'de savaşa girmiş olan herhangi bir subay ya da asker, Türk'ün karakterini kesinlikle belli eder.

İlk çıkarma anında, Türk kuvveti sayıca İngiliz kuvvetinin altındaydı. Nisanın son haftası süresince yaşanan savaşlar, Müttefik askerleri büyük bir oranda takviye edilmediği sürece, yarımada üzerinde ilerlemenin mümkün olamayacağını gösterdi. Bu sorun, uzun bir süre ertelemeye neden oldu. Nisanı izleyen bir ay süresince umulan yardım kuvveti gelmeden önce, Türkler müstahkem mevki hatlarını hem silâhlandırdılar hem de tahkim ettiler. İşte bu da diğer bir başka yanlış hesaptı, hem de öyle bir yanlış hesaptı ki, Müttefiklerin Fransa ve Flander'deki savaş harekâtlarına bile zarar vermişti.

Müttefik kurmay heyetinin diğer büyük bir eksikliği de, ellerinde bulunan haritaların bilimsel değerinin düşük olmasıydı. Türk kurmay heyetince yapılmış Gelibolu Yarımadası'nın büyük çapta bir haritasını ellerine geçirme fırsatına sahip oluncaya kadar, Müttefik Kurmay Heyeti karanlıkta çalışıyordu. En küçük bir askerî bilgiye sahip olanlar tarafından bile haritasızlığın büyük bir felâket olduğu bilinmektedir.

Gelibolu Yarımadası üzerinde uzayıp giden ve özellikle yaz aylarındaki askerî harekâtlardan doğan en büyük tehlikeden de söz etmem gerekir ki, o da susuzluk sorunuydu. Hayatın temel kaynağı olan su, birçok dönemde ve durumda nakliye gemileriyle gideriliyordu. Bunun da, çok fazla olan zorlukları ne dere-

Türk askerleri iş başında

celere kadar çıkaracağı incelemeye değerdir. Suyun vapurlarla taşınmasındaki çeşitli zorluklar ve bunun sonuca olacak olan etkisini ileride yeniden gözden geçireceğim.

Sir Ian Hamilton ordusunun, haziran ayı başlarında birçok zorluklar içinde savaş harekâtında bulunmasına rağmen, başarı olasılığının Hamilton'dan yana olduğunu sanıyorum. Bu olasılığı Türk mühimmatının doğal olarak tükenmesine dayanarak söylüyorum. Türklerin muhafız askerleri, bu dönemde eski yöntem Remingetun tüfekleriyle silâhlandırılmışlardı. Bu zamanda her askerin elinde kaç atımlık fişek bulunduğunu bilemiyorsam da, güvenilir kaynaklardan edindiğim bilgilere göre çok sınırlıydı. Bu konuda da yine Almanlar Türklerin yardıma yetişti.

Beni İstanbul'a getiren trenin ikinci sınıf kompartımanları, tamamıyla Almanlarla doluydu. Bunlara bir göz gezdirmekle hiçbirinin asker olmadıklarını anladım. Biraz dikkat ve gözlem, bunların teknisyen sınıfına bağlı olduklarını anlatıyordu. Kısa bir süre sonra bunların mühimmat ve cephane yapan ustalar olduklarını ve Türkiye'deki mühimmat fabrikalarında çalışmak için geldiklerini anladım.

Alman sistemi Türkiye'de de kurulur kurulmaz Türklerin üç büyük fabrikası, Gelibolu Yarımadası üzerinde bulunan askerlerin gereksinimine karşılık verebilecek miktarda fişek üretmek için harekete geçirildi. Türk ordusunun kullanması için diğer savaş alanlarında kesin gerek duyulan yüksek ateşli mermileri yapmak gerekmezdi. Türkler için ana silâh tüfek, makineli top ve el bombasıydı. Almanların gözetimi altındaki yerli mühimmat fabrikalarınca silâhları yapmak ve bunları yetiştirmekte hiçbir zorluk yoktu. Ayrıca fabrikalarda sahra toplarında kullanılan mermiler bile yapılmaktaydı. Savaşın ilk devrelerinde, büyük havan mermilerinin Türkiye'de yapıldığına inanırım. Bu zamanda ona da bir çözüm bulmuş olsunlar.

Bu ana kadar yazmış olduğum, Türklerin elde etmiş oldukları yarar listesi gerçekten korkunç uzunlukta olmakla birlikte, şurası bilinmelidir ki, bunlar ancak ikinci derecede kalır. Gelibolu Yarımadası'nın sahip olduğu savunma araçlarının başlıcaları, İngiltere'nin sahip olduğu araçlarla aynıydı. Yarımada hemen hemen tamamen deniz ile çevriliydi. Müttefik devletlerinin sahip olduğu deniz kuvveti, deniz suları üzerinde egemenlik ve üstünlük sağlamıştı. Fakat bu egemenlik ve üstünlüğe rağmen, Gelibolu Yarımadası hemen hemen bir ada durumunda olması, bunu istilâ edecek olanların işlerini son derece tehlikeye sokacak konumdaydı. Kesin şekilde güvenli bir ulaşım hattı açmak maddî olarak olanaksızdı. Yardım kuvvetleri, yiyecek, kısaca bir orduyu ayakta tutacak madde ve malzemenin hepsi önce İngiltere'de toplanıp daha sonra vapurlara yüklenerek harekât üssüne gönderilmesi gerekliydi. Harekât üssüne gelenler ise, ya burada karaya çıkartılıp depolanması ya da doğrudan doğruya savaş bölgesine sevk edilmesi gerekirdi. Nakliye gemileri ancak savaş gemilerinin korumasında kıyıya sokulabilirdi. Burada ise derhal düşman ateşi altında kalırlardı. Aynı zamanda denizin derinliklerinde pusuya yatmış bir denizaltı da bulunabilirdi. Bu saymış olduğum bütün tehlikelere açık olan nakliye gemileri yüklerini depolara ve küçük kayıklara boşaltırlardı.

Bütün kıyı boyunca bir çıkarma iskelesi hemen hemen yok gibiydi. Morto limanı bazı iskeleler yapılmakla bir dereceye kadar uygun duruma getirilmişti, ancak, güvenli olmaktan çok uzaktı. Askerler ya da savaş malzemeleri ve gıda ile dolu olan depoların ve küçük kayıkların, durumun gereklerine göre karaya yedekte çıkarılarak götürülmesi zorunluydu. Eğer bu işlem gündüz yapılırsa, yedeğe alan da alınan da düşman mermileriyle ve makineli top ateşiyle hurdaya çevrilirdi. Yedekte çekilen bu mavnaların üzerinde salvo ateşiyle ateş edilen şarapnellerin infilâk ettiği ve çevrenin yüklemeye elverişli olmayan bir duruma geldiğini birçok kere açıkça gördüm. Kötü havalarda bütün bu zorluklar on kat daha artardı. Eğer işlemin yapılmasına gece girişilecek olursa, yedeğe alınan istimbotların dumanları, kıyıda bulunan seyir işaretlerini pek çok kez kaybedip yollarını şaşırırlardı.

Savaş gücünün hayatını sürdürmesinin ve varlığını korumasının araç, gereç ve benzeri hayatî malzemeleri böyle yetersiz bir şekilde almasına bağlı olduğunu unutmayınız. Bu şekilde yapılan malzeme sağlanması da kesintiye uğrarsa ordunun perişan olacağı kesindi. Hayatın temel kaynakları ve günlük zorunlu gereksinimlerinden yoksun kalmış olan bir ordu, şu üç seçenekten biriyle karşı karşıya kalır; geri çekilmek, teslim olmak, tek bir asker kalıncaya kadar savaşmak. Ulaşım hattının önem derecesine ilişkin daha fazla açıklama yapmaya sanırım gerek yoktur. İngiliz deniz egemenliği bu ulaşım hattının güvenliğini sağlamıştı.

Donanma, askerî açıdan diğer bir önemli görevi daha yapıyordu. Savaş gemisinin topları, sefer heyetinin topları idi. Yani donanma, piyadenin karaya çıkması için çevreyi düşmandan temizlemekle sorumluydu. Böylece, savaş gemisine tabya edilmiş olan büyük toplardan atılan deniz mermilerinin, yarları toz haline getireceği ümit ediliyordu.

Oysa, bu mermilerin yapmış oldukları etki çok azdı. Yarım metre yüksekliğindeki düşman siperlerine şans eseri isabet eden mermilerin dışındakiler, ya katı toprak üzerine zarar yaratmayacak bir şekilde düşerdi ya da vızıldayarak Anadolu yakasına doğru giderdi.

Deniz uçakları tarafından Türk bataryalarının yerlerinin belirlenmesi, hemen hemen olanaksızdı. Uçaklar tarafından düşman mevzileri tam olarak belirlenemedikçe yapılan bu bombardıman da "karanlığa kurşun atmak" gibi gülünç bir şey oluyordu.

Bu savaşın ilginç konularından birisi de siperlerde bulunan askerlerin, mermilerin etkilerinden nasıl korunduklarıydı. Bayırların, patlamakta olan mermilerden çıkan duman tabakalarıyla örtülmüş olduğunu, toprak üzerinden kurşunun buharlaştığını çok gördüm. Patlama gürültüleri insanı sağır edecek düzeyde bir şiddetle birbiri ardı sıra ve devamlı bir gök gürültüsüne benzer bir şekilde ses çıkartıyordu. Böyle bir bombardımanın etki alanında bulunanların, perişan olmaya mahkûm oldukları sanılır. Oysa, mermi yağmuru diner dinmez demir sağanağı altında paramparça olmuş sanılan düşman mevzilerine karşı piyade askerleri gönderilince, mermilerin en sık ve yoğun düştüğü bölgede ölü sanılan düşman askerleri taburlar halinde neşeli tavırlarla ortaya çıkarlardı. Toprak içinden çıkan düşman askerleri, dört bir yandan öldürücü bir ateşe başlarlardı.

Türk askerleri siperde

Denizden yapılan bu gösterilerin yararlı olmayışının nedeni kullanılan mermilerin türünden kaynaklanıyordu. Bu mermiler çok acayip ve özellikle zırh delici taneler şeklinde üretilmişlerdi. Burada yapılacak işlere göre bu tür mermiler, çok sınırlı bir öneme ve etkiye sahipti.

Bir düşman bataryası ya da topu kesin olarak belirlendiği zaman, savaş gemisi topları onu hemen saf dışı bırakırlardı. Kıyıda bulunan askerlerin yerleri ancak bu şekilde korunabildi. Ne var ki, deniz bataryalarının menzilleri oldukça sınırlıydı. Savaş gemisi toplarının erişemeyeceği bayırlar ve yamaçlar üzerine bataryaları gizlemek, arazinin doğal yapısı içinde çok basit bir işti. Ayrıca, bir düşman bataryasının mevzilerinin anlaşıldığı ve işlerin de çok yolunda gitmediği görülünce, bu batarya hemen yeni bir yere taşınırdı. Bu yöntem, bütün saldırıları durdurmak konusunda Türk topçusuna büyük bir yarar sağladı.

Ayrıca, savaş gemisi ile kıyı arasında kesintiye uğramaksızın sürekli olarak haberleşmeyi sağlamak da çok zordu. Bu da, ateş kontrolünün elini ayağını bağlıyordu.

Boğazın Anadolu yakasına gizli olarak tabya edilmiş olan havan bataryaları da savunma araçlarından birisiydi. Bu bataryaların hareket ettirilebilir olmaları, savaş gemisi toplarının ateşinden korunaklı bulunmalarına neden olduğu gibi eğer, bir açık göz uçak gözetlemesi tarafından yerleri belirlenecek olursa, yerleri geceleri hemen değiştirilebilirdi.

Bu bataryalar iki türlü iş görürlerdi. Birincisi Çanakkale geçidini korurlardı, ikincisi de İngiliz ve Fransız ordugâhlarına mermi yağdırırlardı. Bu sonuncusudur ki, Müttefik askerlerinin ruhsal yapısını en çok etkileyendi.

Şiddetli ve yoğun savaşlardan yorgun düşmüş olan askerler, biraz olsun dinlenebilmeleri için savaş alanından alınarak ordugâhlara getirildikleri zaman, bombardıman altında bir dinlenme yeri bulma konusunda çok büyük zorluklarla karşı karşıya kalırlardı. Düşman mevzilerini görüp de aynen karşılık verme olanaksızlığı karşısında askerlerin kızgınlığı son sınırına ulaşırdı.

Anadolu kıyılarından yağdırılan mermiler, özellikle yaralılar üzerinde çok olumsuz etki yaratıyordu. Bir insan yaralandıktan sonra, sinirlerinin bozulması çok doğaldır. Siperlerden geriye getirildikten ve özellikle dereler içinden taşındıktan sonra, bir de mermi yağmuruna yakalanmak tam bir işkencedir. Bir mermi ile ya da makineli topun kurşunuyla yaralanıp bir hayli taşındıktan sonra, ameliyat yeri olan sahra hastanesinin masasının üzerinde yatmakta olan bir askerin, tam ameliyat edileceği sırada, çadırın kapısının önünde bir merminin patlamasını düşünün. Bu zavallıların zihnen nasıl bir işkence içinde kalmış olduklarını hemen düşünebilirsiniz.

Arıburnu'ndan Kanlısırt'a giden gizli yol

At üzerinde Kumkale'ye giderken birçok kez kendi kendime şu soruyu sordum. Boğazın Anadolu kıyısına yönelik yapılan harekâttan niçin vazgeçildi? Gelibolu Yarımadası'na karadan bir taarruz ümidi var idiyse kanatların koruma altında bulundurulması temel koşuldu. Anadolu kıyısının kontrolünü Türklerin eline bırakmak demek, Boğazın diğer yakasına yönelik saldırıya girişecek olan askerî kuvvetlere karşı savaş harekâtında bulunabilecek bir harekât üssünü onların eline bırakmak demekti.

Kumkale çevresindeki Menderes ırmağı vadisi boyunca birçok ordugâhlar gördüm ki, yandan yapılacak saldırıya karşı bu kuvveti savaşa sokmak mümkün olabilecekti. Oysa savaş hattının bu bölgesini ele geçirmenin başlıca nedeni, kıyı bataryalarını tahrip etmekti.

Türk savunma araçlarına ilişkin bu açıklamaları, plânın en önemli noktalarından biri olan makineli toplara değinerek bitireceğim. Bölgenin arazi koşulları, bu silâhı kullanmak konusunda her türlü olanağı sağlıyordu. Toplar siperleri alt üst etmişti. Büyük büyük dereler içine, yarların içindeki oyuklara gizlenerek yerleştirilmişlerdi. Gerçekte çok basit olan bu silâh, diğer herhangi bir silâhtan daha çok İngilizlerin ellerini ve ayaklarını bağlayarak ilerlemelerini engellemişti. Bütün taburlar, bu silâhın akıttığı kurşun boranı altında eriyip perişan olmuşlardı. Bu topun akıllara hayret verecek derecedeki etkilerinden başka, mermisi de, yapılmış en kullanışlı olanıydı. Türklerin var olan üstünlüğüne, bir de elde etmiş oldukları başarı eklenmişti. Ne kadar mermi şeridi harcanıp boşalırsa boşalsın, bunların yerleri diğerleri ile hemen dolduruluyordu.

Buraya kadar açıklamış olduğum durum ve koşulların tamamı, hücuma kalkanların durdurulması düşüncesine dayanmaktaydı. Fakat, başarıdaki en önemli ögenin makineli toplar olduğu düşüncesindeyim. Gelibolu Yarımadası savaşlarında savunma özelliklerini kanıtlamış olan mermilerin verdikleri kayıpların bir sıralaması yapılmış olsaydı, kayıpların büyük bir kısmının makineli top mermilerinden olduğu eminim ki hemen anlaşılırdı. Gelibolu Yarımadası, savaş bölgelerindeki savaşları olanca basitliği ve çıplaklığıyla burada söz konusu ettim. Sanırım, okuyanlar da sonucu bulmakta güçlük çekmezler.

SONUÇLAR

Buradaki incelemelerde karaya çıkarma işlemlerinin ayrıntılarına girmeye gerek duymuyorum. İşgal plânı, o kadar çok emek harcanarak yapılmış olduğu hâlde, uygulanma şekli karşıt görüşlerin çatışmasına neden olmuştu. River Clyde gemisinin önlem amacıyla karaya oturtulması düşüncesi parlak bir fikrin ürünüydü. Fakat, bu parlak düşüncenin tamamıyla uygulamaya konulamaması üzüntü vericidir. Diğer kumsallıklara yapılan çıkarma işlemlerine engel olan ufak tefek yanlış hesaplar da vardı. Fakat bu derece belirsiz bir plânın uygulanması döneminde, böyle ufak tefek olaylar beklenmeliydi. Çıkarma kuvvetinin uğradığı bütün engelleme harekâtı, askerî heyetin cesaret ve önlemini çok yüksek dereceye çıkarmıştı. İngiliz deniz ve kara askerlerinin cesareti dünyanın takdirlerini kazanmıştı.

Oysa başarı, savaş yeteneği üzerine kurulmazdı. Savaş sanatı, daha yüksek ve daha metin esasları içerir. Bütün savaşlarda, plân ne kadar basit olursa zafere ulaşma olasılığı da o kadar yükseltilmiş olur düşüncesi ana ilkedir. Bununla birlikte Çanakkale'nin arazi durumu ve koşulları basit bir plânın kabulüne engel olmuştu. Hemen yukarıda söylemiş olduğum gibi doğa, Türklerin en birinci ve en önemli müttefikiydi.

Bazı askerî eleştirmenlerin düşüncelerine göre, Çanakkale'de

General Liman von Sanders

uygulamaya konulan saldırı plânı şu andaki ögeler ve belirtiler iyice incelendikten sonra anlaşılıyor ki, bu plânla yalnız bir noktaya karşı yapılacak saldırılarda çok az bir başarı olasılığı elde edilebilecekti. Bu saldırı da, Türklerin en güçlü oldukları bir yere yönelik yapılacak olanıydı. Alçıtepe'yi ele geçirmeye yönelik girişimi Almanlar intihar olarak yorumladılar. Bir subayın dediği gibi, "taarruz noktası seçimi eğer General Liman von Sanders'in kendisine havale edilmiş olsaydı bundan daha iyisini·seçemezdi." Saldırının böyle sonuçlanması, var olan koşulların ve gerçeklerin tamamıyla bilinmemesinden kaynaklanıyordu.

Birçok kez ertelenmiş olan bu saldırı başarılı bir sonuç ile taçlandırabilecek başka bir plân var mıydı?

Evet iki türlü plân vardı: Birincisi, Gelibolu Yarımadası üzerindeki ulaşım ve geri çekilme yolunu ana noktasından katetmek için savaş harekâtına, Bolayır'ın kuzeyinden başlamaktı. Çanakkale bölgesine daha sonra sevkedilmiş olan büyük sayıdaki askerî kuvvet göz önüne alınınca, büyük çapta yapılan askerî harekâttan başarı beklemek her durumda akla yatkın gelirdi. Askerî harekâtın yapılması için Bolayır'ın kuzeyinde bulunan bölgenin arazi yapısı ve koşulları da hiç kuşkusuzdur ki, yarımadanın güneyindeki araziden çok daha uygundu.

Diğer bir plân daha vardır ki, o da kalıcı yararlar gösteren Anadolu kıyısının işgaliydi. Ancak, buradaki arazi de yarımadadakinden daha iyi değidi. Kale-i Sultaniye'den Kumkale'nin güneyine kadar arazi inişli çıkışlı, açık ve kısmen de ormanlıktı. Şamander bataklıklarının yağmurlu mevsimlerde önemli bir engel oluşturması olası idi. Fakat bu zorluk çözülebilir bir derecedeydi ve bir istilâ ordusunun buralarda serbestçe hareket edebilmesi mümkündü. Kıyıdan birkaç mil içeride, Boğaza bakan bir sırt uzanır. Bu sırt, arkaya doğru açık olan kıyı savunma hattına baştan başa egemendir. Kale-i Sultaniye'deki tabya ve istihkâmlar bu savaş harekâtının hedefi olabilirdi.

Bu plâna karşı yapılan itirazlar, Narrows'un Gelibolu Yarımadası tarafında bulunan bütün istihkâmların Anadolu yakasına egemen olduğu düşüncesinde toplanıyordu. Burası gerçekten de böyleydi. Bununla birlikte, Kale-i Sultaniye'deki istihkâmlar ve tabyalar ele geçirilecek olursa bunları ele geçiren askerler, lağım tarlalarını tahrip edebilecek bir yerden Marmara Denizi'ne girilmiş olunurdu.

Kaçırılmış olan bu fırsatlardan söz etmenin çok fazla yararı yoktur. Bugünün sorunu gelecekte nasıl harekât edileceğidir.

Suvla limanı baskınının hemen hemen başarı ile sonuçlanmak üzere olduğuna ilişkin söylentiler dolaşmaktaydı. Eğer, bazı tümenler zamanında takviye edilmiş olsalardı, belki bunlar egemen oldukları yer ve durumlarını korumuş olurlardı deniliyordu. Bu yerin neresi olduğu bana gösterildi. Söz konusu olan sırtın ele geçirilmesiyle savaşın sona ereceğini düşünenlere derim ki, sorun hiçte öyle değildi. Fakat, bunlarla niçin uğraşıp duruyoruz. Bunlar tarihe karışmış şeylerdi. Bizler bütün kuvvet ve gücümüzle bugünkü sorunlarla uğraşmalıyız.

Yeni bir saldırı harekâtı başlayıncaya kadar askerlerin bulundukları yerleri ellerinde tutmalarına olanak var mıdır? Böyle bir harekâttan nasıl bir kazanç elde edilir? Bunlara benzer birçok soru aklımda belirdi durdu. Her neye mal olursa olsun, Seddülbahir kesinlikle elde tutulmalıdır. Bunun ne ile yapılacağı, bu konu ile ilgilenenlerin bolca kafa yoracakları bir konudur.

Seddülbahir Çanakkale'nin kilididir. Bir gün gelecek, burası Cebelitarık'tan daha fazla önem kazanacaktır. Burayı elde tutmakla İngiltere, Karadeniz'in girişine egemen olmuş olur.

Bu kadar can ve kan pahasına elde edilmiş olan yarımadanın avuç içi kadar alanı bulunan güneyini elde bulundurmak siyasal nedenlerden dolayı bir gereksinimdi. Seddülbahir bir kuşatmaya karşı hazırlanmalı ve buranın savunma araçları son derece sağlam bir duruma getirilmelidir. Burada kışlaklar oluşturulmalı, hastaneler yapılmalı, büyük sayılarda yedek subaylar ile mühimmat ve cephane depolanmalıdır.

Morto limanında çıkarma iskeleleri oluşturulabilir. Burada yüklerini boşaltan gemiler her ne kadar düşman ateşinin altında kalırlarsa da, fırtınalara karşı korunaklı daha güvenli yerler bulunmadıkça bu tehlikeye katlanmak zorunludur.

Maceraperest bir havaya sahip bu savaşı tamamlamak için gereken her şeyi İngiltere'den getirme zorunluluğu vardı. Savaş malzemeleri ve taşınması mümkün olabilen, meskenlere kadar her şey getirilmelidir. Bu çok büyük bir iştir. Fakat, bu tarihsel şaşkınlıktan bir şey elde edebilmek için tek yol budur.

Bu konunun ötesinde ümit veren bir nokta vardı ki, o da Türk askerlerinin saldırıda pek o kadar kuvvetli olmayışıydı. İngilizleri bugün tutunmakta oldukları siperlerden söküp atmak

Türkler için mümkün değildi. Ta ki, İngilizlerin cephaneleri bitinceye kadar. Seddülbahir'i ellerinde tutanlar fişekleri bulundukça bütün hücumları yere sererler. Özellikle bu hücumların yalnız dar bir cephe üzerinden yapılması zorunluluğu varken.

İngiliz askerlerinin bütün sorunlara karşı koyacağına inanıyorum. Bu kanıyı Anzac tümenlerinin göstermiş oldukları azimleri ve sabırlarına dayanarak elde ettim.

Seddülbahir gibi bir yeri elde tutmak İngiltere İmparatorluğu'nun geleceği üzerinde büyük bir etki yaratacaktır. Bugün hayatta olan insanlardan hiçbiri Karadeniz girişine egemen olmanın geleçekte neleri sağlayacağını kestiremez. Seddülbahir öyle bir coğrafî bölgedir ki, dünyanın gelecek tarihi bu bölge çevresinde dönüp duracaktır. Seddülbahir'i elde bulundurmak, Gelibolu Yarımadası'nın çalılıkları arasında kemikleri ağarmış bir durumda yatan fedakâr ölülere karşı İngiltere'nin kutsal bir görevidir.

TÜRKİYE'DEKİ DURUM VE KOŞULLAR

Türkiye'de ihtiâl söylentileri o kadar çok ve o kadar sık dolaşmaya başladı ki, söylentilerin hiçbirinin aslı olmadığını ve gerçekten uzak olduğunu söylemek zorunluluğunu duydum. İngiliz kamuoyunu böyle aptalca düzenlenmiş yalan haberlerle doldurmakta ne anlam vardı? Türkiye'nin içine düştüğü durum konusunda Atina ve Midilli'den gönderilmiş olan uzun uzun raporları defalarca okudum.

Hiç unutmam, bunların birisinde İstanbul'da yaşanmış olan bir katliamdan söz ediliyordu. Güya savaş karşıtı kalabalık bir halk kitlesinin Perapalas otelini yağmaladıkları bildiriliyordu. Oysa, raporda sözü edilen tarihte ben Perapalas otelinde kalıyordum. Bütün bu raporlar baştan sona uydurmaydı!... Kişisel izlenimlerinden edindiğim bir kanıyla söyleyebilirim ki, İstanbul savaş halinde olan ülkelerin başkentleri içinde en doğal ve normal olanıydı.

Askerî komisyon tarafından olağanüstü hal uygulanması nedeniyle gündelik yaşam biraz değişmişti. Binlerce yaralının Türk başkentine getirilmesinin halk üzerinde olumsuz etki yapmadığını söylemek doğal ki yanlış olur. Türkler yaralı askerlerin yoğunluğundan durumu anlıyorlardı. Fakat, hiçbiri korkaklık belirtisi göstermiyordu. Kendi yurtlarını koruduklarına inanıyorlardı.

Çanakkale savaş harekâtında Müttefiklerce yapılmış olan büyük hataları bir bir ayrıntılarıyla anlatmak, bugün Alman subaylarınca üstlenilen şevk ve sevinç içeren bir görevdi. Alman savaş stratejilerinin başarısı savaş alanında günden güne kanıtlandıkça yıldız ile hilâlden oluşan sancak kesin sonuç konusunda son derece inançlı olan bir milletin ülkesi üzerinde daha vakur ve daha canlı dalgalanıyordu.

5. ordu 4 numaralı menzil hastanesinde yaralı Türk askerleri

Osmanlı Türkleri küçümsenecek bir ulus değildir. Bu ulus diğer uluslar gibi uygarlık yolunda çok yol alamamışsa da, ulusal ülkülere sahiptir. Çok gezmemden dolayı görmüş olduğum ülkelerdeki halkların ahlâk ve bilgi düzeylerini değerlendirmek duygusu bende çok fazlasıyla ilerlemişti. Türklerin büyük bir çoğunluğunun ahlâk ve bilgisi, uygarlıkta çok ileri gitmiş sanılan birçok ulusunkinden aşağı değildir.

Türklerin durum ve şanına, doğası ve ahlâkına ilişkin tanık gösterilmeye çalışılıyorsa bunu biz, Gelibolu savaş alanlarında karşı karşıya savaşan insanların arasında yaşanan karşılıklı saygıyla elde ettik. Bu kindar ve düşmanlık içeren bir savaş değildi. Asker adına layık olan bir kişi namuslu bir düşmanın erdemlerini ve iyiliklerini söz etmeksizin duramaz. İşte Çanakkale'de yaşanmış olanlar bu denli seçkin bir resim görünümündeydi. Hatta burada İngiltere'de bile Türklere karşı düşmanlık hareketi görmedim.

Bir Avusturya prensinin öldürülmesinden dolayı İngiltere ile Türkiye arasında nasıl oldu da savaş meydana geldi. Bunun bilinmesi çok önemli bir yarar sağlar. Türkiye'yi bu savaşa sürükleyen gerekçe neydi? Bu soruyla çok sık olarak karşılaştım. Bu soruya verilecek tek cevap, her bir Müslümanın yüreğinde yüzyıllardan beri kökleşmiş olan Rus tedirginliğiydi. Sultanın yönetiminde hükümran olan vatanseverlik duygusu yalnız ülkeyi sevmek ile kök salmış bir duygu değil, belki ulusal varlığı sürdüren dinsel inançtan doğan seçkin ve yüksek bir duyguydu.

Türk ve Alman subayları arasında ortaya çıkan anlaşmazlıklar ile ilgili İngiliz gazetelerinde durmadan çeşitli hikayeler yazılıp durmaktaydı. Bunlar yalnız karalama idi. Ben, her iki ulusun subayları arasındaki ilişkileri görme fırsatı buldum. Bu iki ulusun İngiltere'yi mağlup etmek isteği çevresinde oldukça uyumlu bir birlik içinde çalıştıklarını gördüm. Her iki ulusun

Osmanlı padişahı Sultan Reşad, Alman İmparatoru II. Wilhelm ve Başkomutan Vekili Enver Paşa

subayları arasında kişisel ilişki ve sosyal hayat o kadar sıkı değildi. Fakat, bu küçük sorunu abartarak büyük bir sorun durumuna getirmenin bir anlamı yoktur. Bunun yapılması İngiliz kamuoyunu yanıltmaktan başka bir işe yaramaz.

Türkiye'de bulunmuş olduğum mayıs ve haziran ayları süresince durum ve koşullar çok doğaldı. Bu sessizlik bir kereye özgü olmak üzere bozulmuştu. İngiliz denizaltıları Marmara Denizi'nde çok fazla görünmeye başladıkları zaman, İstanbul'da bir telaş ortamının oluşmasına ve birçok söylentilerin dolaşmasına yol açtı. Fakat, bu küçük çaplı telaş ve heyecan çok çabuk söndü gitti. Birkaç nakliye vapurunun batırılmasıyla, ulaşım hattının devamlı bir şekilde, bundan etkilenmeyeceği ortaya çıktı ve kanıtlandı. Böylelikle, Gelibolu Yarımadası'na hemen karadan da bir yol açıldı.

Çanakkale'de bulunan askerlere mühimmat yapıp yetiştirmek için kısa süreli bir heyecan yaşanmışsa da cephane yapmak için gerekli araç gereçlerin Almanya'nın Essen şehrindeki Kurup fabrikasından gelmesiyle bu sıkıntı da ortadan kaldırılmıştı.

Türkiye'de hiçbir zaman yiyecek sıkıntısı belirtisi yoktu. Özel bir şekilde toplanmış kömürlerin tamamı hükümetin gerekli olduğu anda kullanılmak üzere saklanıyordu. Fakat bu sorun kömür madenlerinden gelecek olan kömürün artık gelmeyeceğini hiçbir zaman belirtmez. Ereğli kömür madenlerine denizden olan yolun abluka altına alınmış olmasından dolayı İstanbul ile Ereğli arasında bir başka hattın yapımına başlanmış olduğunu duydum.

Türkiye'de görmüş olduğum durum ve koşulların gerçeklerini, hiçbir noktasını gizlemeksizin kısa olarak anlattım. Orada bulunduğum zamandaki görmüş olduğum durum budur. Halk savaş ortamının izin verdiği oranda doğal bir hayat yaşıyordu. Herkes gelecekten emindi. Madem ki herkes zaferden bu kadar emindi, o durumda Balkanlar'da endişe yaratan nedenler nelerdi? Bu güveni kökünden yıkıp yok eden büyük kuvvet neydi?

BALKAN SORUNU

Balkan bunalımı tam zamanında ortaya çıkmıştı. Çanakkale bölgesinin boşaltılması, askerî bir gereksinim olarak açıklanabilir. Buraya asker yığma plânını ortaya atan kişi de, aptallık derecesine varan hatasından doğan suçlamalardan bu şekilde yakasını sıyırmış olabilir. Doğuda, İngiliz gücüne karşı inen bu darbe başka bir şekilde yorumlanabilir. Bu büyük askerî iflâs ile buna kurban olan yüz bin kişinin kaybı artık tarih olmuştur.

Savaşları cesurluk değil akıl kazanır. Eski İran savaşlarından bugüne kadar gelip geçen en ünlü askerî erkân ve danışmanlar kesin zafer kazanılacak noktada hareket eden ana kuvveti zayıflığa uğratacak ikinci harekâtların yapılmasını asla onaylamamaktadırlar. Çanakkale savaş alanlarında kaybedilen yüz bin kişinin Filander'deki kadar işe yarayabilecek olduğunu siz takdir ediniz. Üzülmek, hayıflanmak boşunadır. Yapılacak tek şey, yapılmış olan hataların düzeltilmesine çare aramaktır. Bu, en iyi şekilde nasıl yapılır?

Ne zaman ki Bulgaristan Almanya tarafını seçti, işte o zaman bazı İngiliz onur koruyucularını da yoğun bir heyecan sardı. Mısır'ın tehdidi Berlin-Bağdat demiryolunun tamamlanması, Hindistan'ın gasp edilmesi her yerde konuşulmaya başlandı. İngiltere'de devam eden sansür, milletin güvenini kazanabilmiş olsaydı, bu dedikodudan öteye geçmeyen söylentileri derhal ortadan kaldırabilirdi. İngiltere İmparatorluğu çaresiz değildir.

Bazıları, Almanların Sırbistan içlerinden yürümelerinin bir zorunluluk olduğunu söyleyip durmaktadırlar. Durumun kötü ve korkunç olduğunu yadsımamak gerekir, fakat kötümserlerin düşündüğü derecede de ümitsiz değildir. Mackenzen ordusunun Sırbistan'a girişini gerektiren nedenler açıklanmadıkça, ben Alman strajesinin olduğundan çok büyütüldüğü düşüncesindeyim. Balkanların tahıl ambarlarını boşaltıp kayıplarını ancak karadan gidermek ümidinde olan yağmacılar, Almanya'yı koruyan çelik çemberi zayıflatmış olurlar. Eğer bu çember herhangi bir noktada kırılacak olursa sonuç perişanlıktır. Alman hatları gün geçtikçe incelmektedir.

Fakat Bulgarların da Almanların tarafına geçmesi son derece önem taşıyan bir konudur. Bu bir tuzak mıdır? Almanlar, buna karşılık olarak, Müttefiklerin ne şekilde hareket edeceklerini tahmin edebiliyordu. Şimdi de bu konuyu inceleyelim.

Çanakkale'deki gerçek durumu, Alman Genelkurmayının tamamıyla bildiği bilinmekteydi. Akdeniz Sefer Heyetinin ya oradan çekileceğini ya da kesin yok edileceğini biliyordu. Eğer bu kuvvet buradan çekilecek olursa Batı cephesine gönderilecekti. Almanların bu bölgede bugün de elleri doluydu. O durumda, Almanya'nın bu derece iyi düzenlenmiş ordusunun, General French'in, ordusunu takviye etmesine engel olması gerekirdi. Müttefiklerin asıl harekât alanından başka taraflara bir kez daha kaymaları gerekiyordu. Alman Genelkurmayı "bu manevra bir kez daha başarılı bir şekilde tekrar edilebilir mi?" diye düşündü. Kral Ferdinand tarafından bu kader sorusunun cevabını çok güzel ve tam zamanında verildi ve aynı anda da hemen uygulamaya konuldu.

Almanların Sırbistan'a doğru yürümelerindeki amaçlarından biri, Çanakkale harekât alanına yığılmış olan büyük sayıdaki İngiliz kuvvetini ortadan kaldırmaktı. Almanya Sırbistan'a hücum ederek Çanakkale'den kaldırılan bu kuvvetin Balkan savaş alanına çekileceğini ve asıl hedef olan Filander'de yararlı bir şekilde kullanılmasına bu şekilde engel olacağını ümit etmekteydi.

Almanlar, Fransızların Sırp seferine geniş çapta katıldıklarını da hesaba katıyorlardı. Alman casusları, Fransızların Sırp ordusuna yeteri derecede yardım etmekte olduğunu Berlin'e çoktan yetiştirmişlerdi. Ayrıca, İngiltere'nin de bu cesur dağlı ulusa ne dereceye kadar yardım ettiği de bilinmekteydi. İşte bu durum nedeniyledir ki, Almanlar Müttefiklerin Sırbistan'a destek birliği göndereceklerini haklı olarak bekliyorlardı.

Müttefikler bu noktada haklıydılar. Selânik'te karaya asker çıkarılması Almanların meydan okumalarına bir cevaptı. Selânik'in ele geçirilmesi ve elde tutulması ilk askerî egemenlikti. Bundan sonra ne yapılması gerektiği sorunu öyle bir sorundu ki, bu konuda ayrıntılı ve dikkatli olarak düşünmek gerekirdi.

Hiçbir savaş duygusallığa dayanılarak kazanılmamıştır. Genel komutanın düşüncesini, savaşın bütün önemli ve gerekli tarafları, her şeyden çok olarak her an meşgul etmelidir. Esas plânı kökünden sarsacak olan kesin darbeyi vurmaktan asla ve asla ödün verilmemelidir.

Sırpların cesareti artık geride kalmıştır. Sayıca üstün bir düşmana ve bulaşıcı hastalıklara karşı mücadele içinde bulunan Sırp ulusu, bütün dünyanın takdir duygularını kazanmıştı. Fakat, bu duygu müttefikleri Almanların ellerine düşmekten her durumda engellemelidir.

Üçüncü Balkan Savaşı daha hazırlık aşamasındadır. Burada yaşanmakta olan savaşın gelecekte ne şekilde gelişme göstereceğini kimse kesinlikle tahmin edemez. Fakat masa başında düşünülerek ortaya konulan bütün olasılıklara göre, bu büyük savaş üzerinden asla kargaşalık eksik olmayan Balkan Yarımadası topraklarnıda son bulacaktır.

Burada savunma amacıyla ortaya konulmuş olan değerlendirmelere karşı kötümser olan birçok kişi, Balkan işlerine karışmayıp bunların kendi kozlarını aralarında paylaşmasını ve sonsuza dek bunlarla ittifak yapılmamasını ortaya koymuşlardır. Eğer bu düşünceleri incelemek için burada durup bir değerlendirmeye kalkışırsak amacımızdan uzaklaşmış oluruz.

Selânik'i harekât üssü olarak tutmak, Sırp ordusunun yiyecek ve içeceğini sağlamak ve hatta ekonomik işleri devam ettirmek açılarından yararlıdır. Eğer Selânik-Üsküp-Niş demiryolu elde tutulacak olursa Sırp ordusunun, Almanların istilâsına bir süre karşı koyabileceği tahmin edilebilir. Hatta bu hattın elde tutulması için ufak bir yardımcı kuvvetin gönderilmesi bile uygun görülebilir. Fakat, Batı cephesini zayıflatacak derecede büyük bir kuvvet göndermek düşüncesizliğin en büyüğü olur.

Almanlar tamamen bozguna uğratıldıktan sonra Balkan hükümetlerinin sınırları yeniden düzenlenebilir. Bu ikinci derecede önem taşıyan bir sorundur. Onun içindir ki, kesin sonucu elde etmeyi geciktirebilecek bu gibi işlerle şu anda uğraşılmamalıdır.

Eğer bu savaşın kesin bir sonuç alınarak bitirilmesi isteniyorsa, o durumda Almanya, Fransa ve Flander'de tamamen bozguna uğratılmalıdır. Ancak, bu bölge üzerindeki Almanlar ne zaman fazlasıyla baskı görmeye başladılarsa, o zaman uzak savaş alanlarındaki Alman askerleri yaydan çıkan ok gibi derhal buraya koşup gelmişlerdi. Oysa, Alman Genelkurmayı, Müttefik kuvvetlerini diğer savaş meydanlarında tüketip boşa harcatacak olursa, Fransa ve Belçika'nın elden çıkmış olan birliklerinin bir daha oluşturması mümkün olmazdı.

Stratejinin temellerine dikkat edilmeksizin yapılan savaş harekâtının onda dokuzu kesin olarak başarısız olmaya ve iflas etmeye mahkûmdur. Bütün işlemleri bir noktaya toplayıp harekâtta bulunmak, stratejinin en sağlam kuralıdır. Böyle bir yol üzerinde yürümekledir ki, askerliğin en büyük dehaları bu şekilde davrandıkları için başarı anıtlarına imza atmışlardır.

Her bir sömürge yürekten gelen doğal bir vatansever duyguyla evlâtlarını İngiltere'ye yardıma göndermektedir. Avustralya, Yeni Zelanda ve Kanada birlikleri kendi evlâtlarını İngiliz bayrağı altında tam bir bağlılıkla topladılar. Fakat bu birliklerde bulunanlar bu fedakârlıklarının ve kanlarının boşuna harcandığını düşünecek olurlarsa, acaba bu yardıma devam edecekler midir?

Çanakkale felâketi, savaşta büyük bir bunalım doğurmuştur. Aynı zamanda bir de ders vermiştir. Eğer bu dersten iyi yararlanılırsa başarıya giden yollar daha kolay bulunur.

John de ROBECK
Rosselyn WEMYSS

**ÇANAKKALE'NİN
BOŞALTILMASI**

TÜRKLER NASIL YANILTILDI?

Mondros

Lord Nelson Kraliyet Gemisi
22 Aralık 1915

Efendim,

Suvla, Anzac ve Arıburnu'ndaki mevkilerimizin boşaltılması ile ilgili deniz harekâtını içeren aşağıdaki raporu Deniz Danışma Kurulunun dikkatlerine sunmaktan övünç ve sevinç duyarım.

Boşaltma harekâtı aşağıda açıklandığı gibi, üç aşama olarak yapıldı.

1. Birinci Aşama

Bu aşamada, bir kış seferi için gerek duyulmayan arabaların, hayvanların ve insanların nakledilmesi ile uğraşıldı. Bu konu özel düzenlemeler gerektirmediği gibi, Gelibolu Yarımadası'nın boşaltılması konusunda kesin emrin gelmesine kadar da bütünüyle tamamlandı.

2. İkinci Aşama

İkinci aşamada, düşmanın son zamanlarda yapacağı hücuma karşı, mevzilerimizin savunulması için hiçbir şekilde gerek duyulmayacak olan topların, hayvanların ve insanların nakli yapıldı. Bu konuda her gece, yalnız fazlalık olan malzemelerin nakli yapılarak özel bir düzenlemeye gerek görülmemiştir.'

3. Son Aşama

Son aşama 32 saat içinde nakledilmesi zorunlu olan ve geride kalan askerler, önceden nakledilmemiş hayvanlar ve toplar için gereken özel ve ayrıntılı emirleri içermiştir.

Bu üç aşama ile ilgili bütün harekâtlarda gizlilik ve düşmanı gafil avlamak anlayışı ana ilke olarak kabul edildi. Eğer olağanüstü bir hareket sezecek olursa düşmanın bir hücum için hazırlıkta bulunduğu kanısına varacağı umulmaktaydı. Bununla birlikte askerî harekâtın yapılması kargaşası içinde, kumsalları olağan durumunda göstermek için gereken büyük çabanın harcanmasına gayret edildi ve bütün nakliye ve yükleme işlemleri karanlıkta yapıldı.

Kumsallarda kullanılan motorlu botların ve mavnaların arttırılan sayıları, gündüzleri mümkün olduğu kadar düşmandan gizlendi.

Birinci aşama işlemlerinin tamamı, Gelibolu Yarımadası'nın boşaltılması konusunda kesin emrin geldiği 10 Aralık tarihine kadar tam bir başarı ile gerçekleştirildi.

İkinci aşamanın tamamlanması için, on gece gerektiği dikkate alınarak bu süre hesaba katıldı. Bu sürenin her gecesinde, bütün kumsallardan 3.000 asker ile çok sayıdaki top ve hayvanın gemilere yüklenmesi sağlandı. Havanın iyi gitmesi nedeniyle bu sürenin kısaltılması için önemli bir çaba harcanabilecektiyse de, bu sürenin kısaltılması için bu mevsimde havaların durumuna doğal olarak güvenilemezdi.

İkinci aşama işlemleri, 17-18 Aralık günlerinde tamamlandı. Kumsalların olağan dışı bir şekilde bombardıman edilmemesi ve şarapnel ateşi altına alınmaması, düşmanın ilerlemek için bir harekât yapmaya niyetli olmadığını gösterdi.

Bu süre içinde 44.000 asker, yaklaşık 200 kadar top, değişik vagon, 3.000 kadar hayvan, önemli sayıda mühimmat ve savaş malzemesinin nakli gerçekleştirildi.

Suvla ve Anzac'ta Son Aşama

Son boşaltma aşaması, 18/19 Aralık gecesi başlamış ve 19/20 Aralık gecesi son bulmuş olup, bu aşamaya ait zamanın saptanması tartışma ve görüşmelerle sonuçlanan bir sorun durumuna girmiştir. Bir taraftan zaman kaybetmeksizin, havaların bozulma endişesi göz önüne alınarak boşaltmanın hızla yapılmasının yanlış olduğu kararlaştırıldı, diğer taraftan ayın on sekizinci günü dolunay olacağı ortaya atıldı. Ancak bu gerçeğin genel yapısıyla mazeret gerektirmeyeceği dikkate alındı. Çünkü bize sağlayacağı yararın düşman tarafından kazanılacak bir yarar ile ters tepki yaratacağı olasılık içindeydi.

Hava koşulları dikkate alınması gereken bir durumdaydı. Deniz durgun, rüzgar yok, kumsallarda çalışmak için son derece yararlı olacak ve neler olduğu konusunda, düşmanı haberdar etmeyecek derecede bulutlu geceler sürüyordu.

Son aşamanın ilk iki gecesinde her kumsaldan 10.000 askerin boşaltılarak gemilere bindirilmesi ve bunun için özel düzenlemelerin yapılması zorunluydu.

Bununla ilgili olarak ortaya çıkması olası zorluklar, başlıca iki şeydi. Bunlardan birincisi, bu mevsimde beklenen kötü bir hava, ikincisi ise düşmanın saldırısıydı.

Bazı sert havalardan sonra aralık ayı güzel havalara girmişti. 15 Aralık günü esen ve yirmi dört saat kadar devam eden şiddetli bir kuzeydoğu rüzgârının dışında boşaltmanın bitiminden bir gün sonraya kadar güzelliğini korudu. Havanın uzun bir süre güzel olarak devam etmesi, askerî harekâta bağlanmış olan başarı ümitlerini olanak içine koymaya yardım ederek aynı zamanda bizi geçici iskeleler yapımıyla var olan iskelelerde biraz değişiklik ve onarım yapılmasında gösterdi.

Fakat, yavaş bir kuvvette esmekte olan bir güney rüzgarının

bu süre içinde iskelelere hasar verdiği ve kumsalda çalışan küçük tekneler arasında önemli zarara neden olduğu için askerlerin açık kumsallardan gemilere bindirilmesi zorunluluğu ortaya çıktı. Bu şekilde, teknelerin kayba uğraması, boşaltma harekâtının hızla yapılmasını olanaksızlaştıracak ve böylece zorlukları büyük bir şekilde çoğaltabilecekti. Böyle bir durumu göz önüne alarak zorlukları yenebilmek için, yedek teknelerin yarısının hazırlanması, çok büyük bir miktar olmayacaktı.

Kumsallıklar, şarapnel ateşiyle karşı karşıya olduğu için düşmanın bu harekâta müdahalesi çok fazla üzüntü verici ve etkili olabilir ve asker, eşya, malzeme üzerinde yaratacağı zarar giderilemez bir durum alabilirdi.

Bununla birlikte, karşı karşıya kalınan koşullar içinde, askerlerden başka bütün savaş malzemesi ve benzeri ögelerin tahliye edilebilmesi olanaksız sayılmaktaydı. Doğal olarak, kayıplar da-

Atlı Türk askerleri

hi çok ağır ve etkili olabilirdi. Aynı zamanda yaralıların nakli, bu konunun dışında tutulmaktaydı.

Bu son konuyu giderebilmek ve üstesinden gelebilmek için hastane istasyonlarını, sağlık memurlarıyla birlikte olduğu gibi bırakmak ve bu şekilde yaralılarımızı dikkatsiz bir harekâtla karşı karşıya bırakmamak ve bununla birlikte düşmanın sağlamakta başarılı olamayacağı malzemeyi bırakmak için özel düzenlemeler yapıldı.

Tanrı'ya şükür ki, bu iki durumun hiçbirisi ortaya çıkmadı ve böylece bu duruma başvurulması zorunluluğu da doğmadı. Ancak bunlardan birinin ya da her ikisinin de yaşanma olasılığı, harekâtta bu konular ile ilgili olanları çok fazla endişe ve heyecan içinde bırakmaktaydı.

İstenilen gemiler ile teknelerin Kefalu'da toplanması, 17 Aralıkta tamamlandı. Düşmanın alışılmışın dışında olan bu kadar çok gemileri görebilmesini engellemek için havaya duman verilerek, düşman gemilerinin uzakta bulundurulması sağlandı ve bu şekilde gözlemi engellendi.

Bu iki gün içinde düşman denizaltılarının varlığı konusunda raporlar alındı. Karakol gemisi arttırıldıysa da düşmanın bu şekilde saldırısı yaşanmadı.

Boşaltma harekâtı, verilen emirler doğrultusunda yapıldı. Hiçbir erteleme ve iptal ortaya çıkmadı ve gemiler ile sandallarda hiçbir olay yaşanmadı.

18-19 Aralık günleri yanımda General Birdwood bulunduğu halde Artu kraliyet gemisinde bulunmaktaydım. Suvla'da gemilere yüklenme işlemi 03.00'te, Anzac'ta 05.30'da tamamlandı. Gün doğumunda kumsallıkta bulunan iskeleler ve demir yerleri, doğal olan durumuna gelmiş oldu.

Donanmanın ilgili olduğu ikinci gecedeki harekâtta da hiçbir şekilde birincisinden değişik bir nitelikte olmadığından, bu harekâtta da aynı yol izlendi. Hava koşulları, tamamıyla öncekinin aynısı olduğu için amacımıza tamamıyla uygun bir durumdaydık.

Bu gece kendime ait olan forsu Chatham kraliyet gemisine çektiğim gibi, yanıma General Birdwood ile kurmay heyetimden iki subayı da almıştım.

İleri hatta bulunan askerler siper hatlarını 01.30'da terketmişlerdi.

Saat 04.15'te Anzac'ta ve 05.39'da Suvla'da boşaltma harekâtının tamamlandığına ilişkin özel bir işaret aldım.

Saat 03.15'te Avustralyalılar tarafından çok büyük bir lağım patlatılmış ve Suvla'da ise nakledilemeyecek, alışılmış yığınlar olarak duran ve yok edilmesi mümkün olup üzerine gaz dökülerek imhaya hazır duruma getirilmiş olan malzeme ve diğer araç gereçler ateşe verilmiş ve bu şekilde uzak bir mesafeye kadar aydınlatılmış bir şehir görüntüsü meydana getirilmişti.

Türkler Yanıltılıyor

Bunca harekete rağmen Türkler, neler yaşandığından tamamen habersiz gibi görünüyorlardı.

06.30'dan sonra güneş doğmaya başladığı zaman her iki yerdeki demir mevkiler tamamıyla gemilerinden arındırılmış bulunmaktaydı. Yalnızca geceleri gözetleme görevi verilmiş olan donanmanın dışında, hiçbir şey görünmüyordu. Güneş iyice yükseldikten sonra kumsallıkta bırakılmış ve kalmış olan şeyleri tahrip etmek amacıyla, bombardıman başladı.

Suvla'da terkedilmiş olan şeyler, 28 Ekimde esen bir fırtınadan dolayı karaya giden ve zamanın kısıtlı olmasından dolayı kurtarılamayan dört motorlu mavna ile birkaç sarnıçtı.

Arıburnu-Anzac'ta ise taşınması ve gemilere yüklenmesi

Arıburnu'nda boşaltılan bir İngiliz siperi

mümkün olmayan malzemelerin boşaltma karmaşası içinde yakılması onaylanmamış olduğundan buraya yönelik yapılan bombardıman daha etkili olmuş ve yakıcı maddeli mermilerin kullanılması nedeniyle büyük ateş yığınlarının ortaya çıktığı görülmüştür.

Burada çok garip ve acayip bir sahne ortaya çıkmaktaydı. Askerden tamamıyla arındırılmış olan bu yerler bizim ve düşman toplarının bombardımanıyla karşı karşıya kaldı.

Her ne kadar kumsallar ile diğer yerlerin doğal durumunu korumak için mümkün olan her şey yapılmış ise de, gece görevlerinde kullanılan sandal ve diğer araçlarla nakliyenin zamanında yapılmasının mümkün olmadığı açık olmakla birlikte, düşmanın hareketimiz ve amacımız konusunda bilgi edinmeksizin böyle bir haretin yapılması inanılmaz bir işti. Ancak nakliyenin, yarımadanın görülmeyecek bazı noktalarından yapılması düşmanın haberdar olamamasında önemli bir etken olmuştu.

Sabah yapılan bombardıman, kısa bir süre devam etti. Çünkü fazla mühimmat kullanılmasının, boş yere olduğunu anladım. Bundan başka harekât alanımız çevresinde görülen denizaltıların yarattığı endişe ve tehlike, bütün savaş harekâtı sırasında aklımdan kesinlikle çıkmıyor. Bunun sonucu olarak 07.25'te terkedilen alanı gözetlemek üzere iki muhafazalı kruvazör bırakarak, donanmanın Kefalu'ya hareket etmesini emrettim. Bu kruvazörün gerçek sorunu bilen düşmanın boşaltma ve terkedilen alanı işgal etmek üzere gösterdiği harekâta önemli bir derecede zarar verdiği daha sonra ortaya çıktı. Bununla birlikte düşmanın gerçek sorunu şu şekilde bilmesinin kendisince çok fazla tepki nedeni ve zararlı olduğuna eminim.

Bütün düzenlemeler başarılı bir şekilde yapıldı ve önceden hazırlanmış olan harekât zamanı cetveline tamamıyla bağlı kalındı.

Rapora son vermeden önce, bu askeri harekâtın başarı ile taçlanmasındaki nedenlerin, düşmanın yoğun bir hareket içinde olmaması ve hava koşullarının uygun olması dışında, deniz ve kara şubelerinin sıkı bir işbirliği ile ortaya çıkmış olduğu gerçeğini belirtmek isterim.

Bu boşaltma harekâtı, sekiz aylık bir seferde ordu ile donanmanın ne denli sıkı bir çalışma içinde bulunduklarına seçkin bir örnek oluşturur. Savaş harekâtının uygulanması sırasında General Sir William Birdwood, Sir Jullian Byng, General Sir Aleksander Godley ile bunların kurmay heyetini oluşturan subayların gösterdiği çalışma, hareket ve görevine bağlılığını hiçbir kelime anlatmaz. Bu şekilde hareket bütün ordunun ortak bir özelliğini göstermekteydi. Donanmanın yerine getirdiği görev her zaman anılacaktır.

Savaş gemileri, nakliye komutanlarından, kumsallarda çalışan küçük istimbotlar ve sandalların komutasını üstlenen mühendislere kadar, bütün subaylar ve askerler, üzerlerine düşen görevleri çok güzel bir şekilde yerine getirdiler.

Sizin hizmetkârınız onurunu taşıyan
Koramiral Rosselyn Wemyss

HELLAS'IN BOŞALTILMASI

Lord Nelson Kraliyet Gemisi
26 Ocak 1916

Efendim,

Akdeniz Sefer Heyetinin Gelibolu Yarımadası'ndan boşaltılmasıyla ilgili olarak aşağıdaki raporu sunmakla onurlu ve övünçlüyüm.

Hellas Yarımadası'ndaki yerlerin boşaltılması konusunda General Charles Monro, ordunun terhisi için aşağıdaki noktaları, harekâtımızın ana noktaları olarak belirledi.

1. Askeri çekme harekâtı olağanüstü bir hızla yapılacak ve son harekât aşaması bir gecede tamamlanacaktı.

2. V ve W Kumsallıklarının dışında kalan kumsallarda, gemilere yüklemeyi kolaylaştıracak hareketlerin iyileştirilmesi için her türlü işlem yapılacaktı.

3. Aşağıdaki mühimmatların mümkün olduğunca hızla boşaltılması için gerekli olan bütün çaba ve çalışma gösterilecektir.

İngilizlere ait, 18 librelik toplar, 3.5 pusluk obüsler, 60 fondluk toplar, 6 pusluk toplar;

Fransızlara ait, 75 milimetrelik toplar, ağır toplar.

Aynı zamanda küçük silâhlar ile mühimmat son harekât aşamasından önce tam bir güvenlik içinde geri çekilmiş olacaktı.

4. Son aşama harekâtının başlamasından önce, fazlalık askerler ile üç numaralı maddede sözü edilen malzemenin nakli için gereken hazırlıklar kumsallardaki çalışma ve askerlerin nakli için gereken miktardaki nakliye gemilerinin toplanması için geçmesi gereken zaman belirlenecekti.

5. Önceki görüşler ve koşullar çerçevesi ile tayin ve takdir edilecek olan orta aşamalar sırasında, bu zaman sınırını yenilememek koşuluyla hayvanlar ile malzemeler de gemilere yüklenecekti.

Boşaltma harekâtının tamamlanmasında 48 saat önce yarımada üzerinde kalacak askerlerin sayısı 22.000 kişi olacaktı.

Bunun 7.000'i son geceden bir gece önce taşınacak ve 15.000 asker de son gece gemilere bindirilecekti. Askeri heyetin ricası üzerine bu son sayı 17.000 kişiye yükseltilmişti.

Son gece için çok az top terkedilecek ve bu topların karşı kar-

Bir siperde bırakılan malzemeler Türk askerleri tarafından sayılıyor

şıya kalacağı koşullar, nakline değer bir nitelikte olmadığı anlaşıldığı gibi, tahribi için gereken hazırlıklar ve düzenlemeler yapılacaktı.

Son gece yükleme işlemlerinde V, W, X2 ve Gali Kumsallıklarının kullanılmasının amaç ve nedenlerinden birini oluşturmaktaydı. Konu V ve W Kumsallıklarında çok açık ve sağlıklı bir şekilde düşman toplarının mevzileri belirlenmesinden ileri geliyordu. X Kumsallığının kullanılmayıp, yalnız 6 Ocakta gelmiş olan askerlerin yüklenmesi için kullanılmasına karar verildi.

Plândaki bu değişiklikler 8. Kolordu Komutanı olan General Sir F. J. Davies tarafından önerilmişti. Davies, X ve Gali Kumsallıklarının durumunu aşağıdaki nedenlere dayandırıyordu.

1. Kötü havaların ortaya çıkma olasılığı. Hafif derecede kuvvetli esen kuzey rüzgarlarında bile bu kumsallıktan yükleme işlemi yapmak mümkün olmuyordu.

2. X ve Gully Kumsalları çok uzun zamandan beri çıkarma için kullanılmadığından, bu kumsallıklar karşısında gemilerin ve sandalların hareket ve çalışmaları, düşman tarafından görülür ve neler yaşandığına dair düşmanı kuşkulandırırdı.

Sorunun özü gizli hareket etmekte saklı olduğu için yukarıda geçen noktaların ikincisi bende derin yankılar uyandırdığından, saat 11.00'de plânın bu şekilde düzeltilmesini kabul ettim.

Birinci harekât aşaması: 30-31 Aralık gecesi başladı ve 7-8 Ocak gecesi sonuçlandı.

Bu zaman içinde 17.000 kişinin dışında, bütün askerler ile topların büyük bir kısmı, büyük miktarda mühimmat ve hayvanların nakli gerçekleştirildi.

Birinci aşamadan sonra kumsallıkta kalan malzemelerin, ümit edilen sayıdan çok olduğu ortaya çıktı. Bu durum, hava koşullarının çok kötü gitmesinden ve çalışan grupların -asker sayısınca- çok eksik olmasından kaynaklanmıştı.

Kötü Hava Koşullarının
Doğurduğu Büyük Zorluklar

Ocak ayının birinci günü havanın bozulacağına ilişkin işaretler görünmeye başladı. İkinci ve üçüncü günleri devamlı bir kuzeydoğu rüzgarı (poyraz) esti. Dördüncü günü tekrar sakinleşti. Fakat öğleden sonra 17.00'de hava tekrar bozulmaya ve 23.00'te gittikçe şiddetlenme eğilimi göstermeye başladı. Bir kuzeydoğu rüzgârı (poyraz) beşinci günü akşamına kadar olanca şiddetiyle esti. Ayın altıncı ve yedinci günleri hava koşulları gittikçe daha uygun bir durum almaya başladı.

Sonra rüzgar kuzey ile doğu arasında esmeye devam ederek V ve W Kumsallıklarında çalışmanın sürmesine izin verdi. Ancak bu koşullar altında topların, hayvanların ve malzemelerin mavnalardan, motorlu botlardan kumsal açıklarında yatan nakliye ve malzeme gemilerine nakli, çok fazla zorluklara neden olmaktaydı.

Bütün bu sürede W ve Y3 Kumsallıkları, düşmanın Asya kıyılarında bulunan bataryaları ile Alçıtepe'nin kuzeyinde yer alan mevzilerdeki bataryaların şiddetli ateşiyle karşı karşıya kaldı.

Bu toplar, kumsallıkları mevzileri tamamıyla belirlendiği ve kararlaştırıldığı için bütün gece ve gündüz düzensiz aralıklarla yoğun şarapnel ateşi altına alındı. Ancak asker olarak verdikleri zarar gerçekten çok azdı. Kumsallıkta çalışan askerler bu ateşe tamamıyla karşı karşıya, iskeleler ve kıyı ise tamamıyla ateşe açık olduğu halde subay ve askerler görevlerini tam olarak yerine getirmekteydiler.

Hatta kumsallıklardaki siperliklerde bile askerlerin düşman ateşinden tamamen korunaklı bir durumda dinlenmeleri sağlanamadığı için kayıplar meydana gelmiştir.

Seddülbahir'de İngilizlerden alınan 24 cm çapında bir top

Kumsallıklardaki işler düzenli bir şekilde devam etti. Gündüz motorlu botlar ve nakliye gemileri, götürecekleri eşyalar ile yüklenilerek hazırlandılar. Gece de bu malzemeler gemilere nakledildi. Gece çalışmak gerçekten çok çaba gerektiren bir iş durumunu almaktaydı.

Bütün bu zaman içinde düşmanın olan durumdan haberdar edilmemesi için olağanüstü dikkat ve özen gösterildi. Gündüz düşman, yarımada üzerine çeşitli hareketler gerçekleştirmekte olduğu için bu konuya gündüz daha çok özen göstermekteydi. Gündüz kumsallığa yanaşan bütün gemilerin geri çevrilerek, ters yana seyretmesi onaylandı. Mavnalar ile motorlu botlarda bulunan bütün malzeme düşmana yükleme havasını vermemek için kumsallığa tekrar çıkarılmaktaydı. Ayın yedinci günü öğleden sonra düşman, ileri mevzilerimizde bulunan bazı noktalara müthiş bir topçu ateşi açtı. Bu Hellas'taki mevzilerimizin karşı karşıya kaldığı en yoğun bombardımandı.

Düşman, bu yoğun bombardımandan sonra, bir piyade hücumuna başlamaya cesaretlendiyse de, siperlerinden fırlayan düşman askerlerinin vurulmasıyla cesareti kırılmış olarak vazgeçti. Böylece de piyade hücumu, tamamıyla boşa çıktı.

Bombardımana başlandığı zaman ileri siperlerimiz tamamen askerle dolu olduğu için yarımada üzerinde daha çok sayıda mühimmat ile 60 kadar topumuz bulunmaktaydı.

Askeri kuvvetlerimizin taraflarına yardım eden savaş gemilerimiz, düşmanın sol tarafına müthiş bir ateş açtı. Kraliyet gemilerinden Grafton, Reglari savaş gemileri ile Vuluver'in torpido muhribi orduya yardım etmekle sorumlu oldukları için, düşman üzerinde çok büyük kayıp vermekte başarılı olmakla orduya karşı olan görevlerini de yerine getirdiler ve yardım ettiler.

Gerekli görüldüğü zaman yarımada üzerinde bulunan askerî birlikleri Gökçeada'dan bir tümen ile takviye etmek üzere düzenlemeler yapıldı.

Düşman Neden Yanıltıldı?

Düşmanın boşaltma harekâtını sezinleyememesi ve anlayamamasının nedeni aşağıdaki etkenlerden kaynaklandığı kanısındayım.

1. Kumsallarda çalışan gruplar ile askeri heyetin arazi ve kıyılarda beklenmedik çalışmalarda bulunmamakla düşmanın harekâtımızı anlamaması konusunda aldığımız olağanüstü önlemler.

2. Yedinci gün düşmanın yaptığı saldırı sırasında beklenmedik bir direnişle karşılaşması. Çünkü düşmanın bu şekilde yarımadanın birkaç günden beri boşaltılmadığı konusunda kendisini ikna ettiğini sanmak için kanıtlar görünmektedir.

3. Ayın sekizinci günü başlayan güney rüzgârları V ve W

Kumsallıklarına kötü bir şekilde etki yapmakta olduğu gibi havanın şiddetinin 09.00'da en üst düzeye çıktığı için boşaltma harekâtının olanaksız olduğu gerçeği.

Düşman kendi kıyılarından en son askerî kuvvetlerimizi toplama ve bunları boşaltıncaya kadar yanıltılmış ve bununla birlikte düşmanın, boşaltmanın en son gecesinde yaptığı topçu ateşi de etkisiz kalmıştır.

Askerlerin en son gece, yalnız V ve W Kumsallarından boşaltılması ve yüklenmesi konusundaki karar ayın altıncı günü geldiği için bu kıyılardan 5.000 kadardan daha çok bir askerin yüklenmesi için plânda zorunlu olarak değişiklik yapıldı.

Kalabalık olan iskelelerden boşaltma harekâtı için yalnız motorlu botların kullanılması, işlemleri olağanüstü bir şekilde uzatacağından, kıyıya geçici iskeleler ile tutturulmuş, ambarlarında kapılar bulunan gemiler üzerine torpil muhriplerini yanaştırarak 5.200 askerin torpil muhripleriyle nakledilmesine karar verildi. Bu şekilde, plân ve düzenlemelerde bazı değişiklik yapıldı. Sonuç çok güzel ve olağanüstüydü. Kıyıdaki gemiler üzerine ya-

Müstecip Onbaşı'nın kurşunu ile tutsak edilen
Turquase denizaltısının mürettebatı

naşacak olan torpil muhriplerini, korkunç dalgalara rağmen olağanüstü iyi idare etmesi, komutanlarının bir kere daha yetenek ve becerilerini göstermiş oldu.

Emirler konusunda gereken değişiklik yedinci günü sabahı yayınlandı. Kısa bir habere rağmen 8-9 gece yapılan deniz harekâtı ertelenmeksizin ve karışıklığa meydan verilmeksizin yerine getirildi. Bu başarı bütün bu iş ile ilgili olan kişilerle, özellikle kumsallıklarda çalışan gruplara -ki bunlar plânın değiştirilmesinden doğal olarak etkilenmişlerdi- duyulan güvenden ileri gelmiştir.

8 Ocakta güneyden esen rüzgâr ay.rı olmak üzere hava uygun bir duruma gelmişti. 17.00'ye kadar yeniden şid-letlenme belirtisi göstermediği için, son aşama harekâtın yapılması için emir verildi.

8 Ocakta yükleme işlemi, 20.00'de başladı. Son birliğin yüklenme işlemine de 09.00'da başlanması gerekliydi.

21.00'de yeniden güney rüzgârları şiddetlenmeye başladı. Deniz hafif kabararak, kumsallıkta olumsuz koşulların ortaya çıkmasına neden oldu.

Kumsallıkta bulunan geçici yüzer köprü kırıldığı için, bekleyen torpil muhriplerine son askeri birlikleri nakletmek için, gerekli düzenlemeler yapıldı.

Gali Kumsallığında olaylar daha kötüydü. Yediyüz askerden bir kısmının mavnalara bindirilerek Talbot savaş gemisine ulaştırılmasından sonra, bu kumsallıktan yararlanılamayacağı -ki bir motorlu bot karaya gitti ve daha sonra top ateşi ile tahrip edildi- ortaya çıktı. Bununla birlikte Gali Kumsallığında bulunan geride kalan grupların, W Kumsallığından geçirilmesi ve gemilere bindirilmesi için emir verildi. Bu gibi olayların ortaya çıkışını dikkate alan kumsal subayı tarafından, gerekli önlemlerin ve düzenlemelerin önceden hazırlanmış olmasından, verilen emir,

Türklerin eline tutsak düşen askerlerimiz
Sağdan, Senegalli, Avustralyalı, İngiliz, Fransız, Hintli

bir karışıklığa meydan verilmeksizin yerine getirildi.

Geçici ve hafif bir sessizlikten sonra rüzgâr tekrar şiddetlenme eğilimi göstermeye ve saat 03.00'te ise müthiş bir dalga kumsallığı yalamaya başladı.

Bununla birlikte yükleme işleminin başarılı bir sonuca ulaştırılması, ancak kumsallıkta çalışan askerlerin dirençli ve becerikli sabrı ile gerçekleştirildi. Karaya giden bir istimbot dışında, yükleme işleminde kullanılan bütün küçük tekneler başarı ile geri alındı.

15.40'ta son askerî birlik çekildi. Bundan sonra, kumsalda çalışan askerlerin yüklenmesi ve gönderilmesi yapıldı.

Limana giren büyük dalgalardan dolayı, en son motorlu sandalların alınıp gönderilmesi konusunda olağanüstü zorluklarla karşı karşıya kalındı.

Götürülmesi mümkün olmayan ve yakılması için hazırlanan malzemeler ile ilgilenilmesi gereken cephane depolarına bağlı ateşleme düzeneğinin ateşlendirilmesinin belirlenen zamandan önce yapılmasından dolayı oldukça üzgünüm.

Küçük silâhlar ve cephane deposu bütün sandalların kıyıdan tamamıyla ayrılmalarından önce patlatıldığı için kıyıdan uzaklaşan son hastane sandalında bulunan bir tayfanın ölümüne neden olmasından dolayı çok üzüntülüydüm.

Ancak bu patlamadan daha fazla insanın kayba uğramamasına sevinilmesi gerekir. Çünkü patlamanın meydana getirdiği parça serpintileri, bütün sandalların çevresine düşmekteydi.

Bu askeri işlemlerin başarıya ulaşmasında, aşağıdaki ögeler başlıca nedenlerdi.

1. Kurmay heyetinin olağanüstü çalışmaları.
2. Kumsalda çalışan deniz heyetini ile bütün ordu ve donanma subaylarının ortaya koydukları beceri ve başarıları.
3. Gelibolu Yarımadası'nın boşaltması için çalışan teknelerin (istimbotlar ve sandallar), asker ve subayların gösterdikleri çaba ve beceri.
4. Askeri birliklerin boşaltma iskelelerine gelmesi konusunda ordunun hazırladığı olağanüstü düzenlemeler.

Donanma, istekli ve uzak görüşlü bir şekilde kendisiyle işbirliği yapan General Sir William Birdwood ile Sir F. J. Davies'e minnettar ve müteşekkirdir.

Kurmay heyetinin hizmeti, takdirin çok üstündedir. Bununla birlikte, donanmaya yardım eden subayların isimlerini sunmamama izin verileceğini ümit etmekteyim;

Korgeneral Lurash
Tuğgeneral Setrit
Albay Carey

Albay Kares'in boşaltmanın son zamanlarına doğru harap olmuş iskelelerin onarım ve yenilenmesinde ve baştan kara edilmiş gemilerden askerlerin hızla yüklenme ve naklinde yapılan hazırlıklarda gösterdiği çalışma takdir edilemeyecek bir derecededir.

Askerî harekâtın deniz bölümüne ilişkin olan düzenleme ve plânlar kendisine çok fazla güvenilen ve kurmay heyeti başkanı olan Roger Keyes ile Fransis Michell (kurmay heyete dahil), kurmay heyetimden Doud Ferrey William, Miralay Sesil (Hellas'taki kumsal grupları amiri) ve burada görev yapan Henri Talbot ile Kaptan Sesil'e katılan Binbaşı Moluk tarafından hazırlanmıştı. Telgraf haberleşmesinin kurulması ve sürdürülmesi konusunda kraliyet donanması telsiz telgraf memuru Binbaşı Will ile işaret subayı Roolbey'in pek çok hizmetleri geçmiştir.

Bu düzenlemelerle Hellas askeri kuvvetleri komutanının makamı olan Termit kraliyet gemisi, Tekeburnu'na çok yakın olarak demirlemiş ve dışardan iki telefon kablosu ile bağlantılandırılmış olduğundan, geminin telsiz telgrafı diğer savaş gemileri ile gerekli haberleşmede bulunmak için serbest kalmış ve bu haberleşme iyi bir şekilde yapılamamıştı.

Harekât, bu işlemleri korumaya memur olan ve Hiberniya kraliyet gemisinde buluna Tuğgeneral Sydney Framentil komutasındaki kraliyet donanması ile Hellas ordusuna topla yardım etmek konusunda gösterdiği seçkin yetenek takdirden çok yüksektedir.

Bu deniz müfrezesinin yerine getirdiği hizmet ve gösterdiği yetenek ve güç her şekilde güven verici olmuştur. Donanma, kumsallığa ateş açan Türk toplarını kontrol etme konusunda, olağanüstü yardımlar göstermiştir.

Düşman ateş açtığı zaman hemen kendisine cevap verecek bir savaş gemisini karşılarında bulmuştur. Bu da yukarıda isimleri anılan heyetin, büyük çalışmalarından doğmuştur.

Ordu kurmay subaylarına ve deniz kurmay heyetine yaptığı yardım ve plânların hazırlanmasında gösterdiği çaba ve sabır dolayısıyla bu hizmetleri burada saymayı ve açıklamayı gerek-

İki Türk askeri

siz görüyorum.

Fransız arkadaşlarımızın bize yaptığı önemli yardımları, özellikle takdirlerinize sunmakla onur duyarım.

Boşaltma harekâtının Fransızlara ait kısmının yaşama geçirilmesi, Tuğamiral Ben'e verilmiş olduğundan, ben bu işlemin tamamlanması konusunda kumsallıklarda çalışan subaylarla birlikte bize iyi hizmetlerde bulunmuştur. Geçen raporumda da belirttiğim firkateynin kaptanı Berit de Bosanic, kumsallarda çalışan subayların komutasını üstlenmişti.

Gelibolu Yarımadası'nın boşaltılmasına ilişkin harekât ve askeri işlemlerde takdire değer pek çok hizmetleri yerine getiren subaylar olup, bunların isimlerini ayrı bir yazı ile sunmakla onur duyacağım.

Sizin hizmetkarınız onurunu taşıyan
Amiral John de Robeck

CHARLES MONRO'NUN RAPORU

Birinci Ordu Karargâhı
Fransa
6 Mart 1916

Lordum,

Akdeniz Sefer Kuvvetleri Başkomutanlığını üstlenmiş olduğum 27 Eylül 1915'ten sonra, yüksek emirlerinize uygun olarak Kahire'de Korgeneral Sir Archibald Murray'a görevi devretmiş olduğum 9 Ocak 1916'ya kadar Doğu Akdeniz'de yaşanmış olan savaş olaylarına ilişkin kısa raporumu sunmaktan onur duyarım.

Mümkün olan hızla Yakındoğuya gitmek üzere hareket edip Akdeniz Sefer Kuvvetleri Komutanlığını üstlenmem konusunda Londra'da aldığım 20 Eylül tarihli talimatınızı onur saydım.

Bölgeye gidişim üzerine sorumluluğuma verilen görev geniş ve kapsamlıydı ve başlıca noktalarını aşağıdaki konular içeriyordu.

1. Gelibolu Yarımadası üzerindeki askeri durumu raporlar olarak bildirmek.

2. Yalnız askeri nedenlerden dolayı yarımadayı boşaltma etmek mi yoksa buranın ele geçirilmesi için bir başka girişimde bulunmak mı gerektiği konusunda düşünce bildirmek.

3. Aşağıdaki konuların yerine getirilmesine ilişkin olarak askerin sayısını bildirmek.

a. Yarımadayı ele geçirmek ve egemen olmak,
b. Boğazı açık bulundurmak,

c. İstanbul'u ele geçirmek.

Akdeniz Sefer Kuvvetleri Genel Karargâhının bulunduğu Gökçeada'ya gelişimden iki gün sonra, yarımadadaki genel durumu ve askerlerin çalışmalarını incelemek üzere yarımadaya hareket ettim, incelemelerimden sonra burayla ilgili izlenimlerimi aşağıda kısaca sunuyorum.

Askerlerimiz tarafından işgal edilen yerler, tarihte bu zamana kadar görülmemiş eşsiz bir askeri harekât gösteriyordu. Çok dar bir kıyı hattı ele geçirilmişti. Personel ve malzeme yönünden bütün askeri gereksinimlerin sağlanması için tek dayanaklardan bulunan kumsallıklar ile buralardaki iskeleler, düşmanın etkili topçu ateşiyle karşı karşıya bulunuyordu. Siperlerle tahkim edilmiş olan mevkilerimize düşman mevkileri baştan başa egemendi. Topçu mevkilerimiz, yetersizlikler ve eksikliklerle doluydu. Kısaca, sefer kuvveti olacak olan bütün askerî eksiklikleri toplayan bir hattı tutmuştu.

İşgalimiz altında bulunan alan sınırlı, ulaşım hattı güvenlikten yoksun ve hava durumu ise iyiydi. Saldırı harekâtına ayrılan yeni askerleri düşmandan gizlemek için kullanılabilecek hiçbir araç var değildi. Türkler, gözetleme araçlarının sağladığı bütün kolaylıklardan yararlanıyor ve bununla birlikte bol miktarda top mevkilerine sahip bulunuyorlardı. Bölgenin, sağlamakta olduğu doğal yararı, sahra mühendislerinin var olan araç ve gereçleriyle bir kat daha arttırmak için düşmana bolca zaman bırakılmıştı.

Bu saydıklarımdan başka diğer bir maddî öge de çok açık bir şekilde dikkatleri çekmişti. Yarımada üzerinde bulunan askerlerimiz, değişik nedenlerden dolayı çok kötü bir şekilde sıkıntı içindeydiler.

1. Fransa'da, gerek görüldüğünde hemen yapıldığı gibi, top ateşinin süpürüp yaladığı alandan askeri çekmek mümkün de-

ğildi. Çünkü, yarımadanın her bir köşesi, düşman ateşiyle karşı karşıya bulunuyordu.

2. Avrupa'nın bu kısmında yaz mevsiminde hüküm süren salgın hastalıklar dolayısıyla, askerler kuvvetten düşmüştü.

3. Önceki çatışmalarda uğranılan kayıpların fazlalığından dolayı, askerlerin komutasını üstlenecek askeri yeterliliğe sahip subayların sayısı, sıkıntı yaratacak bir şekilde eksilmişti.

4. Savaş cephelerini tutabilmek için gerekli kuvvetleri devam ettirmek üzere Teritoryal tümenleri, yaya ve atlı süvari tugaylarıyla desteklenmişti. Bu şekildeki önlemlerin, yararlı bir çalışma ortaya çıkarmayacağı da çok açıktı. Ulaşmış oldukları sonuçlarla, çürütülmesi ve reddedilmesi mümkün olmayan birtakım kanıtlar, bana, yarımadayı tamamen boşaltmaktan başka, bizce yapılacak akıllı bir yolun bulunmadığı görüşünü verdi. Çünkü,

1. Türklerin küçük bir kuvvetle, Çanakkale'de bizi karşılarında tutarak, Bağdat ya da Mısır'da ya da her ikisinde de amaçla-

Çanakkale Savaşı'nda görev yapan Alman bataryası

rını gerçekleştirmeye çalışacakları çok açıktı.

2. Tutmuş olduğumuz mevkilerden ilerlemeye çalışmak akıllı bir askerî harekât olamazdı.

3. Yarımada içinde ilerlemiş olsaydık bile, mevkilerimiz gözle görünecek derecede güven bulmuş sayılmazdı ve İstanbul'a doğru yürümek ise asla söz konusu olamazdı.

4. Yarımada üzerinde kalmaktan hiçbir amaç elde edilemeyeceğinden ve burada, hızla mühimmat ile asker nakletmek için hiçbir hareket üssü olmadığından, denizaşırı bir sefer heyeti oluşturmanın millete büyük masrafa mal olacağı kesindir. Bu durum yarımadada kapana kısılmış gibi bulunan bu askerlerin daha yararlı bir savaş alanına gönderilmesini gerekli kılıyordu.

Bununla birlikte, yarımadada boş yere yer işgal etmemizde, hiçbir askeri yarar göremediğimdendir ki, boşaltmaya başlamak gerektiği düşüncesinde olduğumu size telgrafla sunarım.

Daha sonra, yarımadanın boşaltılmasından dolayı Mısır'da ve Arap dünyasında ortaya çıkabilmesi mümkün olan etkiler ve bundan doğacak durumlar konusunda Mısır Komiseri Miralay Sir McMahon ve Mısır Askeri Kuvvetleri Komutanı Korgeneral Sir Maxvell ile görüşmek üzere Mısır'a gittim.

Mısırda iken Selânik'teki askerlerin komutasını üstlenmek üzere Savunma Bakanlığı'ndan bir telgraf emri aldım. Sizin Mondros'a gelmeniz üzerine yukarıda sözü edilen telgraf maddelerinin düzenlediği emirler iptal edilip, Mısır hariç olmak üzere, Akdeniz'de ve Malta'nın doğusunda bulunan genel askerî kuvvetlerin komutanlığına atandım.

Bu talimatı almamım arkasından Akdeniz'deki askerî kuvvetlerin, aşağıdaki gibi düzenlenmesini uygun buldum.

1. Asıl Akdeniz Sefer Kuvveti: Gelibolu Yarımadası'nda faaliyette bulunan askerî kuvvetler ile Çanakkale Ordusu adı altında Mondros ve Gökçeada'da kullanılan askerî kuvvetlerden oluş-

muştur, komutanı Korgeneral Sir Birdwood ve karargâhı da Gökçeada'dır.

2. Selânik Ordusu: Korgenerál Sir Mahon'un komutası altında, Selânik'e özgü askerî kuvvettir ve karargâhı Selânik'tir.

Asıl Akdeniz Sefer Kuvveti Kurmay Heyeti'nin bir kısmı Çanakkale Ordusunu oluşturmak üzere bırakılıp kalanı da şimdi üstlenilmiş olan sorumlulukların büyüklüğü dolayısıyla bir genel karargâh oluşturmak için alınmışlardır. Bu savaş alanında büyük bir beceri ile görev yapan subaylar seçilerek, İngiltere'ye yük olunmaksızın ve oradan yardım isteğinde bulunmaksızın etkin ve yeterli bir kurmay heyeti oluşturulmuş oldu.

Genel karargâh merkezi olarak, bütün avantajları ve sağladığı kolaylıklardan ve ulaşım yolu genel müfettişliği ile her gün görüşebilme fırsatını sağlamasından dolayı Mondros limanı seçildi.

Ulaşım yolu hizmetlerinin yerine getirilmesi, örneği görülmemiş zorluklarla yapılıyordu. Bu zorlukların başlıcaları, aşağıdaki nedenlerden kaynaklanıyordu.

1. Mondros'ta iskele ve rıhtıma ait bazı eksiklikler bulunması nedeniyle, topçuluğa ve istihkâmlara ilişkin bütün malzemelerin vapurdan vapura aktarılma zorunluluğu,

2. Denizaltı tehlikesi,

3. Kötü havalardan dolayı ortaya çıkan gecikmelerin olması.

Bununla birlikte General Alsam ile yakından konuşup görüşmek bir zorunluluk durumunu almıştı. General ile görüşmeye geçilmekledir ki, savaşçı bölümler tarafından yapılan isteklerin anında ve daha yararlı bir şekilde yerine getirilmesi için, bir hayli önemli değişiklikler yapılmıştır.

Sözü edilen iki ordudan her birinde yaşanmış olan olayları ve bu orduların harekâtlarını ayrıntılı olarak izleme konusunda kolaylık sağlayacağı göz önüne alınarak aşağıda ayrı ayrı verilmiştir.

Selânik Ordusu

Korgeneral Sir Mahon'un komuta ettiği 10. Tümen eylül ayı başlarında, Suvla'dan Selânik'e nakledilerek, bütün kadrosuyla burada toplandı. Bu tümenin yarımadada karaya çıkarılmasından ve daha sonra meydana gelen şiddetli savaşlardan dolayı, bölümlerinin tamamen bozuk ve dağınık bir durumda bulunması nedeniyle, kendi halinde bırakılacak bir durumda değildi. Piyade ile kraliyet mühendislerinin düzenine ve örgütüne dokunulmamış ise de diğer birlikler, diğer tümenlerden alınabilen birlikler ile oluşturuldu.

10. Tümenin gelişini, General Saray'ın komutası altında bulunan iki Fransız tümeni izledi. Daha sonra bu Fransız tümenleri, bir üçüncü tümen ile de takviye edildi. Müttefik hükümetleri arasında ortaya çıkan anlaşmazlık üzerine bu üç Fransız tümeni, Sırbistan'a gönderildi. Böylece, Fransız askeri kuvvetleri Krivo Vlak ile Köprülü arasındaki tren hattını koruma altında bulunduracaktı ve Sırp ordusuyla ulaşımı sağlayacaktı. Aynı zamanda İngiliz ordusu da Selânik'ten Krivo Vlak'a kadar olan yerleri elde tutup, Fransız ordusunun sağ tarafını takviye edecekti. Eğer Sırp ordusuyla ulaşım ve bağlantı hattı açılıp korunulamayacak olursa Müttefik kuvvetleri geri çekilecekti.

Bu bakış açısına göredir ki, 10. Tümenden oluşturulmuş iki tabur 27 Eylülde Selânik'ten hareket ettirildi ve Fransız cephesinin Kosterino'dan (Kastoria/Kesriye) sonra Doyran Gölü'ne kadar olan bölümü işgal edildi. Tümenin geri kalanı 12 Ekim ile bunun izleyen günler içinde Sırbistan'a gönderildi ve Fransız cephesinde Kosterino'dan sonra doğuya doğru bazı yerleri ele geçirdi.

Askerlerin Sırbistan'a gönderilmesi ve hareketi ve orada korunmaları birçok zorluğa neden olmuştur. Selânik'ten Duyran'a kadar yol yoktu. Birkaç millik yol varsa da bundan ötesi ancak yük arabalarının geçişine olanak veren bir durumdadır. Bununla birlikte General Mahon bütün sevkiyatı yük arabalarıyla yapmak üzere bir düzen almakla birlikte, geriye çekilme zorunluğu ortaya çıktığı zaman, bütün toplar ile arabalarını nakletmek ve Sırbistan'da bulunduğu zaman ordusunu iaşe eylemek için kuvvet gönderme işini düzensiz bir trenle yapmak zorundaydı.

Kısa bir süre sonra, yardımcı kuvvetler ve takviye birlikleri gelmeye başladı. Bu yeni tümenlerin karaya çıkarılma sorunu, Selânik'te bulunan askerî heyetin bütün teşkilât gücüne ve kaynaklarına son derece ağır olan bir yük olmakla birlikte, gelen askerler, bu heyetin harcadığı çabalarla değişik yerlere yerleştirilerek iaşe olunmuşlardı.

Ekim ayı içinde ve kasım ayı başlarında 10. Tümen Sırbistan'daki yerini korumakla birlikte diğer tümenlerin karaya çıkarılma işlemleri, çok zorluklarla devam edip gidiyordu.

Askerlerin karaya çıkarılmalarında ve daha sonra iç bölgelere dağıtılmalarında zaman kazanmak için işgal kuvvetleri olarak kullanılan tümenlerin Sırbistan'dan çekilmesini, fakat çıkarılmakta olan askeri kuvvet, belirlenen yerlerine ulaşıp da cepheyi tutuncaya kadar, işgal kuvvetlerinin oldukları yerlerde kalmalarını gerek General Saray ve gerekse Sir Mahon'a bildirdim.

Müttefikler Sırbistan'a Yardım Edecek Durumda Değiller

Sırp ordusunun direnişi kırılmış olduğu ve Müttefik orduları tarafından kendilerine maddî olarak yardım etme olanağının yok olduğu bilinmektedir. Ayrıca gelen bilgilerin tamamından, Ustrumca vadisinde geniş çaplı bir Alman-Bulgar ordusunun toplanmış olması nedeniyle de askerlerimizin içinde bulunduğu durumun günden güne yalnızlık oluşturduğu açıkça ortaya çıkıyor. Bununla birlikte, tutmakta bulunduğu yerlerden hemen çekilmesi konusunda, General Saray'a etkili girişimlerde bulundum. Boşaltma işlemlerinin temeli olarak kullanılacak olan İngiliz tümeni, Fransız sol tarafı tamamıyla çekilinceye kadar olduğu yeri tutmak zorunluluğu ile karşı karşıya bulunuyordu.

Askerlerimizin boşaltılması sona ermeden önce 10. Tümen 6, 7 ve 8 Kasım günleri süresince sayı olarak üstün olan bir Bulgar kuvveti tarafından ağır hücumlarla karşı karşıya bırakıldı. Askerlerin Makedonya'nın dağ başlarındaki şiddetli soğuklardan oldukça fazla sıkıntı ve zorluklar içinde kalmaları ve bir de düşmanın saldırısından kaynaklanan yalnızlıkları göz önüne alınacak olursa, büyük kayıplara uğramaksızın kurtulmaları büyük şanstır. Bu savaşın ayrıntılarına ilişkin bütün noktalar General Mahon tarafından 11 Aralıkta telgrafla size bildirilmiş olduğu için burada tekrar değinme gereği duyulmamıştır.

General Mahon'a, 10. Tümenin çok büyük bir sıkıntı ve zorluklar karşısında bulunduğu haberi alınır alınmaz, tren hattına hemen bir tugay göndermesini ve çok kısa bir süre içinde sevk edilmek üzere de diğer bir tugayı hazır tutmasını bildirdim. Bununla birlikte Bulgarlardan daha fazla bir saldırı ve direnişle karşı karşıya kalınmaksızın, askerlerimiz Yunan topraklarına çekildiler.

Aynı zamanda, Selânik'te yapılmakta olan çıkarma işlemleri olabilecek bir hızla devam etmekle birlikte, Atina'dan gönderilmiş olan Yunan kurmay heyetinden Albay Pallis'e, seçilen hat üzerinde savunma hazırlıklarında bulunacağımız konusunda, tarafımdan bilgi verilmiştir. Bu bilgi, Yunan generalleri tarafından olumlu karşılanmıştır. Yunan askerî heyeti, harekâtımızı engellemeyecek olan Doğu Makedonya'ya doğru, askerlerini çekmeye başlamakla birlikte isteklerimizi makûl ve dostane bir ruh içinde kabul ederek bütün kolaylıkları gösterdi.

Yukarıda açıklanan olaydan söz ederken, General Mahon'un Selânik'te karaya çıkarma sırasında karşılaştığı olağanüstü zorluklardan ve bunların üstesinden gelmek için göstermiş olduğu direnç ve güçten bir ara olsun söz etmeyi de uygun buldum. Birçok bilinen örnek arasından seçilip aşağıda yazılan konum ve olay, karşılaştığım durumu açıklamakla birlikte, Selânik ordusu komutanıyla kurmay heyetinin yönetme yeteneğine de açık bir kanıt oluşturur.

10. Tümenin Sırbistan'a girmesinden Yunan sınırına çekildiği tarihe kadar askerler ile top ve her çeşit savaş malzemeleri trenle Doyran'a gönderilmiş ve buradan öteye ise yürüyerek, yük otomobilleri, arabalar ve hatta yük arabalarıyla sevkedilmişlerdir. Bu tren hattı tek hat olup bizim gereksinimlerimiz ile yöre halkının gereksinimlerini karşılamak zorunda bulunuyordu. Yaralılar ile hastaların Yunan toprağı içinde nakil ve sevkedilmeleri de aynı yolla yapılıyordu. Bununla birlikte bunca zorluk ve yoksunluklara rağmen askerlerimizin gereksinimleri tamamıyla giderilmişti.

1. Tümenlerin büyük bir kısmı trene bindirilerek Selânik'e gönderilmiş, bölümlerinin büyük bir çoğunluğu, hatta hiçbiri nakliye arabası bulamamış olduğu halde askerî kuvvetlerin bir kısmı, çok az bir gecikmeyle harekete hazır bir duruma getirilmiştir.

2. Savaş malzemeler ile gıda ve mühimmatın dağıtılmasında ve dağıtımın kontrolünde baş göstermiş olan karışıklıkları önleyecek araçların yetersiz olmasından ya da gereği kadar depoların bulunmamasından dolayı bütün bu askerî eşyaların binbir türlü zorluklarla vapurdan rıhtıma çıkarılması ve sonra da Fransızlar ile aramızda bulunan tek yol aracılığıyla ayrılması sorunları, çok yüksek bir güç ve yetenek sergileyen bir heyetin çalışmalarıyla yapılmıştır. Bununla birlikte bu gibi zor koşullarda gö-

revlerini son derece büyük bir beceriyle yerine getiren subaylar her halde takdir edilmeye değerdir düşüncesindeyim.

Çanakkale Ordusu

Akdeniz savaş alanına gelişim üzerine, yaz aylarında askerler arasında hüküm sürmekte olan hastalığın şiddet derecesi göze çarpacak bir durumda azalmaya yüz tutmuştu. Bununla birlikte yine de hastalıktan ortaya çıkan kayıplar hâlâ çok yüksek bir düzeyde bulunuyordu.

Kolordu komutanlarına, hava durumlarının düzelmiş olması nedeniyle bu fırsattan yararlanarak bütün araçlar ile mevkilerini tahkim etmek, deniz nakliyatı işlerine oldukça çok bir yük olan ve askerlere gereğinden fazla olan bütün hayvan sayısını son sınırına kadar indirmek için emir verildi.

Komutaları altında bulunan askerlerin saldırı ve hücum konusundaki psikolojik durumlarını korumak amacıyla, kolordu komutanlıkları tarafından aralık ayı süresince yapılan başarılı ufak tefek savaşları saymazsak söylemeye değer çok az durum ve olay kalır ki, bunlardan en çok göze çarpanı, cephemize Türk topçusunun etkili ateşinin fark edilir bir derecede artmış olmasıdır.

21 Ekimde yarımadada hüküm sürmüş olan fırtına, kuvvet ve şiddetle, bir yıl içinde eşi görülmemiş bir derecedeydi. Fırtına ile birlikte bardaktan boşanırcasına 24 saat süren bir boran yaşandı. Fırtına ve yağmuru, kuvvetli bir don ve keskin bir soğuk rüzgâr izlemişti. 8. Kolordunun bulunduğu alan ile Anzac Kolordusunun çevresindeki tepeler doğal birer sığınak özelliği taşıdığı için, fırtına burada pek o kadar etkili olmamıştır. Fakat 9. Kolordunun bulunduğu alanın uygun bulunmamasından dolayı çevresindeki bütün dereler ırmaklara dönüşmüş ve çevreyi

Türk askerleri siperde

kaplamıştı. Yağmurdan oluşan sular bazı yerlerde hendeklerin üzerine kadar çıkmış ve bütün ulaşım araçları kesintiye uğramıştı. Yağmurlardan iliklerine kadar ıslanmış askerler, daha sonra esen keskin rüzgârlardan fazlasıyla rahatsız olmuşlardır. Askerlerin birçoğu, şiddetli havalarla karşı karşıya kalmaktan ve yorgunluktan dolayı güçsüz kalmıştır. Acıları ve üzüntüleri azaltmak için birçok yola başvurulmuş olunmasına rağmen 200 kişinin öldüğünü ve aralık ayının başlarında 10.000 hastanın savaştan çekilmiş olduğunu üzülerek bildiririm.

Firarîlerin vermiş olduğu bilgilere göre, Türklerin daha büyük sayılarda kayıplara uğramış olması oldukça yüksektir.

Kumsallıklar üzerinde, ele geçirildikten sonra yapılmış olan iskelelerimiz ile dalga kıranlarımız ve hafif deniz taşıtlarımız, fırtınanın etkisiyle kötü sonuçlar doğurabilecek bir derecede hasara uğramıştı ki, bu durum limana ait olmayan, malzemeler ve benzerlerini vapurlardan çıkarıp dağıtmak üzere rıhtım, iskele, macuna ve makaslar gibi gerekli araçlardan tamamen yoksun bulunan böyle bir kıyı hattı üzerinde harekâtta bulunan bir ordunun, hayatını sürdürmesini büyük bir oranda zorlaştırıyordu.

Ayın sonlarına doğru, yarımadanın boşaltılması olasılığını göz önünde bulundurarak, boşaltma işleminin onaylanması durumunda her şeyin hazır olması için, Çanakkale ordusu komutanı Korgeneral Sir Birdwood'a boşaltma işlemine ilişkin bir proje hazırlaması için emir verdim.

Yarımadaya varışımdan kısa bir süre sonraydı ki, boşaltma sorununun üç ayrı aşamada yapılmasının uygun olacağı kanısını edinmiş bulunuyordum.

Sözü edilen boşaltma aşamalarından birincisinde, uzun bir sefer için gerekli olmayan bütün askerler ile hayvanların, savaş malzemelerinin ve gıda maddelerinin çekilmesi gerekiyordu.

İkinci aşamada hava, durumlarının etkisiyle boşaltma emrinin ertelemeye uğradığı süre içinde ya da sekiz parçadan oluşan programı değiştirecek olağanüstü gelişmelerin ortaya çıkması durumunda, savunma için gereğinden fazla olan askerlerin, topların, hayvanların, savaş malzemeleri ve gıda maddelerinin yarımadadan boşaltılması gerekiyordu.

Sonuncu aşamada ise, boşaltmanın devam ettiği süre içinde, askeri nedenlerden dolayı gerek duyulabilecek topların, hayvanların ve savaş malzemelerinin olduğu gibi bırakılarak, kıyıda bulunan bütün askerlerin mümkün olan hızla, gemilere bindirilmesi gerekiyordu.

Karşı karşıya olduğumuz sorun, sayıca oldukça büyük bir orduyu düşman siperlerinden en çok 300 yarda uzakta bulunan bir yerden çekip, her bir karışı Türk toplarının etki alanı altında bulunan ve güney ile güneybatı yönlerinden esecek olan rüzgâr ile askerlerin boşaltmasının mümkün olmadığı kumsallıklardan gemilere bindirilmesi gibi önemli bir sorundu.

Yarımadadan çekilme emri verildiği zaman deniz ve kara bakımından kullanmak zorunda olduğumuz harekât hattı, bende fazlasıyla endişe doğurmuş bulunuyordu. Askerî kitaplarda, gizli belgelerden ve tarihten toplanıp elde edilmiş derslerden anlaşıldığına göre burada yapılması gerekli olan harekât, amacımızı Türklere belli ettirmemek üzere yarımadanın çevresinde ortaklaşa deniz ve kara harekâtına başlamakla bir savaş oyununa başvurup derhal boşaltmaya girişmek oldukça önemli bir konu olarak sayılmaktaydı. Oysa ben askeri kuvvetlerimizi işgal etmiş oldukları yerlerlere göre bu işe nasıl girişileceği konusunda bir hayli kafa yorduktan ve düşündükten sonra bir sonuca ulaştım. O da, denizde ve karada izlemekte olduğumuz gündelik yaşamın en küçük bir kısmından bile uzaklaşmayacak olursak, bu konuda başarı ümidi bizim için her türlü olasılığın üzerinde gözüküyordu. Çünkü amacı tamamen gerçekleştiremeyen savaş oyunu, yararsız olmakla kalmayıp belki hareket hattımızla, Türklerde bir kuşku uyandırmakla amacımızı gizlemekte başarılı olamama tehlikesi karşısında bulunacaktık.

Sizden almış olduğum emre uygun olarak 8 Aralıkta Çanakkale ordusu komutanına derhal Suvla ve Anzac bölgelerinin boşaltmasına girişmesini bildirdim.

Adalar Denizi'nde baş göstermesi olası olan kötü havalar göz önüne alınacak olursa, boşaltma konularında başlıca gözetilecek olan nokta, hızlı hareket etmekti. Çünkü, işlemlerin başarılı bir şekilde sonuçlanması için başlıca temel öge hava koşullarıydı. Çok hafif bir şekilde esen lodos rüzgârlarının bile kumsallıklarla olan bağlantıyı ve ulaşımı kesintiye uğratacak derecede dalgalar yarattığı görülmüştü. Durum böyle olunca bu rüzgârlar, fırtına şeklinde devam edecek olursa, bütünüyle iskelelerin tahrip olacağı, küçük teknelerin karaya oturacakları ve sonunda boşaltma konularına yardımcı olmak için alınan her bir önlemin büyük bir sarsıntıya uğratacağı kuşkusuzdu.

Bundan başka, 21 Ekimdeki fırtınanın doğurmuş olduğu hasarlar konusunda eldeki az ve yetersiz araçlarla tekrardan liman ve iskeleler yapmak için ne derecede bir zorluğa düştüğümüz de önümüzde bir ders olarak duruyordu. O günde Kefaloz limanı tamamen tahrip edilmiş ve dalga kıran görevini yapmak üzere batırılmış olan vapurlardan biri parçalanmış ve dalga kıranın içine girmiş olan deniz taşıtlarının tamamı karaya atılmıştı. Suvla ve Anzac koylarında iskeleler ile dubalar ve küçük tekneler de. aynı şekilde hasara uğramışlardı.

Anzac ve Suvla Bölgelerinin Boşaltılması

Korgeneral Birdwood, emri alır almaz her işte göstermekte olduğu beceri ve hızı burada da göstererek işe başlamış ve Tuğamiral Wemyss ile görüştükten sonra havaların iyi gitmesi durumunda boşaltmanın 19-20 Aralık gecesi tamamlanabileceğine karar vermişti.

10 Aralıktan 18 Aralık'a kadar geçecek zaman içinde boşaltılma harekâtı, çok uygun koşullar altında olmuş ve 18 Aralık sabahı, Anzac ve Suvla bölgelerindeki askerlerin sayısı önceden belirlenmiş olan sayıya indirilmekle birlikte, aynı zamanda topların, hayvanların, malzeme ve zahirenin nakledilmeleri konuları da başarılı bir şekilde devam ediyordu.

En son olarak, askerlerin çekilmesi konusunda kolordu komutanlıkları tarafından alınmış olan özel önlemler ve düzenlemeler kısaca aşağıda verilenlerdir:

Şurası çok açık bir sorundu ki, ateş hattındaki siperler son ana kadar, çokta hafif olmak suretiyle de olsa, her durumda elde tutulacak ve buradaki siperlerin boşaltılması bütün savaş hattının boşaltmasıyla aynı anda yapılacaktı. Bunu sağlamak için de General Birdwood, kolorduların iç taraflarının 9. Kolordu komutanının emri altında olarak genel bir yükleme yerine çekilip toplanmasını kararlaştırmıştı.

9. Kolordu komutanı Suvla'daki ateş hattında bulunan siperlerin arkasındaki alanı zaten Tuzla Gölü ile yaklaşık bölünmüş olan iki bölgeye ayırmıştı. Güney bölgesinde, Tuzla Gölü'nden denize kadar uzanmak üzere bir savunma hattı oluşturulmuş ve Lalababa da savunulacak bir duruma sokulmuştu. Solda bulunan ikinci hat, 10 Rakımlı tepeden geçmek üzere Karakoldağı'ndan Tuzla Gölü'ne kadar uzanıyordu. Sözü edilen bu iki hat beklenmedik bir şekilde ortaya çıkabilecek bir durum karşısında kullanılacaktı.

Boşaltma işlemlerinin ana ögesi, askerlerin bulundukları siperlerden çıkıp kumsallık çevresindeki toplanma merkezlerine doğruca gitmeleri ve gerek görülmedikçe siperler ile toplanma merkezleri arasındaki yerleri meşgul etmemeleriydi.

Anzac bölgesinde siperlerin kumsallıklara yakınlığı nedeniyle, Anzac koyunda gereğinde müfrezelerin çekilmesini güvenlik

Uçaklarımıza ateş açan Türk askerleri

altına almak amacıyla oluşturulmuş olan küçük bir kule dışında ikinci bir mevki hazırlanmamıştır.

Boşaltma işlemleri sırasında hüküm süren güzel havalar, 19-20 Aralık gecesine kadar devam etmişti. Gece tam bir sessizlik içinde uyuyor ve ayın çevresinde ise sisten hafif bir örtü çekilmiş bulunuyordu, buna ek olarak mehtap da yöreyi aydınlatıyordu.

Karanlık çöktükten kısa bir süre sonra, boşaltmayı örtecek ve koruyacak olan savaş gemileri yerlerini almış bulunuyordu. İşte bu zamanda, son boşaltma işlemlerine başlandı. Gece yarısını bir buçuk saat geçe Suvla'daki ve Anzac bölgesinin solundaki cephe siperlerinde bulunan müfrezelerin çekilme işlemine başlandı. Anzac bölgesinin sağında bulunup kumsallığa daha yakın olan müfrezeler gece yarısını iki saat geçinceye kadar oldukları yerde bırakıldılar. Saat 05.30'da ise son askerler siperlerini terketmiş bulunuyordu.

Anzac bölgesinde dört kıta 18 fonluk top iki kıta 5 pusluk Huçekis topu, bir kıta 4.7 pusluk deniz topu, bir kıta uçak topu ve iki kıta 3 fondluk Huçekis topu terkedilmişti. Fakat askerler tamamıyla çekilmeden önce bu toplar bütünüyle tahrip edilmişti. Bu saymış olduğum toplardan başka 56 baş katır, genelinin tekerlekleri çıkarılıp tahrip edilmiş olan birkaç araba ile ateşe verilmiş bir miktar erzak ve zahire aynı şekilde terkedilmiştir.

Suvla bölgesinde bulunan toplar, arabalar ve hayvanlar gemilere yüklenmiş ve az miktarda erzaktan başka hiçbir şey terkedilmemiş ve erzakta yakılmamıştır.

Hellas Bölgesinin Boşaltılması

Hellas'ta bulunan Fransız birliklerinin topları hariç geri kalanının çekilmesi konusunda, aralık başlarında emir verilmişti. Fransız melez askerleri tarafından tutulmakta olan hattın bir kısmının kontrolü 12 Aralıkta Royal Naval Tümeni tarafından üstlenilmişti. 21 Aralıkta 8. Kolordu 86. Tugay ile takviye edilmiş olduğundan, yarımada üzerinde askerleri koruma görevini yapan Fransız askerlerinin sayısı 3000 kişiye indirilmişti. Fransız askerlerinin ocak ayı başlarında çekileceği ümit ediliyordu, fakat son derece yorgun ve dinlenmeye gereksinim duyan 42. Tümenin siperlerden dinlenme yerlerine çekilmesi zorunlu bir iş olarak görünüyordu. Bununla birlikte, önce 42. Tümeni 88. Tugay ile değiştirmek ve sonra da, Suvla'dan çekildikten beri Gökçeada'da dinlenmekte olan 13. Tümeni 29. Tümenin yerine getirmek ve son Fransızları değiştirmek üzere de 11. Tümeni getirmek isteğindeydim. Bu durumda Hellas bölgesi 52., 11. ve 13. Tümenler ile tutulacak ve bunlara ek olarak çevre adalarda yedek olmak üzere Royal Naval Tümeni ile 32. Tümen de bulunacaktı.

Boşaltma emri geldiği anda hemen uygulanabilmesi için gereken başlangıç gereksinimlerinin hazırlanması konusunda General Birdwood, 24 Aralıkta talimat almıştı.

Hellas bölgesinin boşaltması konusunda 28 Aralıkta sizden bir telgraf emri aldım ve havaların kötüleşip işimizi engelleyeceğini düşünerek boşaltma işlemlerini mümkün olduğu kadar bir hızla tamamlaması gereğini Çanakkale ordusu komutanına bildirdim. Personeli gereksiz bir tehlikeyle karşı karşıya bırakmaksızın bütün 60 fondluk ve 18 fondluk toplarla, 6 pusluk ve 4.5 pusluk Huçekis toplarının ve bunlara ait bütün mühimmat ile katır, araba, vagon ve diğer ayrıntının da kurtarılması için çaba harcanmasını da generale bildirdim. Yukarıda belirtilen konulara ek olarak son boşaltma sorununun bir gece içinde tamamlanmasının zorunlu olduğunu ve askerlerin cephe siperlerinden doğruca kumsallıklara çekilmesini ve önemli bir şekilde zorunluluk duyulmadıkça cephe siperleri ile kumsallıklar arasındaki yerlerden hiçbirinin işgal edilmemesini de ayrıca bildirdim. Tuğamiral ile Çanakkale ordusu komutanın katıldığı bir toplantı yapıldı. Amacımız konusunda Türkleri bir kere daha aldatabilmek üzere kabul edilmesini uygun gördüğüm yönleri bu toplantıda belirttim ve açıkladım. Suvla ve Anzac bölgelerinden çekilmiş olmamız dolayısıyla yarımada üzerindeki durum ve koşullar maddeten değişmemişti. Ancak mevkilerimiz ile Limni adası ve Gökçeada üzerinde hava keşfinin yapılması gittikçe artan bir önem kazanmış ve düşman tarafının hava kolları tarafından siperlerimiz, sık sık ve sert bir şekilde sıkıştırılıyordu. Düşman tarafından yapılan bu zorlamanın en fazla göze çarpanı, Boğazın Anadolu ve Rumeli yakalarında bulunan topların arttırılmış olması ve bu toplara Alman kaynaklı mermilerin sağlanmasıyla kumsallıklarımızın, özellikle Anadolu kıyısından açılan ateş altında bulundurulmasıydı.

Devam etmekte olan bu duruma göre, Türklerin dikkatlerini çekmek için yapılacak olan yanıltma harekâtının hiçbir başarı sağlayamayacağı görüşünde bulunduğumu açıkladım. Zamanın gecikmekte olması Adalar Denizi'nde hava koşullarının kararsızlığı, uygun bir yerin olmayışı ve böyle bir askeri harekâta gerekli olan küçük teknelerin yeterli sayıda bulunmayışı, elde etmiş olduğum son kararımı bana verdirmeye zorlayan nedenlerdi. Bununla birlikte, tuğamiralin başarılı düzenlemeleriyle Kraliyet Donanmasının Türk bataryalarına yönelik aynı oranda karşılık vermesi sağlandı. Ancak, Türk topları sakin ve suskun kaldıkça bunlara karşı gereksiz yere zorlayıcı bir harekette bulunulmaması da kararlaştırıldı.

General Birdwood, Hellas bölgesinin boşaltmasına yönelik emir verileceğini sezerek o derece büyük işler yapmıştı ki, yapılması zorunluluk durumuna gelen bir işlemi çok iyi bir şekilde başarabilmek için gerekli olan geniş ve kapsamlı bir işe hemen başlayabilmeye yatkın bir duruma gelmişti.

General Birwood ile yarımada üzerindeki Fransız kuvvetine komuta eden General Brolar, son aşamada ortak komutadan doğabilecek sakıncalardan kaçınmak için, Fransız piyadesinin mümkün olan hızla değiştirilmesini, fakat topların, 8. Kolordu Komutanının emri altında geçmesini ve bunların uygun zamanda İngiliz toplarıyla birlikte çekilmesini kararlaştırmıştı.

Sizden alınan talimat gereğince, Genelkurmay Başkanı, 30 Aralıkta çekmiş olduğu bir telgrafla emir komutayı, 28 Aralıkta İngiltere'den hareket ettiği bildirilen Korgeneral Sir Archibald Murray'a İskenderiye'de devir ve teslim etmemi bildirmesi üzerine Mondros'taki karargâhımdan yanımdaki kurmay heyeti ile General Vacudent şubelerinden oluşmuş küçük bir kurmay heyeti ile birlikte kraliyet savaş gemisinden Kornivalis zırhlısına geçerek İskenderiye'ye ulaştım. Komutan gelinceye kadar işlerin yolunda gitmesini sağlamak için kurmay heyetinin geri kalanları savaş cephesine gönderilmişti.

Suvla ve Anzac bölgelerinin boşaltmasında kabul edilmiş olan esaslara uyularak, buranın da boşaltmasına gecikme ile girişildi. Yarımadada kalmış olan Fransız piyade askerleri 12 Aralık gecesi siperlerden çekilmiş ve diğer geceler içinde Fransız donanmasına bağlı savaş gemisine bindirilmişti. Kazalar ve kötü havalardan doğan gecikmeler dolayısıyla boşaltma işlemi ümit edilenden daha yavaş bir şekilde ilerliyordu. At nakline özgü en büyük vapurlarımızdan biri, bir Fransız savaş gemisi tarafından batırılmış olduğu için boşaltma işlemi önemli bir şekilde gecikmeyle karşı karşıya kalmış ve aynı zamanda esmeye başlayan sert rüzgârlar da kumsallıklar üzerinde yapılan yükleme işlemine maddeten engel olmaya başlamıştı. Devam etmekte olan havalar kısa bir süre içinde iyileşeceğine ilişkin çok az bir ümit sahibi olunduğundan dolayıydı ki, General Birdwood, yükleme işlemini hızlandırmaya bir dereceye kadar yardımı olur düşüncesiyle, birkaç torpil muhribi göndermesini Amiral Sir John de Robeck'den istemişti. Bunun üzerine gerek General Birdwood ve gerekse de Robeck boşaltma sorununun son aşaması olmak üzere 8 Aralık gecesi ya da bu tarihten sonra olacak ilk durgun günün gecesini belirlemiş ve kabul etmişlerdi.

Aynı zamanda 8. Kolordu bomba hücumu yapmak ve daha bazı ufak tefek harekâtta bulunmakla askerlerin taarruz harekâtı ruhunu devam ettirmişti ki, böyle yapılmakla Türklere karşı daha yüksek ve daha olumlu bir ruhsal durum sağlanmış bulunuyordu. 29 Aralıkta 52. Tümen Türk siperlerinin çok büyük bir kısmını ele geçirip büyük çaplı karşı saldırılara karşı da bunları başarılı bir şekilde elde tutmak gibi çok iyi ve güzel bir iş başarmıştır. Ayrıca, bu aralar, düşman tarafından kumsallıklarımızın ve siperlerimizin top ateşi altında bulundurulması hem sıklaşmış hem de yoğunlaşmış olduğundan günlük işlerimiz gittikçe artmış bulunuyordu.

8. Kolordu Komutanı Korgeneral Sir Davis tarafından boşaltmanın yapılması için kabul edilmiş olan yöntem, Kuzey Anzac bölgesinin boşaltmasının bitiminde başarısını kanıtlamış olan

Türklerin eline geçen toplarımızdan biri

yöntemin aynısıydı. Düşman topçusuna karşılık verebilecek bütün ağır topların mevzilerinden çekilmesi, amacımızı düşmana bildireceği için bunları oldukları yere bırakmaya karar vermiştik, fakat son gece çekilmesi olası görünmeyen bir kıta 2 pusluk İngiliz topu ile altı kıta eski sistem Fransız topunun tahrip edilmesi de kararlaştırılmıştı. Yukarıda söz edilen Fransız toplarının tahrip edilmesini General Brolar önermişti.

Askerlerin çekilmesi konusunda kararlaştırılmış olan ilk önlem etkili ve kuvvetli yükleme heyeti oluşturularak, eğer düşman amacımızı anlayıp da harekâtımızı adım adım izleyerek hücumda bulunacak olursa, buna kısa bir süre için karşı koyabilmek üzere küçük bir koruma kuvveti ayırıp, hem bunları bulundurmak hem de yükleme işlemini örtmek ve korumak üzere bazı yerler hazırlamaktı.

Yükleme işlemine bakmak üzere 52. Tümenin komutanı General Lawrens seçildi ve bu göreve atandı. Aynı zamanda 8. Kolordu komutanının emri altına değişik şubelere bağlı kurmay subaylar konulmuştur. General Lawrens, bu işin yapılmasında çok önemli başarılar elde etmiştir.

Gully Kumsallığını -Zığındere içindedir- örtmek ve korumak üzere, 13. Tümen komutanı bir yer seçip hazırladı. Seddülbahir'in kuzeyinden X Kumsallığı da dahil olmak üzere bütün kıyı boyunca, diğer kumsalkların örtmek ve korumak için de birçok hat birleştirilerek, bunlar siperler ile tahkim edildi. Sözü edilen bu savunma yerlerine askerler dağıtılıp buralara yerleştirildi. Bunlardan Gully Kumsallığına, 13. Tümen komutanının ve diğerleri de seçkin bir subayın komutası altına verildi ve karargâhları genel yükleme komutanının karargâhıyla birlikte kolordu karargâhında önceden oluşturulmuş bulunuyordu.

Çekilen askerler, bu savunma hattından geçtikten sonra genel yükleme komutanın emri altına girmiş bulunacak ve yükleme heyeti subayı da bu askerleri her bir kumsallığa nakil ve sevk edecekti.

Kumsallıkları örtmek, korumak ve savunmak için tutulan yerlere ek olarak, dört savunma hattı daha düzenlenmişti ki, bunlardan üçü daha şimdiden hazırlanmış ve sağlam tel engellerle tahkim edilmişlerdi. Dördüncü savunma hattı doğu tarafından de Totts Bataryası'ndan batı yönünde Gully Kumsallığını örten ve koruyan yere kadar uzanıyordu.

Cephe siperlerinden son müfrezenin çekilmesi için kararlaştırılmış olan zaman, 23.40'tı. Bundan hedeflenen amaç, bu ana kadar siperlerden çekilmiş olan askerleri, cephe siperleri tamamen boşaltılmadan önce yükleyebilmeye uygun bir zaman bırakmaktı.

Yükleme konusu için denizciler tarafından yapılacak olan düzenlemeler, Yüzbaşı Staveley'nin yönetimine verilip, her bir yükleme yerlerinde bulunacak olan deniz subaylarından oluşan bir heyet de Staveley'e yardım edecekti.

Düşmanın 13. Tümen tarafından tutulmakta olan siperlere karşı 7 Ocakta çok şiddetli bir topçu ateşi olmuş ve Anadolu yakasında bulunan bataryalar da Royal Naval Tümeninin işgal etmekte olduğu siperleri dövmeye başlamıştı. Yarımadaya ilk ayak attığımızdan beri yapılan bombardımanların en şiddetli ve en büyüğü olduğu bildirilen bu bombardıman, öğlede başlayıp akşam 17.00'ye kadar devam etmiş ve 15.00 ile 15.30 arasında en şiddetli noktasına ulaşmıştı. Avcı hendeklerimizin ön siperlerine ve bağlantı hendeklerine olağanüstü bir şekilde hasar verilmiş ve telefon haberleşmesi kesintiye uğramıştı. 15.30'da Fusiliers Bayırı çevresindeki iki Türk lağımı infilâk etmiş ve siperlerin subayları hücuma hazırlanan Türk askerleriyle hıncahınç dolu olduğu görülmüştür. Bununla birlikte Türkler tarafından hiçbir hücum olmadı, ancak Fusiliers Bayırı'na karşı düşmanın çok da istemeyerek yapmış olduğu zayıf bir taarruz derhal püskürtülmüştür. Bu sırada cephane yönünden olan noksanlarımız Kaptan Denet'in yönetimi altında bulunan destek müfrezesinin açmış olduğu koruma ateşiyle giderilmiştir. Bu çarpışmadaki kayıplarımız 2 subay ile değişik rütbelerden 56 askerin ölmesinden ve 4 subay ile yine değişik rütbelerde 102 askerin yaralanmasıdır.

Yarımada Üzerinde Son Gün

8 Ocakta hava açık ve sakin olup güneyde hafif bir rüzgâr esiyordu. Uygun bir havanın hüküm süreceğine ilişkin çok fazla belirti var olup, hava işleri şubesinin görüşlerine göre hiç olmazsa 24 saat içinde havada önemli bir değişiklik ortaya çıkmayacaktı. Türk topçusu alışılmışın aksine, bugün faaliyet göstermiyordu. Boşaltmanın son aşaması için gerekli görülenlerin bütünü tamamlanmıştı.

Yükleme işlemine başlamak üzere şöyle bir zaman çizelgesi kararlaştırılmıştı. İlk kafile olarak ayrılan askerler ancak karanlık bastıktan sonra yerlerini terkedeceklerdi. İkinci kafile olarak ayrılan askerlerin hiç olmazsa büyük bir kısmı, işler yolunda gittiği takdirde, son parti askerler ise cephe siperlerinden çekilmeden önce vapurlara yüklenmiş bulunacaktı. İlk kafile olarak yüklenecek askerlerin sayısı, elde bulunan teknelerin taşıyabileceği miktar kararlaştırılarak bu şekilde ikinci kafile askerlerinin sayısı da bunları taşıyacak olan teknelerde olduğu söylenen hasarlardan dolayı en az bir düzeye indirilmiş oluyordu.

Üçüncü kafile olarak yüklenecek askerlerin sayısı son ana kadar cephe siperlerini tutan askerler ile her bir kumsallıkta bulunan savunma askerleri ve buralarda görevlendirilmiş olan deniz ve kara personeli ve hasar olması halinde iskeleleri onarmak üzere kumsallıklarda bulunmakta olan mühendis birliği kadardı.

Saat 19.00'da, lodos yönünden esmekte olan hafif rüzgâr bir hayli artmış bulunuyordu. Bununla birlikte 20.00'de yüklenecek olan ilk kafile rüzgârın esmesine rağmen zorlukla gönderildi ve yüklendi. Fakat rüzgârın şiddeti 23.00'e kadar sürekli bir şekilde artmaktaydı. W Kumsallığında batırılmış olan tekneler ile kıyı arasındaki bağlantı iskeleleri dalgaların etkisiyle yıkılmış ve buradan torpil muhriplerine yapılacak olan yükleme işlemi olanaksız bir duruma gelmişti. Bütün bu engeller ve zorluklara rağmen, ikinci kafilenin 23.30'da başlanan yükleme işlemi tam zamanında bitirilmiş ve topların yüklenmesi herhangi bir engelleme olmadan yapılmıştır. Akşam üzeri Boğazdan içeri doğru giren bir düşman denizaltısının olabileceği olasılığının çok kuvvetli olduğu, sağ taraftan haber verildiği gibi 2.000 askeri taşıyan ve Mondros'a gitmek üzere hareket eden kraliyet savaş gemilerinden Prens George zırhlısının gece yarısında bir torpile çarptığı ancak torpilin patlamadığı haber alındı. Denizaltının buralarda varlığını gösteren bu haberler, askerleri taşıyan gemilerin güvenliği konusunda büyük bir endişe doğurması nedeniyle boşaltılmış olan yerlerin daha sonra bombardıman edilmesi, önceden yapılmış olan düzenlemeleri yenilemek konusunda tuğamirali zor bir konumda bırakmıştı.

Saat 01.50'yi geçerken Gully Kumsallığından yapılmakta olan yükleme işlemlerinin tamamlanmış olduğu ve mavnaların yanaşabileceği bir durumda bulunduğu bu kıyıdan bildirilmişse de, yirmi dakika sonra alınan bir haberde mavnalardan birinin karaya oturduğu ve yüzdürülmesinin mümkün olmadığı söylenmişti. Bunun üzerine deniz nakliye şubesi, Gully Kumsallığına bir başka mavna göndermek üzere gerekenleri yerine getirmiş ve bir saatlik bir zaman süresi içinde mavna gönderilmiş ise de, karaya oturan mavnadan kıyıya çıkan 160 kişinin W Kumsallığına getirilip buradan yüklenilmesi kararlaştırılmıştı.

Müttefik kuvvetlerin çekilmesini değerlendiren
3. Kolordu Komutanı Esat Paşa karargâh subaylarıyla

Saat 02.40'tan sonra gittikçe büyüyen ve birbiri ardınca gelen büyük dalgalar, kalan askerlerin gelişlerini geciktirecek olursa büyük zorluklar karşısında kalınacağı düşüncesi, deniz nakliye şubesinde büyük bir endişe ve merak doğurmuştu.

Saat 03.30'da, boşaltma işlemleri tamamlanmış ve yarımada üzerinde kümeler şeklinde bırakılmış olan malzemeler ile erzaklar, son askerin karadan ayağını çekmesinden sonra saniyeli tıpalarla başarılı bir şekilde ateşe verilmişti. Cephane ile patlayıcı maddeleri barındıran iki depo da 04.00'te başarılı bir şekilde havaya uçurulmuştu. Yangından ve patlamadan kaynaklanan ateş ve duman sütunları, çekilmekte olduğumuzu Türklere bildiren birer işaret niteliğindeydi. Bunun üzerine düşman siperlerinden

General Liman von Sanders Müttefik kuvvetlerin
çekilmesi konusunda görüşlerini bildiriyor

derhal kırmızı maytaplar atıldı ve siperlerimiz ile kumsallıklarımız üzerine şiddetli bir topçu ateşi açıldı. Topçu ateşi, yaklaşık sabah 06.30'a kadar devam etti.

Kullanılması mümkün olmayan ve bu ayın başlarında tahrip edilmiş olan 15 fondluk toplarımızı saymazsak büyük bir kısmı patlamalardan dolayı kullanılamaz bir durumda olan on kıta 15 fondluk, bir kıta VII markalı 6 pusluk ve altı kıta eski sistem Fransız ağır topu -ki bunların tamamı daha önce tahrip edilmişlerdi- yarımada üzerinde bırakılmıştı. Bu toplara ek olarak, büyük bir kısmı öldürülmüş 508 hayvan ve birkaç araba ve çok miktarda zahire, malzeme ve çeşitli maddeler de -ki bunların tamamı ateşe verilmişti- bırakılmıştı.

Boşaltma işlemlerine ayrılmış olan zamanı sınırlamakla, yarımada üzerinde terkedilmiş olan zahire ve savaş maddelerinin miktarı kuşkusuz azaltılabilirdiyse de sorun ilk düşünüldüğü derecede değildir. Çünkü, ocak ayı içinde Adalar Denizi'nde iyi bir havanın devam etme şansı çok zayıftı ve on beş gün ya da daha fazla bir süre yarımada ile bağlantımızı tamamen kesecek kötü havaların devam etme olasılığı çok yüksekti.

Bununla birlikte boşaltma işlemlerine ayrılmış olan zaman uzadığı takdirde ortaya çıkacak olan kötü havaların etkisiyle, savunma kuvvetinin varlığını sağlayacak, belirli ölçüde zahire, mühimmat ve malzemeler son ana kadar yarımada üzerinde bırakılmış bulunuyordu. İşte bu düşünceden hareketle, önce personel ile topların çekilmesine ve aradaki süre içinde mühimmatın kaldırılmasına daha sonra da zahire ile malzemeleri kaldıracağım diye uğraşarak boşaltma zamanını sınırlandırmakla, son aşamada yüklenilecek olan askerleri gereksiz yere tehlikeye atmamaya karar vermiştim.

Kraliyet Donanmasının Önemli Bir Hizmeti

Yarımadanın boşaltması tam bir başarı ile tamamlanmıştır. Boşaltmanın başarı ile gerçekleşmiş olması başlıca iki koşula - şans ve becerikli bir örgüte- bağlı olup, bunlar bu zaman içinde işimizi kolaylaştıracak bir şekilde olmuştur. Şans kendini olağanüstü denecek bir şekilde, iyi havaların sürmesiyle göstermişti ve bizler de bu fırsatı ganimet bilerek bundan mümkün olduğu derecede yararlanmıştık.

Korgeneral Sir Birdwood ile birlikte bulunan kolordu komutanları çok yoğun bir şekilde çalışarak, boşaltmayla ilgili emirleri öyle büyük bir beceri ve sabırla hazırlamışlardı ki, bunun bir benzeri daha görülmemiştir. Buna paralel olarak Tuğamiral Sir John de Robeck ile Tuğamiral Weymss, şu nazik ve bunalımlı bir devrede görevlerini en ufak bir eleştiri ve itiraza hedef olmaksızın yerine getiren bir deniz heyeti ile birlikte çalışmış olduğumuzdan dolayı gerçekten şanslı ve mutludur.

Deniz ve kara hatları ulaşım kurmay heyeti, Korgeneral Alsam ile deniz nakliyesi şefi Feyc Morris ve deniz nakliye baş memuru Simpson tarafından temsil edilmekteydi. Boşaltma işleminin başarıya ulaşması bu kişilerin göstermiş oldukları yoğun çaba ve olağanüstü çalışma dolayısıyladır.

Genel karargâh kurmay heyetinin tamamı yanlarındakilerle tam bir uyum içinde olduklarını kanıtlamıştır. Bunların göstermiş oldukları çaba ve görevlerine karşı olan bağlılıkları bir kerecik olsun gölgelenmemiştir.

Burada görev yapmış bu seçkin heyet arasından özellikle söz edilmesi gerekli kişileri seçmek önemli bir sorun ise de, aşağıda isimlerini yazmış olduğum kişilerin olağanüstü yararlılıkları öne çıkmıştır.

Genelkurmay Genel Karargâh Başkanı Albay Arthur Lindenbel

Akdeniz Sefer Heyeti Genel Karargâh Depotu Albay Valter Campbel

Genelkurmaydan İnzibat Binbaşısı Davuney

İsimlerini yukarıda yazmış olduğum subayları -kendilerine karşı çok minnettar ve müteşekkirim- size sunarken, örneğine rastlanmamış bir şekilde önemli yardımlarda bulunan yarımada üzerindeki Fransız askeri birlikleri komutanı General Brular'ın adını da bu çerçevede anmama izin vermenizi özellikle rica ederim.

Doğu Akdeniz'deki askeri kuvvetlerin emir komutasını üstlenmiş olduğum zamanda meydana gelen olaylara ilişkin size sunulan raporumu sonuçlandırmadan önce ulaşım hattı kurmay heyeti tarafından yapılmış olan işler konusunda kısaca bir açıklamada bulunmayı ve bu önemli hizmette görev yapan sorumlu subayların göstermiş oldukları güç ve beceri konusunda takdirlerimi bildirmeyi gönülden arzu ettim.

Yarımada üzerinde bulunan ordunun güvenliği ve iaşesi için ana kaynak kabul edilen bütün askeri kitapların bildirdiği gibi gerekli olan makine var değildi. Düşman toplarının egemen olduğu bölge, yarımada üzerindeki çıkarma iskelelerine kadar değil, belki çevredeki denize kadar uzanıyordu.

Kumsallıklar ileri depolarla dolu olup buralarda iaşe işleri, düşmanın topçu ateşi altında yapılıyordu. Askerlerin karaya çıkarılması gibi erzak ve zahire çıkarılması da ancak gecenin karanlığı içinde yapılabiliyordu.

Eğer nakliyat ve sevkiyat karadan yapılmış olsaydı buna ancak düşman engel olabilirdi, fakat denizden yapıldığı ve deniz kıyısına çıkarıldığı için buna hava koşulları da engel oluyordu.

Kumsallıklar ile 800 mil uzaklıkta bulunan İskenderiye arasında ulaşım hattının ancak iki limanı vardı ki, bunlardan biri, kumsallıklardan yaklaşık 15 mil uzaklıkta Gökçeada'daki Kefaloz, diğeri de, 60 mil uzaklıkta bulunan Limmi adasındaki Mondros limanıdır. Bu limanların her ikisi de iskeleden, dalga kırandan, rıhtımdan ya da askerlerin gereksinimlerine karşılık verebilecek derecede malzemeyi alan depolardan yoksundu. Bu iki limanın kıyıda askerî önem taşıyan hiçbir yolu olmadığı gibi, askerî konularda kullanılabilecek bir bina da yoktu. Yine bu iki adada en sonunda bulunabilen su, gereksinimimize karşılık vermekten çok uzaktı.

Yarımada üzerinde karaya çıkılacak yerler, açık kumsallıklardır. Kefaloz limanı, kuzeyden esen rüzgârlara karşı açık olması nedeniyle kuzey fırtınalarında oluşan büyük dalgalar limanın içini süpürüyordu. Mondros limanında ise bir gemiden diğerine aktarma yoluyla yapılan çıkarma, esen kuzey ya da güney rüzgârlarıyla önemli bir şekilde engellendi. Bütün bu zorluklar yet-

Müttefik kuvvetlerin çekilmesini kutlayan Türk askerleri

miyormuş gibi, bir de Adalar Denizi'nde düşman denizaltılarının varlığı durumu çok daha fazla zor bir hale sokmuştu. İşte bunun içindir ki, 1.500 tonu aşan herhangi bir nakliye ya da erzak gemisinin, Mondros'un kuzeyinden geçmesini tuğamiral yasaklamıştı. Bu yasak, Suvla Körfezi'ne ulaşan nakliye gemileri için bir dereceye kadar hafifletilmiş olduğu için, buradan yerlerine gönderilecek erzak ve zahire ile takviye birliklerinin, Mondros limanında küçük teknelere aktarma yoluyla konulması zorunluluğu ortaya çıkmıştı.

Suvla ile Anzac bölgelerinde çıkarmalar ancak mavna ve istimbotlar aracılığıyla yapılabildiği için personel ile malzemeden bir çoğu, bir ya da kimi zaman iki kez aktarma yapılmasını gerekiyordu.

Bununla birlikte yukarıda ortaya konulan zorluklara rağmen, ordunun malzeme ve mühimmat bakımından gerek duyulan gereksinimlerinin, genel olarak iyi bir şekilde giderilmesine devam edilmiştir.

Önceki açıklamalarım, savaşın karışıklığı arasında ulaşım hattı kurmay heyetini oluşturan subayların karşı karşıya kalmış oldukları, bitmek bilmeyen zorlukların çok kısa bir açıklanmasıdır.

Ulaşım hattı heyeti, yetenekli bir deniz heyeti ile işbirliği yapmış olmasından dolayı şanslıymış. Bununla birlikte, her iki heyet de takdir edilmeye değerdir. Bu iki heyetin olağanüstü işbirliği ile çalışmalarının semeresi, askerlerin her bir gereksinimi çok iyi bir şekilde ve tam zamanında giderilmesiyle alınmıştır.

29 Nisan 1916

ÖRGÜN YAYINEVİ

Nurer Uğurlu
Orhan Kemal'in İkbal Kahvesi
Divan Bahçesi
Her Aşkın Bir Hikâyesi
Atatürk ve Türk Devrimi
Arnold J. Toynbee
Türkiye ve Avrupa
Uygarlık Yargılanıyor
Kurt Steinhaus
Türk Devrimi
Reşat Enis
Toprak Kokusu
Sabahattin Selek
Milli Mücadele I-II
Gazi Mustafa Kemal
Nutuk (Söylev)
Medenî Bilgiler (Uygarlık Bilgileri)
Edward Weisband
2.Dünya Savaşı ve Türkiye
Vera Mutafçıyeva
Cem Sultan
Esat Paşa
Çanakkale Savaşı Hatıraları
Laurence Evans
Türkiye'nin Parçalanması ve ABD Politikası (1914 - 1924)
SSCB Dışişleri Bakanlığı
Almanya Dışişleri Bakanlığı
2.Dünya Savaşı'nda Türkiye Üzerine Gizli Pazarlıklar

Edward Mead Earle
Bağdat Demir ve Petrol Yolu Savaşı (1903 -1923)
Dr. Rıza Nur - Joseph C. Grew
Lozan Barış Konferansının Perde Arkası (1922 - 1923)
Rauf Orbay
Siyasî Hatıralar
Derleme
Yabancı Gözüyle Cumhuriyet Türkiyesi (1923 - 1938)
Resneli Niyazi
Resneli Niyazi Hatıratı
Mustafa Ragıp
İttihat ve Terakki Tarihinde Esrar Perdesi
David Walder
Savaştan Sonra Çanakkale Olayı (1922)
Lütfi Simavi
Son Osmanlı Sarayında Gördüklerim
Hermann Rauschning
Hitler Bana Dedi ki
Winston S. Churchill
2. Dünya Savaşı Hatıraları
Savaştan Savaşa 1919-1939
Savaşın Alacakaranlık Dönemi 1939-1940
Fransa'nın Düşüşü 1940
Pierre Renouvin
1. Dünya Savaşı ve Türkiye 1914-1918
Rus Devlet Arşivi Gizli Belgeleri
Türkiye'nin Parçalanması ve
Rus Politikası (1914 - 1917)
İngiliz Devlet Arşivi Gizli Belgeleri
Türkiye'nin Parçalanması ve
İngiliz Politikası (1900 - 1920)
Mustafa Kemal
Arıburnu Savaşları

MUSTAFA KEMAL
ARIBURNU SAVAŞLARI

Tarihin henüz yazmadığı gibi, insanlığın da aklından ve hayalinden geçirmediği bir şiddet ve dehşetle devam eden, dünyanın yazgısına egemen olan, büyük ulusların ve hükümetlerin geleceğini belirleyecek bir nitelik kazanmasından dolayı asıl amaca varabilmek için, bugünkü ilerlemelerin en son mucize gösteren eserlerden yararlanma fırsatı kaçırmayan, tarafların bilim ve sanattaki gerçek güçlerini de insanlığa gösterecek bir biçim alan, Dünya Savaşı'nın evrelerini gerektiği gibi saptamak ve gelecek kuşaklara değerli bir savaş hatırası olarak bırakmak isteğiyle, bir eser düzenlemesine ve yazılmasına girişen Genel Karargâh Harp Tarihi Şubesince, ilgili bulunduğum Arıburnu ve Anafartalar'daki harekât ve savaşlarla ilgili hatıralarımı ve görüşlerimi içeren ayrıntılı bir rapor gönderilmesi yeniden istenmektedir. Gerçekte, doğrudan sevk ve idare ettiğim Arıburnu kuvvetleri ve Anafartalar Grubundaki harekât ve savaşların yapılışıyla ilgili olarak, ayrıntılı rapor düzenlenmesi için savaş tutanaklarındaki resmi belgelerden başka düzenli ve düzensiz hatıralarım varsa da, bunların amaca vardırıcı ve askerlik tarihimizi tamamıyla aydınlatıcı ve bezeyici biçimde yazılması, ancak bütün hatıraları ve esasları büyük bir sessizlik içinde düşünmeye elverişli zamana ve yere kavuşmaya bağlıdır. Oysa, öncelikle Arıburnu'ndaki çalışmalarımı, Anafartalar olaylarının verdiği yorgunluk izledi; hasta düşünceye kadar. (Mustafa Kemal)

ESAT PAŞA'NIN ÇANAKKALE SAVAŞI HATIRALARI

Esat Paşa, son devir Türk tarihinin değerli askerlerindendir. 1911'de Gelibolu'daki 5. Fırka (Tümen) kumandanı ve Çanakkale SSavaşı'nda kolordu kumandanı oldu. Kurmay Yarbay Mustafa Kemal Bey'in 19. Fırkası, bu kolordunun 3 tümeninden birini oluşturuyordu. Çanakkale Savaşı'nda Esat Paşa'nın adı dünyaca tanındı.Bu savaştaki başarılarından dolayı rütbesi ferikliğe (korgeneralliğe) yükseltildi. Çanakkale Savaşı'ndan sonra I. Ordu kumandanı olarak İstanbul'a geldi. 1920'de Sâlih Paşa kabinesinde iki hafta kadar Bahriye Nazırı oldu. İsteğiyle emekliye ayrıldı. 2 Kasım 1952'de 90 yaşında öldü.

PIERRE RENOUVIN
BİRİNCİ DÜNYA SAVAŞI
VE TÜRKİYE
(1914-1918)

Hareketin komutasını elinde tutan Amiral Carden, gemiler Çanakkale Boğazında toplanıp da bombardımana başlar başlamaz; Türk istihkâmlarının tahrip edilebilmesi için karaya asker çıkartmanın zorunlu olduğunu kavramıştı. Daha deniz hareketini, karadan bir hücumla desteklemek söz konusu değildi, fakat işgal için yeteri kadar kara kuvveti getirtmek gerekiyordu Böylece İngilizlerle Fransızlar bu hareketi yalnız yürüteceklerdi. 10 Mart günü Boğazın en dar yerine kadar sokulup beş gün sürekli olarak istihkâmları bombardıman eden denizciler kendi olanaklarıyla başarıya ulaşamayacaklarını anlamışlardı: «Gelibolu Yarımadasındaki topçu kuvvetlerinin temizlenmesi gerekir» diyorlardı. Kitchner, Çanakkale'ye bir piyade tümeni göndermeye razı olarak bir ülke dışı birliği kurdu. Donanma, karşısında bulunduğu güçlüklerin farkında olduğu halde Winston Churchill'in baskısı ile 18 Martta var gücüyle savaşa girişti ise de yenildi ve gemilerinin üçte birini kaybetti. 18 Mart bozgunu, eğer başlangıçtaki düşünceye bağlı kalınsaydı, bu seferden vazgeçilmesini gerektirirdi. Ama insanların güçsüzlüklerini itiraf etmeleri olası mı? Bütün İslâm dünyası Türklerin zafer kazandığını öğrenirse yerinden oynardı.

Laurence Evans

TÜRKİYE'NİN PARÇALANMASI VE ABD POLİTİKASI (1914-1924)

Amerika Birleşik Devletleri neden Lozan Barış Antlaşmasını tanımadı?

Lozan Antlaşması Senato'ca reddedildi. Dışişleri Bakanlığının ve Amerikan hükûmetini 1922'de Yunanlılar yararına işe karışmaya zorlamış olan nedenler, Senato üzerinde büyük etkiler yapmıştı. Bu etki yüzünden, kapitülâsyonları geri getirmeyen, Hristiyanlara cömertçe ayrıcalıklar vermeyen ve bağımsız bir Ermenistan yaratılmasını önleyen bir Türkiye antlaşmasına razı olunamazdı.

Fakat, antlaşma, durumun gerçekliğine dayanıyor ve bu gerçeklilik sürüp gidiyordu. Lozan görüşmeleri, bu gerçekleri açıklığa kavuşturmuş ve bunlar, görüşmelerde, taraf olanlarca kabul edilebilir resmî ve diplomatik deyimlerle anlaşmalara geçmişti.

Rus Devlet Arşivi Gizli Belgeleri
TÜRKİYE'NİN PARÇALANMASI VE RUS POLİTİKASI (1914-1924)

"Türkiye Asyası'nın Parçalanması" sorunu, Türkiye'nin savaşa girmesinden sonra yalnız siyasal bir önem kazanmakla kalmamış, fakat aynı zamanda Müttefik devletlerin savaş sonrası dönemdeki politikalarını da belirleyen başlıca etkenlerden biri olmuştur.

Savaşın en sıcak dönemi olan ilk üç yıl (1915-1918) içinde ve "Türkiye'nin Parçalanması" konusunda diplomatik yazışmalara ilişkin belgeler, ihtilâle kadar Rusya Dışişleri Bakanlığında "özel nitelikte bir iş" olarak görülüp büyük önem verilerek bakanlığın gizli dosyalarında saklanmış, bugün de Sovyet Dışişleri Bakanlığı Merkezi Arşiv Dairesinin (Devlet Arşivi) bölümünde bulunmaktadır. Bu konuya ilişkin belgeler, Dışişleri Bakanlığı tarafından litografya ile kopyaları çıkarıldıktan sonra, deriden yapılma bir büyük dosya içine konulmuş ve üzerine de eski Dışişleri Evrak Müdür Yardımcısı M. A. Bazil'in el yazısı ile "Türkiye Asyası'nın Parçalanması" yazılarak imzalanmıştır.

İngiliz Devlet Arşivi Gizli Belgeleri
TÜRKİYE'NİN PARÇALANMASI
VE
İNGİLİZ POLİTİKASI (1900-1920)

Londra'daki İngiliz Devlet Arşivinde (Public Record Office) bulunan ve İngiliz Dış Politikası Üzerine Belgeler (Documents on British Foreign Policy) başlığıyla yayınlanan ve Genel Yazışmalar adını taşıyan arşivde FO 371 siyasal belgeler; Arthur James Balfour (İngiltere Dışişleri Bakanı), Lord Curzon (İngiltere Dışişleri Bakanı), Sir Eyre Crowe (İngiltere Dışişleri Bakanlığı Müsteşar Yardımcısı) ve Sir Andrew Ryan (İstanbul'daki İngiliz Yüksek Komiserliği Başçevirmeni) İngiliz siyaset ve diplomat adamlarının özel yazışmaları; İngiliz Savaş Kabinesinin 1914 - 1918 ve 1920 dönemlerine ilişkin tutanakları Türkiye'nin Parçalanması'na ve Türk Kurtuluş Savaşı'na ışık tutan, Türkiye dışındaki en önemli birinci elden kaynaklar arasındadır.

Kitap iki bölüme ayrılmıştır. Birinci bölümde yer alan gizli belgelerde Türkiye'nin parçalanması Profesör Arnold J. Toynbee'nin değerlendirmesiyle; ikinci bölümde Türk Kurtuluş Savaşı verilmiştir. Ayrıca Osmanlı Devleti'nin yıkılışı, Ulusal Kurtuluş Savaşı'nın gelişimi ve sonuçlanmasıyla ilgili gizli belgelerin değerlendirilmesi de bu konuda önemli ve değerli bir uzman olan Profesör Gotthard Jaeschke'nin bilimsel incelemesiyle sunulmuştur.